The Analysis of Legal
Practice in Bankruptcy
Reorganization
of Companies

Third Edition

第3版

公司破产重整法律实务全程解析

以兴昌达博公司破产重整案为例

刘宁 张庆 等著

撰稿人

刘 宁　张 庆　张 辛　贾洪香　贾艺文
刘 利　刘永恒　王江华　赵志刚　周远玲

北京大学出版社
PEKING UNIVERSITY PRESS

图书在版编目(CIP)数据

公司破产重整法律实务全程解析：以兴昌达博公司破产重整案为例 / 刘宁等著. —3 版. —北京：北京大学出版社，2022.3
（法商丛书）
ISBN 978-7-301-32825-5

Ⅰ.①公… Ⅱ.①刘… Ⅲ.①破产法—研究—中国 Ⅳ.①D922.291.924

中国版本图书馆 CIP 数据核字（2022）第 006140 号

书　　　名	公司破产重整法律实务全程解析 ——以兴昌达博公司破产重整案为例（第 3 版） GONGSI POCHAN CHONGZHENG FALÜ SHIWU QUANCHENG JIEXI ——YI XINGCHANGDABO GONGSI POCHANCHONGZHENG'AN WEILI（DI-SAN BAN）
著作责任者	刘　宁　张　庆　等著
丛 书 策 划	陆建华
责 任 编 辑	陆建华　陆飞雁
标 准 书 号	ISBN 978-7-301-32825-5
出 版 发 行	北京大学出版社
地　　　址	北京市海淀区成府路 205 号　100871
网　　　址	http://www.pup.cn　http://www.yandayuanzhao.com
电 子 信 箱	yandayuanzhao@163.com
新 浪 微 博	@北京大学出版社　@北大出版社燕大元照法律图书
电　　　话	邮购部 010-62752015　发行部 010-62750672　编辑部 010-62117788
印　刷　者	三河市博文印刷有限公司
经　销　者	新华书店
	730 毫米×1020 毫米　16 开本　20.75 印张　390 千字 2011 年 4 月第 1 版　2014 年 6 月第 2 版 2022 年 3 月第 3 版　2022 年 3 月第 1 次印刷
定　　　价	68.00 元

未经许可，不得以任何方式复制或抄袭本书之部分或全部内容。
版权所有，侵权必究
举报电话：010-62752024　电子信箱：fd@pup.pku.edu.cn
图书如有印装质量问题，请与出版部联系，电话：010-62756370

第3版序

本书于2011年4月首次出版,至今已十年有余。在这十余年间,中国的政治经济形势发生了很大的变化,房地产行业也从国民经济的支柱性产业逐渐转变并边缘化。中央"房住不炒"的政策对房地产行业产生了重大影响,尤其是当前大大小小的房企都面临资金短缺、政策限制的困境。不少中央房企和地方中小房企经营困难,举步维艰。甚至相当多的中小房企,资不抵债,濒临破产。

在这种趋势下,我们预计未来进入破产程序的房企数量,势必大量增加。

出版社提供的本书销售数字也从侧面印证了这种变化。本书第1版只售出了3000册,而第2版的销量则陡升至1.2万册。

在这十余年间,破产相关的法律、司法解释、部门规章和司法判例都发生了不小的变化。本书第3版根据这些变化做了必要的完善。

希望本书能为从事相关业务的律师、法官及法务人员提供一种破产重整的操作模式或样本,为房企的重生贡献一种救济手段和经验。

特别感谢贾艺文律师,她为本书第3版做了大量的修正、增补工作;感谢北京大学出版社陆建华、陆飞雁编辑的鼎力相助;感谢读者给予本书的厚爱。

作者
2022年1月5日

第2版序

本书自面世以来深受法律界专业人士喜爱,出版至今已3年。在此期间,最高人民法院分别于2011年9月9日和2013年9月5日先后发布了最高人民法院《关于适用〈中华人民共和国企业破产法〉若干问题的规定(一)》与最高人民法院《关于适用〈中华人民共和国企业破产法〉若干问题的规定(二)》等司法解释。与此同时,部分省、自治区、直辖市高级人民法院也相继发布了审理破产案件的操作指引,至此学界及司法实践领域诸多破产法的争论随之尘埃落定。然而,伴随着时间的推移和破产司法实践活动的拓展,一些破产重整乃至破产法中的新问题、新观点又应运而生。

在上述背景下,本书作者对上述相关问题及观点进行了更加深入的研究和探讨,并总结形成了新的意见。在北京大学出版社副总编蒋浩先生和陆建华先生的鼎力支持下,通过对本书的修订将其补充完善,从而使本书的观点和内容愈加丰满。

作者唯愿修订后的本书能为活跃在司法实践一线的律师、法官和法务工作者们提供借鉴和帮助,不足之处请读者不吝赐教。

作者

2014年4月25日

序

　　环顾破产业务的同类书籍,以一案为引脉而试图解析公司重整程序之法律操作全程者,未有矣。为帮助读者了解本书,现将本书之特点谨陈如下:

　　首先,本书具有较强的实用性。本书是以2006年《中华人民共和国企业破产法》出台后第一起房地产公司破产案为实例,通过该公司破产重整的不同程序阶段,择选出大量的法律文书和相关规制,包括破产申请、管理人行使职权的方式、债权审核确认、债权人会议召开的程序与方案、重整计划草案的制订和监督等方面的内容。这些由承办律师起草的文书、制订的方案及创设的制度,具有很强的实用性,对专业人士来说可以起到"模板"效应。

　　其次,本书具有一定的权威性。本书的作者均为执业经验丰富的专职律师,有的已从事破产业务二十余年,积累了大量宝贵的专业经验。同时,作者注意潜心研究破产法领域的前沿问题,在权威专业杂志发表了许多有价值的论文。在本书撰写过程中,作者将上述研究成果和专业经验巧妙地糅纳其中,增强了本书的权威性。

　　最后,本书具有业务流程的全面性。本书是以兴昌达博公司破产重整案为背景,以破产程序走向为脉络,顾及破产重整的每一个环节,既考虑到理论问题的研讨深度,又兼顾实际操作的可行与严谨,读者可根据需要侧重择取。

　　由于我们学识有限,本书的欠缺之处在所难免,还望各位同人不吝雅正。在本书的写作过程中,得到了鲁为先生、吴学军女士和韩传华先生的鼎力相助,在此深表谢意。

作者谨记
2011 年 3 月 18 日

目　录

第一章　案情介绍与破产方案的选择　　001
第一节　破产案件的背景　　001
一、兴昌达博公司及其经营房地产项目的概况　　001
二、兴昌达博公司走向破产的原因　　002
三、案件的社会影响　　002
第二节　破产方案的选择　　003
一、承办律师的介入　　003
二、破产方案的选择　　003

第二章　向法院申请破产　　006
第一节　申请破产　　006
一、向法院申请破产　　006
二、法院受理破产申请　　015
第二节　成立破产管理人　　019
一、管理人的指定　　019
二、管理人行使管理权的准备工作　　024
三、管理人的权利和义务　　039
第三节　管理人接管破产企业　　043
一、接管的期限　　043
二、如何接管　　044
三、管理人接管后需开展的有关工作　　045

第三章　债权的申报、审核与确认　　055
第一节　债权申报　　056
一、债权申报前的准备工作　　056

二、债权登记　　061
　　三、债权的补充申报　　064
第二节　债权的审核　　067
　　一、实质审查与形式审查　　067
　　二、债权的审查　　067
第三节　债权的核查、确认　　071
　　一、债权人会议核查债权　　071
　　二、审理法院确认债权　　073
第四节　债权的异议　　075
　　一、可以提起债权异议之诉的主体　　075
　　二、提起债权异议之诉的程序　　076
　　三、异议债权确定后有关问题的处理　　077

第四章　债权人会议　　079
第一节　债权人会议概述　　079
　　一、债权人会议成员的组成与债权人会议的召开　　079
　　二、债权人会议的职权　　080
　　三、债权人会议表决权的行使　　081
第二节　第一次债权人会议　　082
　　一、会议召开前的筹备工作　　082
　　二、会议召开　　095
第三节　第一次债权人会议以后的债权人会议　　100
　　一、第一次债权人会议与以后债权人会议的区别　　100
　　二、以后债权人会议的召开　　101

第五章　重整程序的启动与期间　　111
第一节　申请重整　　111
　　一、向法院申请重整　　111
　　二、法院受理重整申请　　120
第二节　重整期间　　125
　　一、重整期间　　125

二、重整期间债务人财产和营业事务的管理　　126
　　三、重整期间有关权利的限制　　128

第六章　重整计划草案的制订　　131
第一节　重整计划草案的制订主体与期限　　131
　　一、重整计划草案的制订主体　　131
　　二、重整计划草案制订的期限　　133
第二节　重整计划草案制订的原则　　135
　　一、公平合理原则　　135
　　二、债权人利益最大化原则　　136
　　三、绝对优先原则　　136
　　四、切实可行原则　　136
第三节　重整计划草案的主要内容　　137
　　一、债务人的经营方案　　137
　　二、债权分类　　155
　　三、债权调整方案　　160
　　四、债权清偿方案　　161
　　五、重整计划的执行期限　　167
　　六、重整计划的执行监督　　167
　　七、有利于企业重整的其他条件　　169
第四节　普通债权清偿率的计算　　171
　　一、计算依据及清偿比例　　171
　　二、计算清偿率时的注意事项　　172

第七章　重整计划草案的表决批准及其效力　　174
第一节　重整计划草案的表决与通过　　174
　　一、表决前的准备工作　　174
　　二、表决与通过　　183
　　三、重整计划草案的再次表决　　194
第二节　重整计划草案的批准　　197
　　一、申请人民法院批准重整计划草案　　197

二、人民法院的审查结果	200
三、对人民法院批准重整计划裁定的复议	202
第三节 重整计划的效力	203
一、重整计划的效力范围	203
二、重整计划的性质	205

第八章 重整计划的执行和监督　　207

第一节 重整计划的执行	207
一、重整计划的执行主体	207
二、协助执行	207
三、财产和营业事务的移交	208
第二节 重整计划执行的监督	218
一、监督的主体	218
二、监督的期限	219
三、监督的方式	220
第三节 重整计划执行不能时的救济	231
一、重整计划不能执行	231
二、重整计划不被执行	232
第四节 重整计划的变更	233
一、申请变更的主体	233
二、变更的程序	234
三、变更后的效力	234
第五节 重整计划执行期限的延长	235
一、重整计划执行期限延长的合法性和必要性	235
二、重整计划执行期限延长的程序	235
三、重整计划延期后对债权人的补偿	265
第六节 重整计划执行的法律后果	268
一、重整计划没能完全执行	268
二、重整计划执行完毕	268
三、破产程序终结后破产管理人的工作	278

附录一　重整计划草案编制说明　281
　　一、债务人及项目基本情况　281
　　二、重整计划草案的编制背景及过程　282
　　三、对兴昌达博公司股权结构进行调整的说明　282
　　四、关于草案中若干问题的说明　283

附录二　重整计划草案　289
　　一、债务人的经营方案　289
　　二、债权分类　292
　　三、债权调整方案　293
　　四、债权受偿方案　293
　　五、购房债权人解决方案　294
　　六、拆迁安置方案　297
　　七、施工方案　298
　　八、重整计划的执行期限　301
　　九、重整计划执行的监督　301
　　十、重整的必要条件　303

附录三　最高人民法院发布10起全国法院破产典型案例(8个重整案例)　305

第一章 案情介绍与破产方案的选择

第一节 破产案件的背景

一、兴昌达博公司及其经营房地产项目的概况

北京兴昌达博房地产开发有限公司(下称"兴昌达博公司")系 2001 年注册成立,为开发麓鸣花园项目而设立的项目公司,注册资本金为人民币 1 亿元。公司股东分别为北京东方达博置业投资有限公司(下称"东方达博公司")、黄某及北京兴昌高科技发展总公司(下称"兴昌高科公司")。其中东方达博公司出资人民币 7 000 万元,占注册资本的 70%;黄某出资人民币 2 000 万元,占注册资本的 20%;兴昌高科公司出资人民币 1 000 万元,占注册资本的 10%。公司住所地是北京市昌平区南邵镇麓鸣花园会所 2 层,法定代表人为王××。

2001 年 3 月,兴昌达博公司与其股东兴昌高科公司签署协议,共同开发位于北京市昌平区南邵乡东部的 500 亩土地,作为麓鸣花园项目用地。兴昌高科公司负责该土地的一级开发、办理征地手续,并负责办理和提供该土地具备开工条件和房屋预售条件的一切合法手续和证件原件;兴昌达博公司负责提供 8 000 万元的拆迁补偿款,并承担销售和过户费用;兴昌高科公司不参与项目的利润分配。

2002 年,兴昌达博公司开始开发建设麓鸣花园项目。麓鸣花园项目位于北京市昌平区南邵镇东,其四至为:东至高压线走廊、南至昌怀公路、西至南邵镇还建房小区、北至九里山脊线。占地 458 亩。有人说,麓鸣花园北倚九里山,南临京密引水渠。九里山状若黄罗伞盖,引水渠在南面蜿蜒而过,古人叫玉带缠腰,预示着这是块大富大贵的宝地。

该项目规划总建筑面积 216 898 平方米,实施统一规划,分期开发。该项目总建设用地 305 300 平方米,已取得规划证、开工证面积 80 014 平方米,现场已开工建设约 70 000 平方米,其中一期建筑面积 74 866 平方米,二期建筑面积 153 798 平方米;建设内容为住宅及配套设施,其中公寓约 50 000 平方米,联排别墅 140 000 平方米,独立别墅 12 000 平方米,配套公建约 8 000 平方米;规划总人口数约为 3 400 人,总户数 1 052 户。

二、兴昌达博公司走向破产的原因

兴昌达博公司与兴昌高科公司签订开发协议后,在项目用地的拆迁没有完成、土地的各项手续不齐备、不具备开工条件的情况下,在当地村集体工厂的土地上强行开工建设,之后又在未取得预售许可手续的情况下,开始房屋销售,并在很短时间内就销售了上千套房屋。麓鸣花园项目原计划于2003年完工并完成入住。但该块土地的相关手续一直没有办妥,拆迁工作无法进行,直到2004年,项目用地才完成征收手续,但此时的拆迁费用已经比2001年签订合同时提高了3.4亿元。

为解决兴昌达博公司的资金困难,加快麓鸣花园项目的建设,兴昌高科公司通过提供借款、垫付土地征用补偿款、代退房款等方式为兴昌达博公司提供资金累计约7600万元人民币,为此双方签订了一系列的合同、协议,但兴昌达博公司均未能依约按时返还所欠款项。虽然兴昌达博公司在2001年收到了数亿元的认购房款,但因其将资金大量挪作他用,到了2004年麓鸣花园项目可以进行拆迁开发时,兴昌达博公司已无力支付拆迁费用。由于资金链断裂,导致麓鸣花园项目被迫搁置,长时间处于停工状态。为此,大量业主开始要求退房,其中虽有几百户业主先后拿回了购房款,但仍有300余户业主无法取回退房款。于是,一些业主开始通过诉讼或其他手段进行维权,自此业主与兴昌达博公司进行了长达将近6年的交涉,但一直未能取得实质性进展。

自2003年起,麓鸣花园项目的60余名业主以兴昌达博公司为被告向昌平区人民法院提起诉讼,要求兴昌达博公司交房或解约返还房款,涉诉标的总额达1 100万元。昌平区人民法院判决兴昌达博公司或交房或退款,但因该公司既无房可交又无钱可退,结果都没有能够执行。问题迟迟不能得到解决,业主们彻底丧失了对兴昌达博公司的信任。

三、案件的社会影响

自2006年起,麓鸣花园的业主开始向北京市和昌平区两级政府求助,并发生了多次群体上访事件。业主们到市政府上访,到区政府静坐,有一次竟组织近百辆汽车冲击和围堵区政府大院,汽车的音响里一齐高放国际歌,引发大批群众围观,严重影响了区政府的正常办公和周围的交通秩序。此后业主们开始轮流到北京市委、人大、市政府等党政机关聚集、上访,并逐渐形成常态,尤其是在"两会"期间和重大节日前发展成了固定的群体聚集性事件。这起案件所涉金额之大、债权人人数之多、利益主体冲突之激烈,都让本案成为当时颇具社会影响力的重大群体性事件,2007年、2008年两年均被北京市委政法委列为十大维稳案件。《新京报》《京华时报》《北京青年报》、人民网、新浪网等国内多家媒体对本案均给予了高度关注,并进行了持续报道。本案立案后,媒体将本案视为《中华人民共和国企业破产法》(以下简称《企业破产法》)实施后第一起房地产公司破产案,被称为"房企破产第一案"。

麓鸣花园项目的历史问题引起了北京市委、市政府以及昌平区委和区政府的高度重视,多次组织政法委、信访办、维稳办、建委、科技园区等相关部门,在兴昌达博公司、兴昌高科公司和业主代表的参与下进行协调。但由于这种行政上的协调,缺乏强有力的法律保障,难以在业主和兴昌达博公司之间达成共识,加之此时兴昌达博公司已无力向业主履行交房义务或退还房款,从而使这种协调始终无法取得实质性的效果。与此同时,经过调查发现,兴昌达博公司负债总额已经远远超过其资产总额,各项财务指标表明,兴昌达博公司已经失去了企业自身的造血功能,对债务基本丧失清偿能力。如何合理合法地解决好这一涉及面广、牵扯面大、债权人人数众多、金额巨大、社会影响广泛的案件,已经成为摆在当地政府面前的一道难题。

第二节 破产方案的选择

一、承办律师的介入

为了彻底解决麓鸣花园项目遗留的历史问题,全面保护债权人的利益,维护社会的稳定,市、区两级党委和政府部门鉴于兴昌达博公司现有资产难以清偿到期债务,严重缺乏清偿能力,决定同意兴昌高科公司提出的促使兴昌达博公司进入破产程序的设想。既是债权人又是股东的兴昌高科公司,特委托公元律师事务所对是由债权人申请破产还是由债务人申请破产两个方案的利弊进行了专门的法律分析。

二、破产方案的选择

《企业破产法》第2条规定:"企业法人不能清偿到期债务,并且资产不足以清偿全部债务或者明显缺乏清偿能力的,依照本法规定清理债务。企业法人有前款规定情形,或者有明显丧失清偿能力可能的,可以依照本法规定进行重整。"第7条规定:"债务人有本法第二条规定的情形,可以向人民法院提出重整、和解或者破产清算申请。债务人不能清偿到期债务,债权人可以向人民法院提出对债务人进行重整或者破产清算的申请。企业法人已解散但未清算或者未清算完毕,资产不足以清偿债务的,依法负有清算责任的人应当向人民法院申请破产清算。"据此,在符合法律规定条件的情况下,债务人和债权人均可向人民法院提出破产申请。

根据上述法律规定,结合本案的情况和委托人的要求,如果申请兴昌达博公司破产,有两种方案可供选择:一是由兴昌高科公司以债权人身份申请兴昌达博公司破产;二是由债务人兴昌达博公司自行申请破产。在本案中,兴昌达博公司现有资产难以清偿到期债务,严重缺乏清偿能力,作为股东的兴昌高科公司也是兴昌达博公司的债权人,其有权向法院申请兴昌达博公司破产;而兴昌达博公司经营出现严重困难,加之不能清偿到期债务,也可通过自行申请进入破产程序。鉴于本案的特殊情况及重大的社会影响,在综合考虑法院受理条件、材料准备、前期工作量、社会稳定等情况下,为顺利启动破产程序,就债权人兴昌高科公司和债务人兴昌达博公司分别提出破产申请的利弊、破产申请前期准备工作的内容及破产申请受理后可能出现的后果等情况进行了详细的法律分析。

(一) 由债权人兴昌高科公司申请破产

根据《企业破产法》第2条的规定,企业法人破产原因为不能清偿到期债务且资产不足以清偿全部债务或不能清偿到期债务且明显缺乏清偿能力。如债权人兴昌高科公司向法院申请破产,为证明兴昌达博公司已具备破产原因,需向法院提交破产申请书和有关证据。举证的事项包括债权发生的事实及有关证据;债权的性质、数额;债权有无财产担保,有财产担保的,还应当提供相应的证据;债务人不能清偿到期债务并且明显缺乏清偿能力的证据。而判断债务人是否明显缺乏清偿能力,需要根据该企业的财务情况和经营情况进行判断。一般来说,债权人证明其债权已到期,债务人没有清偿比较好证明;但对于债务人是否资不抵债和明显缺乏清偿能力的财务情况和经营情况等,债权人一般很难提供相关有效证据,这样,债务人是否资不抵债和明显缺乏清偿能力将完全取决于法院的自由裁量。因此,在债权人向人民法院提出破产申请后可能会出现以下几种情况:

(1) 债权人提交的证据与法院受理破产案件的条件存在较大差距,人民法院不予受理;

(2) 法院接受债权人的破产申请后,债务人提出异议,法院经审查认为债务人缺乏清偿能力情况不明显,不予受理破产申请;

(3) 人民法院认为符合破产申请的条件,裁定受理。

本案中,债权人兴昌高科公司现有的证据材料均系证明兴昌达博公司不能清偿到期债务,对于兴昌达博公司明显缺乏清偿能力方面,尚无直接证据证明。但兴昌高科公司作为兴昌达博公司的股东,可以查阅兴昌达博公司的相关财务记录,整理出相应的证据材料。因此,此种申请破产方式较易得到人民法院的认可。另外,兴昌高科公司作为国有企业,容易得到其他债权人的信任,树立公众的信心,有利于破产程序的进行。

（二）由债务人兴昌达博公司申请破产

根据我国《企业破产法》的规定，债务人向人民法院提出破产申请，除提交破产申请书和有关证据外，还应当向人民法院提交财产状况说明、债务清册、债权清册、有关财务会计报告、职工安置预案以及职工工资的支付和社会保险费用的缴纳情况。一般来说，债务人对自己的债权债务情况、财务状况、经营情况等有关情况最为清楚，对自己是否资不抵债或明显缺乏清偿能力的举证也较债权人更为容易，因此，由债务人提出破产申请更便于人民法院的审查与受理。

但就本案而言，由于兴昌达博公司一再违约，广大业主已对其失去信任与支持，尤其对其财务数据的准确性、经营状况的真实情况存有疑问。如由其申请破产极易激发广大业主的不满情绪，成为引发社会不安定的新的因素；同时考虑到本案涉及债权人人数较多，社会影响大，为维护广大债权人的合法权益及社会稳定，各方均希望本案的破产准备工作一开始就能在有力的监督下进行。如采取由债务人兴昌达博公司直接提出破产申请的方案，可控性、透明度等都会大打折扣。

在提交对上述两种方案的分析后，笔者与委托人及昌平区相关部门进行多次磋商和沟通，在经过权衡各方利弊后一致认为，在兴昌达博公司董事会不能完全配合相关工作的情况下，为了保障广大债权人的合法权益，由兴昌高科公司这样的负有社会责任的国有企业，以债权人的身份申请兴昌达博公司破产，在理清债权债务关系后，再通过重整的方式解决债权人，尤其是广大业主的诉求，是最佳选择。虽然采取此方案会遇到如申报材料收集困难和理清债务时间较短的问题，但若操作得当，公开、透明地对兴昌达博公司进行破产，亦能得到广大债权人的支持，在解决兴昌达博公司债务的同时，也可以化解相应的社会矛盾。因此，委托人确定由笔者根据上述第一种方案，开始准备申请兴昌达博公司破产及后续的相关工作。

第二章 向法院申请破产

第一节 申请破产

一、向法院申请破产

破产方案确定后，兴昌高科公司便以债权人名义积极准备向人民法院申请破产。根据我国《企业破产法》第8条第1、2款的规定："向人民法院提出破产申请，应当提交破产申请书和有关证据。破产申请书应当载明下列事项：（一）申请人、被申请人的基本情况；（二）申请目的；（三）申请的事实和理由；（四）人民法院认为应当载明的其他事项。"据此，律师为兴昌高科公司起草了破产申请书，并将兴昌高科公司对兴昌达博公司享有债权的事实、兴昌达博公司不能清偿到期债务并且明显缺乏清偿能力的证据材料，在向人民法院提交破产申请时一并进行了提交。下面是本案中债权人兴昌高科公司向人民法院提交的破产申请书。

破产申请书

申请人(债权人)：北京兴昌高科技发展总公司
法定代表人：王×× 职务：总经理
住所地：北京市昌平区中关村科技园区昌平园××路××号
被申请人(债务人)：北京兴昌达博房地产开发有限公司
法定代表人：王×× 职务：董事长
住所地：北京市昌平区××路××号
申请事项：
申请债务人北京兴昌达博房地产开发有限公司破产清算
事实和理由：
被申请人北京兴昌达博房地产开发有限公司系北京市昌平区南邵镇东"麓鸣花园"项目的开发商。自2001年起，申请人为解决被申请人资金困难，加快"麓鸣花园"项目建设，通过提供借款、垫付土地征用补偿款、代退房款等方式为被申请人提供资金累计约1亿元人民币，但被申请人均未能按期返还。

至2006年,部分债务甚至拖欠达5年之久。为此,被申请人与申请人于2006年2月签署《还款协议》,确认截至2006年2月被申请人对申请人负有债务总额为人民币100 426 244.6元,并约定最终还款期限为2006年12月31日。该债务到期后,申请人数次催讨,被申请人仍然未能偿还上述债务。根据被申请人陈述,目前"麓鸣花园"项目已经处于停工状态并已停止销售,项目大部分土地及房屋均被抵押或查封。

另外,因被申请人迟延向业主交房达5年之久,"麓鸣花园"项目业主为维权纷纷以被申请人为被告向人民法院提起诉讼,要求被申请人交房或返还房款。截至本申请提起日,被申请人大部分诉讼已败诉,应执行金额约900万元人民币。

综上,我们认为被申请人已无力清偿到期债务,为避免给申请人造成进一步的损失,申请人现根据《中华人民共和国企业破产法》的有关规定,向贵院申请北京兴昌达博房地产开发有限公司破产,请求贵院依法受理。

此致
××××人民法院

申请人:北京兴昌高科技发展总公司
法定代表人:王××
2007年9月11日

附件:
  一、兴昌高科公司企业法人营业执照(副本)
  二、法定代表人身份证明
  三、兴昌高科公司与兴昌达博公司还款协议书

一般来说,破产申请书是相关权利人向人民法院提交的请求人民法院启动破产程序的书面文件,是相关权利人行使破产请求权的具体体现。然而,向人民法院提交破产申请书、请求启动破产程序必须满足一定的条件方可进行。即必须在被申请主体具备破产条件,由相关权利人向有管辖权的法院提起,方可启动。本章将结合兴昌达博公司申请破产的情况对申请破产的条件、有权提出破产的主体、破产案件的管辖等问题予以详细说明。

(一) 申请破产的条件

本案中,兴昌达博公司乃是为开发"麓鸣花园"项目而依法成立的有限公司,具有企业法人资格。在兴昌高科公司向人民法院申请兴昌达博公司破产时,其不仅对兴昌高科公司负债约1亿元人民币到期不能清偿,而且该公司开发的"麓鸣花园"项目也亦处于停工状态并已停止销售,向业主迟延交房已长达5年之久,项目

大部分土地及房屋均被抵押或查封,已具备了《企业破产法》第2条规定的申请破产的条件。那么申请企业破产的条件是什么呢?

根据我国《企业破产法》第2条的规定:"企业法人不能清偿到期债务,并且资产不足以清偿全部债务或者明显缺乏清偿能力的,依照本法规定清理债务。企业法人有前款规定情形,或者有明显丧失清偿能力可能的,可以依照本法规定进行重整。"本条是《企业破产法》关于申请企业破产条件的规定,从该条规定可知,并不是市场上所有的经济组织都可以依照本条规定申请破产,其必须满足一定的条件:

1. 破产主体限于企业法人

只有企业法人在具备《企业破产法》第2条规定的条件时,才可以依照《企业破产法》的有关规定申请破产。其他法律规定的企业法人以外的组织的破产,如属于破产清算,根据《企业破产法》第135条的规定,可以参照适用本法规定的程序。而在判断一个企业或一个机构是否为企业法人时,根据《中华人民共和国公司登记管理条例》和《中华人民共和国企业法人登记管理条例》的相关规定,其标准在于其是否领取了《企业法人营业执照》,如果其申请并领取了《企业法人营业执照》,则为企业法人。

2. 不能清偿到期债务

不能清偿到期债务,是企业申请破产时已经发生的一项事实。关于"不能清偿到期债务"的含义,最高人民法院《关于适用〈中华人民共和国企业破产法〉若干问题的规定(一)》[以下简称《破产法解释(一)》]第2条规定:"下列情形同时存在的,人民法院应当认定债务人不能清偿到期债务:(一)债权债务关系依法成立;(二)债务履行期限已经届满;(三)债务人未完全清偿债务。"

3. 资产不足以清偿全部债务或者明显缺乏清偿能力

"资产不足以清偿全部债务"或者"明显缺乏清偿能力"是申请企业法人破产的一个必要条件,二者只要具备其中一项即可。但判断一个企业是否资产不足以清偿全部债务,一般是依据企业法人的资产负债表来加以判断。因为资产负债表记载着企业的资产和债务情况,可以比较明了地反映企业的资产状况。但相对准确、证明效力更大的财务依据则是中介机构对企业法人作出的审计报告。因为中介机构是中立的第三人,其在作出审计报告之前,对企业法人的资产和债务情况通常需要核实。所以,审计报告所记载的企业法人的资产和债务情况相对较为准确,更能准确地反映企业的资产债务情况。

判断一个企业是否"明显缺乏清偿能力",《破产法解释(一)》第3条规定:"债务人的资产负债表,或者审计报告、资产评估报告等显示其全部资产不足以偿付全部负债的,人民法院应当认定债务人资产不足以清偿全部债务,但有相反证据足以证明债务人资产能够偿付全部负债的除外。"第4条规定："债务人账面资产虽大于负债,但存在下列情形之一的,人民法院应当认定其明显缺乏清偿能力:(一) 因资金严重不足或者财产不能变现等原因,无法清偿债务;(二) 法定代表人下落不明且无其他人员负责管理财产,无法清偿债务;(三) 经人民法院强制执行,无法清偿债务;(四) 长期亏损且经营扭亏困难,无法清偿债务;(五) 导致债务人丧失清偿能力的其他情形。"

综上,当一个企业法人同时满足以上三个条件时,根据《企业破产法》第2条第1款的规定,便可向人民法院申请破产清算、重整或和解。但《企业破产法》第2条第2款对企业法人重整作出了一项较为特殊的规定,即企业法人"有明显丧失清偿能力可能的",法院也可以受理有关该企业法人的重整申请。也就是说,相对破产清算、和解,重整的启动相对来说条件更为宽松。

(二) 申请破产的主体

在本书第一章第二节"破产方案的选择"部分曾提到申请兴昌达博公司破产可由债权人或债务人提出,并对债权人、债务人提出破产申请的利弊进行了详细的分析。在本案中,为什么破产申请只能由债权人或债务人提出,而不能由其他主体提出,这就涉及关于申请破产的主体问题。

关于申请破产的主体,我国《企业破产法》第7条规定："债务人有本法第二条规定的情形,可以向人民法院提出重整、和解或者破产清算申请。债务人不能清偿到期债务,债权人可以向人民法院提出对债务人进行重整或者破产清算的申请。企业法人已解散但未清算或者未清算完毕,资产不足以清偿债务的,依法负有清算责任的人应当向人民法院申请破产清算。"从该条规定可知,在我国,可以提出破产申请的主体有三类:债务人、债权人和依法负有清算责任的人。但这三类主体提出破产申请的条件及向法院提交的材料又有所不同。

1. 债务人申请破产

根据我国《企业破产法》第7条的规定可知,债务人如果不能清偿到期债务,并且资产不足以清偿全部债务或者明显缺乏清偿能力的,债务人可以向人民法院提起包括重整、和解、清算的破产申请;在债务人有明显丧失清偿能力可能时,债务人也可以向人民法院提出重整申请。一般来说,债务人对自己能否清偿到期债务、是否资产不足以清偿全部债务或者明显缺乏清偿能力最为清楚和了解;而且,根据《企业破产法》的规定,债务人有向人民法院提交财产状况说明、债务清册、债权清册、有关财务会计报告、职工安置预案以及职工工资的支付和社会保险费用的缴纳情况的法定义务。因此,由债务人提出破产申请更便于受理法院审查债务人是否具有破产原因。

然而,债务人提出破产申请,是否应当由债务人的权力机构依据章程作出决定。本案中,在为兴昌达博公司设计破产方案时,笔者也考虑到了该问题。笔者认为,由于申请破产关系到公司将来的存续与发展,是公司中的一项重要事务,应当由公司的股东会决议同意后方可由债务人向人民法院提出破产申请。这样,如由债务人提出破产申请就需要债务人及股东的积极配合。本案中,正是由于债务人和部分股东的不予配合,从而使由债务人提出破产申请的方案无法实施。目前《破产法解释(一)》和最高人民法院《关于适用〈中华人民共和国企业破产法〉若干问题的规定(二)》[以下简称《破产法解释(二)》]对这一问题仍未明确。但《北京市高级人民法院企业破产案件审理规程》(2013年7月22日实施)第14条规定:"(债务人申请破产时应当提交的材料)债务人申请破产,除应当提交破产申请书以外,还应当向人民法院提交下列材料:……(2)债务人股东会或股东大会、董事会(外商投资企业)、职工股东大会或者其他依法履行出资义务的人同意申请破产的文件……"说明司法实践中肯定了债务人申请破产时应提供债务人权力机构的同意申请破产的决定。

根据我国《企业破产法》第8条第1款的规定可知:"向人民法院提出破产申请,应当提交破产申请书和有关证据。"债务人申请破产应当向人民法院提交哪些材料,《企业破产法》未予明确。《北京市高级人民法院企业破产案件审理规程》第14条作出了比较详细、明确的规定:"(债务人申请破产时应当提交的材料)债务人申请破产,除应当提交破产申请书以外,还应当向人民法院提交下列材料:(1)债务人主体资格证明,即工商行政管理机关颁发的企业法人营业执照,及债务人最近一个年度的工商年检材料;(2)债务人股东会或股东大会、董事会(外商投资企业)、职工股东大会或者其他依法履行出资义务的人同意申请破产的文件;债务人为国有独资企业、国有独资公司的,还应当提交对债务人履行出资人职责的机构同意申请破产的文件;(3)债务人法定代表人或者主要负责人名单、联系方式,及债务人董事、监事、高级管理人员和其他管理部门负责人名单、联系方式;(4)财产状况说明,包括有形资产、无形资产、对外投资情况、资金账户情况等;(5)债务清册,列明债权人名称、住所、联系方式、债权数额、有无担保、债权形成时间和被催讨情况;(6)债权清册,列明债务人的债务人名称、住所、联系方式、债务数额、有无担保、债务形成时间和催讨偿还情况;(7)有关财务会计报告;(8)债务人涉及的诉讼、仲裁、执行情况;(9)企业职工情况和安置预案,列明债务人解除职工劳动关系后依法对职工的补偿方案;债务人为国家出资企业的,职工安置预案应列明拟安置职工基本情况、安置障碍及主要解决方案等。职工安置预案报对债务人履行出资人职责的机构备案;(10)职工、高管人员工资的支付和社会保险费用、住房公积金的缴纳情况;(11)债务人为国家出资企业的,应提交企业工会或职工代表大会对企业申请破产的意见;(12)债务人申请重整的,应提交重整的必要性和可行性评估材料;(13)债务人申请和解的,应提交和解协议草案。"

2. 债权人申请破产

根据《企业破产法》第7条的规定,在债务人不能清偿到期债务时,债权人可以向人民法院提出对债务人进行破产重整或者破产清算的申请。本案中,对兴昌达博公司申请破产最终采取的就是由债权人兴昌高科公司向人民法院提起的方案。由于兴昌高科公司对兴昌达博公司享有的债权为一般普通债权,且债权额高达7000多万元。因此,由其提起破产申请较为顺利。然而,实务中是否只要是债权人就可以对债务人提起破产申请,债权人申请破产是否应具备一定的条件,是否包括担保债权人、职工债权人及税务、社会管理部门等所有债权人都可以提出破产申请,是否有债权数额和人数的最低限制等一系列问题,都需要解决。

(1) 对债权人申请破产应具备的条件,《北京市高级人民法院企业破产案件审理规程》第8条规定:"(债权人申请破产的积极条件)债权符合下列情形的,债权人可以向人民法院申请债务人破产:(1) 债权为具有金钱或财产给付内容的到期债权;(2) 债权合法、有效,且未超过诉讼时效或者申请执行时效。"

(2) 对可以提出破产申请的债权人的类型,《北京市高级人民法院企业破产案件审理规程》第9条规定:"(职工的申请权)债务人出现企业破产法第二条规定的情形,经职工代表大会或者全体职工三分之二以上多数同意,债务人职工可以以企业破产法第一百一十三条第一款第(一)项规定的债权申请债务人破产清算。"第10条规定:"(税务机关、社会保险费管理部门的申请权)债务人出现企业破产法第二条规定的情形,欠缴税款、企业应缴部分社会保险费用(不包括滞纳金、罚款)的,税务机关、社会保险费用管理部门可以向人民法院申请债务人破产清算。"

上述规定赋予了职工债权人、税务机关、社会保险管理部门等债权人破产申请权。但对担保债权人、附条件和附期限的债权人,《破产法解释(一)》《破产法解释(二)》均未提及。

鉴于担保债权人在债务人不能清偿债权时可以就担保财产优先受偿,笔者认为,有财产担保的债权人不享有破产申请权。但在债权人放弃优先受偿权,或者担保物的价款低于其债权额时,有财产担保的债权人对其放弃和不足的债权额部分享有破产申请权。

对于附条件和附期限的债权人能否申请破产,实务中观点不一致。持否定观点者认为,附条件和附期限的债权在民事执行程序上不能请求执行,因此债权人不得申请破产。持肯定观点者认为,既然附条件和附期限的债权可作为破产债权行使权利,债权人当然享有破产申请权。对此,笔者认为应区分具体情况。根据我国《企业破产法》及相关法律的规定,对于附解除条件和附终期的债权,在条件未成就、期限未到来之前,债权人应享有破产申请权;对于附停止条件和附始期的债权,在条件未成就、期限未到来之前,债权人不享有破产申请权。

债权人向人民法院申请破产,根据我国《企业破产法》第8条的规定,也应当向人民法院提交破产申请书和有关证据。由于《企业破产法》对债权人向人民法院申请破产应提交的材料没有规定,本案中,债权人兴昌高科公司向人民法院申请破产时,依照最高人民法院《关于审理企业破产案件若干问题的规定》第7条的规定,向人民法院提交破产申请书的同时提交了证明债权发生的事实、债权的性质和数额、债务人不能清偿到期债务的有关证据。关于债权人向人民法院申请破产应提交哪些材料,笔者认为可以借鉴《北京市高级人民法院企业破产案件审理规程》第15条的规定:"(债权人申请破产时应当提交的材料)债权人申请债务人破产,除应当提交破产申请书以外,还应当向人民法院提交下列材料:(1)债权人及债务人的主体资格证明;(2)债权发生的事实及债权性质、数额、有无担保,并附证据;(3)债务人不能清偿到期债务的证据;(4)申请债务人重整的,应提交重整的必要性和可行性评估报告。"

3. 负有清算责任的人申请破产

根据《企业破产法》第7条第3款的规定:"企业法人已解散但未清算或者未清算完毕,资产不足以清偿债务的,依法负有清算责任的人应当向人民法院申请破产清算。"根据《中华人民共和国公司法》(以下简称《公司法》)的规定,依法负有清算责任的人是清算组。也就是说,债务人一旦解散进入清算程序可以向人民法院提起破产申请的主体只能是清算组,并且此时向人民法院提出的破产申请也只限于破产清算。但在进入清算程序判断债务人的资产是否足以清偿债务时,此时的资产应当是可变现的资产,而不是账面上的资产;其不能清偿的债务既包括到期债务,也包括未到期债务。因为在债务人解散后,债务人的到期债务和未到期债务都需要清偿。本案中,由于其广泛的社会影响及考虑到社会稳定性问题,在一开始设计破产方案时也曾试图通过兴昌达博公司自行清算,编制资产负债表,理清债权、债务关系后,由清算组向人民法院申请破产。但由兴昌达博公司通过自行解散、清算程序进行破产申请前期的准备工作,首先需要股东会或者股东大会作出解散公司的决议。股东会或者股东大会决议解散的,则应在15日内成立清算组,开始清算。这样就需要债务人和股东的协调与配合才能进行。由于利益上的冲突,加上兴昌达博公司90%的股权事实上都是由该公司的法定代表人王××控制,债务人及大部分股东根本不予配合,从而使该方案失去了实施的基础。

由于公司进入司法清算程序后,在债务人资产不足以清偿债务时,有权提出破产申请的主体只能是依法负有清算责任的人,即清算组。而此时如果清算组怠于行使破产申请权,债权人申请债务人破产清算的,人民法院应当依法受理。根据最高人民法院《关于债权人对人员下落不明或者财产状况不清的债务人申请破产清算案件如何处理的批复》的规定,在企业法人被吊销营业执照后,依法负有清算责任的人未向法院申请破产的,债权人可以向人民法院申请被吊销营业执照的企业破产。债权人对人员下落不明或者财产状况不清的债务人申请破产清算,符合《企业破产法》规定的,人民法院应依法予以受理。债务人能否依据《企业破产法》第11条第2款的规定向人民法院提交财产状况说明、债权债务清册等相关资料,并不影响对债权人申请的受理。

对于负有清算责任的人申请破产应当向人民法院提交哪些材料,《北京市高级人民法院企业破产案件审理规程》第16条规定:"(清算责任人申请债务人破产清算时应当提交的材料)清算责任人申请债务人破产清算,除应当提交破产申请书以外,还应向人民法院提交下列材料:(1)债务人主体资格证明;(2)清算责任人的基本情况或者清算组成立的文件;(3)债务人解散的证明材料;(4)债务人未清算的,债务人资产不足以清偿全部债务的财务报告;(5)债务人经过清算的,债务人资产不足以清偿全部债务的清算报告;(6)债务清册,列明债权人名称、住所、联系方式、债权数额、有无担保、债权形成时间和被催讨情况;(7)债权清册,列明债务人的债务人名称、住所、联系方式、债务数额、有无担保、债务形成时间和催讨偿还情况;(8)债务人涉及的诉讼、仲裁、执行情况;(9)企业职工情况和安置预案,列明债务人解除职工劳动关系后依法对职工的补偿方案;债务人为国家出资企业的,职工安置预案应列明拟安置职工基本情况、安置障碍及主要解决方案等。职工安置预案报对债务人履行出资人职责的机构备案;(10)职工、高管人员工资的支付和社会保险费用、住房公积金的缴纳情况。"

(三) 破产案件的管辖

在确定兴昌达博公司具备了破产的条件及准备好有关证据材料后,债权人兴昌高科公司便向北京市昌平区人民法院提交了破产申请。但是,兴昌高科公司为什么是向昌平区人民法院提交破产申请,而不是其他区的人民法院呢?这就涉及破产案件的管辖问题。

关于破产案件的地域管辖,我国《企业破产法》第3条规定:"破产案件由债务人住所地人民法院管辖。"债务人住所地,根据最高人民法院《关于审理企业破产案件若干问题的规定》第1条的规定,是指债务人的主要办事机构所在地。债务人无办事机构的,由其注册地人民法院管辖。对此,《北京市高级人民法院企业破产案件审理规程》第1条规定:"(地域管辖)破产案件由债务人住所地人民法院管辖。债务人住所地指债务人的主要办事机构所在地。债务人主要办事机构所在地难以确定的,由债务人注册登记地人民法院管辖。"本案中,兴昌达博公司的主要办事机构在北京市东城区,并不在昌平区。可案件怎么会由昌平区人民法院管辖呢?这是因为在案件的地域管辖之外还存在级别管辖、指定管辖和移送管辖。

关于破产案件的级别管辖，最高人民法院《关于审理企业破产案件若干问题的规定》第2条规定："基层人民法院一般管辖县、县级市或者区的工商行政管理机关核准登记企业的破产案件；中级人民法院一般管辖地区、地级市(含本级)以上的工商行政管理机关核准登记企业的破产案件；纳入国家计划调整的企业破产案件，由中级人民法院管辖。"对此规定，《北京市高级人民法院企业破产案件审理规程》第2条规定："(级别管辖)基层人民法院管辖县、区级工商行政管理机关核准登记企业的破产案件。中级人民法院管辖市级以上工商行政管理机关核准登记企业的破产案件。纳入国家计划调整的企业破产案件，由中级人民法院管辖。金融机构、上市公司破产案件，由中级人民法院管辖。"

关于指定管辖和移送管辖，最高人民法院《关于审理企业破产案件若干问题的规定》第3条规定："上级人民法院审理下级人民法院管辖的企业破产案件，或者将本院管辖的企业破产案件移交下级人民法院审理，以及下级人民法院需要将自己管辖的企业破产案件交由上级人民法院审理的，依照民事诉讼法第三十九条的规定办理；省、自治区、直辖市范围内因特殊情况需对个别企业破产案件的地域管辖作调整的，须经共同上级人民法院批准。"《北京市高级人民法院企业破产案件审理规程》第4条规定："(管辖调整)中级人民法院对其管辖的企业规模较小、债权债务关系简单的破产案件，可交由该企业住所地的基层人民法院审理，但应当报请高级人民法院批准。下级人民法院对其管辖的破产案件，认为需要由上级人民法院审理的，可以报请上级人民法院审理。"本案中，兴昌达博公司为在北京市登记注册的企业，根据我国法律关于级别管辖的规定应当由北京市中级人民法院管辖，但由于本案涉及的房地产项目在昌平区，同时考虑到本案较大的社会影响及维护社会稳定性的需要，北京市中级人民法院指定本案由昌平区人民法院管辖与受理。

根据《中华人民共和国民事诉讼法》第127条第1款的规定："人民法院受理案件后，当事人对管辖权有异议的，应当在提交答辩状期间提出……"那么在破产程序中，人民法院受理破产申请后，如果相关权利人对破产案件的管辖存有异议是否可以向人民法院提出呢？对此，笔者认为，债权人提出破产申请，如债务人对法院管辖权有异议的，应当依据《企业破产法》第10条的规定自收到人民法院通知之日起7日内向人民法院提出。即在债权人提出破产申请的情况下，债务人有权提出管辖权异议。如果是债务人或负有清算责任的人提出破产申请，债权人或其他有利害关系的人是否可以提出管辖权异议，目前尚未有法律、法规或者司法解释予以明确。

二、法院受理破产申请

2007年9月11日,兴昌高科公司向北京市昌平区人民法院提交了破产申请,昌平区人民法院经审查后,于2007年9月19日受理并作出如下民事裁定书:

北京市昌平区人民法院
民事裁定书

(2007)昌民破字第10949号

申请人:北京兴昌高科技发展总公司,住所:北京市昌平区科技园区超前路××号。

法定代表人:王××,总经理。

债务人:北京兴昌达博房地产开发有限公司,住所:北京市昌平区超前路×××号。

法定代表人:王××,董事长。

申请人北京兴昌高科技发展总公司(以下简称"兴昌公司")认为债务人北京兴昌达博房地产开发有限公司(以下简称"兴昌达博公司")不能清偿到期债务,明显缺乏清偿能力,向本院申请宣告兴昌达博公司破产还债。

本院经审查认为,兴昌达博公司承诺于2006年12月31日偿付兴昌公司欠款,但至今不能清偿。兴昌公司申请兴昌达博公司破产还债,符合法律规定。依照《中华人民共和国企业破产法》第七条第二款、第十一条的规定,裁定如下:

对兴昌公司的破产申请本院予以受理。

本裁定送达后立即生效。

审判长:×××
审判员:×××
审判员:×××
二〇〇七年九月十九日
书记员:×××

根据我国《企业破产法》的规定,申请人向人民法院提交破产申请后,人民法院必须在法定的期限内予以审查,作出是否受理的裁定,并依法予以送达。对不予受理或驳回申请的裁定不服的,申请人可以向上一级人民法院上诉。

(一)人民法院决定是否受理的期限

我国《企业破产法》第10条规定:"债权人提出破产申请的,人民法院应当自收到申请之日起五日内通知债务人。债务人对申请有异议的,应当自收到人民法院的通知之日起七日内向人民法院提出。人民法院应当自异议期满之日起十日内裁定是否受理。除前款规定的情形外,人民法院应当自收到破产申请之日起十五日内裁定是否受理。有特殊情况需要延长前两款规定的裁定受理期限的,经上一级人民法院批准,可以延长十五日。"《企业破产法》未规定负有清算责任的人申请破产的受理期限,但《北京市高级人民法院企业破产案件审理规程》第32条规定,其与债权人申请破产的受理期限相同:"(受理审查期间)债权人、对企业依法负有清算责任的人提出破产申请,人民法院应当自立案号('破预字')之日起五日内通知债务人。债务人对申请有异议的,应当自收到人民法院通知之日起七日内向人民法院提出。人民法院应当自异议期满之日起十日内裁定是否受理。除前款规定的情形外,人民法院应当自立案号('破预字')之日起十五日内裁定是否受理。有特殊情况需要延长前两款规定的裁定受理期限的,经上一级人民法院批准,可以延长十五日。"从本条规定可知,人民法院决定是否受理破产申请的期限因提出主体的不同,其审查的期限也不尽相同。

1. 债权人、负有清算责任的人申请破产

债权人提出破产申请的,人民法院应当在收到破产申请后5日内通知债务人,向债务人送达破产申请书及申请材料的副本。债务人如对债权人的申请有异议的,应当在收到人民法院通知后7日内向人民法院提出。债务人对申请有异议的,可以就申请破产的债权的真实性,债务人是否不能清偿到期债务等向人民法院提出,并提交相关的证据材料。人民法院对债务人的异议进行审查后,应当自异议期满之日起10日内作出不予受理破产申请或者受理破产申请的裁定。人民法院不予受理破产申请的,应当作出书面裁定,并说明不予受理的理由。由此可知,债权人申请破产的,人民法院审查的期限为22日。

关于向债务人送达破产申请的有关材料的方式,最高人民法院《关于推进破产案件依法高效审理的意见》(法发〔2020〕14号)第1条规定:"对于企业破产法及相关司法解释规定需要公告的事项,人民法院、管理人应当在全国企业破产重整案件信息网发布,同时还可以通过在破产案件受理法院公告栏张贴、法院官网发布、报纸刊登或者在债务人住所地张贴等方式进行公告。对于需要通知或者告知的事项,人民法院、管理人可以采用电话、短信、传真、电子邮件、即时通信、通讯群组等能够确认其收悉的简便方式通知或者告知债权人、债务人及其他利害关系人。"第2条规定:"债权人提出破产申请,人民法院经采用本意见第1条第2款规定的简便方式和邮寄等方式无法通知债务人的,应当到其住所地进行通知。仍无法通知的,人民法院应当按照本意见第1条第1款规定的公告方式进行通知。自公告发布之日起七日内债务人未向人民法院提出异议的,视为债务人经通知对破产申请无异议。"

关于债务人的异议权,《北京市高级人民法院企业破产案件审理规程》第 35 条对债务人提出异议的时间和条件进一步明确规定:"(债务人的异议权)债务人对债权人、依法对其负有清算责任的人提出的破产申请有异议的,可以自收到人民法院的通知之日起七日内,就发出通知的人民法院对本案是否具有管辖权、申请人与被申请人的主体资格、申请人债权的真实性及合法性以及债务人是否发生破产原因等向人民法院提出书面异议,并应当提交相关的证据材料。人民法院认为有必要的,可以组织破产申请人、债务人对破产申请应否受理进行听证。与破产申请存在利害关系的人员可以申请参加。人民法院组织听证的时间不计入破产申请的受理审查期间。"第 36 条分别对债权人申请破产和负有清算责任的人申请破产提出的异议如何处理作出了规定:"……债务人对申请人的主体资格或自身的破产能力提出异议,人民法院经审查异议成立的,裁定不予受理破产申请。债权人提出破产申请,债务人对申请人债权的真实性及数额提出异议,但债权人申请所依据的债权已得到生效裁判文书、仲裁裁决书等可强制执行的法律文书的确认且在申请执行时效内的,人民法院应认定债务人的该项异议不成立;如果申请人的债权未得到生效的可强制执行的法律文书的确认,且债务人的异议具有合理理由,人民法院应裁定不予受理破产申请,并告知债权人向有管辖权的人民法院提起民事诉讼。债权人提出破产申请,债务人对申请人债权的真实性及数额无异议,但对不能清偿到期债务的事实提出异议的,债务人应实际清偿债务,或者与申请人达成债务清偿协议。否则,人民法院应认定债务人的该项异议不成立。债权人提出破产申请,债务人对不能清偿到期债务的事实无异议,但对其发生破产原因提出异议的,应当证明其并非'资不抵债'且并非'明显缺乏清偿能力'。否则,人民法院应认定债务人的该项异议不成立。依法负有清算责任的人提出破产申请,债务人提出异议的,应当证明其未解散或者并非'资不抵债'。否则,人民法院应认定债务人的异议不成立。"

2. 债务人申请破产

债务人申请破产的,人民法院收到破产申请材料后,应在 15 日内裁定是否受理。如人民法院认为债务人向人民法院提交的破产申请材料不符合《企业破产法》及有关法律的规定而要求债务人补充提交材料的,则 15 日内裁定是否受理的期限应当自该补充提交材料提交完毕时开始起算。也就是说,对债务人、负有清算责任的人申请破产的,人民法院决定是否受理的审查期限为 15 日。

3. 特殊情况的处理

根据《企业破产法》第 10 条第 3 款的规定可知,如遇特殊情况,经上级人民法院批准,人民法院裁定受理的期限可以延长 15 日。即如果是债权人申请破产,人民法院审查的最长期限为37日;如果是债务人、负有清算责任人的申请破产,人民法院审查的最长期限为30日。但何种情形属于可以延长受理期限的特殊情况,《企业破产法》及相关法律、法规未作规定,尚有待进一步明确。

4. 对提交材料的处理

《破产法解释(一)》第7条明确规定:"人民法院收到破产申请时,应当向申请人出具收到申请及所附证据的书面凭证。人民法院收到破产申请后应当及时对申请人的主体资格、债务人的主体资格和破产原因,以及有关材料和证据等进行审查,并依据企业破产法第十条的规定作出是否受理的裁定。人民法院认为申请人应当补充、补正相关材料的,应当自收到破产申请之日起五日内告知申请人。当事人补充、补正相关材料的期间不计入企业破产法第十条规定的期限。"

5. 对法院违反受理规定的救济程序

《破产法解释(一)》第9条对法院违反受理规定的救济途径作出了规定:"申请人向人民法院提出破产申请,人民法院未接收其申请,或者未按本规定第七条执行的,申请人可以向上一级人民法院提出破产申请。上一级人民法院接到破产申请后,应当责令下级人民法院依法审查并及时作出是否受理的裁定;下级人民法院仍不作出是否受理裁定的,上一级人民法院可以径行作出裁定。上一级人民法院裁定受理破产申请的,可以同时指令下级人民法院审理该案件。"

(二) 破产申请裁定的送达

《企业破产法》第11条规定:"人民法院受理破产申请的,应当自裁定作出之日起五日内送达申请人。债权人提出申请的,人民法院应当自裁定作出之日起五日内送达债务人。债务人应当自裁定送达之日起十五日内,向人民法院提交财产状况说明、债务清册、债权清册、有关财务会计报告以及职工工资的支付和社会保险费用的缴纳情况。"《北京市高级人民法院企业破产案件审理规程》在此基础上特别强调了被申请人应提交高级管理人员工资的支付和住房公积金的缴纳情况。根据该条规定可知,破产申请人如果是债务人和负有清算责任的人,人民法院自裁定作出之日起5日内送达申请人即可。如果是债权人提出破产申请的,人民法院自裁定作出之日起5日内除向债权人送达裁定外,还应当在裁定作出之日起5日内将裁定送达给被申请人债务人,被申请人在收到人民法院的裁定后15日内需向人民法院提交财产状况说明、债务清册、债权清册、有关财务会计报告以及职工工资、高级管理人员工资的支付和社会保险费用和住房公积金的缴纳情况。债务人拒绝向人民法院提交财产状况说明、债务清册、债权清册、有关财务会计报告以及职工工资的支付和社会保险费用的缴纳情况,或者向人民法院提交财产状况说明、债务清册、债权清册、有关财务会计报告以及职工工资的支付和社会保险费用的缴纳情况不真实的,根据《企业破产法》第127条的规定,人民法院可以对直接责任人依法处以罚款。

(三) 不予受理或驳回裁定的上诉

《企业破产法》第12条规定:"人民法院裁定不受理破产申请的,应当自裁定作出之日起五日内送达申请人并说明理由。申请人对裁定不服的,可以自裁定送达之日起十日内向上一级人民法院提起上诉。人民法院受理破产申请后至破产宣告前,经审查发现债务人不符合本法第二条规定情形的,可以裁定驳回申请。申请人对裁定不服的,可以自裁定送达之日起十日内向上一级人民法院提起上诉。"本条是关于人民法院裁定不受理破产申请和受理破产申请后又裁定驳回有关上诉的规定。根据该条规定可知,人民法院在裁定不予受理破产申请时应当书面说明不予受理的理由。人民法院受理破产申请后至破产宣告前,或和解协议、重整计划提交债权人会议表决前,发现债务人在破产申请受理时不具备《企业破产法》第2条规定的情形,债务人或者债权人请求人民法院裁定驳回申请的,人民法院应当予以支持。申请人对不予受理或者驳回申请裁定不服,向上一级人民法院提起上诉的,上一级人民法院应当自上诉受理之日起30日内作出裁定。根据《北京市高级人民法院企业破产案件审理规程》第40条第2款的规定,上诉理由成立的,裁定撤销原裁定,指令下级人民法院继续审理。

第二节　成立破产管理人

一、管理人的指定

2007年9月19日,北京市昌平区人民法院在裁定受理破产申请的同日作出了《关于北京兴昌达博房地产开发有限公司破产案件指定破产管理人的决定》,全文内容如下:

**关于北京兴昌达博房地产开发有限公司
破产案件指定破产管理人的决定**

(2007) 昌民破字第10949号

北京兴昌高科技发展总公司申请北京兴昌达博房地产开发有限公司破产一案,经审查,本院已于2007年9月19日依法裁定受理。依照《中华人民共和国企业破产法》第二十二条第一款、第二十四条第一款的规定,经研究决定,成立北京兴昌达博房地产开发有限公司破产企业清算组,指定清算组为北京兴昌达博房地产开发有限公司破产管理人。

清算组由以下17位同志组成：

苏××,北京市中关村科技园区昌平园管理委员会主任;
张××,北京市昌平区发展改革委员会经济体制综合改革科科长;
孙××,北京市昌平区监察局监察科科长;
吴××,北京市市政管理委员会法制科科长;
薛××,北京市工商局行政管理局昌平分局监察科科长;
刘××,北京市昌平区地税局行事一科科长;
时××,北京市昌平区财政局园区财政所所长;
石××,北京市昌平区规划局建筑工程科科长;
张××,北京市国税局昌平分局所得税科副科长;
施××,北京市昌平区审计局内审指导所副所长;
王××,北京市昌平区国土资源局土地利用科科长;
何××,北京市昌平区国有资产监督管理委员会改革发展科副科长;
付××,北京市昌平区城乡建设委员会权属科科长;
齐××,北京市中关村科技园区昌平园管理委员会规划部部长;
王××,北京市中关村科技园区昌平园管理委员会办公室职员;
李××,北京市中关村科技园区昌平园管理委员会财务科科长;
于××,北京市中关村科技园区昌平园管理委员会办公室职员。

指定苏××担任清算组组长。

2007 年 9 月 19 日
（院印）

由此可见,本案中管理人是由人民法院在裁定受理破产申请的同时指定,并由清算组担任。关于破产管理人成立的时间、可以担任管理人的主体、管理人的更换等问题,我国《企业破产法》及相关司法解释中有比较明确、具体的规定。

(一) 管理人成立的时间

我国《企业破产法》第13条规定:"人民法院裁定受理破产申请的,应当同时指定管理人。"第22条第1款规定:"管理人由人民法院指定。"根据上述规定可知,管理人成立的时间为人民法院在裁定受理破产申请的同时,成立的方式为人民法院指定。《北京市高级人民法院企业破产案件审理规程》第68条规定:"(管理人负责人的指定)人民法院指定社会中介机构或者清算组担任管理人的,应当同时指定管理人负责人。社会中介机构或者清算组需要变更管理人负责人的,应当向人民法院提出申请。"

（二）可以担任管理人的主体

我国《企业破产法》第24条第1、2款规定："管理人可以由有关部门、机构的人员组成的清算组或者依法设立的律师事务所、会计师事务所、破产清算事务所等社会中介机构担任。人民法院根据债务人的实际情况，可以在征询有关社会中介机构的意见后，指定该机构具备相关专业知识并取得执业资格的人员担任管理人。"所以，可以担任破产管理人的主体有依法组成的清算组或律师事务所、会计师事务所、破产清算事务所等社会中介机构，自然人在符合条件的情况下也可以担任破产管理人，但限制比较严格。最高人民法院《关于审理企业破产案件指定管理人的规定》对可以担任管理人的主体、禁止担任管理人的情形、管理人的更换等都作出了更为详尽的规定。

1. 清算组担任管理人

根据最高人民法院《关于审理企业破产案件指定管理人的规定》第18条的规定，人民法院在以下四种情形下可以指定清算组为管理人：

（1）破产申请受理前，根据有关规定已经成立清算组，人民法院认为符合本规定第19条的规定。此种情形下，指定清算组担任管理人，其成立时间必须早于破产申请受理的时间；其成员组成可以从政府有关部门、编入管理人名册的社会中介机构、金融资产管理公司中指定清算组成员，人民银行及金融监督管理机构可以按照有关法律和行政法规的规定派人参加清算组。

（2）审理《企业破产法》第133条规定的案件。《企业破产法》第133条规定的企业破产案件，是指在本法施行前国务院规定的期限和范围内的国有企业实施破产的企业破产案件，即政策性破产案件。所谓政策性破产，是指在《企业破产法》实施前，已列入国务院批准的《全国企业兼并破产和职工再就业工作计划》中的国有企业的政策性破产。

（3）有关法律规定企业破产时成立清算组。规定企业破产时应当成立清算组的其他有关法律，主要有《中华人民共和国商业银行法》《中华人民共和国保险法》等规定的商业银行和保险公司的破产案件。

（4）人民法院认为可以指定清算组为管理人的其他情形。本项规定赋予了人民法院较大的自由裁量权，对不属于上述三种情形的，如涉及人员较多、影响较大或职工人数较多的国有企业的破产等，人民法院都可以视为第四种情形指定清算组为管理人。

《北京市高级人民法院企业破产案件审理规程》第71条规定："（清算组成员的构成）清算组为管理人的，人民法院可以从政府有关部门、编入管理人名册的社会中介机构、金融资产管理公司中指定清算组成员，人民银行及金融监督管理机构可以按照有关法律和行政法规的规定派人参加清算组。"

本案中，由于兴昌达博公司开发的麓鸣花园项目长期不能交房，引起广大购房人的强烈不满，他们不断上访、诉讼，在社会上产生了较大的影响，已成为北京市十大维稳案件之一。考虑到本案的复杂性、涉案人数众多、涉及国有资产等因素，昌平区人民法院最终决定由昌平区政府各部门负责人组成兴昌达博公司破产企业清算组，并指定清算组为兴昌达博公司破产管理人。

2. 社会中介机构担任管理人

根据最高人民法院《关于审理企业破产案件指定管理人的规定》第16条的规定："受理企业破产案件的人民法院，一般应指定管理人名册中的社会中介机构担任管理人。"可以担任管理人的中介机构为律师事务所、会计师事务所和破产清算事务所等社会中介机构。人民法院指定社会中介机构为管理人，根据最高人民法院《关于审理企业破产案件指定管理人的规定》第20、21、22条的规定，可采取轮候、抽签、摇号等随机方式。对于商业银行、证券公司、保险公司等金融机构或者在全国范围有重大影响、法律关系复杂、债务人财产分散的企业破产案件，人民法院可以采取公告的方式，邀请编入各地人民法院管理人名册中的社会机构参与竞争，从参与竞争的社会中介机构中指定管理人。参与竞争的社会中介机构不得少于3家。采取竞争方式指定管理人的，人民法院应当组成专门的评审委员会。评审委员会应当结合案件的特点，综合考量社会中介机构的专业水准、经验、机构规模、初步报价等因素，从参与竞争的社会中介机构中择优指定管理人。被指定为管理人的社会中介机构应经评审委员会成员1/2以上通过。采取竞争方式指定管理人的，人民法院应当确定一至两名备选社会中介机构，作为需要更换管理人时的接替人选。对于经过行政清理、清算的商业银行、证券公司、保险公司等金融机构的破产案件，人民法院除可以按照本规定第18条第1项的规定指定管理人外，也可以在金融监督管理机构推荐的已编入管理人名册的社会中介机构中指定管理人。关于破产管理人能否异地执业的问题，根据最高人民法院《关于审理企业破产案件指定管理人的规定》第15条第1款的规定："受理企业破产案件的人民法院指定管理人，一般应从本地管理人名册中指定。"2018年3月4日，最高人民法院印发了《全国法院破产审判工作会议纪要》，该纪要"三、管理人制度的完善"第5点提出，要探索管理人跨区执业，除从本地名册选择管理人外，各地法院还可以探索从外省、市管理人名册中选任管理人，确保重大破产案件能够遴选出最佳管理人。两家以上具备资质的中介机构请求联合担任同一破产案件管理人的，人民法院经审查符合自愿协商、优势互补、权责一致要求且确有必要的，可以准许。

3. 个人担任管理人

根据最高人民法院《关于审理企业破产案件指定管理人的规定》的规定，人民法院指定个人担任管理人,与人民法院指定社会中介机构为管理人,在程序上基本一致,都需要事先编制管理人名册,再随机指定。但人民法院指定管理人名册中的个人为管理人的,限于事实清楚、债权债务关系简单、债务人财产相对集中的企业破产案件。

(三)禁止担任管理人的情形

《企业破产法》第24条第3款规定:"有下列情形之一的,不得担任管理人:(一)因故意犯罪受过刑事处罚;(二)曾被吊销相关专业执业证书;(三)与本案有利害关系;(四)人民法院认为不宜担任管理人的其他情形。"

其中,最高人民法院《关于审理企业破产案件指定管理人的规定》第23条、第24条对利害关系的具体认定作出了明确规定,即具有如下情形之一便可被认定为与本案有利害关系:

(1)与债务人、债权人有未了结的债权债务关系;

(2)在人民法院受理破产申请前3年内,曾为债务人提供相对固定的中介服务;

(3)现在是或者在人民法院受理破产申请前3年内曾经是债务人、债权人的控股股东或者实际控制人;

(4)现在担任或者在人民法院受理破产申请前3年内曾经担任债务人、债权人的财务顾问、法律顾问;

(5)现在担任或者在人民法院受理破产申请前3年内曾经担任债务人、债权人的董事、监事、高级管理人员;

(6)与债权人或者债务人的控股股东、董事、监事、高级管理人员存在夫妻、直系血亲、三代以内旁系血亲或者近姻亲关系;

(7)人民法院认为可能影响其公正、忠实履行管理人职责的其他情形。

同时,最高人民法院《关于审理企业破产案件指定管理人的规定》第9条、第26条对人民法院认为不宜担任管理人的其他情形,也给予了明确规定。依据上述两条规定,人民法院认为不宜担任管理人的其他情形,具体是指:因执业、经营中故意或者重大过失行为,受到行政机关、监管机构或者行业自律组织行政处罚或者纪律处分之日起未逾3年;因涉嫌违法行为正被相关部门调查;因不适当履行职务或者拒绝接受人民法院指定等原因,被人民法院从管理人名册除名之日起未逾3年;缺乏担任管理人所应具备的专业能力;缺乏承担民事责任的能力;人民法院认为可能影响履行管理人职责的其他情形。社会中介机构或者个人有重大债务纠纷或者因涉嫌违法行为正被相关部门调查的,人民法院不应指定该社会中介机构或者个人为本案管理人。

(四) 管理人的更换

我国《企业破产法》第22条第2款规定:"债权人会议认为管理人不能依法、公正执行职务或者有其他不能胜任职务情形的,可以申请人民法院予以更换。"依据最高人民法院《关于审理企业破产案件指定管理人的规定》第33条的规定,作为管理人的社会中介机构、清算组成员具有下列情形之一的,人民法院可以根据债权人会议的申请或者依职权径行决定更换管理人,或者更换清算组的成员:执业许可证或者营业执照被吊销或者注销;出现解散、破产事由或者丧失承担执业责任风险的能力;与本案有利害关系;履行职务时,因故意或者重大过失导致债权人利益受到损害;有重大债务纠纷或者因为涉嫌违法行为正被相关部门调查。《北京市高级人民法院企业破产案件审理规程》在此基础上增加了拒绝接受人民法院、债权人会议、债权人委员会的监督,经批评教育仍不改正;违反法律、司法解释和本规程规定私自收费;缺乏担任管理人所应具备的专业能力三种情形,且清算组成员的更换参照上述情况。

个人管理人有下列情形之一的,人民法院可以根据债权人会议的申请或者依职权径行决定更换管理人:执业资格被取消、吊销;与本案有利害关系;履行职务时,因故意或者重大过失导致债权人利益受到损害;失踪、死亡或者丧失民事行为能力;因健康原因无法履行职务;执业责任保险失效;有重大债务纠纷或者因为涉嫌违法行为正被相关部门调查。《北京市高级人民法院企业破产案件审理规程》在此基础上增加了拒绝接受人民法院、债权人会议、债权人委员会的监督,经批评教育仍不改正;违反法律、司法解释和本规程规定私自收费;缺乏担任管理人所应具备的专业能力三种情形。

清算组成员的派出人员、社会中介机构的派出人员的更换参照适用上述情况。

二、管理人行使管理权的准备工作

管理人接受人民法院的指定后,便应积极行使管理人的有关职责和权利。为更好地行使职权,保证今后破产工作的顺利进行,兴昌达博公司清算组接受人民法院指定后,进行了大量的前期准备工作,如刻制管理人印章、开设管理人账户、确定管理人行使职权的方式、制定管理人内部职能机构及职责、制定管理人内部各项制度等,从而为后续破产工作的顺利开展奠定了基础。

(一) 刻制管理人印章、开设管理人账户

兴昌达博公司清算组接受人民法院的指定后,为顺利开展工作,刻制了管理人公章、财务章等印鉴。刻制管理人公章,一方面是为了今后开展工作的方便,另一

方面也是管理人成立和运作的主要标志。根据《北京市高级人民法院企业破产案件审理规程》第48条的规定，人民法院应在受理破产案件后书面通知公安部门为管理人刻制管理人公章[印文为"×××（债务人名称）管理人"]和财务专用章，管理人持人民法院受理破产申请裁定书、指定管理人决定书和刻制印章通知书，到公安机关刻制管理人印章，管理人印章交人民法院封样备案后启用。管理人印章只能限于管理人履行职责时使用，只能用于所涉破产事务。管理人可以制定印章使用管理办法，并分发给相关人员遵照执行。管理人根据《企业破产法》第122条规定终止执行职务后，应当将管理人印章交公安机关销毁，并将销毁证明送交法院。公安机关不予办理的，交人民法院销毁，人民法院应制作销毁笔录。

管理人成立后，为履行管理职责必然要发生相应的费用支出与收入，为便于账目和财务的管理，在兴昌达博公司清算组被指定为管理人后，管理人设立了自己的银行账户。开设管理人账户需在管理人刻制印章后，持人民法院受理破产申请的裁定书、人民法院指定管理人决定书和管理人负责人身份证明等文件材料，到银行申请开立管理人账户。

（二）确定管理人行使职权的方式

根据本节第一部分内容可知，管理人既可能是清算组，也可能是律师事务所、会计师事务所等社会中介机构，还可能是具备相关专业知识并取得执业资格的人员。但无论谁担任管理人，都应是一个集体行使职权的组织机构。很多重要的事务均需要管理人集体讨论、研究、表决，并作出决议。而管理人如何集体行使相关权利则直接关系到今后破产工作的进展。本案中，管理人行使职权的方式是通过定期召开管理人会议完成的。一般来说，管理人会议由破产管理人全体成员组成，管理人聘用的专业中介机构工作人员以及债务人的留守人员可以根据实际情况允许列席会议。管理人内部会议分为日常会议和临时会议，由破产管理人负责人召集和主持，会议召开前应制定本次会议议程，明确本次会议召开的时间、地点和审议事项，并提前以书面形式通知全体成员。对各项议案审议完毕后，清算组成员将对各项审议的议案进行表决，表决逐一进行，也就是每一个议案都单独表决，管理人办公室工作人员清点票数后由管理人负责人宣布表决结果。表决通过的即成为管理人决议，管理人办公室工作人员向会议成员宣读决议后，管理人成员应在决议上签字。召开管理人会议时应安排专人进行会议记录，会议结束时所有参加会议的管理人成员应该在会议记录上签字。

在管理人内部召开的历次会议中，第一次会议相比以后召开的会议尤为重要。因为第一次会议将完成设立管理人内部机构、制定内部机构职责、制定管理人会议议事规则、刻制印章、开设账户等各方面的工作，从而为管理人以后顺利开展各项工作提供条件和基础。本案中,管理人是由昌平区各个政府部门负责人(共17人)组成的清算组担任。在昌平区人民法院指定清算组担任本案的破产管理人之后,迅速组织召开了清算组第一次会议,会议就刻制清算组公章、各种财务印章印鉴及设立管理人银行账户,清算组议事规则,清算组内部职能机构设置、编制及负责人,清算组内部职能机构的工作细则,清算组财务支出管理办法,清算组组长的职权,清算组聘请法律顾问,清算组聘请会计师事务所,清算组第一季度支出预算等事项提出议案,由清算组成员进行审议。

(三) 设立管理人内部职能机构

为了保障管理人顺利开展破产管理工作,明确各自的工作职责,提高工作效率,根据破产工作的需要,可在管理人内部设立相应的内部职能机构。本案中,在清算组内部设立了六个职能机构,即办公室、资产组、财务组、债权债务组、法律组、人事保卫组,并对每个职能部门的职责予以明确,使各职能机构之间进行有效分工与积极合作,从而有效地促进了破产工作的进展。具体架构如下:

北京兴昌达博房地产开发有限公司清算组内部职能机构设置表

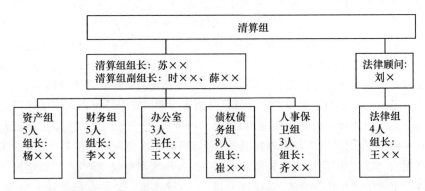

各职能机构人员名单:
资产组:杨××、王××、王××、王××、薄××;
财务组:李××(昌平园管委会)、王××、董××、于××、刘××;
办公室:王××(昌平园管委会)、于××(昌平园管委会)、于××;
债权债务组:崔××、李×、付××、凌××、张××、王××、李××、周××;
人事保卫组:齐××(昌平园管委会)、刘××、张××;
法律组:王××、刘××、张××、贾××。

一般来说,在管理人内部可以设立资产组、财务组、债权债务组、人事保卫组、法律组、办公室等工作小组,并为各工作小组指定一名负责人。管理人内部职能机构的人员一般由管理人成员组成,但在必要时管理人可以聘用必要的工作人员。聘用必要的工作人员可有两种来源:一种是继续聘用原公司的工作人员,也就是通常所说的原公司"留守人员";另一种是从社会上聘用新的人员。对于这部分工作人员是和破产企业还是破产管理人建立法律关系有不同的看法:有的观点认为,这部分工作人员是与破产管理人建立法律关系,因为这部分工作人员主要是为了完成破产管理事务而不是公司继续营业事务;另一种观点认为,这部分工作人员是与破产企业发生了特定的法律关系,是与破产企业建立了劳动关系。笔者认为这部分"必要的工作人员"应该是和破产管理人签订了劳动关系,双方订立的是以完成一定工作任务为期限的劳动合同。破产管理人应该按照《中华人民共和国劳动法》(以下简称《劳动法》)的相关规定为这部分工作人员支付工资、缴纳各种社会保险,此部分费用属于破产费用,按照《企业破产法》的规定应该由破产财产随时清偿。留守人员的工资福利待遇一般与其在原破产公司的工资福利待遇相同。但值得注意的是,"留守人员"的合同期限的计算问题,是视为原合同的继续还是原合同解除和破产管理人订立了新的合同,这涉及随后经济补偿金的计算,以及未到期合同解除时间的确定等,都是实务中需要解决的问题。本案中,清算组聘用的工作人员部分是原公司的工作人员,部分是从社会上新聘用的人员。在处理留守人员和招聘人员时采取了以下方案:

1. 关于兴昌达博公司留守人员和招聘人员的工资问题

我国《企业破产法》及其他相关法律未对破产企业留守人员和管理人聘用人员的工资支付和标准作出明确说明。但按照《企业破产法》的规定,上述人员的工资应当作为破产费用,由管理人从债务人的财产中随时清偿。考虑到兴昌达博公司留守人员上下班路途、工作内容等因素,为调动其积极性,破产管理人对留守人员依照其原工资标准按时发放工资,管理人聘用人员参照北京地区同行业平均工资标准按时发放工资。根据我国《企业破产法》的规定,破产企业留守人员和聘用人员工资待遇确定后需经过管理人会议通过后报主审人民法院批准。

2. 关于兴昌达博公司留守人员和招聘人员的保险问题

《劳动法》第72条规定:"……用人单位和劳动者必须依法参加社会保险,缴纳社会保险费。"第100条规定:"用人单位无故不缴纳社会保险费的,由劳动行政部门责令其限期缴纳,逾期不缴的,可以加收滞纳金。"鉴于兴昌达博公司留守人员和招聘人员与管理人建立了劳动关系,管理人依照《劳动法》的上述规定为其缴纳各类保险费用。

（四）制定管理人内部各项制度

为使管理人有效行使管理权，保障破产工作的有序开展，兴昌达博公司管理人在管理人内部建立了各项管理制度，这些制度具体包括清算组（破产管理人）成员保密承诺、清算组（破产管理人）议事规则、清算组（破产管理人）内部职能机构工作细则、清算组组长（破产管理人负责人）职权、清算组（破产管理人）财务支出管理办法、清算组（破产管理人）员工管理办法、清算组（破产管理人）档案管理办法、清算组（破产管理人）印章管理办法、清算组（破产管理人）安全保卫工作规则、清算组（破产管理人）聘请中介机构的议案、清算组（破产管理人）网站管理规程等。上述制度清算组（破产管理人）草拟好之后应提交清算组（破产管理人）第一次会议讨论审议，在清算组（破产管理人）第一次会议表决通过之后即正式生效。管理人以后开展各项工作包括召开会议的程序等均须依上述制度进行。

1. 清算组（破产管理人）成员保密承诺

为使清算组（破产管理人）成员保守在参与破产有关工作中获得的有关破产清算的相关信息，保障破产清算工作稳妥、顺利地进行，兴昌达博公司清算组（破产管理人）的每位成员在参与破产工作前都签署了清算组（破产管理人）成员保密承诺，以使清算组每位成员恪尽职守、勤勉尽责，严格按照我国《企业破产法》及最高人民法院相关司法解释，以及清算组（破产管理人）的各项内部规章制度的规定履行职责。对履行职责期间获得与破产相关的信息，包括但不限于公司的基本情况、资产状况、财务状况、债权债务状况、涉诉情况、债权申报、资产评估、财产审计等一切与破产相关的信息，除因工作需要和履行对人民法院、债权人会议、清算组（破产管理人）的义务之外，清算组（破产管理人）成员不得通过任何方式向清算组（破产管理人）以外的人员泄露，也不得从事任何不正当使用与破产相关信息的行为。否则，要承担相应的法律责任。

2. 清算组（破产管理人）议事规则

本案中，清算组（破产管理人）行使职权的一个重要形式就是定期召开清算组（破产管理人）内部会议，为使清算组（破产管理人）内部会议依法、有序地召开，保障清算组（破产管理人）依法公正、规范、高效地履行管理人的职责，兴昌达博公司清算组（破产管理人）根据我国《企业破产法》、最高人民法院相关司法解释及案件的具体情况，制定了清算组（破产管理人）议事规则。该规则从清算组（破产管理人）权利和义务、会议召开的方式与程序、参加人员、表决事项、表决程序与方式、会议记录等方面对清算组（破产管理人）如何召开内部会议进行了规范。

清算组（破产管理人）权利和义务一般为我国《企业破产法》第25条规定的内容。清算组（破产管理人）议事和决策的主要形式为清算组（破产管理人）会议，清算组(破产管理人)会议的参加人为全体清算组(破产管理人)成员,清算组(破产管理人)聘用的专业中介机构的工作人员及原债务人企业的留守人员也可根据工作需要允许列席会议。清算组(破产管理人)会议每季度至少应召开一次,由清算组组长(破产管理人负责人)召集和主持。清算组(破产管理人)应在会议召开前7日内以书面形式通知全体成员,通知应当包括会议召开的时间、地点、会议期限、事由及议题等。召开清算组(破产管理人)会议应当事先拟好议题。在清算组组长(破产管理人负责人)认为必要时或者1/3以上的清算组成员提议时,清算组组长(破产管理人负责人)可以召集临时清算组(破产管理人)会议。清算组(破产管理人)会议原则上应当由清算组(破产管理人)成员本人出席,成员因故不能出席的,可以书面委托本部门其他人员代为出席。

清算组(破产管理人)会议应当由1/2以上的成员出席方可举行。召开清算组(破产管理人)会议时,清算组组长(破产管理人负责人)或会议主持人应按照会议议程进行,首先由清算组组长(破产管理人负责人)或会议主持人宣布会议议题,由清算组(破产管理人)成员对有关议题逐一进行审议,非经清算组(破产管理人)成员1/2以上同意,清算组(破产管理人)会议不得讨论未在会议通知中列明的事项。在讨论审议有关事项时,非经清算组组长(破产管理人负责人)或者会议主持人根据成员意见决定听取列席会议人员的意见,列席人员不得介入清算组(破产管理人)议事。在对有关审议事项进行表决时,可采用举手表决的方式,并由表决人员签字。在对有关事项表决后,清算组(破产管理人)应当根据议事情况作出会议记录,并由参与表决的成员完成签字手续。

3. 清算组(破产管理人)内部职能机构工作细则

在清算组(破产管理人)内部职能机构设置完毕后,为使各职能机构规范、有序地开展具体工作,兴昌达博公司清算组(破产管理人)制定了《清算组(破产管理人)内部职能机构工作细则》对各职能机构的工作职责予以明确,并为各职能机构指定一名组长,负责本小组的有关工作。各职能机构在清算组(破产管理人)的统一安排下完成各项具体清算事务,并对清算组(破产管理人)负责。一般来说,各职能机构之间既要分工明确,又要注意协调配合。各职能机构的负责人在每个月月末应向清算组(破产管理人)汇报工作进展情况。工作人员在具体办理日常工作业务中,如果获得重大信息或遇到重大事件,应立即向其所在职能机构负责人报告,该负责人随即向清算组组长(破产管理人负责人)报告,清算组组长(破产管理人负责人)有权召开紧急会议对该事件讨论决定。

具体来说,各职能机构的工作职责为:办公室主要负责协调各职能机构的工作关系、有关资料文件的接收和保管、会议召开前的准备工作、汇总各职能机构的工作情况及其他日常行政事务等。

资产组主要负责债务人财产的接管及清理、制作财产状况明细表、配合评估公司对资产进行评估工作、执行对债务人财产的变价和分配方案等。

债权债务组主要负责对债务人所签订合同、协议等交易凭证及相关债权债务资料、对债权人申报债权进行登记审核、编制债权债务清册、对外依法追索债权及处理债务人未履行完毕合同及涉诉案件的具体事宜等。

财务组的主要职责是接管有关财务资料、审查核实有关财务资料的真实性、对相关债权债务的财务处理、对清算组日常的财务支出进行审核和监督、协助会计事务所进行财务审计工作、处理相关涉税事宜等。

人事保卫组主要负责清算组的安全保卫工作、公司职工的安置工作、清算组内部员工的管理工作及清算组交办的其他工作等。

法律组的主要职责是为清算组依法提供建议或者出具法律意见、起草、审查、修改清算组需要的各种合同协议等法律文件，接收并分类整理法律档案，根据清算组（破产管理人）的要求参加清算组（破产管理人）会议并及时汇报法律事务的进展情况，代管理人签署、送达或者接收法律文件，就各个案件诉前及诉中的调解、执行中的和解与债务人进行谈判，代理具体仲裁、诉讼或执行案件，协助管理人做好其他有关法律事务。

4. 清算组组长（破产管理人负责人）职权

鉴于清算组组长（破产管理人负责人）地位的特殊性及重要性，很多工作需要清算组组长（破产管理人负责人）主持或组织，为便于破产工作的开展，兴昌达博公司清算组对清算组组长（破产管理人负责人）的职权予以了明确。一般其职权范围包括如下内容：

(1) 主持清算组（破产管理人）日常的管理工作，组织落实清算组（破产管理人）的决议；

(2) 编制清算组（破产管理人）工作计划，掌握破产工作进度，协调各职能机构的关系；

(3) 提请清算组（破产管理人）聘任工作人员；

(4) 提请清算组（破产管理人）聘任破产所需的中介机构；

(5) 召集并主持清算组（破产管理人）会议，确定清算组（破产管理人）会议召开的时间、地点和议题；

(6) 督促清算组（破产管理人）成员及清算组（破产管理人）工作人员及时履行和完成各自的职责工作；

(7) 代表清算组（破产管理人）对外签订合同、参加谈判、出席会议；

(8) 在预算内审批破产费用的支出；

(9) 代表清算组（破产管理人）向人民法院报告破产工作的进展情况；

（10）列席债权人会议,并代表清算组(破产管理人)作工作报告,接受会议代表的质询;

（11）督促清算组(破产管理人)工作人员做好清算组(破产管理人)的印章使用和档案保管工作;

（12）负责组织起草清算组(破产管理人)的各项规章制度和岗位职责;

（13）提请清算组(破产管理人)聘任清算组(破产管理人)职能机构的负责人;

（14）清算组(破产管理人)授予的其他职权。

清算组组长(破产管理人负责人)如因特殊原因无法履行上述职权时,可以指定副组长代为行使有关职权。

5. 清算组(破产管理人)财务支出管理办法

清算组(破产管理人)成立后,为开展破产工作必然要花费一定的费用、进行各项支出,为合理控制清算组(破产管理人)的各项费用支出、节约成本,兴昌达博公司清算组(破产管理人)制定了《清算组(破产管理人)财务支出管理办法》。该管理办法从开支范围及支出原则、支出预算、决算管理、财务报销管理等方面对清算组(破产管理人)的财务支出进行了规定。

（1）开支范围及支出原则。清算组(破产管理人)的开支范围一般为破产费用和共益债务,破产费用和共益债务的范围按照《企业破产法》第41条、第42条的规定界定。清算组(破产管理人)应当在开支范围内,按照每季度支出预算额度合理安排各项开支。各项开支应坚持厉行节约、统筹兼顾、保证重点的原则。

（2）支出预算、决算管理。财务组一般应于每个工作季度季末,根据清算组(破产管理人)下一工作季度的工作计划,编制相应的支出预算,并报清算组(破产管理人)会议审核批准。支出预算分为基本支出预算、专项支出预算和机动费用预算。基本支出,主要是指清算组(破产管理人)为维持正常运转、完成日常清算工作任务的费用,包括清算组(破产管理人)的日常办公费用以及向工作人员支付的报酬;专项支出,是指基本支出之外,为完成某项特定清算工作任务所产生的费用,包括诉讼费、聘请专业中介机构的费用等;机动费用,主要是为应对清算组诸多突发事件而开列的支出项目。定员和定额是编制清算组(破产管理人)基本支出预算的重要依据。定员,是指已经清算组(破产管理人)会议批准的内部职能机构的人员配置标准。定额,是指对基本支出各项内容所确定的指标额度。财务组应预先对各项基本支出拟定相应的支出指标额度,经清算组组长(破产管理人负责人)核准后,提交清算组(破产管理人)会议审批。清算组(破产管理人)会议批准后,交由财务组下达给清算组(破产管理人)内部各职能机构。

本案中，兴昌达博公司清算组采取基本定额报表格式如下：

北京兴昌达博房地产开发有限公司清算组
基本支出定额报表（格式）

支出项目		指标额度
日常办公费用	办公场地房租费	每月房租费_____元（面积×元/m²·天×30天）
	水电（供暖）费	每月水电（供暖）费_____元
	物业管理费	每月物业管理费_____元
	交通（租车）费	每月交通费_____元
	办公耗材费	每月办公耗材费_____元
	通讯费（邮资、电话费）	每月通讯费_____元
	办公用品购置费	每月办公用品购置费_____元
	设备维修费	每月设备维修费_____元
	会议（招待、用餐）费	每月会议（招待、用餐）费_____元
	其他日常办公杂费	每月其他日常办公杂费_____元
人员工资补贴	工作人员（聘用）基本工资	平均每人每月_____元（含社会保险、住房公积金）
	留守人员基本工资	平均每人每月_____元（含社会保险、住房公积金）
	保安人员基本工资及补贴	每人每月基本工资_____元 每人每月伙食补贴_____元
	工作人员加班工资及补贴	每人每天加班工资_____元，补贴_____元

各职能机构根据清算组（破产管理人）会议批准的基本支出各项内容的指标额度，以及下一工作季度的专项任务计划，编制下一工作季度的财务支出计划，财务组负责统计，并根据各职能机构的支出计划，参照本季度支出预算的执行情况，编制下一工作季度的支出预算草案，经清算组组长（破产管理人负责人）核准后，提交清算组（破产管理人）会议审批；清算组（破产管理人）会议决议通过后，交由财务组执行。以下是兴昌达博公司清算组根据清算组（破产管理人）会议通过的基本支出的指标额度编制的下一季度的财务支出报表：

北京兴昌达博房地产开发有限公司清算组
下季度支出预算报表(格式)

支出项目		预算费用
基本支出	办公场地房租费	每月_____元,共计_____元
	水电(供暖)费	每月_____元,共计_____元
	物业管理费	每月_____元,共计_____元
	交通(租车)费	每月_____元,共计_____元
	印刷费	每月_____元,共计_____元
	通讯费(邮资、电话费)	每月_____元,共计_____元
	办公用品购置费	每月_____元,共计_____元
	设备维修费	每月_____元,共计_____元
	会议(招待、用餐)费	每月_____元,共计_____元
	其他日常办公杂费	每月_____元,共计_____元
	工作人员(聘用)基本工资	每月_____元,共计_____元
	留守人员基本工资	每月_____元,共计_____元
	保安人员基本工资及补贴	每人每月基本工资_____元 每人每月伙食补贴_____元
	工作人员加班工资及补贴	每月加班费_____元,加班补贴_____元,共计_____元
专项支出	法律顾问费	每月_____元,共计_____元
	聘请会计师事务所费用	每月_____元,共计_____元
	机动(不可预见)费用	共计_____元

财务组在对每个季度支出预算的执行过程中,应严格按照清算组(破产管理人)会议批准的预算额度控制各项支出,并对资金使用效益和财务活动情况进行分析、评价和监督,如果发现有任何异常,应及时报告清算组组长。财务组在编制下一工作季度支出预算的同时,应制作本季度的支出决算报告。该决算报告由本季度支出决算报表和支出决算情况说明两部分组成,详细反映对本季度支出预算的执行情况。财务组所制作的支出决算报告,由清算组组长(破产管理人负责人)核准后,提交清算组(破产管理人)会议审查。对于支出决算数额超出预算额度的部分,财务组负责人应在清算组(破产管理人)会议上详细说明原因。以下是本案中兴昌达博公司清算组接受指定后首个季度的支出决算报表:

北京兴昌达博房地产开发有限公司清算组
2007年9—11月份支出决算报表

支出项目		内容	决算费用			
			时间			
			9月份	10月份	11月份	共计
基本支出	日常办公用品	办公场地房租费	14 085元/月	未交	未交	未交	无
		水电(供暖)费	水费	17 063.20	15 344.00元	未交	32 407.20元
			电费	20 505.58元	27 483.48元	未交	47 989.06元
		物业管理费	无	无	无	无	无
		交通(租车)费	过路停车	255.00元	200.00元	388.00元	843.00元
			租车费	339.00元	79.00元	无	418.00元
			汽油费	无	400.00元	520.01元	920.01元
		办公耗材费	无	无	无	无	无
		通讯费	话费	无	628.68元	4 007.48元	4 636.16元
		办公用品购置费	移动硬盘	7 300.00元	无	无	7 300.00元
		设备维修费	无	无	2 332.00元	2 332.00元
		会议费	招待费	154.00元	696.00元	507.00元	1 357.00元
		其他日常办公杂费	公告费	1 800.00元	800.00元	600.00元	3 200.00元
			快递费	900.00元	359.00元	20.00元	1 279.00元
			办公费	1 965.00元	408.00元	606.40元	2 979.40元
			其他杂费	500.30元	100.00元	4 979.20元	5 579.50元
	人员工资补贴	工作人员基本工资	新聘人员	无	13 470.38元	未发	13 470.38元
		留守人员基本工资	基本工资	47 370.00元	11 763.12元	未发	59 133.12元
		保安基本工资及补贴	基本工资	14 400.00元	14 400.00元	未发	28 800.00元
			过节费	950.00元	无	无	950.00元
			伙食费	3 240.00元	4 464.00元	未发	7 704.00元
		工作人员加班工资及补贴	加班	无	2 269.00元	未发	2 269.00元
			补贴	无	无	无	无
		破产管理人住房公积金	公积金	4 300.00元	4 300.00元	4 300.00元	12 900.00元
		破产管理人社保费	社保费	未交	未交	4 351.76元	4 351.76元
专项支出						
合计						
总计			240 818.59元			

（3）财务报销管理。财务报销应以原始票据作为合法凭证，经财务组审核并报清算组(破产管理人)批准后，方可报销。报销的发票必须有税务机关统一印制的发票监制章，加盖开票单位发票专用章或财务专用章，并且需在税务机关规定的发票使用有效期内；行政事业性收据必须有省级或市级财政部门统一印制的收据监制章并加盖财务专用章。各单位内部使用的收据不能作为报销依据。在原始票

据的填写上,发票或收据必须注明单位名称、日期、业务内容、数量、单价、金额、填制人等。填制单据的大小写金额必须相符。原始票据记载的各项内容不得有涂改、挖补等现象。记载有错误的,应当由出具单位重开或者更正,更正处应当加盖出具单位公章;金额记载有错误的,应当由出具单位重开,不得在原始单据上更正。原始票据如有遗失,应取得原签发单位盖有公章的证明,并注明该票据的号码、金额和内容等,提交清算组组长批准后,才能代替该原始票据。清算组(破产管理人)工作人员在发生费用后的3日内,应到财务组领取并填写《破产费用报销单》,写明该费用产生的日期、事项用途及具体金额,并粘贴原始票据作为报销凭证,并由该经办人员及其所在职能机构的负责人在所附凭单上签字。财务组应对该原始票据进行审核,审核无误后由财务组负责人签字,并报清算组组长(破产管理人负责人)审批,待清算组组长(破产管理人负责人)批准后方予以报销。对超过本季度财务预算额度的费用,须经清算组会议审查批准后方可报销。

清算组(破产管理人)的工作人员如果因破产工作需要借款,必须到财务组领取并填写《借款申请单》,写明借款的日期、事项用途及具体金额,并由该借款人及其所在职能机构的负责人签字,财务组对此审核无误后由财务组负责人签字同意,最后报经清算组组长(破产管理人负责人)审批,待清算组组长(破产管理人负责人)批准后方可借支。超过本季度财务预算额度的费用,原则上不得批准借款。该费用实际发生后3日内,借款人员应持原始票据向财务组报账。

6. 清算组(破产管理人)员工管理办法

本案中,清算组(破产管理人)为履行职责,聘用了一定的工作人员。因此,为加强对清算组(破产管理人)工作人员的管理,保障破产工作的正常、顺利进行,兴昌达博公司清算组(破产管理人)根据《企业破产法》《劳动法》《劳动合同法》等相关法律、法规的规定,结合破产清算工作的实际需要,制定了清算组(破产管理人)员工管理办法。该管理办法从工作人员的职责、工作时间、劳动报酬、劳动时间、劳动条件、保险福利、责任承担等方面对员工的管理进行了详细的规定。

清算组(破产管理人)工作人员的管理由清算组(破产管理人)人事保卫组负责。工作人员应当严格遵守清算组制定的各项规章制度,服从清算组(破产管理人)的安排,坚守岗位,忠于职守,保守工作秘密。工作人员应按时完成清算组(破产管理人)交办的工作任务,不得拖延,不得积压,努力提高工作效率。工作人员之间应通力合作、互相配合,不得相互推诿,亦不得妨碍、影响他人完成工作。

清算组(破产管理人)聘用的工作人员如果是原破产企业的留守人员,其工资福利待遇一般与其在原破产公司的工资福利待遇相同;如是聘用的其他工作人员,应根据《劳动法》和破产企业的实际情况来确定其福利待遇,并提交清算组(破产管理人)会议审议。对聘用的工作人员,应当就薪酬、待遇、工作岗位等内容签订劳动合同。人事保卫组组长应指派专人负责对每名工作人员的考勤记录,清算组(破产管理人)根据工作人员的考勤记录向其支付薪酬。工作人员需要请病假、事假,应当书面报告其所在职能部门的负责人,说明请假事由,由其负责人核准,并进行相应的调整和安排,以确保不影响相关工作的正常开展。工作人员连续请假3日以上或当月请假累计超过7日的,应当报清算组(破产管理人)办公室主任批准。在工作人员请假期间,如果发生其本人必须到场协助工作的情况,除非其因客观原因不能到场,否则该工作人员应当按照清算组的安排准时达到指定地点,积极配合,不得推诿。

工作人员如不服从清算组的安排,怠于履行工作职责,或者擅自离岗、漏岗,情节严重的;或擅自对外泄露清算工作秘密,情节严重的;或工作中因疏忽或行为不当给清算组(破产管理人)的工作造成重大损失的;或打架斗殴、赌博、酗酒闹事,情节严重的;或有其他严重违反法律、法规和劳动纪律情形的,清算组(破产管理人)有权追究其相应的责任。

7. 清算组(破产管理人)档案管理办法

清算组(破产管理人)在行使职权时会形成许多文件资料,如接管的债务人的文件资料、清算组(破产管理人)成立后形成的文件资料、债权申报材料、债权人会议文件资料等,这些文件资料是清算组(破产管理人)依法行使职权的依据和证明,为保障相关文件资料的完整与安全,保证破产工作的顺利开展,兴昌达博公司清算组(破产管理人)根据《企业破产法》《中华人民共和国档案法》等法律、法规的相关规定,结合破产工作的实际需要,制定了《清算组(破产管理人)档案管理办法》。该管理办法从总则、归档范围、档案的保管、档案的利用和公布、档案的移交、法律责任等几方面进行了详细的规定。

一般需要归档的文件资料包括清算组(破产管理人)接管的有关文件、资料,清算组(破产管理人)成立后形成的可归档的文件、资料。清算组(破产管理人)成立后,各职能机构应认真做好对其分别接管的债务人的文件、资料的整理和归档工作,并将该归档材料向清算组(破产管理人)办公室移交。移交时交接双方必须当面验收归档材料是否完整、系统、准确,卷内材料排列、编号、书写是否符合要求。凡不符合要求者,档案管理人员有权拒绝接收,并要求限期改正后归档。档案管理人员接收后,应当及时对归档材料进行分类登记保管。对于清算组(破产管理人)在清算过程中形成的文件、资料,应当由档案管理人员分类收集、整理、组卷归档,并统一保管。

有关档案文件由清算组(破产管理人)办公室专人保管,档案保管人员对所保管的档案负有保密义务,未经规定的程序,不得擅自向他人提供档案,或者对外公开档案的内容,亦不得擅自销毁档案。清算组(破产管理人)工作人员如果需要查阅、复制和摘录清算组的档案,应向办公室提出申请,并进行登记。未经清算组组长(破产管理人负责人)或办公室主任批准,不得查阅、复制和摘录清算组(破产管理人)的档案。否则,清算组(破产管理人)有权根据情节轻重,追究其相应的法律责任。在清算组(破产管理人)完成有关工作后,清算组(破产管理人)应将所有档案向相关部门移交。

8. 清算组(破产管理人)印章管理办法

清算组(破产管理人)成立后,为了开展破产工作,往往需要刻制管理人公章、财务专用章、清算组组长(破产管理人负责人)签名章,以及接管的债务人的公章、财务专用章、合同专用章等印鉴。为保障破产工作的顺利开展,对这些印鉴的使用和管理进行规范,兴昌达博公司清算组(破产管理人)制定了《清算组(破产管理人)印章管理办法》。该管理办法从总则、印章的保管、印章的使用、法律责任等方面加以制定。并制定了《印章使用登记表》,从而对每次印章的使用情况进行监督和管理。

北京兴昌达博房地产开发有限公司清算组
印章使用登记表

用印时间: 年 月 日　　　　　　用印人员签名:

印章名称	管理人公章(　　) 管理人财务专用章(　　) 清算组组长签名章(　　)		
用印文件名称 (简要内容)			
用印份数		每份页数	
审批意见		印章保管人签名	

印章一般由清算组组长或其指定的专人保管,各印章的保管人应当妥善保管印章,不得转借他人。如有遗失,应及时向清算组组长报告。任何人在使用印章时,应填写《印章使用登记表》,并在办理相应的用印审批手续后方可使用。使用印章后,各《印章使用登记表》作为用印凭据应由印章保管人留存,定期整理后交清算组办公室归档。空白的纸张、介绍信、证件、表格不得加盖管理人的印章。管理人的印章原则上不允许带出清算组,工作人员确因工作需要将印章带出使用的,应事先填写《印章使用登记表》,载明事项,经工作人员所在职能机构负责人核准并经清算组组长(破产管理人负责人)批准后,由两人以上共同携带使用。印章保管人

员因保管不当而造成印章灭失或损毁的,应当承担相应的法律责任。任何人员违反本办法的规定使用印章,而给清算组的工作造成损失的,应当承担相应的法律责任。

9. 清算组(破产管理人)安全保卫工作规则

为确保债务人资产、档案、文件资料的安全,防止火灾、盗窃、泄密、治安等案件的发生,保障破产工作的正常、顺利进行,兴昌达博公司清算组(破产管理人)制定了《清算组(破产管理人)安全保卫工作规则》。安全保卫工作一般由人事保卫组负责,包括防火、防盗安全工作,以及门卫、值班、巡逻工作。文件、资料的保密工作由清算组(破产管理人)办公室负责。清算组(破产管理人)各职能机构对需要保密的文件、资料应当安排专人管理,严禁私自复印、外借。对需要销毁的文件、资料,由各职能部门收集存放,并定期交清算组(破产管理人)办公室集中销毁,各职能机构不得私自销毁文件、资料。负责安全保卫工作的人员应坚守岗位,有事应提前向人事保卫组组长请假,不得擅离职守。对擅自离岗或漏岗,或者怠于履行安全保卫工作职责的人员,清算组(破产管理人)将根据情节轻重、造成的危害大小,追究其相应的责任。

10. 清算组(破产管理人)聘请中介机构

由于破产是一项专业性很强的工作,涉及许多专业问题,如法律、财务、审计等,清算组(破产管理人)需要在专业机构的协助下方能开展工作。本案中,为公正、规范地行使职权,稳妥、高效地完成破产工作,管理人聘请了北京市公元律师事务所、北京嘉信达盛会计师事务所有限公司等专业的中介机构为其提供服务。在聘请专业中介机构时,清算组(破产管理人)应将经过比较、筛选最终确定的中介机构提交清算组(破产管理人)会议审议、讨论,只有经过清算组(破产管理人)会议讨论通过后,清算组(破产管理人)方可与聘用的中介机构签订合同。最高人民法院《关于推进破产案件依法高效审理的意见》第9条规定:"管理人需要委托中介机构对债务人财产进行评估、鉴定、审计的,应当与有关中介机构签订委托协议。委托协议应当包括完成相应工作的时限以及违约责任。违约责任可以包括中介机构无正当理由未按期完成的,管理人有权另行委托,原中介机构已收取的费用予以退还或者未收取的费用不再收取等内容。"

11. 清算组(破产管理人)网站管理规程

为了实现公开、透明,及时向利害关系人公布案件情况,方便利害关系人了解情况,兴昌达博公司清算组(破产管理人)还可开设"清算组(破产管理人)"网站。为保证网站正常、有序地运行,并及时向广大债权人公布有关债务人破产的进展情况,兴昌达博公司清算组(破产管理人)制定了《清算组(破产管理人)网站管理规程》,将网站管理一般分为案情介绍、管理人简介、政策法规、案情进展、问题解答、通知公告、论坛等版块对网站的内容进行规范与调整,并由专人负责对网站及时更新。

三、管理人的权利和义务

在完成有关准备工作后,兴昌达博公司清算组便按照我国《企业破产法》及相关司法解释的规定积极行使管理人的权利和义务。为了更好地行使管理职责,管理人在依法开始履行职责前有必要对管理人的权利和义务有一整体的认识和了解。

(一) 管理人的权利

根据《企业破产法》第25条和第28条的规定,管理人的权利包括如下内容:

1. 接管债务人的财产、印章和账簿、文书等资料

管理人接受人民法院指定后,根据《企业破产法》的规定,其有权利也有义务接管债务人的财产、印章和账簿、文书等资料。具体来说,管理人接管债务人的财产、印章和账簿、文书等资料,包括但不限于实物财产及其权利凭证、印章、证照、财务资料、公司内部文件资料、债权债务文件资料、涉诉案件材料、人事档案文件、电子数据材料及其他财产、印章和账簿、文书等资料。不属于债务人所有但由债务人占有或者管理的相关人的财产、印章和账簿、文书等资料,管理人应一并接管。债务人有分支机构的,分支机构的财产、印章和账簿、文书等资料,管理人也应当一并接管。在接管时管理人可以债务人的实际情况进行一次性接管或分期、分批进行接管。接管前管理人应做好接管前的准备工作,并制订接管方案。最高人民法院《关于推进破产案件依法高效审理的意见》第8条第1款规定:"管理人应当及时接管债务人的财产、印章和账簿、文书等资料。债务人拒不移交的,人民法院可以根据管理人的申请或者依职权对直接责任人员处以罚款,并可以就债务人应当移交的内容和期限作出裁定。债务人不履行裁定确定的义务的,人民法院可以依照民事诉讼法执行程序的有关规定采取搜查、强制交付等必要措施予以强制执行。"具体的接管的程序与步骤,将在本章第三节进行详细阐述。

2. 调查债务人的财产状况,制作财产状况报告

管理人对债务人的财产应当进行全面调查,调查的范围具体包括但不限于债务人的出资情况、债务人的货币财产情况、债务人的债权情况、债务人的存货情况、债务人的设备情况、债务人的不动产情况、债务人的对外投资情况、债务人分支机构的资产情况、债务人的无形资产情况、债务人的营业事务情况、债务人可以依法追回的债务人的财产情况、债务人与相对人均未履行完毕的合同情况等。管理人调查时可以自行调查,在必要时,经人民法院许可,也可以聘请有资质的专业机构

对债务人的财产进行专项审计和评估,也可以要求债务人的有关人员协助调查。最高人民法院《关于推进破产案件依法高效审理的意见》第 7 条规定:"管理人应当及时全面调查债务人财产状况。破产案件受理法院可以根据管理人的申请或者依职权,及时向管理人提供通过该院网络执行查控系统查询到的债务人财产信息。"管理人调查完债务人的财产状况后,应当制作债务人财产状况报告,并及时提交给人民法院、债权人会议及债权人委员会。

3. 决定债务人的内部管理事务

管理人接管债务人财产、印章和账簿、文书等资料后,债务人的内部管理事务由债务人决定。管理人部分接管的,与已接管部分相关的内部管理事务由管理人决定;与未接管部分相关的内部管理事务仍由债务人决定。为了有效地规范债务人的内部管理事务,管理人可以制定债务人内部管理事务规则以遵照执行。

4. 决定债务人的日常开支和其他必要开支

管理人接管债务人财产、印章和账簿、文书等资料后,债务人的日常开支和其他必要开支由管理人决定。管理人部分接管的,与已接管部分相关的日常开支和其他必要开支由管理人决定;与未接管部分相关的日常开支和其他必要开支仍由债务人决定。管理人决定债务人的日常开支和其他必要开支的,应当对其开支的原因、金额及必要性进行审查。为了有效规范债务人的日常开支和其他必要开支,管理人可以制定债务人日常开支和其他必要开支的制度或规则以遵照执行。

5. 在第一次债权人会议召开之前,决定继续或者停止债务人的营业

管理人决定继续或者停止债务人的营业的职责,只限于第一次债权人会议召开之前。第一次债权人会议召开之后,管理人应当对债务人营业事务的继续或停止作出建议,并将该建议及理由报给债权人会议,由债权人会议决定债务人是否继续或停止营业。管理人建议债务人继续营业的,应当作出债务人营业事务的管理方案一并报告给债权人会议讨论决定。管理人决定债务人继续或停止营业时,可以从是否有利于提高债务人财产价值、债权清偿比例,是否有利于破产清算、重整或和解程序的进行等方面加以判断。如果继续营业有利于实现以上几项内容,应当继续债务人营业;否则,应当停止债务人营业。根据《北京市高级人民法院企业破产案件审理规程》第 45 条第 2 款的规定,人民法院受理破产申请后,债务人的有关人员未经人民法院许可或者管理人同意,擅自以债务人名义对外从事经营活动的行为无效,造成债务人或者相对人损失的,管理人或者相对人有权请求债务人的有关人员承担民事责任。

6. 管理和处分债务人的财产

接管债务人的财产后,管理人对接管的财产负有谨慎管理和处分的职责。管理人可以制作债务人财产管理方案报债权人会议审议通过。债权人会议表决通过

的财产管理方案,管理人应当执行。但在第一次债权人会议召开之前,管理人管理和处分债务人的下列财产之一的,应当事先取得人民法院的许可:① 涉及房屋、土地等不动产权益的转让;② 探矿权、采矿权、知识产权等财产权的转让;③ 全部库存或者营业的转让;④ 借款;⑤ 设定财产担保;⑥ 债权和有价证券的转让;⑦ 履行债务人和对方当事人均未履行完毕的合同;⑧ 放弃权利;⑨ 担保物权的取回;⑩ 对债权人利益有重大影响的其他财产处分行为。在第一次债权人会议召开之后,管理人实施上述行为之一的,应当及时报告债权人委员会;未设立债权人委员会的,应当及时报告人民法院。《破产法解释(三)》第15条规定:"管理人处分企业破产法第六十九条规定的债务人重大财产的,应当事先制作财产管理或者变价方案并提交债权人会议进行表决,债权人会议表决未通过的,管理人不得处分。管理人实施处分前,应当根据企业破产法第六十九条的规定,提前十日书面报告债权人委员会或者人民法院。债权人委员会可以依照企业破产法第六十八条第二款的规定,要求管理人对处分行为作出相应说明或者提供有关文件依据。债权人委员会认为管理人实施的处分行为不符合债权人会议通过的财产管理或变价方案的,有权要求管理人纠正。管理人拒绝纠正的,债权人委员会可以请求人民法院作出决定。人民法院认为管理人实施的处分行为不符合债权人会议通过的财产管理或变价方案的,应当责令管理人停止处分行为。管理人应当予以纠正,或者提交债权人会议重新表决通过后实施。"

7. 代表债务人参加诉讼、仲裁或者其他法律程序

人民法院受理破产申请后,有关债务人尚未终结的诉讼、仲裁或者其他法律程序,应当由管理人代表债务人参加。但管理人在参加诉讼、仲裁或者其他法律程序时,是以债务人的名义还是直接以管理人的名义参加,由于当时立法并不明确,实践中的理解也不太相同。结合最高人民法院《关于适用〈中华人民共和国公司法〉若干问题的规定(二)》第10条的规定,公司依法清算结束并办理注销登记前,有关公司的民事诉讼,应当以公司的名义进行。公司成立清算组的,由清算组负责人代表公司参加诉讼,认为管理人在代表债务人参加诉讼、仲裁或者其他法律程序时,仍应当以债务人名义参加。目前《北京市高级人民法院企业破产案件审理规程》第60条规定:"人民法院受理破产申请后,有关债务人的民事诉讼(包括破产申请受理时已经开始而尚未终结的民事诉讼,以及破产申请受理后新提起的民事诉讼),由债务人作为诉讼主体,管理人负责人作为诉讼代表人代表债务人参加诉讼;管理人为个人的,由该人员作为债务人的诉讼代表人。管理人依企业破产法第三十一条、第三十二条提起的破产撤销权诉讼,以及依企业破产法第三十三条提起的确认债务人行为无效之诉,应由管理人作为原告,不适用前款关于诉讼主体的规定。"

8. 提议召开债权人会议

由于第一次债权人会议由人民法院召集,自债权申报期限届满之日起15日内召开,以后的债权人会议,在人民法院认为必要时,或者管理人、债权人委员会、占债权总额1/4以上的债权人向债权人会议主席提议时召开。因此,在第一次债权人会议召开之后,管理人可以向债权人会议主席提议召开以后的债权人会议。

9. 人民法院认为管理人应当履行的其他职责

管理人应当履行的其他职责应当是《企业破产法》其他条款没有明确规定的,并且不得与《企业破产法》的有关规定相冲突的职责。

10. 管理人经人民法院许可,可以聘用必要的工作人员

管理人聘用必要的工作人员应当就拟聘用的工作人员的基本情况、聘用的理由等向人民法院提出申请,由人民法院审查是否许可。经人民法院许可后,管理人方可聘用必要的工作人员。《北京市高级人民法院企业破产案件审理规程》第64条规定:"管理人经人民法院许可,聘用必要的审计、评估、拍卖等社会中介机构的,可以通过市高级人民法院委托司法鉴定和拍卖工作办公室,从相关名册中随机确定聘用的中介机构,并由管理人出具委托手续;亦可以由管理人制定其他选任方案报债权人会议决定。债权人会议授权管理人自行确定或者授权债权人委员会决定的,依债权人会议授权处理。"

(二) 管理人的义务

根据《企业破产法》第23条、第27条、第29条的规定,管理人的义务包括:

(1) 依法执行职务,向人民法院报告工作。自人民法院指定管理人后至管理人终止执行职务,管理人有义务主动、及时地向人民法院报告管理人依照《企业破产法》及相关法律执行职务的情况;人民法院也有权要求管理人就其执行职务的情况随时向人民法院报告。

(2) 依法执行职务,并接受债权人会议和债权人委员会的监督。债权人会议和债权人委员会对管理人执行职务的情况进行监督是债权人会议和债权人委员会的法定权利。其监督的方式既可以是要求管理人就其执行职务的情况作出说明并提供有关材料,也可以是提请管理人注意适当履行其职务。

(3) 列席债权人会议,向债权人会议报告职务执行情况,并回答询问。为便于债权人了解管理人职务执行情况及了解破产工作的进展,管理人有义务根据债权人会议的要求列席债权人会议,报告职务执行情况,回答债权人的询问。

(4) 勤勉尽责,忠实执行职务。所谓"勤勉尽责,忠实执行职务",一般认为管理人应是出于善意的,或者管理人的行为应当具有通常的执业水准。

(5) 无正当理由不得辞去职务,及辞去职务应当经人民法院的许可。根据最高人民法院《关于审理企业破产案件指定管理人的规定》第35条的规定,对管理人

辞职正当理由的认定,可以参照人民法院更换管理人的情形。即社会中介机构在具有下列情形之一时,可以作为辞职的正当理由:执业许可证或者营业执照被吊销或者注销;出现解散、破产事由或者丧失承担执业责任风险的能力;与本案有利害关系;履行职务时,因故意或者重大过失导致债权人利益受到损害;有重大债务纠纷或者因为涉嫌违法行为正被相关部门调查的。个人管理人在具有下列情形之一时,可以作为辞职的正当理由:执业资格被取消、吊销;与本案有利害关系;履行职务时,因故意或者重大过失导致债权人利益受到损害;失踪、死亡或者丧失民事行为能力;因健康原因无法履行职务;执业责任保险失效;有重大债务纠纷或者因为涉嫌违法行为正被相关部门调查的。

无论社会中介机构、个人还是清算组担任管理人,在辞去职务时,应当向人民法院提出辞职申请,经人民法院许可后,辞职生效。

(6)管理人一经指定,不得以任何形式将管理人应当履行的职责全部或者部分转给其他社会中介机构或者个人。

第三节　管理人接管破产企业

在接受人民法院指定后,管理人首要的职责和任务便是接管债务人的财产、印章和账簿、文书等资料。本案中,兴昌达博公司清算组在做好相关准备工作及明确管理人的权利和义务后,便制订了接管方案接管债务人的财产、印章和账簿、文书等资料。

一、接管的期限

兴昌达博公司清算组在接受人民法院指定后,于2007年9月20日、9月24日、9月30日分批次对兴昌达博公司的财产、印章和账簿、文书等资料进行了接管,在管理人成立后第11日完成了有关接管工作。然而,管理人接管债务人的财产、印章和账簿、文书等资料是否需在法定期限内完成,《企业破产法》未作规定。考虑到人民法院受理破产申请后,债务人的权力机构和经营管理人员对债务人依法已不能进行经营管理,且有些事项管理人必须在规定的期限完成(如合同解除权)。笔者认为,管理人应尽早接管债务人。关于接管的期限,《北京市高级人民法院企业破产案件审理规程》第49条第2款规定:"管理人接管债务人的财产,一般应当自管理人被指定之日起二个月内完成。确因客观原因无法在二个月内完成接管的,经人民法院许可,接管期限可相应延长。"但没有规定最多可以延长的期限。

二、如何接管

为了有计划地进行接管，避免丢失或遗失有关材料，在对兴昌达博公司进行接管时，为兴昌达博公司清算组制订了接管方案，从接管前的准备工作、接管的范围、正式接管等方面明确了接管的具体程序与步骤。

(一) 接管前的准备工作

为保证接管工作的顺利进行，在管理人接管债务人的财产、印章和账簿、文书等资料前，应做好接管前的准备工作。具体的准备工作包括但不限于：了解破产案件的基本情况、了解与接管有关的准备工作、成立工作接管临时小组，小组的成员和人数可以根据接管工作量的大小适量增减。在成立工作接管临时小组后，根据接管的范围对临时小组成员的工作职责进行分工和明确，由专人负责专项接管工作，并进行接管前的相关准备工作，如制作接管清单、对接管的财产和文书等资料按类别进行详细清点等。为了有计划顺利地接管，管理人在接管前可制订接管方案，并将接管方案报给人民法院。

(二) 接管的范围

管理人接管债务人的财产、印章和账簿、文书等资料，包括但不限于实物财产及其权利凭证、印章、证照、财务资料、公司内部文件资料、债权债务文件资料、涉诉案件材料、人事档案文件、电子数据材料及其他财产、印章和账簿、文书等资料。不属于债务人所有但由债务人占有或者管理的相关人的财产、印章和账簿、文书等资料，管理人应当一并接管。债务人有分支机构的，分支机构的财产、印章和账簿、文书等资料，管理人也应当一并接管。

(三) 正式接管

在正式接管前应首先明确接管的时间、地点和参加人。在接管时，一般将接管的财产分为印章、权属证明、证照、合同文件、档案文件(含电子版)、财务账册、涉诉案件资料、资产等几大类别，由临时工作小组成员按类别逐项接管，接管时需填写详细的接管清单，并由具体接管人、移交人在交接清单上签字确认。在所有接管工作完成后，破产管理人负责人和债务人负责人或其授权代表签署财产和营业事务移交接管书。自双方在接管书上签字或盖章时起，接管工作完成，临时工作小组解散。

破产管理人在接管时，为避免移交的财产、文件资料的遗漏、遗失，对接管的财产、文件资料等要做好安全保卫工作。由保安人员对接管的财产、文件资料等进行24小时集中保管，以防止各项资料泄露。必要时要拟定保管和维护方案，及时变卖将要超过有效期的存货,防止出现资产的性能、质量减损和价值贬值。在所有接管工作完成后,破产管理人应及时撰写接管工作报告向清算组、法院作出汇报。

三、管理人接管后需开展的有关工作

为保证破产工作的顺利进行,兴昌达博公司清算组在完成接管工作后,立即开展一系列的工作,具体包括破产财产的清理、债权债务的清理、合同文件的清理、涉诉案件的清理、财务状况的清理及其他有关工作。

(一) 破产财产的清理

在完成接管后,兴昌达博公司清算组对接管的债务人的财产,通过对相关资料、文件、信息以及相关人员的询问、调查,对破产财产的法律状况、法律风险,从法律的角度作出专业性的判断。破产财产清查的目的是为了保护破产企业的财产价值,防止破产企业资产流失。在清理完毕后,一般要聘请专业的资产评估机构进行资产评估,以确定破产企业的资产价值。根据《企业破产法》第30条的规定:"破产申请受理时属于债务人的全部财产,以及破产申请受理后至破产程序终结前债务人取得的财产,为债务人财产。"《破产法解释(二)》进一步明确,除债务人所有的货币、实物外,债务人依法享有的可以用货币估价并可以依法转让的债权、股权、知识产权、用益物权等财产和财产权益,人民法院均应认定为债务人财产。

破产财产清理的具体内容包括:

1. 股权结构的清查

管理人接管后应当对债务人股权结构进行清查。在对兴昌达博公司股权结构进行清查时,主要从股权结构及其演变过程、股权有无质押或其他行使权利的障碍、股东的出资方式及出资额的证明文件、以非货币财产出资的财产权属证明文件及权属变更登记文件等方面进行。在清查过程中,如发现债务人的出资人尚未完全履行出资义务的,管理人应当要求该出资人缴纳所认缴的出资,而不受出资期限的限制。债务人的出资人拒绝缴纳的,管理人有权向人民法院提起诉讼。

2. 有形资产的清理

《破产法解释(二)》第3条规定:"债务人已依法设定担保物权的特定财产,人民法院应当认定为债务人财产。对债务人的特定财产在担保物权消灭或者实现担保物权后的剩余部分,在破产程序中可用以清偿破产费用、共益债务和其他破产债权。"设定担保物权的财产毁损、灭失的,因担保物毁损、灭失而产生的保险金、补偿金和赔偿金等代偿物,仍然属于担保财产。在对兴昌达博公司的有形资产进行清理时,主要从财产是否设置担保、数量、价值、存放地点等方面进行清理,并按有无担保分别予以登记。对有财产担保的,设计了相应的登记表格,对抵押物的名称、抵押权人、抵押价值、抵押日期、抵押物所在位置等予以详细记载。

3. 无形资产的清理

在对兴昌达博公司的无形资产进行清理时，主要是注意债务人有无包括但不限于土地使用权、专利权、商标、版权等无形资产。清查时设计了相应的登记表格，对有关无形资产取得时间、有效期间、权属证明、是否存有租赁、转让等情况予以详细登记。

4. 共有财产份额的清理

根据《破产法解释(二)》第4条的规定："债务人对按份享有所有权的共有财产的相关份额，或者共同享有所有权的共有财产的相应财产权利，以及依法分割共有财产所得部分，人民法院均应认定为债务人财产。人民法院宣告债务人破产清算，属于共有财产分割的法定事由。人民法院裁定债务人重整或者和解的，共有财产的分割应当依据物权法第九十九条的规定进行；基于重整或者和解的需要必须分割共有财产，管理人请求分割的，人民法院应予准许。因分割共有财产导致其他共有人损害产生的债务，其他共有人请求作为共益债务清偿的，人民法院应予支持。"

5. 清查是否存在应予追回的财产

根据我国《企业破产法》的规定，债务人在人民法院受理破产申请前1年内，如果无偿转让财产、以明显不合理的价格进行交易、对没有财产担保的债务提供财产担保、对未到期的债务提前清偿；或者人民法院受理破产申请前6个月内，债务人已经不能清偿到期债务，并且资产不足以清偿全部债务或者明显缺乏清偿能力，但仍对个别债权人进行清偿；或者债务人为逃避债务而隐匿转移财产、虚构债务或者承认不真实的债务的；管理人有权通知相对人返还财产或者清偿债务，相对人拒绝返还或者清偿债务的，管理人有权向人民法院提起诉讼。另外，管理人在清查资产时，如发现债务人的董事、监事和高级管理人员利用职权从企业获得非正常收入和侵占企业财产的，管理人也应当予以追回。因此，在接管兴昌达博公司的财产后，重点从以上几个方面清查是否存在应当追回的财产。在清查过程中，根据以上几种情况制作了不同的表格，对清查的结果予以详细记载并形成清查报告汇报给管理人。经清查发现存在应当予以追回的财产后，及时向相对人发出通知，要求其在限定的期限内向管理人返还财产。对在规定期限没有返还的依法向人民法院提起了诉讼。另外根据《破产法解释(二)》第5条的规定："破产申请受理后，有关债务人财产的执行程序未依照企业破产法第十九条的规定中止的，采取执行措施的相关单位应当依法予以纠正。依法执行回转的财产，人民法院应当认定为债务人财产。"最高人民法院答复函([2017]最高法民他72号)对破产申请受理前已经划扣到执行法院账户尚未支付给申请执行人的款项是否属于债务人财产及执行法院收到破产管理人中止执行告知函后应否中止执行问题进行了答复,认为人民法院裁定受理破产申请时已经扣划到执行法院账户但尚未支付给申请人执行的款项,仍属于债务人财产,人民法院裁定受理破产申请后,执行法院应当中止对该财产的执行。执行法院收到破产管理人发送的中止执行告知函后仍继续执行的,应当根据《破产法解释(二)》第5条依法予以纠正。因此,管理人对是否存在违法执行的情况应予以注意,并及时向法院申请执行回转。

6. 取回质物、留置物

管理人接管债务人的财产后,为了提高债务人财产价值及债权人清偿比例,管理人可以通过清偿债务或者提供为债权人接受的担保,取回质物、留置物。在债务清偿或者替代担保时,在质物或者留置物的价值低于被担保的债权额时,以该质物或者留置物当时的市场价值为限。《破产法解释(二)》第25条规定:"管理人拟通过清偿债务或者提供担保取回质物、留置物,或者与质权人、留置权人协议以质物、留置物折价清偿债务等方式,进行对债权人利益有重大影响的财产处分行为的,应当及时报告债权人委员会。未设立债权人委员会的,管理人应当及时报告人民法院。"

7. 清查法律规定不属于破产企业的财产

根据《破产法解释(二)》第2条的规定:"下列财产不应认定为债务人财产:(一)债务人基于仓储、保管、承揽、代销、借用、寄存、租赁等合同或者其他法律关系占有、使用的他人财产;(二)债务人在所有权保留买卖中尚未取得所有权的财产;(三)所有权专属于国家且不得转让的财产;(四)其他依照法律、行政法规不属于债务人的财产。"

(1)债务人占有的他人财产的处理。管理人接管债务人财产后,对债务人占有的不属于债务人的财产,该财产的权利人可以向管理人要求取回。权利人与债务人对债务人合法占有的权利人的财产的取回有特别约定的,在破产清算和和解申请受理后,权利人可不受原约定条件的限制,行使取回权。债务人重整期间,权利人要求取回债务人合法占有的权利人的财产,必须符合双方事先约定的条件,但因管理人或者自行管理的债务人违反约定,可能导致取回物被转让、毁损、灭失或者价值明显减少的除外。权利人依据《企业破产法》第38条的规定行使取回权,应当在破产财产变价方案或者和解协议、重整计划草案提交债权人会议表决前向管理人提出。权利人在上述期限后主张取回相关财产的,应当承担延迟行使取回权增加的相关费用。管理人经审查,确认权利人的请求无误的,应当将财产返还给权利人。如果权利人要求取回的财产是债务人合法占有的,管理人有权要求权利人清偿因其取回财产而可能产生的债务。权利人可以取回的财产在人民法院受理破产申请前灭失或者毁损的,权利人可以就该项财产损失申报债权。

根据《破产法解释（二）》第27条的规定："权利人依据企业破产法第三十八条的规定向管理人主张取回相关财产，管理人不予认可，权利人可以债务人为被告向人民法院提起诉讼请求行使取回权的，人民法院应予受理。权利人依据人民法院或者仲裁机关的相关生效法律文书向管理人主张取回所涉争议财产，管理人以生效法律文书错误为由拒绝行使取回权的，人民法院不予支持。"第28条规定："权利人行使取回权时未依法向管理人支付相关的加工费、保管费、托运费、委托费、代销费等费用，管理人拒绝其取回相关财产的，人民法院应予支持。"第29条规定："对债务人占有的权属不清的鲜活易腐等不易保管的财产或者不及时变现价值将严重贬损的财产，管理人及时变价并提存变价款后，有关权利人可就该变价款行使取回权的，人民法院应予支持。"第30条规定："债务人占有的他人财产被违法转让给第三人，依据民法典第三百一十一条的规定第三人已善意取得财产所有权，原权利人无法取回该财产的，人民法院应当按照以下规定处理：（一）转让行为发生在破产申请受理前的，原权利人因财产损失形成的债权，作为普通破产债权清偿；（二）转让行为发生在破产申请受理后的，因管理人或者相关人员执行职务导致原权利人损害产生的债务，作为共益债务清偿。"第32条规定："债务人占有的他人财产毁损、灭失，因此获得的保险金、赔偿金、代偿物尚未交付给债务人，或者代偿物虽已交付给债务人但能与债务人财产予以区分的，权利人主张取回就此获得的保险金、赔偿金、代偿物的，人民法院应予支持。保险金、赔偿金已经交付给债务人，或者代偿物已经交付给债务人且不能与债务人财产予以区分的，人民法院应当按照以下规定处理：（一）财产毁损、灭失发生在破产申请受理前的，权利人因财产损失形成的债权，作为普通破产债权清偿；（二）财产毁损、灭失发生在破产申请受理后的，因管理人或者相关人员执行职务导致权利人损害产生的债务，作为共益债务清偿。债务人占有的他人财产毁损、灭失，没有获得相应的保险金、赔偿金、代偿物，或者保险金、赔偿物、代偿物不足以弥补其损失的部分，人民法院应当按照本条第二款的规定处理。"第33条规定："管理人或者相关人员在执行职务过程中，因故意或者重大过失不当转让他人财产或者造成他人财产毁损、灭失，导致他人损害产生的债务作为共益债务，由债务人财产随时清偿不足弥补损失，权利人向管理人或者相关人员承担补充赔偿责任的，人民法院应予支持。上述债务作为共益债务由债务人财产随时清偿后，债权人以管理人或者相关人员执行职务不当导致债务人财产减少给其造成损失为由提起诉讼，主张管理人或者相关人员承担相应赔偿责任的，人民法院应予支持。"

（2）买卖合同在途标的物的处理。人民法院受理破产申请时，出卖人已将买卖标的物向作为买受人的债务人发运，债务人尚未收到且未付清全部价款的，出卖人可以向管理人要求取回在运输途中的标的物。但是，管理人可以支付全部价款，请求出卖人交付标的物。《破产法解释(二)》第39条规定:"出卖人依据企业破产法第三十九条的规定,通过通知承运人或者实际占有人中止运输、返还货物、变更到达地,或者将货物交给其他收货人等方式,对在运途中标的物主张了取回权但未能实现,或者在货物未达管理人前已向管理人主张取回在运途中标的物,在买卖标的物到达管理人后,出卖人向管理人主张取回的,管理人应予准许。出卖人对在运途中标的物未及时行使取回权,在买卖标的物到达管理人后向管理人行使在运途中标的物取回权的,管理人不应准许。"

本案中,2003年12月31日至2007年8月,兴昌达博公司共安排入住回迁楼的回迁户77户,涉及住宅面积7 208.96平方米,涉及地下室面积427.45平方米,总价值约1 328.80万元人民币。该77户回迁户一直未办理产权过户手续。根据最高人民法院《关于审理企业破产案件若干问题的规定》第71条关于"不属于破产财产"的规定,该部分房产应不属于破产企业财产,清算组核查后向资产评估公司做了说明。

8. 清理其他资产

除上述资产的清理工作外,破产管理人还需对破产企业其他资产予以清查。清查内容包括:是否具有福利性资产;是否存在危险性财产;有无易损、跌价或者保管费用过高的财产等。如发现破产企业部分固定资产及低值易耗品需要盘亏时应及时进行盘亏。例如本案中破产公司有三辆汽车实际已经转移但账面并未显示,对于这样的资产要核查清楚真实情况并及时处理。

(二) 债权债务的清理

管理人在完成接管工作后,清算组(破产管理人)应该尽快聘请会计师事务所对破产公司的债权债务进行审计、整理、清册,摸清破产企业的债权和债务情况,为进一步开展清算工作奠定基础。本案中,根据清算组会议通过的《关于聘请会计师事务所的决议》,清算组及时聘请北京嘉信达盛会计师事务所,成立了包括该事务所的审计人员和清算组财务组的工作人员的审计小组,对兴昌达博公司的财务账目进行审计,北京嘉信达盛会计师事务所就此出具了《兴昌达博公司破产清算阶段性审计报告》。一般来说,对破产公司的债权债务清理主要包括下述几项工作:

1. 清查破产企业的银行账户

由于破产企业的银行账户直接涉及破产企业的资金流向及使用情况,因此,在管理人接管破产企业后应当对破产企业进入破产程序前银行账户的存销情况,及相关资金流向进行细致调查,包括各个账户的销户时间、销户余额及余额流向,并且逐一做详细登记。此处需要重点查证已撤销账户的撤销是否符合相关法律规定,账户余额及流向是否与破产企业财务账簿的记载相符,账户余额是否全部转入破产企业的一般账户或基本账户等。此处需要注意的是,由于清查企业银行账户涉及企业的隐秘信息,破产管理人无法自行清查,在人民法院的协助下方可进行。

本案中,经调查核实,兴昌达博公司自成立之日起截至2007年9月18日,先后开立银行账户40个,所开账户分布在北京各区县及河北等地。其中,有31个银行账户在进入破产程序前已经撤销,剩余9个正常存在的账户中1个为基本账户,1个为一般账户,另外7个为贷款账户。根据中国人民银行的相关规定,贷款账户在债务结算完毕之前是不可撤销的,且账户的保证金为冻结不可使用状态。除贷款账户外,其他两个可使用账户已被昌平区人民法院冻结止付。工作人员已通过"银行对账单"及向相关银行发出"询证函"等方式对以上9个正常账户的余额进行了核实。

2. 调查破产企业短期投资及长期投资收益

短期投资、长期投资及其收益是债权调查的重点。在查证过程中需要细致、深入、专业,必要时还需法院的支持。如在本案中,在查证兴昌达博公司短期投资中,发现公司的短期投资账面上显示原始投资款××万元,凭证摘要记载为证券投资,入账凭证无任何附件。该笔投资款自2001年12月付出后,一直未提供交割单,其盈余、损失均未入账,无法确认。经请示,主审法官与财务组工作人员前往证券公司营业部进行了专项调查。该营业部向昌平区人民法院提交了情况说明,包括资金账户号、户名、账户状态、账户资金、有无股票、账户开户资料及流水记录等。

3. 调查破产企业的对外债权

为维护企业及全体债权人的合法权益,在管理人接管破产企业后需代表破产企业积极追索对外债权,依据会计师事务所出具的审计报告,对破产企业的对外债权进行核实调查和追索。可以采取对债务人发出询证函的方式进行确认,对债务人有异议的债权要重点核查。

本案中,在对兴昌达博公司对外债权的认定和处理时,兴昌达博清算组分为对外债权的认定和追讨两步进行:管理人首先根据律师事务所提出的法律意见,认定破产企业对外债权,对不属于破产企业对外债权范围的会计科目进行调整。对确实存在的债权进行追讨,采取如下方式进行追讨:

(1) 由律师事务所通过工商局查询系统,对破产企业的债务人进行企业存续调查,确定企业的存续情况;

(2) 确定破产企业对外债权是否在诉讼时效内;

(3) 由管理人向破产企业债务人发函追讨;

(4) 通过法律诉讼进行追讨;

(5) 对申报债权的债务人,依情况与其申报的债权额进行冲抵;

(6) 个别债权请求受理法院协助调查、追讨。

4. 调查破产企业的债务

调查破产企业的债务情况,同样应当依据会计师事务所出具的审计报告,有重点、有针对性地进行核实。在核实时,应审查相关凭证和账簿的记载是否一致、证据材料是否齐全、真实等。在本案中,将兴昌达博公司的债务分为机构、个人分别予以核实、确认。

(三) 合同文件的清理

破产企业一般都存在大量的合同文件,因此,管理人在接管破产企业后,对合同文件的清理也不容忽视。本案中,在对兴昌达博公司的合同文件资料进行清查时,按类别分别进行并登记造册,在此基础上再由法律组对所有的合同文件从法律的角度进行审查和核实,并将审查中发现的问题及时向破产管理人汇报。这项工作为以后破产管理人对破产企业的财务审计、债权债务清理以及应诉等工作提供了相应的证据资料。

管理人在清理合同时应当特别注意破产申请前成立而债务人和对方当事人均未履行完毕的合同。因为对此类合同,根据《企业破产法》第18条的规定,管理人有权决定解除或者继续履行,并通知对方当事人。如果管理人自破产申请受理之日起2个月内未通知对方当事人,或者自收到对方当事人催告之日起30日内未予答复的,视为解除合同。管理人决定继续履行合同的,对方当事人应当履行;但是,对方当事人有权要求管理人提供担保。管理人不提供担保的,视为解除合同。合同解除后,对方当事人以因合同解除所产生的损害赔偿请求权申报债权。然而,管理人对此类合同决定解除或继续履行时必须特别注意以下事项:① 管理人有权决定解除或继续履行的合同限于在人民法院受理破产申请前成立,在人民法院受理破产申请时债务人和对方当事人均未履行完毕的合同。② 管理人决定解除或继续履行合同必须自破产申请受理之日起2个月内,或自收到对方当事人催告之日起30日内作出并通知对方当事人。否则,视为解除合同。③ 管理人决定继续履行合同的,对方当事人有权要求管理人提供担保。此时提供的担保应当是对方当事人可以接受的担保。如果债务人与对方当事人均未履行完毕的合同虽在破产申请前成立,但合同约定一方当事人破产,对方当事人有权解除合同,且对方当事人行使合同解除权的,管理人要求对方当事人继续履行合同的,应如何处理,目前司法解释尚无相关规定。④ 管理人决定继续履行合同的,根据《企业破产法》第26条、第69条的规定,在第一次债权人会议召开之前,应当经人民法院许可。在第一次债权人会议召开之后,应当报告债权人委员会,未设立债权人委员会的,应当报告人民法院。⑤ 管理人决定继续履行或解除合同的判断标准,为最有利于债务人财产利益的原则。

《破产法解释(二)》对所有权保留的买卖合同的处理作了比较详细的规定。此类合同,在标的物所有权未依法转移给买受人前,一方当事人破产的,该买卖合同属于双方均未履行完毕的合同,管理人有权依据《企业破产法》第18条的规定决定解除或者继续履行合同。

(1) 出卖人破产,其管理人决定继续履行所有权保留买卖合同的,买受人应当按照原买卖合同的约定支付价款或者履行其他义务。买受人未依约支付价款或者履行完毕其他义务,或者将标的物出卖、出质或者作出其他不当处分,给出卖人造成损害,出卖人管理人有权依法主张取回标的物。但是,买受人已经支付标的物总价款75%以上或者第三人善意取得标的物所有权或者其他物权的除外。因此,未能取回标的物的,出卖人管理人有权依法主张买受人继续支付价款、履行完毕其他义务,以及承担相应赔偿责任。出卖人破产,其管理人决定解除所有权保留买卖合同,可依据《企业破产法》第17条的规定要求买受人向其交付买卖标的物。买受人以其不存在未依约支付价款或者履行完毕其他义务,或者将标的物出卖、出质或者作出其他不当处分情形抗辩的,人民法院不予支持。买受人依法履行合同义务并将买卖标的物交付出卖人管理人后,买受人已支付价款损失形成的债权作为共益债务清偿。但是,买受人违反合同约定,上述债权仅作为普通破产债权清偿。

(2) 买受人破产,其管理人决定继续履行所有权保留买卖合同的,原买卖合同中约定的买受人支付价款或者履行其他义务的期限在破产申请受理时视为到期,买受人管理人应当及时向出卖人支付价款或者履行其他义务。买受人管理人无正当理由未及时支付价款或者履行完毕其他义务,或者将标的物出卖、出质或者作出其他不当处分,给出卖人造成损害,出卖人有权依据《中华人民共和国合同法》(以下简称《合同法》)(已失效)第134条等规定主张取回标的物。但是,买受人已支付标的物总价款75%以上或者第三人善意取得标的物所有权或者其他物权的除外。因此,未能取回标的物,出卖人有权依法主张买受人继续支付价款、履行完毕其他义务,以及承担相应赔偿责任。对因买受人未支付价款或者未履行完毕其他义务,以及买受人管理人将标的物出卖、出质或者作出其他不当处分导致出卖人损害产生的债务,作为共益债务清偿。买受人破产,其管理人决定解除所有权保留买卖合同,出卖人有权依据《企业破产法》第38条的规定主张取回买卖标的物。出卖人取回买卖标的物,买受人管理人有权主张出卖人返还已支付价款。取回的标的物价值明显减少给出卖人造成损失的,出卖人可从买受人已支付价款中优先予以抵扣后,将剩余部分返还给买受人;对买受人已支付价款不足以弥补出卖人标的物价值减损损失形成的债务,作为共益债务清偿。

(四) 诉讼案件的清查

在破产案件中,不可避免地涉及很多与破产企业有关的诉讼案件,破产管理人接管破产企业后,将代表债务人参加诉讼、仲裁或其他法律程序。处理好这些诉讼对于维护债务人、债权人及其他利害关系人的利益至关重要。本案中,在对涉诉案件进行清查时主要从以下几个方面进行:案件进展情况、诉讼事实和理由、目前所处审判阶段、案件的胜诉可能及可否调解情况、生效判决的执行情况及进入执行程序案件的执行情况等。在清查完毕后形成专项报告向清算组汇报。

人民法院受理破产申请后,已经开始而尚未终结的有关债务人的民事诉讼或者仲裁应当中止,等待管理人接管债务人财产。管理人应当向相关的人民法院或者仲裁机关发送中止审理程序通知,并附破产申请受理裁定。管理人接管债务人的财产后,应当通知相关人民法院或者仲裁机关恢复已中止的诉讼或者仲裁。人民法院受理破产申请后,已经开始而尚未终结的请求债务人为给付的民事诉讼或者仲裁,受理法院或者仲裁庭应当将债务人已进入破产程序的事实告知该案的债权人,并直接作出是否确认当事人之间债权债务的裁判,而不应作出以给付为内容的裁判。

《破产法解释(二)》第21条对破产申请受理前有关债务人的诉讼应中止审理的情形作出规定:"破产申请受理前,债权人就债务人财产提起下列诉讼,破产申请受理时案件尚未审结的,人民法院应当中止审理:(一)主张次债务人代替债务人直接向其偿还债务的;(二)主张债务人的出资人、发起人和负有监督股东履行出资义务的董事、高级管理人员,或者协助抽逃出资的其他股东、董事、高级管理人员、实际控制人等直接向其承担出资不实或者抽逃出资责任的;(三)以债务人的股东与债务人法人人格严重混同为由,主张债务人的股东直接向其偿还债务人对其所负债务的;(四)其他就债务人财产提起的个别清偿诉讼。债务人破产宣告后,人民法院应当依照企业破产法第四十四条的规定判决驳回债权人的诉讼请求。但是,债权人一审中变更其诉讼请求为追收的相关财产归入债务人财产的除外。债务人破产宣告前,人民法院依据企业破产法第十二条或者第一百零八条的规定裁定驳回破产申请或者终结破产程序的,上述中止审理的案件应当依法恢复审理。"第22条规定:"破产申请受理前,债权人就债务人财产向人民法院提起本规定第二十一条第一款所列诉讼,人民法院已经作出生效民事判决书或者调解书但尚未执行完毕的,破产申请受理后,相关执行行为应当依据企业破产法第十九条的规定中止,债权人应当依法向管理人申报相关债权。"第23条规定:"破产申请受理后,债权人就债务人财产向人民法院提起本规定第二十一条第一款所列诉讼的,人民法院不予受理。债权人通过债权人会议或者债权人委员会,要求管理人依法向次债务人、债务人的出资人等追收债务人财产,管理人无正当理由拒绝追收,债权人会议依据企业破产法第二十二条的规定,申请人民法院更换管理人的,人民法院应予支持。管理人不予追收,个别债权人有权代表全体债权人提起相关诉讼,主张次债务人或者债务人的出资人等向债务人清偿或者返还债务人财产,或者依法申请合并破产的,人民法院应予受理。"

(五)其他有关工作的清查

在管理人接管破产企业后,除进行上述工作外,为保障今后破产工作的顺利进行,还有一些其他工作需要管理人去处理。如企业基本情况、企业治理结构、人员基本情况、财务情况的核查等。在核查债务人人员基本情况时,应注意重点核查企业是否欠缴职工工资及社会保险费用等情况,因为这直接关系到后续的职工债权的审核与确认。核查破产企业的财务状况时应注意核查破产企业的财务管理情况、财务人员和变动情况、财务账册及原始凭证的真实和完整情况、账面记录的真伪情况、财务审批的合法合规或合章情况等。

管理人在开展上述工作的同时,债权申报、确认工作也应同时进行,这项工作是整个破产程序中的重中之重,对这一工作的开展将在第三章予以专门说明。

第三章 债权的申报、审核与确认

2007年9月19日，北京市昌平区人民法院在作出受理破产申请裁定的同时，发布了如下公告：

北京市昌平区人民法院
公告
（2007）昌民破字第10949号

北京兴昌高科技发展总公司申请北京兴昌达博房地产开发有限公司破产一案，本院已于2007年9月19日依法立案审理。

债权人应自公告之日起三个月内向管理人申报债权数额和有无财产担保等情况，并提交有关证明材料。在本院确定的债权申报期限内，债权人未申报债权的，可以在破产财产最后分配前补充申报。但是此前已进行的分配，不再对其补充分配。为审查和确认补充申报债权的费用，由补充申报人承担。

对北京兴昌达博房地产开发有限公司的民事执行程序依法中止执行，申请执行人可凭生效的法律文书向管理人申报债权。有关北京兴昌达博房地产开发有限公司的其他民事诉讼或者仲裁也应依法中止；在管理人接管债务人的财产后，该诉讼或者仲裁继续进行。

第一次债权人会议召开时间，另行通知。

特此公告。

二〇〇七年九月十九日
（院印）

此公告是昌平区人民法院根据我国《企业破产法》第14条的规定履行其通知、公告的义务，其发布目的是使债权人得知债务人兴昌达博公司被裁定破产，并着手进行债权申报。这是因为我国《企业破产法》设立的一个重要目的就是实现破产债权，而债权人要实现其债权就必须参加到破产程序中来。其中，债权申报是债权人参加破产程序的前提，只有进行了申报，进而经过审查、确认的债权才能参加后续的破产程序,行使债权人的各项权利。同时,只有债权经过确认的债权人才能依确认的份额在债权人会议上行使表决权,破产程序中很多重要的事项才能启动、开展和实现。债权申报、审查、核查、确认是破产程序中重要的一环,做好这项工作对于顺利开展破产工作具有重要的意义。

第一节 债权申报

一、债权申报前的准备工作

我国《企业破产法》第45条规定:"人民法院受理破产申请后,应当确定债权人申报债权的期限。债权申报期限自人民法院发布受理破产申请公告之日起计算,最短不得少于三十日,最长不得超过三个月。"本案中,根据北京市昌平区人民法院发布的受理兴昌达博公司破产一案的公告[(2007)昌民破字第10949号]可知,债权申报的期限为自2007年9月19日开始至2007年12月18日,为期3个月。同时为了提高效率,保障债权申报工作的顺利进展,从而为之后的债权审核确认工作奠定基础,兴昌达博公司管理人在正式开始债权登记工作之前还专门向债权人送达了债权申报通知书、编制债权申报时需要的表格,整理原始文件资料和财务账册等相关的准备工作。

(一) 送达债权申报通知书

我国《企业破产法》第14条规定:"人民法院应当自裁定受理破产申请之日起二十五日内通知已知债权人,并予以公告。通知和公告应当载明下列事项:(一)申请人、被申请人的名称或者姓名;(二)人民法院受理破产申请的时间;(三)申报债权的期限、地点和注意事项;(四)管理人的名称或者姓名及其处理事务的地址;(五)债务人的债务人或者财产持有人应当向管理人清偿债务或者交付财产的要求;(六)第一次债权人会议召开的时间和地点;(七)人民法院认为应当通知和公告的其他事项。"根据上述规定,债权申报通知应当由人民法院在25日内通知已知债权人,并予以公告。实务中,人民法院经常将此项权利授权管理人行使。本案中,在人民法院指定清算组为管理人以后,便是由管理人制作了如下债权申报通知书,并及时向各位已知债权人进行了送达。

××公司债权申报通知书

×××债权人：

经北京兴昌高科技发展总公司申请，北京市昌平区人民法院于2007年9月19日以(昌)民破字第10949号民事裁定书依法裁定受理北京兴昌达博房地产开发有限公司破产清算一案，并于2007年9月19日指定北京兴昌达博房地产开发有限公司清算组为北京兴昌达博房地产开发有限公司破产管理人。

破产管理人依法负责北京兴昌达博房地产开发有限公司破产债权登记、审核工作，现将有关事宜通知如下：

1. 债权人应在收到本通知之日起××日内向管理人(通讯地址：_____；邮政编码：_____；联系电话：_____)申报债权，对债权数额、有无财产担保及是否属于连带债权等情况进行说明并提供相关证据材料。逾期申报者，可以在破产财产最后分配前补充申报，但对此前已进行的分配无权要求补充分配。为审查和确认补充申报债权所产生的费用由补充申报人承担。

2. 申报债权时需提交以下材料：

(1) 企业法人营业执照(副本)复印件和法定代表人身份证明原件和身份证复印件，若申报人为自然人则提供身份证复印件；

(2) 委托他人代为申报的，应提供债权人的授权委托书和代理申报人的身份证复印件；

(3) 破产债权申报书和债权登记申报表；

(4) 申报债权的证明材料，如合同、协议、会计凭证等。

3. 债权人应在债权申报书中详细写明申报人的联系地址、邮编、联系方式等信息，以便于管理人联系。

4. 第一次债权人会议定于××年××月××日在_____(地点)召开，请准时参加。出席会议时需提交营业执照、法定代表人或负责人身份证明书(自然人提交个人身份证明)。委托代理人出席会议的，应提交特别授权委托书、委托代理人的身份证件，委托代理人是律师的还应提交律师执业证和律师事务所的指派函。

特此通知。

附：

1. 破产债权申报书、债权登记申报表一份

2. 管理人办公地址：
邮编：
联系人：
联系电话：
传真：

××公司破产管理人
（加盖管理人印鉴）
年　月　日

(二) 编制债权申报时使用的各种表格

在债权申报工作正式开始前，为保证债权申报工作的顺利进展，律师为兴昌达博公司清算组编制了破产债权申报书、债权登记申报表（区分个人和机构）、债权登记回执等法律文书，并事先将这些文书印制、准备好。同时，刻制"清算组债权登记专用章""与原件一致"的印鉴。以上各种表格的具体格式如下：

破产债权申报书

申报人：_____

地址：_____

法定代表人：_____

申报债权数额：人民币_____元

申报的事实和理由：_____

_____

_____

_____

特此申报。

此致

××××××公司破产管理人

申报人：
年　月　日

附：

1. 债权登记申报表
2. 债权产生有关证据

债权登记申报表(个人)
(此表一式三份)

编号_____

债权人		债权人身份证号码	
委托代理人		委托代理人身份证号码	
邮政编码		联系电话	
联系地址			
债权形成原因			
合同情况(非合同类债权比照本栏要素填写)	合同名称		
	合同金额(本金)		约定收益	%
	合同约定情况说明			
	合同起止日期		已支付金额	
申报债权金额	大写:人民币_____(元);小写(元):_____			
债权有无担保	1. 无 □ 2. 有 □	担保金额: 担保形式:1. 保证 □ 2. 抵押 □ 3. 质押 □		
债权有无争议	1. 无 □ 2. 有 □	有无诉讼、裁定或仲裁裁决	1. 无 □ 2. 有 □	
债权证明材料(附后)名称				
备注事项				

注:1. 此表应用钢笔或签字笔填写。
 2. 编号由清算组填写。
 3. 本债权申报表不构成无效债权(包括但不限于已过诉讼时效的债权等)的重新有效确认。
 4. 债权申报人已全面、完整、知晓本次债权登记的有关要求并保证提供资料及情况的真实、合法、完整,否则,一切法律后果由债权申报人承担。
 5. 债权证明材料附在本表之后加债权人签章后与本表一同提交清算组。

债权人(或委托代理人)签名(章):　　　　　　　　申报日期:　年　月　日

债权登记申报表（机构）
（此表一式三份）

编号_____

债权人				
法定代表人(负责人)		委托代理人		
营业执照号码		委托代理人身份证号码		
邮政编码		联系电话		
联系地址				
债权形成原因				
合同情况(非合同类债权比照本栏要素填写)	合同名称			
	合同金额(本金)		约定收益	%
	合同约定情况说明			
	合同起止日期		已支付金额	
申报债权金额	大写:人民币_____(元);小写(元):_____			
债权有无担保	1. 无 □ 2. 有 □	担保金额： 担保形式:1. 保证 □ 2. 抵押 □ 3. 质押 □		
债权有无争议	1. 无 □ 2. 有 □	有无诉讼、裁定或仲裁裁决	1. 无 □ 2. 有 □	
债权证明材料(附后)名称				
备注事项				
债权人签章				
法定代表人(或委托代理人)签字(章)				
申报日期				

注：1. 此表应用钢笔或签字笔填写。
2. 编号由清算组填写。
3. 本债权申报表不构成无效债权(包括但不限于已过诉讼时效的债权等)的重新有效确认。
4. 债权申报人已全面、完整、知晓本次债权登记的有关要求并保证提供资料及情况的真实、合法、完整，否则，一切法律后果由债权申报人承担。
5. 债权证明材料附在本表之后加债权人签章后与本表一同提交清算组。

申报日期： 年 月 日

(三）明确负责债权登记的工作人员

在进行债权申报工作前,为保障债权申报工作的顺利进行,管理人应明确负责债权登记工作的小组及人员。一般来说,债权登记工作由管理人内部的债权债务组负责。本案中,兴昌达博公司清算组通过清算组会议确定由债权债务组负责具体的债权登记工作。为顺利开展此项工作,还设置了专门的债权登记办公室,安排专人负责债权登记的工作,制定了《北京兴昌达博房地产开发有限公司清算组债权登记工作程序》,并由清算组法律顾问北京市公元律师事务所律师对负责债权登记的工作人员进行统一培训。

（四）整理原始文件资料及财务账册

债权债务组在开始债权登记工作前,应对破产企业原始的对外债务凭证原件进行整理,并与账、册等记载逐一核对,编制初步的《债务余额明细表》,以利于在债权审核、确认时使用。在整理过程中,工作人员如发现问题应及时报告债权债务组组长,并进一步核查。

二、债权登记

《企业破产法》第 49 条规定:"债权人申报债权时,应当书面说明债权的数额和有无财产担保,并提交有关证据。申报的债权是连带债权的,应当说明。"《企业破产法》第 57 条规定:"管理人收到债权申报材料后,应当登记造册……"一般来说,债权人在进行债权申报时需向管理人提交的相关资料包括:填写完毕的管理人提供的债权申报书、债权登记申报表、证明债权人资格的身份证明(自然人一般是身份证、法人是法定代表人证明书、企业营业执照等,包括原件和复印件)、证明债权存在的材料、说明债权数额、有无担保的证据材料、说明债权性质的材料等。而管理人作为债权申报的登记机构更应做好债权申报阶段的有关工作。2020 年修正的最高人民法院《关于适用〈中华人民共和国企业破产法〉若干问题的规定(三)》(以下简称《破产法解释(三)》)第 6 条第 1 款规定:"管理人应当依照企业破产法第五十七条的规定对所申报的债权进行登记造册,详尽记载申报人的姓名、单位、代理人、申报债权额、担保情况、证据、联系方式等事项,形成债权申报登记册。"本节将结合笔者处理兴昌达博公司破产一案的有关做法,具体介绍一下管理人如何做好债权申报阶段的有关工作。

债权登记工作一般包括债权申报、管理人初步审核、出具债权登记回执、汇总债权申报材料等。

（一）债权申报

债权申报既可以由债权人本人申报,也可以委托代理人进行申报。债权人或代理人在申报债权时,应凭身份证等个人有效证件的原件,在债权登记地点领取各类《债权登记申报表》,工作人员在发放《债权登记申报表》时应要求并指导债权人或代理人按照《债权登记申报表》的格式、内容据实填写及签字(盖章)。债权人应向管理人申报债权。向受理破产案件的人民法院提交债权申报文件的,不具有债权申报的效力。

(二) 对申报人提交的材料进行初步审核

在债权人(或代理人)填写完毕各类《债权登记申报表》并提交管理人后,管理人应从以下几个方面对债权人提交的有关材料进行初步审核。

1.《债权登记申报表》的初步审核

审核《债权登记申报表》所填内容是否完整,申报人的主体身份是否与申报材料相一致,债权申报内容与债权证明材料的记载是否一致,所填的债权证明材料名称是否与债权申报人已提交的债权证明材料内容一致。

2. 申报人主体资格的初步审核

对申报人主体资格进行审核时,一般可分为个人债权申报人主体资格的审核和机构债权申报人主体资格的审核。

(1) 个人债权申报人主体资格的审核

① 审核债权人的身份证等个人有效证件的原件有无涂改、刮擦痕迹,是否与所提交的债权证明材料中的主体身份相符,各复印件是否与原件一致。审核无误后退还其原件,留存复印件并加盖"与原件一致"的戳记。

② 委托代理申报的,还须审查授权委托书是否有相应的公证证明原件,是否与公证证明上的内容一致,有无涂改、刮擦痕迹,授权人是否债权人,签字(章)是否一致。代理人的身份证等个人有效证件是否与授权委托书载明的代理人身份相符。各复印件是否与原件一致,复印件是否加有债权人的签字(章)。审核无误后退还其原件,留存复印件并加盖"与原件一致"的戳记。

(2) 机构债权申报人主体资格的审核

① 审核债权人的证照(企业法人执照、事业和社会团体法人登记证书等)正本是否在有效期间内,是否已经年检,是否加盖原始登记机关的印章,是否与所提交的债权证明材料中的主体身份相符,各复印件是否与原件一致,复印件是否加盖债权人公章。审核无误后退还其原件,留存复印件并加盖"与原件一致"的戳记。

② 审核债权人法定代表人或负责人的身份证等个人有效证件的原件是否与债权人证照中注明的身份一致,各复印件是否与原件一致。审核无误后退还其原件,留存复印件并加盖"与原件一致"的戳记。

③ 委托代理申报的,还须审查授权委托书原件中的授权人是否为法定代表人

或负责人,是否有相应的公证证明,是否与公证证明原件上的内容一致,有无涂改、刮擦痕迹,签字(章)是否一致。代理人的身份证等个人有效证件原件是否与授权委托书载明的代理人身份相符,各复印件是否与原件一致,复印件是否加盖债权人的公章。审核无误后退还其原件,留存复印件并加盖"与原件一致"的戳记。

3. 债权证明材料的初步审核

(1)审核各类合同、协议等债权原始材料以及能够证明合法债权产生、变更、存续及其金额的其他材料的原件有无涂改、刮擦痕迹,各复印件是否与原件一致,是否加有债权人的签字(章)。审核无误后退还其原件,留存复印件并加盖"与原件一致"的戳记。

(2)所申报债权有财产担保的,还应审核抵押合同、质押合同及相关登记证明的担保材料的原件有无涂改、刮擦痕迹,是否在有效期间内,各复印件是否与原件一致,是否加有债权人的签字(章)。审核无误后退还其原件,留存复印件并加盖"与原件一致"的戳记。

(3)所申报债权如果涉讼,还应审核与诉讼有关的文件原件(包括已经了结或正在审理的案件的起诉书、诉讼保全申请、保全裁定、生效判决、执行申请、法院执行裁定、执行通知书等)有无涂改、刮擦痕迹,各复印件是否与原件一致,是否加有债权人的签字(章)。审核无误后退还其原件,留存复印件并加盖"与原件一致"的戳记。

(三) 出具债权登记回执

在对申报人提交的申报材料进行初步审核后,对于符合申报条件的,工作人员应在申报人提交的《债权申报登记表》上加盖"清算组债权登记专用章",并且向申报人出具载明相关内容的《债权登记回执》。

债权登记回执(格式)

北京兴昌达博房地产开发有限公司(以下简称"兴昌达博公司")清算组作为兴昌达博公司的管理人,于____年____月____日,收到申报人_____提交的《债权登记申报表(个人/机构)》(编号为:_____)_____份,及相关材料的复印件_____份。

债权申报金额为:人民币大写_____元,小写_____元。

申报债权的担保情况为:_____。

申报人提交的资料(复印件)清单:

1. 证明申报人主体资格的材料
2. 证明债权发生事实及其数额的材料

3. 其他材料

北京兴昌达博房地产开发有限公司清算组
年　月　日

(四) 汇总债权申报材料

在债权登记工作结束后,管理人应当将债权申报材料进行分类整理,一般可分为一般债权、担保债权、未到期债权、附条件债权、附期限债权、正在诉讼或仲裁的未决债权、其他债权。并编制《债权申报汇总表》(见下表),以统计债权申报情况。债权申报汇总表"是对债务人的债权人的债权申报进行登记汇总的结果。债权申报汇总表是债务人的所有申报的债权的汇总,汇总的情况更为简洁、直观和概括,有关汇总的项目为债权申报的核心内容"①。

××公司债权申报汇总表

序号	债权人	地址	邮编	联系人及电话	债权类别	申报金额	债权时效	证据份数	备注
合计									

附:××公司债权登记申报表××份

三、债权的补充申报

2007年11月18日,本案债权申报期限届满后,仍不断有债权人前来申报债权。我国《企业破产法》第56条规定:"在人民法院确定的债权申报期限内,债权人未申报债权的,可以在破产财产最后分配前补充申报;但是,此前已进行的分配,不再对其补充分配。为审查和确认补充申报债权的费用,由补充申报人承担。债权人未依照本法规定申报债权的,不得依照本法规定的程序行使权利。"据此,对未能在债权申报期限内申报债权的当事人,其债权并不当然消失,而是可以在破产财产最后分配前进行补充申报,并获得清偿。北京市高级人民法院《企业破产案件审理

---

① 邢立新:《最新企业破产文书范本与法律文件》,法律出版社2007年版,第84页。

规程》将时间具体规定为最后一次破产分配方案提交债权人会议表决之前,或者和解协议或重整计划草案提交债权人会议表决之前。但对于补充申报的债权的审核主体、补充申报的债权是否需要债权人会议的核查及与已进行破产程序的协调等问题,《企业破产法》及有关司法解释都未进行明确。

一般来说,如果债权补充申报是在破产清算程序中,补充申报的债权相对易于处理,因为根据我国《企业破产法》的规定,应当对债权人尚未确定的债权进行预留,如果没有意外因素发生,整个案件将依据相关法律规定,按照既定程序进行下去。但如果是在破产重整或和解程序中,尤其是进入重整计划或和解协议的执行阶段,补充申报债权的处理就相对较为复杂。关于重整或和解阶段,补充申报债权的处理,我国《企业破产法》第92条第2款规定:"债权人未依照本法规定申报债权的,在重整计划执行期间不得行使权利;在重整计划执行完毕后,可以按照重整计划规定的同类债权的清偿条件行使权利。"《企业破产法》第100条第3款规定:"和解债权人未依照本法规定申报债权的,在和解协议执行期间不得行使权利;在和解协议执行完毕后,可以按照和解协议规定的清偿条件行使权利。"根据以上两条规定,我国《企业破产法》对重整或和解阶段补充申报债权的处理采取了相同的处理方法。也就意味着,重整或和解程序补充申报债权的处理具有相似性。因此,本书以重整程序中补充申报债权的处理为例具体论述有关问题。

(一)审核主体

对在重整程序终结前补充申报的债权,由管理人予以审核确认应不存异议。但在进入重整计划执行阶段后,是否还应当由管理人继续审核确认,实践中的观点不尽相同。有观点认为,根据我国《企业破产法》第87条的规定,在人民法院裁定批准重整计划草案时,重整程序便终结。此时管理人的主要任务是监督债务人执行重整计划,相关文件资料及事务亦应移交破产企业。因此,应由破产企业作为审核主体较为适宜。也有观点认为,应由承办法院作为审核主体,因为随着审判工作的不断深入,法院对债务人的实际情况也较为了解,由其代表国家居中确认债权更具可信度。还有观点认为,应当由管理人审核,因为管理人具有专业的知识、中立的地位及之前审核确认债权工作的经验,由管理人来审核确认更为适宜。本案中,对重整计划执行阶段补充申报的债权,仍是由管理人来审核确认,因为破产企业作为利害关系方很难客观地去审核确认债权,由人民法院审核确认与《企业破产法》中破产债权的确认、破产债权异议之诉由法院确认、审理的制度相矛盾。对此,可能会有人提出,根据《企业破产法》第87条的规定,在人民法院裁定批准重整计划草案后,重整程序便终止,管理人的主要义务便是监督债务人执行重整计划,不再具有审核债权的职责。对此,笔者认为,《企业破产法》该条规定尚有商榷之处,重整程序应当包括重整计划执行阶段。对该问题,相关司法解释均未作出规定,但《北京市高级人民法院企业破产案件审理规程》第 105 条第 2 款规定:"在破产重整程序和破产和解程序中,破产程序的终结指裁定批准重整计划或和解协议时,但是破产重整程序或破产和解程序转入破产清算程序的除外。"笔者认为,债务人或管理人在重整计划执行完毕后,重整程序才终结。因此,在重整计划执行阶段,对补充申报的债权仍应由管理人审查、确认。

(二) 债权人会议的核查

根据《企业破产法》第 58 条的规定,债权在经管理人审查、确认后应当提交债权人会议核查。对于超过法定期限补充申报的债权,经审查、确认后自然也应当经债权人会议核查。但由于补充申报的债权可能是不间断零散的进行,如果每次债权补充申报都要召开一次债权人会议进行核查,势必造成资源的浪费和效率的降低。本案中,对在重整程序中补充申报的债权的核查采取了一种变通的方式进行,如发送书面通知、传真、电子邮件等方式告知全部已知债权人。债权人在收到审核结果后,如果对管理人作出的审核结果有异议,可在管理人确定的一定期限内以书面形式向管理人提出异议,陈述其异议理由,并提交相应证据,由管理人对此限期作出答复;如债权人对管理人的答复不满意,可向承办法院提起诉讼,由人民法院审核确认。

(三) 已进行破产程序与补充申报的债权

由于债权是债权人参加破产程序行使表决权的基础,在债权人未申报债权并依法审查、确认前,债权人无法参与破产程序、参加债权人会议行使有关表决权,而债权的审核、确认往往需要一段时间。因此,在补充申报的债权最终得到人民法院的核准后,破产程序往往已经进行过半或接近尾声,此时就涉及补充申报的债权与已进行破产程序如何处理的问题,尤其是在重整程序中进入重整计划执行阶段后补充申报的债权。对此,笔者认为,补充申报的债权不应影响已进行的破产程序。因为无论是破产清算、和解还是重整程序,一般都会为未决债权预留相应的份额,已进行的破产程序并不会因为补充申报债权人未能参加而影响其实质受偿的权利。在补充申报的债权得到确认后,虽然该债权人丧失了依据《企业破产法》的规定参与此前已完成的破产程序、行使权利的资格,对之前债权人会议通过的有关决议不能提出异议,但享有依据《企业破产法》的相关规定参加后续破产程序,依据重整计划获得清偿的权利。

第二节　债权的审核

一、实质审查与形式审查

我国《企业破产法》第57条第1款规定："管理人收到债权申报材料后，应当登记造册，对申报的债权进行审查，并编制债权表。"我国《企业破产法》将破产债权的审查权赋予了破产管理人，然而实务中，对管理人的这种审查权是实质审查还是形式审查存在不同的认识。有观点认为，由于破产债权要经债权人会议核查和人民法院裁定认可后才能得到确认，因此，管理人对破产债权的审查仅仅是一种形式意义上的审查，并不是对债权进行实体上的审查。对此，笔者认为，破产管理人在破产债权审查、确认程序中承担了主要的实际工作，处于破产债权审查的第一道防线上，破产管理人编制债权表时需要对债权是否可以确认、确认的数额、债权的性质和有无担保等实质性内容进行分析、判断，故破产管理人对破产债权的审查应该是实质审查。这一观点在《北京市高级人民法院企业破产案件审理规程》第169条规定中得到了确定："管理人应当在第一次债权人会议之前对债权进行实质审查，确定债权的性质、数额、担保财产、是否超过诉讼时效、是否超过申请执行时效等情况。"当然这种审查在效力上不具有终局性，仍属于"初步审查"，之后需要债权人会议的核查和人民法院的确认。《破产法解释（三）》第6条第2款规定："管理人应当依照企业破产法第五十七条的规定对债权的性质、数额、担保财产、是否超过诉讼时效期间、是否超过强制执行期间等情况进行审查、编制债权表并提交债权人会议核查。"

二、债权的审查

债权申报期限届满后，兴昌达博公司清算组便根据我国《企业破产法》第57条的规定对申报的债权进行审查、确认。由于我国《企业破产法》对管理人如何行使破产债权之审查权，并没有作出明确规定，笔者为兴昌达博公司制定了《债权审核确认工作程序》，从债权审查的程序、标准和内容等方面予以了详细的规定。

（一）审查的程序

在为兴昌达博公司清算组制定的《债权审核确认工作程序》中，将债权审查的程序主要分为以下四个步骤：

（1）由管理人内部的债权债务组按照法律组制定的《清算组债权审核确认程序》对申报债权进行初步审核并拟定相应的初步审核意见，审核意见分为予以确认的债权表、不予确认的债权表和存疑的债权表三类。

（2）债权债务组在完成初步审核后，制作债权审核确认工作报告以及确认申报债权的议案，提交管理人会议审议。

（3）对于因没有相对应的债务、财务资料可核对、债权证明材料不全、债权证明材料存在涂改、刮擦痕迹而无法判定真假等暂时无法认定的债权，管理人在审查后向申报人发出《债权初审征求意见函》（区分个人和机构），征求债权人对确认债权的意见，给债权人留出一定期限的异议期限，在此时间内债权人可以提出异议并补充提交相关证明材料，管理人将根据异议对债权进行进一步的审查。没有异议的管理人将根据确认的数额编制债权确认表提交给管理人会议审议。对于仍存有异议的，管理人将不予以确认，相关权利人可以通过诉讼进行救济。《债权初审征求意见函》格式如下：

债权初审征求意见函（个人）

_____：

您好。关于您所申报的对北京兴昌达博房地产开发有限公司（以下简称"兴昌达博公司"）的债权（申报金额：_____元，申报表编号_____），兴昌达博公司破产管理人债权债务组的初步审核意见如下：

一、债权主体资格的审核意见

鉴于您已向管理人提交了合法有效的身份证件，且与您提交的债权证明资料中的主体身份相符，因此符合破产债权人资格（或：鉴于您向管理人提交的身份证件与您提交的债权证明资料中的主体身份不符，或不具备合法有效的授权委托手续，因此不符合破产债权人资格）。

二、债权额的审核意见

经过对您提交的债权证明资料以及兴昌达博公司留存的债务、财务资料的详细核查，初步核定您的债权金额为（人民币）大写：_____元，小写：_____元，与您所申报的债权数额一致［或：初步核定您的债权金额为（人民币）大写：_____元，小写：_____元，与您所申报的债权数额不一致］。

如果您对上述审核意见存在异议，则可以在接到该通知之日起七日内书面向管理人提出，详细说明异议事实和理由，并补充提交相关证明材料。管理人将就此确定最终审核意见。如果逾期未提出异议申请，则视为您对该债权初审意见没有异议。

特此通知。

北京兴昌达博房地产开发有限公司破产管理人
　　　年　月　日

债权初审征求意见函（机构）

_____:

关于贵司所申报的对北京兴昌达博房地产开发有限公司（以下简称"兴昌达博公司"）的债权（申报金额：_____元，申报表编号_____），兴昌达博公司破产管理人债权债务组的初步审核意见如下：

一、债权主体资格的审核意见

鉴于贵司已向管理人提交了合法有效的营业执照、法定代表人身份证明，且与贵司提交的债权证明资料中的主体身份相符，因此符合破产债权人资格（或：鉴于贵司向管理人提交的营业执照、法定代表人身份证明与贵司提交的债权证明资料中的主体身份不符，或不具备合法有效的授权委托手续，因此不符合破产债权人资格）。

二、债权额的审核意见

经过对贵司提交的债权证明资料以及兴昌达博公司留存的债务、财务资料的详细核查，初步核定贵司的债权金额为（人民币）大写：_____元，小写：_____元，与贵司申报的债权数额一致[或：初步核定贵司的债权金额为（人民币）大写：_____元，小写：_____元，与贵司申报的债权数额不一致]。

贵司如果对上述审核意见存在异议，则可以在接到该通知之日起七日内书面向管理人提出，详细说明异议事实和理由，并补充提交相关证明材料。管理人将就此确定最终审核意见。如果逾期未提出异议申请，则视为贵司对该债权初审意见没有异议。

特此通知。

北京兴昌达博房地产开发有限公司破产管理人
　　　年　月　日

（4）管理人会议对债权审核确认工作报告和议案进行审议，审议无误后，进行表决。经管理人会议审议后，债权债务组应根据表决情况分别编制应予确认债权的债权表和不应予确认债权的债权表。

（二）审查的标准和内容

在对兴昌达博公司的债权进行审查时，主要从以下几个方面进行：

1. 债权人主体资格的审查

首先,对债权人或委托人提交的有关身份证明的文件资料进行审查,审核是否存在债权申报人员与债权证明材料记载的债权人不一致、委托代理申报的手续不齐备等情况。

其次,审查债权人或委托人提交的证明材料中的债务人是否一致,是否存在债权人将其对他人的债权,作为对债务人的债权向清算组申报的情况。

2. 债权真实性的审查

对债权人提交的证明债权存在的有关材料的真实性进行审查,将有关文件资料与债务人留存的相关资料进行比对,看是否有无不一致、不符之处。此外还应审核债权证明材料有无涂改、刮擦痕迹。

3. 债权计算方法的审查

工作人员除审核债权事实存在与否之外,还应审核债权数额的计算方法有无依据,计算结果是否真实、准确。

4. 债权申报期限的审查

由于债权申报都有明确的期限,对于超过债权申报期申报的债权,债权审查和确认的有关费用由补充申报人承担。因此,管理人在审查债权时应当对债权人是否在公告规定的期限内申报债权进行审查。如果是逾期申报的,债权人有无正当事由说明。

5. 对债权性质的审查

对债权性质的审查,是管理人债权审查工作的核心。因为不同性质的债权决定了不同的受偿顺序,并据此分类。具体可分为:有担保的债权;无担保的一般债权(如施工合同、销售代理合同和购房合同等);职工债权;税款。同时,还应当审查申报债权中是否存在有财产担保(例如抵押、质押)或者法定优先权(例如主张支付建筑工程款的债权享有优先受偿权)的情况,如果存在,债权人是否明确放弃财产担保或者法定优先权。此外,对申报债权中是否存在属于他人所有,应当由权利人取回的财产。管理人在审查过程中,应查阅债务人的财务账册、审计报告、债务人的企业档案等材料,必要时可就有关问题询问债务人的法定代表人、部门负责人或财务负责人以及原经办人员。

6. 对债权诉讼时效的审查

审查申报债权是否超过诉讼时效,对于超过诉讼时效的债权是否存在诉讼时效中止或中断的情况。

在诉讼时效期内的最后 6 个月内,因下列障碍,不能行使请求权的,诉讼时效中止:(1)不可抗力;(2)无民事行为能力人或者限制民事行为能力人没有法定代理人,或者法定代理人死亡、丧失民事行为能力、丧失代理权;(3)继承开始后未确定继承人或者遗产管理人;(4)权利人被义务人或者其他人控制;(5)其他导致权利人不能行使请求权的障碍。自中止时效的原因消除之日起满6个月,诉讼时效期间届满。

第三节 债权的核查、确认

一、债权人会议核查债权

《企业破产法》第58条第1款规定:"依照本法第五十七规定编制的债权表,应当提交第一次债权人会议核查。"根据该款规定,兴昌达博公司清算组在债权审核完之后,提交兴昌达博公司债权人大会进行核查、确认。但债权人会议应当如何行使核查权,《企业破产法》未作规定,这也成为实践中的一大难题。对债权人会议核查的对象一般认为是管理人编制的债权表记载的有关债权的数额、性质、债权人等有关内容。关于核查的方式,债权人会议成员可采取向管理人或申报人进行询问,查阅申报债权所附的证明材料等方式对申报债权进行调查。然而,债权人会议在对破产债权核查后是否应形成核查结论,实践中观点不尽相同。有观点认为,应当由债权人会议通过表决的形式对债权核查的结果作出决议。对此,笔者认为,债权的确定是债权人参加债权人会议行使表决权的基础,在债权人的债权未经人民法院裁定确认前,其债权尚是一种不确定的债权,由债权人通过表决的形式对债权进行核查缺乏相应的基础,因此不宜由债权人会议以表决的形式对债权的核查结果作出决议。但经债权人会议核查后,如债权人会议的成员对管理人编制的债权表仍有异议的,可在规定的期限内向管理人提出异议申请,由管理人在限定的期限内予以解释说明。如债权人会议成员对管理人的解释说明仍不满意的,可在规定的期限内向受理破产申请的人民法院提起债权异议之诉,由人民法院进行审查确认。

本案中,由于债权人人数众多,无法对每一份债权进行详细的解释和说明。因此在债权人会议对兴昌达博公司的债权进行核查时,将管理人编制的债权表在债权人会议现场以幻灯片的形式循环进行播放,同时还在管理人办公地点张贴"债权核定结果",以便债权人了解债权的审查确认情况。如债权人会议成员对债权表记载的有关事项存有异议,可在7日内向管理人提出书面申请,说明异议的事实和理由,并补充提交相关证明材料。对债权人提出的异议申请,管理人将在规定的期限内予以书面说明或解释。如债权人会议成员对管理人的说明或解释仍有异议的,可在收到管理人的书面答复后7日内向受理破产申请的人民法院提起债权异议之诉,由人民法院进行审查确认。如债权人会议成员在债权人会议结束后7日内未提出异议申请的,则视为债权人对管理人编制的债权表记载有关事项没有异议。在规定异议期限届满后,管理人将根据债权异议的情况,对无异议的债权编制《债权确认通知书》,并通知债权人到管理人办公地点领取。《债权确认通知书》区分个人和机构、有异议和无异议分别制定和送达。其格式具体如下:

债权确认通知书(个人,无异议)

　　北京兴昌达博房地产开发有限公司(以下简称"兴昌达博公司")破产管理人在2008年3月29日召开的第二次债权人会议上,按照《中华人民共和国企业破产法》的相关规定,将确认后的债权及债权表提交给债权人会议进行了核查。您申报的债权为_____元,经本管理人审核确认的债权为本金_____元,利息_____元,共计_____元。您未对上述债权及债权表提出任何异议。

　　如您对上述确认的债权有任何异议,可在接到本通知后七日内,依《中华人民共和国企业破产法》第五十八条之规定,向昌平区人民法院提起诉讼。

　　特此通知。

北京兴昌达博房地产开发有限公司破产管理人
年　月　日

债权确认通知书(单位,无异议)

　　北京兴昌达博房地产开发有限公司(以下简称"兴昌达博公司")破产管理人在2008年3月29日召开的第二次债权人会议上,按照《中华人民共和国企业破产法》的相关规定,将确认后的债权及债权表提交给债权人会议进行了核查。贵单位申报的债权为_____元,经本管理人审核确认的债权为本金_____元,利息_____元,共计_____元。贵单位未对上述债权及债权表提出任何异议。

　　如贵单位对上述确认的债权有任何异议,可在接到本通知后七日内,依《中华人民共和国企业破产法》第五十八条之规定,向昌平区人民法院提起诉讼。

　　特此通知。

北京兴昌达博房地产开发有限公司破产管理人
年　月　日

债权确认通知书(个人,有异议)

　　北京兴昌达博房地产开发有限公司(以下简称"兴昌达博公司")破产管理人在2008年3月29日召开的第二次债权人会议上,按照《中华人民共和国企业破产法》的相关规定,将确认后的债权及债权表提交给债权人会议进行了核查。您申报的债权为_____元,经本管理人审核确认的债权为本金_____元,利息_____元,共计_____元。您对上述债权及债权表提出异议如下:_____。

　　本管理人在收到您的异议后,对异议内容进行了复核,认为此前本管理人审核确认的上述债权数额并无不当,故决定仍然按照上述数额确认您的债权。

　　如您对本管理人确认的债权仍有异议,自接到本函之日起七日内,您可依照《中华人民共和国企业破产法》第五十八条之规定,向北京市昌平区人民法院提起诉讼。

　　特此通知。

北京兴昌达博房地产开发有限公司破产管理人
年　月　日

债权确认通知书(单位,有异议)

　　北京兴昌达博房地产开发有限公司(以下简称"兴昌达博公司")破产管理人在2008年3月29日召开的第二次债权人会议上,按照《中华人民共和国企业破产法》的相关规定,将确认后的债权及债权表提交给债权人会议进行了核查。贵单位申报的债权为_____元,经本管理人审核确认的债权为本金_____元,利息_____元,共计_____元。贵单位对上述债权及债权表提出异议如下:_____。

　　本管理人在收到贵单位的异议后,对异议内容进行了复核,认为此前本管理人审核确认的上述债权数额并无不当,故决定仍然按照上述数额确认债权。

　　如贵单位对本管理人确认的债权仍有异议,自接到本函之日起七日内,贵单位可依照《中华人民共和国企业破产法》第五十八条之规定,向北京市昌平区人民法院提起诉讼。

　　特此通知。

北京兴昌达博房地产开发有限公司破产管理人
年　月　日

二、审理法院确认债权

　　《企业破产法》第58条第2、3款规定:"债务人、债权人对债权表记载的债权无异议的,由人民法院裁定确认。债务人、债权人对债权表记载的债权有异议的,可以向受理破产申请的人民法院提起诉讼。"因此,债权表在经债权人会议核查后,人民法院对破产债权的确认分为两种情况:

(1) 债务人、债权人对债权表记载的债权无异议时,由人民法院通过裁定的方式确认债权表记载的有关事项。《北京市高级人民法院企业破产案件审理规程》第173条第2、3款规定:"债务人是否有异议的意思表示,由债务人的原法定代表人作出。债务人的原法定代表人未参加债权人会议,亦未委托代理人参加债权人会议的,视为债务人无异议。债权人未参加债权人会议,亦未委托代理人参加债权人会议的,视为该债权人对债权表记载的本人的债权以及其他债权人的债权无异议。"

(2) 在债务人、债权人对债权表记载的债权有异议时,由人民法院通过民事诉讼程序对争议债权作出确认与否的裁决。

《破产法解释(三)》第8条规定:"债务人、债权人对债权表记载的债权有异议的,应当说明理由和法律依据。经管理人解释或调整后,异议人仍然不服的,或者管理人不予解释或调整的,异议人应当在债权人会议核查结束后十五日内向人民法院提起债权确认的诉讼。当事人之间在破产申请受理前订立有仲裁条款或仲裁协议的,应当向选定的仲裁机构申请确认债权债务关系。"上述规定明确了提起债权确认之诉的时间为债权人会议核查结束后15日,并认可破产申请受理前当事人之间仲裁条款或仲裁协议的效力。

本案中,在经债权人会议核查后,将债权人、债务人无争议或虽提出异议但经管理人解释或说明后予以认可的债权另行编制成册,并报请昌平区人民法院裁定批准。人民法院经形式审查后作出予以确认的民事裁定书。对虽有人提出异议,但在规定的期限内未向人民法院提起诉讼的债权,管理人在期限届满后将该部分债权编制成册,另行申请人民法院予以裁定确认。人民法院经形式审查后亦应作出债权确认的民事裁定书。

然而,人民法院在对破产债权进行审查确认时是否需要进行实质审查,学界存在不同的观点。通说认为,当债务人、债权人对债权表记载的事项无异议时,可由人民法院根据现有的证明材料予以裁定确认,无须再进行实质审查。但也有个别观点认为,人民法院在裁定确认前应当对无异议的债权是否存在危害他方利益,是否存在虚假破产,是否存在意思表示不自由等情形进行适当审查。[①] 对此,笔者认为,鉴于管理人在审核确认债权时已对申报债权进行了实质审查,并且在债权确认后又给予债权人、债务人一个异议的期限,对债权表记载的债权人、债务人无异议的债

---

① 参见邵长富、王振兴:《破产债权确认中的法院审查权》,载最高人民法院民二庭等主办:《第二届中国破产法论坛论文集》,第554页。

权,人民法院在裁定确认时无须再进行实质审查。因为破产程序中一般债权人人数众多,一些大型破产案件甚至有上千人的债权人,要求人民法院对每一份债权进行实质审查必然会使整个破产程序的周期拉长,从而造成诉讼效率的降低和诉讼资源的浪费。但当债务人、债权人对债权表记载的债权有异议向人民法院提起债权异议之诉时,人民法院应当按照民事诉讼法的规定进行实质审查,并作出裁决。

第四节　债权的异议

管理人依法审核、确认的债权经债权人会议核查后,个别债权人对债权表记载的债权有异议,可以向人民法院提起诉讼。其中,既有对债权表记载的自己的债权有异议,也有对债权表记载的他人的债权有异议。

一、可以提起债权异议之诉的主体

我国《企业破产法》第58条第3款规定:"债务人、债权人对债权表记载的债权有异议的,可以向受理破产申请的人民法院提起诉讼。"可见,对债权表记载的债权有异议可以提起债权异议之诉的主体包括两个:

(一) 债权人

债权人作为破产程序的重要参加主体,债权表最终确定的债权额是其行使表决权及最终参加分配的依据。而债权表记载的其他债权人债权的性质、数额等也直接关系到债权人最终受偿的情况。债权人有权提起债权异议之诉自在情理之中。

(二) 债务人

虽然《企业破产法》将提起债权异议之诉的权利也赋予了债务人,但理论界对债务人是否能够作为提起债权异议之诉的主体存在着争议。一种观点认为,债务人在破产程序开始后,就丧失了对破产财产的管理处分权,其与他人正在进行以及将来可能进行的一切诉讼均应由管理人承担,这其中就包括对债权表记载的债权存在异议而提起的异议之诉。由于对申报的债权是由管理人进行初步审查,并根据审查结果编制债权表,此时如果让管理人对自己编制的债权表提起异议,就好比"以子之矛攻子之盾",在实践中根本无法实现。[①] 也有观点认为,法律规定的债务人是破产债务人自身,而不应由管理人代为提起异议诉讼。对此问题,《北京市高级人民法院企

---

① 参见刘涛:《对债权表记载的债权有异议的诉讼应如何进行》,载最高人民法院民二庭等主办:《第二届中国破产法论坛论文集》,第611页。

业破产案件审理规程》第173条第2、3款规定:"债务人是否有异议的意思表示,由债务人的原法定代表人作出。债务人的原法定代表人未参加债权人会议,亦未委托代理人参加债权人会议的,视为债务人无异议。债权人未参加债权人会议,亦未委托代理人参加债权人会议的,视为该债权人对债权表记载的本人的债权以及其他债权人的债权无异议。"上述规定更倾向于第二种观点。

二、提起债权异议之诉的程序

债权人、债务人提起债权异议之诉,其程序是否和普通的民事诉讼程序一样,我国《企业破产法》未作具体规定。债权人、债务人是否可以直接提起诉讼、提起诉讼的时间是否有限制、提起诉讼时又应当以谁为被告等问题都有待明确与解决。

(一) 是否可以直接提起诉讼

债权人、债务人对债权表记载的债权有异议,是直接向人民法院提起诉讼,还是应当先向管理人提出异议,经管理人解释或调整后,如仍有异议方可向人民法院提起债权异议之诉。对此,笔者认为,从节约成本、提高效率的角度考虑,债权人、债务人如对债权表记载的事项有异议应首先在指定的期限内向管理人提出异议,由管理人予以解释或说明。如债权人、债务人对管理人的解释或说明仍有异议,方可向人民法院提起债权异议之诉。如相关权利人在管理人指定的期限内未提出异议,则视为对管理人债权表上记载的有关事项没有异议。

本案中,在对兴昌达博公司的债权进行审查确认时就采取了这样的做法,在将管理人审查确认的债权提交债权人会议核查后,向每位债权人发送了债权确认或不予确认的通知书,债权人如有异议必须在指定的期限内向管理人提出并说明。债权人如在指定的期限内未提出异议,则视为对管理人认定的债权无异议。在本案中的这种做法,在《北京市高级人民法院企业破产案件审理规程》第174条及《破产法解释(三)》第8条也得到了确认与体现。

(二) 异议之诉提起的诉讼期限

关于提起债权异议之诉的诉讼期限,我国《企业破产法》未作明确规定。有人认为,应根据《企业破产法》第4条的规定,适用《民法典》条188条3年诉讼时效的规定,自当事人知道或应当知道争议发生之日起算。如果适用3年之诉讼时效的规定,这就意味着争议债权可能长期处于一种不确定状态。而进入破产程序的企业一般已不能清偿到期债务或者存在不能清偿到期债务的可能,债务人的财产处于一种极易流失的状态,要实现挽救濒临破产的企业和使债权人获得比清算更高的清偿率的目标,就必须迅速地了结债权债务关系,把债务人从沉重的债务负担中解脱出来。因此,破产程序不可能因为争议债权的未确定而停滞不前,这就需要在破产程序中对债权异议之诉提起的时限作一个限定,这样既能保障债权人公平参与的权利,又能保证破产程序的正常进行。本案中,在债权人发送的《债权确认通知书》中,设定的期限为自接到通知之日起7日内向人民法院提起诉讼。

对此,《北京市高级人民法院企业破产案件审理规程》第174条将债务人、对他人债权有异议的债权人的异议诉讼期限规定为债权人会议核查债权结束后15日内;对本人债权有异议的债权人提起异议诉讼的期限没有规定;对于有担保的债权,管理人应将审查情况书面告知担保人,担保人有异议的,可以要求管理人更正。管理人不予更正的,担保人可以在收到不予更正决定之日起15日内,向受理破产案件的人民法院提起债权确认诉讼。逾期未起诉的,上述债权确定。但《破产法解释(三)》第8条只规定了"异议人应当在债权人会议核查结束后十五日内向人民法院提起债权确认的诉讼",并未区分异议的主体和对象。

(三)债权异议之诉被告的确定

根据《破产法解释(三)》第9条规定可知,债权异议之诉分为债权人、债务人对债权表记载的属于自己的债权提起的异议诉讼和债权人、债务人对债权表记载的他人的债权提起的异议诉讼两种。然而,当不同的权利人对不同的对象提起诉讼时,应当以谁为被告,《企业破产法》未作规定。《破产法解释(三)》第9条规定:"债务人对债权表记载的债权有异议向人民法院提起诉讼的,应将被异议债权人列为被告。债权人对债权表记载的他人债权有异议的,应将被异议债权人列为被告;债权人对债权表记载的本人债权有异议的,应将债务人列为被告。对同一笔债权存在多个异议人,其他异议人申请参加诉讼的,应当列为共同原告。"

三、异议债权确定后有关问题的处理

《北京市高级人民法院企业破产案件审理规程》虽然对相关权利人提起债权异议之诉的时限进行了限定,但对人民法院受理债权异议之诉后的审理期限未予明确。如果该诉讼按照普通民事程序审理,仅一审就可能耗时长达6个月的时间,并且还有可能经过二审、再审,待异议债权最终确定后,破产清算、和解程序可能已经终结,重整程序可能已进入重整计划的执行阶段。此时法院最终确认的债权额是否还需要经过债权人会议的核查?如果法院最终确定的债权额与临时确定的债权额存在差异或未能为其确定临时债权额,此时已经完成的破产程序又当如何处理?

(一)异议债权确定后是否需要债权人会议的核查

根据我国《企业破产法》第61条的规定,债权人会议有权核查债权。但对异议债权经人民法院判决最终确认后,是否需要债权人会议的核查?本案中,异议债权经人民法院判决最终确认后,根据债权人的申请,依照法院的判决修改了债权表,不再经过债权人会议的核查。因为债权确认诉讼判决生效后,该判决不仅对参与诉讼的债权人发生法律效力,而且对全体债权人、债务人、管理人都具有约束力。如果异议债权人的债权得到确认,其便享有法律赋予债权人的权利,有权向管理人申请按人民法院的判决结果重新确认其债权、更正债权表,无须再经过债权人大会的核查。但由于债权数额的变化直接影响到其他债权人的最终受偿情况,管理人应当将异议债权重新确认的情况通过债权人委员会或书面通知的形式告知广大债权人。

(二)债权数额存在差异时,已完成破产程序的处理

本案中,异议债权最终确定后,兴昌达博公司破产重整程序进入重整计划的执行阶段,并且人民法院判决确定的债权数额与人民法院临时债权额存在差异,或未能为其确定临时债权额。此时面临的一个问题,就是已完成的破产程序应当如何处理?由于债权是债权人参加破产程序行使表决权的基础,新的裁决否定了原来行使表决权的债权额,自然以该债权额为基础通过的有关决议及进行的有关程序也是缺乏根据的,已完成的破产程序理应重新开始。但如果允许破产程序重新开始,势必造成资源的巨大浪费,如果是重整程序,其挽救破产企业、使其重生的目的也将无法实现。因此,在本案中未因最终确定债权额与临时债权额存在差异,或未能为其确定临时债权额,而影响已进行的破产程序。原因在于:

(1) 我国《企业破产法》第59条第2款规定了临时债权额确定制度,为异议债权人提供了一定的权利保障。当债权人因为债权发生争议而不能行使表决权时,可以根据该条的规定申请人民法院为其确定临时债权额从而行使表决权。

(2) 即使人民法院不能够为异议债权人确定临时债权额,可在制订财产分配方案、和解协议或重整计划草案时按争议数额进行相应的预留。虽然《企业破产法》第119条仅规定在破产清算时对诉讼或仲裁未决的债权应当预留相应的份额,对重整程序中是否预留未作规定,但笔者认为,重整程序作为破产程序中的一个子程序也应当适用,且在重整程序中也涉及债权的清偿。因此,在制订重整计划草案时理应为债权尚未确定的债权人按争议的数额进行预留。本案中,在制订兴昌达博公司重整计划草案时便对异议债权进行了相应份额的预留,这样即使人民法院未能为其行使表决权确定临时债权额或最终确定的债权额与临时债权额有差异,也不会影响其实质受偿的权利。

(3) 破产程序具有不可逆性。破产程序是一项耗时较长、成本较高的制度,如果已进行的程序因个别异议债权最终确认的数额存在差异而逆转,必将导致破产程序处于一种极不稳定的状态,从而造成诉讼资源的巨大浪费。

第四章 债权人会议

第一节 债权人会议概述

2007年12月18日债权申报期限届满后,根据我国《企业破产法》第62条的规定,兴昌达博公司破产管理人应当自债权申报期限届满之日起15日内召开第一次债权人会议。债权人会议是破产程序中一个重要的机构,在破产程序中发挥着至关重要的作用。它是在人民法院的指导和监督下,协调和形成全体债权人的共同意志,并代表债权人整体利益参与、监督破产程序的自治性机构。我国《企业破产法》对债权人会议的组成、召开,债权人会议的职权、表决权的行使等都作了相应规定。

一、债权人会议成员的组成与债权人会议的召开

(一) 债权人会议的组成

我国《企业破产法》第59条第1款规定:"依法申报债权的债权人为债权人会议的成员,有权参加债权人会议,享有表决权。"根据该款规定可知,所有依法申报债权的债权人,包括无财产担保的债权人、有财产担保的债权人和代替债务人清偿债务后的保证人等,都是债权人会议成员。没有依照破产程序申报债权的债权人,不具有参加债权人会议的资格。

(二) 债权人会议的召开

债权人会议分为第一次债权人会议和以后的债权人会议,根据我国《企业破产法》第62条的规定,第一次债权人会议由人民法院召集,自债权申报期限届满之日起15日内召开。但在债权申报工作完成后,管理人对申报的债权还需审查、确认并编制债权表,尤其是债权人人数众多、申报材料复杂的破产案件,管理人很难在第一次债权人会议前完成全部的债权审查、确认工作。如果债权审查、确认工作不完成将不能提交第一次债权人会议核查。因此,对第一次债权人会议召开的时间,笔者认为时间过于紧迫。建议在制定相关司法解释时应当对第

一次债权人会议召开的时间予以适当调整,给管理人预留一定的债权审查、确认期间。

以后的债权人会议,根据我国《企业破产法》第62条的规定,在人民法院认为必要时,或者管理人、债权人委员会、占债权总额1/4以上的债权人向债权人会议主席提议时召开。

(三) 债权人会议的形式

在《企业破产法》实施之初,债权人会议以现场会议为主。信息网络使用的普及化使得工作节奏在不断加快,也为债权人会议的召开提供了更为便捷高效的途径。最高人民法院《关于推进破产案件依法高效审理的意见》中认可了通过网络在线视频召开债权人会议的合法性。该意见第10条规定:"第一次债权人会议可以采用现场方式或者网络在线视频方式召开。人民法院应当根据企业破产法第十四条的规定,在通知和公告中注明第一次债权人会议的召开方式。经第一次债权人会议决议通过,以后的债权人会议还可以采用非在线视频通讯群组等其他非现场方式召开。债权人会议以非现场方式召开的,管理人应当核实参会人员身份,记录并保存会议过程。"第11条规定:"债权人会议除现场表决外,可以采用书面、传真、短信、电子邮件、即时通信、通讯群组等非现场方式进行表决。管理人应当通过打印、拍照等方式及时提取记载表决内容的电子数据,并盖章或者签字确认。管理人为中介机构或者清算组的,应当由管理人的两名工作人员签字确认。管理人应当在债权人会议召开后或者表决期届满后三日内,将表决结果告知参与表决的债权人。"

二、债权人会议的职权

根据我国《企业破产法》第61条的规定,债权人会议行使的职权主要包括以下几个方面:

(1) 核查债权。破产管理人审查、确认的债权需要提交给债权人会议,供所有债权人查阅、核查,债权人对某项债权是否成立、债权数额、有无财产担保等可以提出异议。

(2) 申请人民法院更换管理人,审查管理人的费用和报酬。根据《企业破产法》第22条的规定,对于人民法院指定的管理人,债权人会议在管理人不能依法、公正地履行职务或者其他不能胜任职务的情形下可以申请更换管理人。管理人的费用和报酬,债权人会议有权进行监督。

(3) 监督管理人。债权人会议可以通过调查债务人的财产状况、监督管理人的处置债务人财产的行为、对管理人进行质询、请求人民法院撤销管理人行为等方式对管理人进行监督。

(4) 选任和更换债权人委员会成员。债权人委员会成员的产生由债权人会议进行选任。债权人委员会成员的选任、更换等均由债权人会议决定。

(5) 决定继续或停止债务人的营业。根据我国《企业破产法》第25、61条的规定,在第一次债权人会议召开之前,债务人是否继续营业由管理人决定,第一次债权人会议召开后,由债权人会议决定。

(6) 通过重整计划。根据《企业破产法》第79条的规定,重整计划草案必须在人民法院裁定债务人重整之日起一定期限内提交债权人会议表决。重整计划的表决按照不同的债权分组进行分别表决。

(7) 通过和解协议。和解协议由债权人会议决议。根据我国《企业破产法》第59条第3款的规定,对债务人的特定财产享有担保权的债权人,未放弃优先受偿权利的,在债权人会议表决通过和解协议时不享有表决权。

(8) 通过债务人财产的管理方案。人民法院指定破产管理人后,管理人应该尽快制定债务人财产管理方案提交债权人会议通过。对债务人财产的管理方案,经债权人会议表决未通过的,由人民法院裁定。

(9) 通过破产财产的变价方案。破产清算中,对债务人的财产进行分配必须要进行财产变价,也就是将债务人的非货币破产财产转化为货币财产。破产财产的变价方案应该提供债权人会议进行讨论。对破产财产的变价方案,经债权人会议表决未通过的,由人民法院裁定。

(10) 通过破产财产的分配方案。各债权人按照我国《企业破产法》规定的受偿顺序和受偿比例分配破产财产,破产分配方案必须经过债权人会议的审议。债权人会议对破产财产分配方案有异议的,管理人应当及时进行修改或解释。根据我国《企业破产法》第65条的规定,如果债权人会议一次表决没有通过破产财产分配方案,对该方案进行修改后可以进行第二次表决。经债权人会议二次表决仍未通过的,由人民法院裁定。同样,在对该事项进行表决时,对债务人的特定财产享有担保权的债权人,未放弃优先受偿权利的,在债权人会议表决破产财产的分配方案时不享有表决权。

(11) 人民法院认为应当由债权人会议行使的其他职权。人民法院可以将其认为合适的事务交由债权人会议行使。

三、债权人会议表决权的行使

关于债权人会议上表决权的行使,我国《企业破产法》第59条规定:"依法申报债权的债权人为债权人会议的成员,有权参加债权人会议,享有表决权。债权尚未确定的债权人,除人民法院能够为其行使表决权而临时确定债权额的外,不得行使表决权。对债务人的特定财产享有担保权的债权人,未放弃优先受偿权利的,对于本法第六十一条第一款第七项、第十项规定的事项不享有表决权。债权人可以委托代理人出席债权人会议,行使表决权。代理人出席债权人会议,应当向人民法院或者债权人会议主席提交债权人的授权委托书。债权人会议应当有债务人的职工和工会的代表参加。对有关事项发表意见。"

从该条规定可知,债权人会议成员对有关事项享有表决权,但对债权人的特定财产享有担保权的债权人,未放弃优先受偿权利的,对债权人会议通过和解协议的事项以及破产财产分配方案的事项不享有表决权。债权没有确定的债权人,原则上不得行使表决权,但经申请人民法院为其确定了临时债权额的,享有表决权。然而,在确定临时债权额时应当由谁向人民法院提出申请,是债权尚未确定的债权人还是管理人,人民法院又应当如何进行审查、确认?《北京市高级人民法院企业破产案件审理规程》第186条规定:"债权尚未确定的债权人,可以申请人民法院为其行使表决权而临时确定其债权额。人民法院应当根据申请人提交的证据材料进行形式审查,确定申请人的临时债权额。"

债权人行使有关表决权可以亲自出席债权人会议,也可以委托代理人代为行使表决权。委托代理人代为出席的,应向人民法院或债权人会议主席提交由委托人签名盖章的授权委托书。境外债权人委托代理人的,其授权委托书需要按有关规定经过公证、认证等手续。

第二节　第一次债权人会议

在破产程序中召开的各次债权人会议中,第一次债权人会议相对以后其他债权人会议更为重要,债权的核查、债务人财产的管理方案、审查管理人的报酬方案等许多重要的事项都需要在第一次债权人会议确定。因此,如何组织、召开好第一次债权人会议就具有极为重要的意义。本案中,在债权申报期限届满后,兴昌达博公司破产管理人便积极准备召开第一次债权人会议。

一、会议召开前的筹备工作

(一) 制定债权人会议议程

在债权人会议召开前,为保障会议的顺利召开,为兴昌达博公司破产管理人制定了第一次债权人会议议程,明确本次债权人会议召开的程序及需要讨论的议题。《北京市高级人民法院企业破产案件审理规程》第183条规定:"第一次债权人会议一般包括如下议题议程,可以根据实际情况进行调整:(1)人民法院宣布会议纪律要求、合议庭组成人员和书记员、申报债权人的到会情况;(2)人民法院宣布债权人会议职权;(3)人民法院介绍破产申请受理及指定管理人的情况;(4)管理人作执行职务报告和债务人财产状况报告;(5)核查债权;(6)人民法院宣布债权人会议主席的职责;指定债权人会议主席;(7)人民法院宣布债权人委员会的职责;债权人会议以表决的方式决定是否设置债权人委员会;选举债权人委员会成员,通过对债权人委员会职权的授权范围和债权人委员会议事规则;(8)以表决的方式决定继续或者停止债务人的营业;(9)通过债务人财产管理方案等;(10)管理人向债权人会议报告管理人报酬方案;(11)管理人、债务人的法定代表人等接受债权人的询问。"一般来说,对未列入本次会议议程的事项除非经主审法官或者债权人会议主席同意,否则本次债权人会议不予讨论。下面为本案中第一次债权人会议议程:

北京兴昌达博房地产开发有限公司第一次债权人会议议程

1. 审判长宣布本次会议开始,书记员宣布会场须知,介绍合议庭成员。
2. 由破产管理人工作人员×××公布债权人会议性质和职权。
3. 由破产管理人办公室主任×××作关于债权人会议的参加人员和列席人员资格审查情况的说明。
4. 由书记员宣读昌平区人民法院《关于指定北京兴昌达博房地产开发有限公司债权人会议主席的决定》。
5. 由兴昌达博公司破产管理人负责人×××作前期阶段性工作报告。
6. 由兴昌达博公司破产管理人代表×××作合同审查及债权登记工作报告。
7. 由兴昌达博公司破产管理人代表×××作财务审计工作报告。
8. 由债权人代表对原兴昌达博公司法定代表人×××进行现场询问。
9. 由债权人代表就破产重整报告向破产管理人进行现场询问。
10. 由兴昌达博公司破产管理人负责人×××作《暂不成立北京兴昌达博房地产开发有限公司债权人委员会的说明》。
11. 由兴昌达博公司破产管理人负责人×××作兴昌达博公司重整方案准备情况的说明。
12. 宣布会议结束。

(二)制定会场须知

为保证债权人会议的顺利召开,在会议召开前为兴昌达博公司破产管理人制定了会场须知和会议议事规则。会场须知在债权人入场时分发给每位债权人,使广大债权人了解会议现场需遵守的纪律和秩序,以及违反会场纪律和秩序时可能要承担的法律责任。下面是为兴昌达博公司破产管理人制定的债权人会议会场须知:

北京兴昌达博房地产开发有限公司
债权人会议会场须知

根据《中华人民共和国企业破产法》之规定,制定如下债权人会议会场须知:

一、债权人会议是全体债权人依人民法院的公告或通知而组成的代表债权人共同意志、行使债权人合法权益的临时性机构。

第一次债权人会议由人民法院主持,以后的债权人会议由债权人会议主席主持。但每次会议都必须服从人民法院的安排和指挥。

二、全体债权人要自觉遵守债权人会议的各项规定,认真行使权利,履行义务,努力完成会议的各项任务。

三、出席会议的债权人,应当严格遵守会议纪律,自觉维护会场秩序,不得喧哗、鼓掌、哄闹、走动以及实施妨害会议秩序的行为;不得拍照、录音、录像;债权人应按照会议确定的议题及时间安排进行发言和表决,发言需经会议主持人许可,非债权人代表无发言权,不得发言、提问。

四、出席会议的代表非经审判长或会议主席许可退出会场的,视为自动放弃权利,取消其债权人参会资格。

五、一个债权人只能委托一名代理人出席会议,凭法定代表人身份证明或由委托人签名盖章的授权委托代理手续及其他必要手续出席债权人会议。

六、请各位债权人遵守会场秩序。会议期间请自觉将移动电话关闭或设置为无声、振动。不得随意走动,不得喧哗,保持会场良好秩序。

七、参加会议的债权人应服从会议的安排,听从会议工作人员的指挥,债权人要求发言,需举手示意,经主持人同意后方可发言。由于兴昌达博房地产开发有限公司的债权人众多,所以每次发言仅允许提一个问题。

八、对违反会议纪律的人,可以当场驱逐出会场,也可当场没收录音、录像及拍摄器材,对借行使权利为名哄闹、冲击会场等严重扰乱会议秩序的人,将依法予以罚款、拘留直至追究刑事责任。

(三)制定债权人会议议事规则

为使债权人会议依法独立、规范、有效地行使职权,根据《企业破产法》、最高人民法院相关司法解释及本案的具体情况为兴昌达博公司管理人制定了债权人会议议事规则。债权人会议议事规则从债权人会议的参加人员、债权人会议的职权、会议的召开、议题的讨论与表决、债权人会议记录及债权人委员会等方面进行明确。下面是为兴昌达博公司破产管理人制定的议事规则的详细内容:

北京兴昌达博房地产开发有限公司债权人会议议事规则

一、一般规定

第一条 为保障北京兴昌达博房地产开发有限公司(以下简称"兴昌达博公司")债权人会议依法独立、规范、有效地行使职权,根据《中华人民共和国企业破产法》(以下简称《企业破产法》)及最高人民法院相关司法解释的规定,结合兴昌达博公司的实际情况,制定本规则。

第二条 兴昌达博公司债权人会议应根据《企业破产法》及最高人民法院相关司法解释的规定,在北京市昌平区人民法院(以下简称"昌平区法院")的指导和监督下,认真履行职责,维护全体债权人的合法权益。

第三条 债权人会议是全体债权人议事和决策的主要形式。

第四条 依法申报债权的债权人为债权人会议的成员,有权参加债权人会议,享有表决权。

债权尚未确定的债权人,除人民法院能够为其行使表决权而临时确定债权额的外,不得行使表决权。

对兴昌达博公司的特定财产享有担保权的债权人,未放弃优先受偿权利的,对于本规则第七条第一款第七项、第十项规定的事项不享有表决权。

债权人可以委托一名代理人出席债权人会议,行使表决权。代理人出席债权人会议的,应当向人民法院或者债权人会议主席提交债权人的授权委托书。

债权人会议应当有兴昌达博公司职工代表参加。

第五条 管理人及其聘请的中介机构应当列席债权人会议,向债权人会议报告职务执行情况,并回答询问。

第六条 债权人会议设主席一名,由人民法院从有表决权的债权人中指定。

第七条 债权人会议具体行使下列职权:

(一)核查债权;

(二)申请人民法院更换管理人,审查管理人的费用和报酬;

(三)监督管理人;

(四)选任和更换债权人委员会成员;

（五）决定继续或者停止兴昌达博公司的营业；
（六）通过重整计划；
（七）通过和解协议；
（八）通过兴昌达博公司财产的管理方案；
（九）通过破产财产的变价方案；
（十）通过破产财产的分配方案；
（十一）人民法院认为应当由债权人会议行使的其他职权。

二、会议的召开

第八条 第一次债权人会议由人民法院召开。以后的债权人会议，在人民法院认为必要时，或者管理人、债权人委员会、占债权总额四分之一以上的债权人向债权人会议主席提议时召开。

第九条 召开债权人会议的，管理人应当提前十五日书面通知已知的债权人。

第十条 召开债权人会议时，首先由主审法官或者债权人会议主席宣布会议议题，而后根据会议议程主持议事。主审法官或者债权人会议主席有权决定每一议题的议事时间、是否停止讨论、是否转入下一议题等。主审法官或者债权人会议主席应当充分听取与会人员的意见，控制会议进程，节约时间，提高议事效率和决策的科学性。

第十一条 除非主审法官或者债权人会议主席同意，否则债权人会议不讨论未列入本次会议议题的事项。

第十二条 与会债权人及其代理人应当在债权人范围内进行讨论议事，不得与列席会议人员进行讨论，除非主审法官或者债权人会议主席决定听取列席会议人员意见和建议。

第十三条 列席会议人员不得介入债权人会议议事过程，不得影响会议讨论、表决和作出决议。

第十四条 主审法官或者债权人会议主席应当根据与会债权人情况主持会议进程，不得因列席会议人员影响而改变会议进程或者会议议题。

第十五条 会议出现意见相持而无法表决或者表决同意与表决不同意的意见相等时，应由主审法官或债权人会议主席视会议情况决定继续议事或者暂时休会。

第十六条 债权人会议的决议，由出席会议的有表决权的债权人过半数通过，并且其所代表的债权额占无财产担保债权总额的二分之一以上方为有效。但是《企业破产法》或司法解释另有规定的除外。

第十七条 债权人会议决议表决方式为投票表决。每一决议由每位有表决权的债权人或者代理人填写相应的审议意见表,明确表示同意、不同意或者弃权的意见并书面说明理由。不按照审议意见表上说明填写内容的视为废票。与会债权人表决后,由工作人员按照《企业破产法》的规定对审议意见进行统计,并将统计结果向债权人宣布。最终结果应当制作成债权人会议记录。

债权人会议记录应作为管理人重要档案永久保存。

第十八条 债权人会议记录包括以下内容

(一) 会议召开的日期、地点和召集人姓名;

(二) 出席债权人的姓名及受他人委托出席债权人会议的代理人姓名;

(三) 列席债权人会议的人员名单;

(四) 会议议程;

(五) 每一决议事项的表决方式和结果(表决结果应载明赞成、反对或弃权的票数及其所占的债权额度);

(六) 有关不同意见的发言要点。

第十九条 债权人会议的所有决议,对于全体债权人均有约束力。

三、债权人委员会

第二十条 债权人会议可以决定设立债权人委员会。债权人委员会由债权人会议选任的债权人代表和债权人会议主席以及一名兴昌达博公司的职工代表组成。债权人委员会成员为五人。其中,代表机构债权人的代表一名,代表个人债权人的代表两名。

第二十一条 债权人委员会行使下列职权:

(一) 监督兴昌达博公司财产的管理和处分;

(二) 监督破产财产分配;

(三) 提议召开债权人会议;

(四) 债权人会议委托的其他职权。

第二十二条 债权人委员会可以以召开债权人委员会会议的形式商讨相关事项,行使职权。

第二十三条 债权人委员会召开会议的,应当由债权人会议主席召集,并提前十天书面通知各位委员。

第二十四条 债权人委员会会议由债权人会议主席主持。债权人会议主席因正当理由无法主持的,可以书面委托一名委员代为主持。

第二十五条 债权人委员会的决议,应当由至少三名委员进行表决。

四、附则

第二十六条 本规则未尽事宜,依照《企业破产法》及最高人民法院相关司法解释的规定执行。

第二十七条 本规则自债权人会议通过之日起生效。

第二十八条 本规则由管理人负责解释并修改。

(四) 拟订工作方案

为保障债权人会议的顺利召开,避免突发事件的发生和扩大,在债权人会议召开前,为兴昌达博公司破产管理人拟订了会议召开的工作方案,提前进行组织分工,明确职责。将会议组织人员分为录音录像组、签到组、安全保卫组、监票计票组和后勤组等临时专项工作组,分别负责会议召开期间的具体事务。录音录像组负责会议进程的摄录工作,签到组负责全体参会人员的签到工作,安全保卫组负责会议全程的安全保卫工作,监票计票组负责会议议程中表决票的发放、回收、清点以及统计工作,后勤组负责在会前完成会场的布置和会议资料的准备工作,在会议召开时,帮助其他工作小组完成相应的工作。上述工作小组的人员配备由管理人根据工作需要予以安排和确定。同时,每个工作小组指定组长一名,负责对小组内工作人员的具体工作安排并负责处理本小组工作范围内的突发事件。各工作小组组长对本小组的工作向管理人负责人负责,一旦发生超过其职权范围的突发事件,应及时报告管理人负责人。管理人负责人对整个会议的组织工作负责。具体的工作方案如下:

北京兴昌达博房地产开发有限公司
第一次债权人会议会场工作方案

第一章 总 则

第一条 为保证北京兴昌达博房地产开发有限公司(以下简称"兴昌达博公司")第一次债权人会议的顺利召开,维护广大债权人的合法权益,特制定本方案。

第二条 本方案工作的实施由兴昌达博公司清算组组长和办公室主任负责。

第三条 本方案当中的各项工作应当按照要求落实到工作组和个人,实行岗位责任制。每位参与会场工作的工作人员应当明确自己的职责并确实履行,不得懈怠。

第二章 工作人员组织安排

第四条 为保证会议的正常召开,在会场现场,清算组应当安排工作人员组成录音录像组、签到组、安全保卫组和后勤组等临时专项工作组,分别负责各组的专项工作。

第五条 各组分别设组长一名,负责本组的工作安排和人员配置,并就本小组的工作向清算组组长和清算组办公室主任负责。

第六条 各小组工作人员应当在本组组长的安排下，严格按照本方案规定的程序和要求履行自己的职责。

第七条 在完成本小组本职工作的同时，工作人员也应当协助其他小组的工作人员完成与会议有关的其他工作，不得随意推辞。

第八条 清算组应当为参与会场工作的所有人员制作胸牌，工作人员凭胸牌进出会场。

第三章 会议具体工作安排

第一节 会议的速记工作

第九条 清算组应当聘请专业的速记人员对第一次债权人会议期间所有人员的发言作会议记录。

第十条 上述会议记录在会后应当按照《清算组档案管理办法》的规定归档。

第二节 会场的录音、录像工作

第十一条 为保证第一次债权人会议的严肃性，清算组应当安排专人成立录音、录像组，负责整个会议过程的录音、录像工作。

第十二条 录音、录像组应当在债权人签到处至少安排一台摄像机，全程摄录债权人的签到情况。在会场内主席台上安排一台摄像机，负责对会议全过程的摄录工作。

第十三条 摄录工作完成后，录音、录像材料应当由录音、录像组组长交予清算组办公室主任保管。上述材料应按照《清算组档案管理办法》的规定存档。

第三节 会场内外的安全保卫工作

第十四条 第一次债权人会议现场的安全保卫工作由清算组专门设立的安全保卫组负责。

第十五条 安全保卫组至少由二十名保安人员组成。另外，清算组还应与昌平区法院商调部分法警到会议现场参与安保工作。

第十六条 签到处至少安排六名保安负责维持秩序和人员的疏导工作，会场入口处安排至少四名保安和一名法警负责检查人员的进出。入场时，检查与会人员是否领取了会议资料，没有会议资料的人员一律不得入内，中途不得随意退场。会场内至少安排十名保安和两名法警维持会场内秩序，疏导人员。对于在会议进行当中有不当行为的人员进行劝说和制止。签到完毕后，签到处的保安应当进入会场，帮助维持会场内秩序。

第四节 会场的布置工作

第十七条 会场的布置工作由后勤组负责。

第十八条 会场主席台上方应当悬挂"北京兴昌达博房地产开发有限公司第一次债权人会议"的横幅。

第十九条 后勤组应当安排专人在会场外负责车辆的指挥和疏导工作。

第二十条 后勤组负责协调会场业主单位,保证会场内音响、灯光和麦克风等设备的正常工作。

第二十一条 会议现场主席台上法官席、书记员席、管理人席、原债务人法定代表人席及发言席等席位的设置应按照审判人员的指示摆放并提前准备姓名签。

第二十二条 清算组应当预先安排各个债权人的座次,并将每个债权人的序号、具体位置、姓名(或名称)以表格的形式预先固定下来(此表暂定名为债权人情况表)。

第五节 与会人员的签到工作

第二十三条 与会人员的签到工作由签到组负责。

第二十四条 会议召开前,签到组应当预先设计出签到表并提前印制。签到表上应当按照预先确定的座次为各位债权人指定座位。

第二十五条 签到时,会场仅开启一扇大门,其他出入口暂时封闭。清算组安排至少四组人员,每组两人,负责签到工作。各组人员在入口外顺序排开。每组工作人员先行审查参会人员的身份证件,开会通知和授权委托书是否带齐(若是债权人本人参加的无须授权委托书)。如果带齐上述材料的,审查材料的工作人员应收取参会人员的通知和授权委托书(收取的材料应当妥善保存并在会后与签到表一起存档),并要求其在签到表上详细填写各项内容。在完成上述工作,确认无误后,负责审核和登记的工作人员发给完成上述程序的与会人员本次会议资料一份(每人仅能领取一份材料,不得多发多领)。与会人员凭资料进入会场,无资料的一律不得入场。

第二十六条 如果与会人员没有带齐身份证件、开会通知和授权委托书(债权人本人参会的无须授权委托书)的,分以下情况予以处理:

(一)未带上述任何材料的,不予签到放行,并劝其迅速离开会场。

(二)未携带授权委托书的,不予签到放行,并劝其迅速离开会场。

(三)未携带身份证的,除非其能够提供其他身份证明(例如户口簿、护照或者机动车驾驶证等)确认的,否则不予签到登记,并劝其迅速离开会场;如果能够确认的,按照前述方法进行签到登记,工作人员在签到表备注中对具体情况予以记载,然后发放材料,与会人员凭材料进场。

（四）仅未携带会议通知原件，而其他要求的文件齐备的，在清算组办公室主任批准后，可以参加会议。

在签到时如果遇到突发情况，各小组工作人员应当迅速向签到组组长报告。签到组组长应当迅速赶到现场处理。

第二十七条 考虑到兴昌达博公司的债权人人数众多，初步拟定签到工作到会议当天上午九时三十分截止，其后到会的人员一律不予接待。

第二十八条 签到截止后，签到组组长应当清点签到表，对没有到场的债权人进行统计，并迅速将统计情况报监票计票组组长、清算组办公室主任和主审法官。

第六节 会议资料的准备工作

第二十九条 第一次债权人会议的资料由后勤组负责准备。

第三十条 在会议召开前，后勤组应当根据此次会议的议程，为各位债权人准备以下会议材料：

（一）兴昌达博公司第一次债权人会议的议程；

（二）兴昌达博公司第一次债权人会议会场须知；

（三）兴昌达博公司债权人会议的职权。

第三十一条 上述材料应当按照债权人的人数准备。另外还应该准备部分备份。会议召开当天，会议材料由签到组负责保管，在债权人完成签到程序时，旋即发放给债权人。

第七节 债权人提问时的工作

第三十二条 按照兴昌达博公司第一次债权人会议的议程，会议期间将会安排债权人代表对管理人和兴昌达博公司原法定代表人进行提问。此期间的工作由安全保卫组负责。

第三十三条 当主审法官宣布开始提问时，由一名工作人员负责向提问者递送麦克风，并提示提问人在提问前先行报告自己的基本情况，然后开始提问。一个债权人一次只能提一个问题，提问完毕后即行收回麦克风。

第四章 退　场

第三十四条 在主审法官宣布会议结束后，安全保卫组工作人员应当迅速到会场两个出口处开启大门，疏导人员退场。后勤组及其他各组人员在场内指导与会人员通过就近出口退场。另外，安全保卫组还应当安排专人负责主席台就座人员的退场安保工作。

第三十五条 在所有债权人退场后，后勤组人员负责会场的清洁工作。

（五）发送通知书

为了避免中途临时改变会议召开的时间、地点，兴昌达博公司破产管理人在确定会议召开的时间时,事先与法院、破产企业法定代表人等各方进行沟通、协商。在会议召开的时间、地点确定之后,兴昌达博公司破产管理人制作了如下债权人会议通知书,并按照《企业破产法》的规定提前进行通知。

北京兴昌达博房地产开发有限公司第一次债权人会议通知

_____ :

根据北京市昌平区人民法院2007年10月8日作出的(2007)昌民破字第10949号公告,北京兴昌达博房地产开发有限公司(以下简称"兴昌达博公司")破产案第一次债权人会议定于____年____月____日上午八时三十分在北京市昌平区法院第一法庭召开。请届时参加。

参会人员应携带身份证件和本通知入场。参会人员如非法定代表人本人或债权人申报债权时提交的授权委托书载明的代理人本人的,请另行携带授权委托书。

由于兴昌达博公司债权人众多,且会场空间有限,本次大会仅限债权人本人或债权人之代理人(若有多位代理人的,请推举一名代表)入场。参会人员请不要带领无关人员入场。本通知只能作为一人入场之凭证,复印无效。

北京兴昌达博房地产开发有限公司破产管理人
年 月 日

(六) 准备文件

由于每次债权人会议的议程不同,预先需要准备的会议材料也不尽相同。一般来说,第一次债权人会议需要准备的文件主要有破产申请书(如果是国有企业破产,应当包括上级主管部门同意其破产的文件)、法院受理破产申请的裁定书、指定管理人决定书、指定债权人会议主席决定书、会议议事规则、会场须知、会议议程、会场工作方案、财务审计工作阶段性报告、合同审查和债权登记工作报告、破产管理人阶段性工作报告、会议签到表、表决统计表、成立债权人委员会(或者暂不成立债权人委员会)的说明、会议参加、列席人员资格审查情况的说明、破产企业涉案情况说明、破产企业资产负债情况的说明、债权报表、破产管理人报酬方案等。

上述文件可以都装入资料袋中,会议召开时分发给债权人,资料袋中一般包括下述文件:会议须知、会议议程、议事规则、会议职权、裁定书、债权报表、财务审计报告、资产评估报告以及其他各种报告等。会议召开前管理人应该检查文件准备得是否齐全、有无遗漏、数据是否准确等,确保文件齐全、准确。

以后的债权人会议需要准备的文件与第一次债权人会议相比有所不同,比如债权审查报告、清算工作报告、重整计划、重整方案执行报告、拍卖报告等。

(七)培训监票、计票工作人员

为了保证会议的顺利进行,确保各项决议的正常通过,兴昌达博公司破产管理人在债权人会议召开之前对监票、计票工作人员进行了专项培训,对如何监票、计票,监票、计票的程序,应注意的事项等对工作人员进行详细的解答、训练,必要时也可以提前进行演练。其他工作人员在必要时也可以事先进行培训。

(八)确定临时债权额

根据《企业破产法》第62条第1款的规定,第一次债权人会议自债权申报期限届满之日起15日内召开。本案中,由于从债权申报期截止到第一次债权人大会召开之间仅有约两周的时间,加上破产公司的债权人众多,申报材料繁杂,管理人在第一次债权人会议前很难完成全部债权的审核工作。因此,管理人应先行向人民法院申请对债权尚未确定的债权人的债权数额做临时确认,待债权审核完毕后,再行确认该部分债权人的实际债权。为便于人民法院确定有关债权的临时债权额,管理人还制定了统一的临时债权额确定办法,以供人民法院参考。以下是管理人申请人民法院确认临时债权额的报告和临时债权额确认办法:

关于确定临时债权数额的报告

昌平区人民法院:

按照贵院2007年9月19日作出的(2007)昌民破字第10949号公告的规定,北京兴昌达博房地产开发有限公司(以下简称"兴昌达博公司")破产案件的债权申报期已于2007年12月18日截止。在债权申报期内,兴昌达博公司破产管理人在贵院的指导下,完成了债权登记的工作,现正在对各类债权进行分类整理,准备下一步的债权审核确认工作。

根据贵院2007年10月8日作出的(2007)昌民破字第10949号公告的规定,兴昌达博公司第一次债权人会议将于2008年1月4日召开。由于从债权申报期截止到第一次债权人大会召开之间仅有约两周的时间,加之兴昌达博公司的债权人众多,申报材料繁杂,所以管理人在第一次债权人会议前很难完成全部债权的审核工作。

为了保证第一次债权人会议的顺利召开,保障各个债权人能够行使自己的权利,根据我国《企业破产法》第五十九条第二款的规定,"债权尚未确定的债权人,除人民法院能够为其行使表决权而临时确定债权额的外,不得行使表决权",特向贵院申请,在第一次债权人大会前对债权尚未确定的债权人的债权数额做临时确认(确认方法见附件),待债权审核工作完成后,再行确认该部分债权人的实际债权。

以上申请,望贵院及时裁准为盼。

北京兴昌达博房地产开发有限公司破产管理人
2007年12月21日

附:

临时债权数额确认办法

根据北京兴昌达博房地产开发有限公司清算工作的实际进展情况,制定债权人临时债权数额确定办法如下:

一、对于因企业间违法拆借、假按揭和不具备"五证"的房屋的销售等被初步确认为无效合同所形成的债权,不论其是否在申报材料当中申报利息或者赔偿金,均按照其实际支付的金额确认债权。对于其申报的利息和赔偿金不予考虑。具体包括以下几类:

(1) 因不具备"五证"(建设用地规划许可证、国有土地使用证、建设工程规划许可证、建设工程开工证、商品房预售许可证)签订的《商品房买卖合同》等形成的债权,按照本金计算债权数额(已签订退款协议并已经实际履行部分的,按照剩余本金计算);

(2) 虽然与兴昌达博公司签订《商品房买卖合同》,但实际为兴昌达博公司以假按揭房款偿还购房人欠款所形成的债权,按照本金(或剩余本金)计算债权数额;

(3) 虽然与兴昌达博公司签订《商品房买卖合同》或认购契约,但实际以此对"麓鸣花园"项目进行融资的,按照本金(或剩余本金)进行计算债权数额;

(4) 其他因违反法律强制性规定而认定为无效的合同所形成的债权也应按照上述原则计算债权数额。

二、对于与兴昌达博公司签订的如"五证"内购房合同、建设工程合同等初步认定为有效的合同或契约以及其他合法文件所形成的各类债权,按照以下方法计算:

(1) 在申报债权材料中仅申报本金,未要求支付利息或赔偿金的,仅按照本金计算临时债权数额;

(2) 在申报材料中既申报本金,又要求支付利息或赔偿金的,如果在材料中已经写明了要求的利息或赔偿金数额的,按照本金和其要求的利息或赔偿数额的50%计算临时债权数额；

（3）在申报材料中既申报本金，又要求支付利息或赔偿金，但未在材料中写明要求的利息或赔偿金数额，仅要求按照合同约定支付利息或赔偿金的，工作人员应当按照合同约定先行计算其利息或赔偿金，然后按照本金和计算出的利息或赔偿数额的50%计算临时债权数额。

三、已经诉讼或仲裁，并已经有法律文书支持的，按照法律文书中规定的数额计算其临时债权。其中法律文书规定有利息和赔偿金的，工作人员应先按照法律文书中规定的计算方法计算出利息或赔偿金，然后以法律文书中规定的数额及计算出的利息或赔偿金之和确认其临时债权数额。

四、对于暂时无法确认合同有效性与否的合同，清算组工作人员应当先行向清算组法律顾问进行咨询，初步确认合同有效性后再行确认临时债权数额。

五、所有利息和赔偿金的计算均截至兴昌达博公司破产案受理之日，即2007年9月19日。其后的利息和赔偿金不予计算。

(九) 布置会场

会议召开前会场的布置非常重要。这一工作应该由专门的人员或机构负责。包括制作、悬挂条幅、放置指示牌、路标、贴座号、摆放场签、灯光、音响调试等。条幅的内容一般为"……公司第一次债权人会议"，悬挂在会场正前方。路标应在公交站牌、入口、大厅、楼梯出入口、门口处张贴，尽量做到简明、易懂。座号一般根据债权性质按区域、序列排列，以方便债权人迅速找到自己的位置，并利于统计选票。第一次债权人会议要为审判长、审判员、书记员设置坐席、主席台旁边设置发言席。另外，要为管理人专门设置席位。灯光、音响要提前调试，以确保最佳效果。会场最好在会议前一天布置妥当。

二、会议召开

(一) 签到

签到是债权人会议必备的环节，通过签到可以查明参会债权人人数及所占债权的份额，进而确定会议能否合法召开，各项决议能否表决通过。人数较多的债权人会议尤其要做好签到工作，避免由于人多引起混乱。本案中，签到工作由专门设立的签到组负责，在会议召开前，签到组应当预先设计签到表并提前印制。

北京兴昌达博房地产开发有限公司第一次债权人会议签到表

会议时间:2008年1月4日

序号	债权人名称或姓名	参会人员	身份证件及号码	联系电话	座次	备注

工作人员: 　　　　　　　　　　　　　　　　签到组组长:

债权人会议签到情况统计表

北京兴昌达博房地产开发有限公司第一次债权人会议签到情况统计表

统计时间:2008年1月4日

应到债权人总人数	
其中应到自然人债权人人数	
其中应到机构债权人人数	
实到债权人总人数	
其中实到自然人债权人人数	
其中实到机构债权人人数	

为防止非参会人员随意进入会议现场,在签到时应尽量关闭会场出入口,仅保留少数入口供参会人员进入会场使用。在会场入口处,签到组可根据会议到会人数安排工作人员分成若干小组,同时开展签到工作,以缩短进场时间。在签到时,工作人员应当首先核查参会人员的身份证明、会议通知及授权委托书(若是债权人本人参加的则无须授权委托书)是否带齐,内容是否符合要求。若材料齐全,且符合要求,工作人员应当收取参会人员的会议通知和授权委托书(收取的材料应当妥善保存并在会后与签到表一起存档),并要求参会人员在签到表上详细填写各项内容。在完成上述工作,确认无误后,负责审核和登记的工作人员发给完成上述程序的与会人员本次会议资料一份(每人仅能领取对应的材料一份,不得多发多领)。

无资料的一律不得入场,入场后应当按照事先安排好的座次就座。对于未带齐参会文件的参会人员,应当根据实际情况予以区分对待:

(1) 未带上述任何材料的,不予签到放行,并劝其迅速离开会场。

(2) 未携带授权委托书的,不予签到放行,并劝其迅速离开会场。

(3) 未携带身份证的,除非其能够提供其他身份证明(例如户口簿、护照或者机动车驾驶证等)确认的,否则不予签到登记,并劝其迅速离开会场;如果能够确认的,按照前述方法进行签到登记,工作人员在签到表备注中对具体情况予以记载,然后发放材料,与会人员凭材料进场。

(4) 仅未携带会议通知原件,而其他要求的文件齐备的,在清算组办公室主任批准后,可以参加会议。

在签到时如果遇到突发情况,各小组工作人员应当迅速向签到组组长报告。签到组组长应当迅速赶到现场处理。管理人应该提前拟定签到工作截止时间,签到截止后,签到组组长应当清点签到表,对没有到场的债权人进行统计,并迅速将统计情况报监票计票组组长、清算组办公室主任和主审法官。

(二) 宣布资格审查结果

由于债权人的出席情况直接关系到债权人会议是否达到了召开的条件及对后续有关事项的表决,因此,在债权人签到完毕后,管理人首先应向债权人会议宣布参加人员和列席人员的资格审查情况,说明债权人的应到人数及实到人数。本案中,具体内容如下:

北京兴昌达博房地产开发有限公司
第一次债权人会议参加人员与列席人员资格审查情况的说明

尊敬的审判长、审判员及各位债权人:

下面就北京兴昌达博房地产开发有限公司(以下简称"兴昌达博公司")第一次债权人会议参加人员与列席人员资格审查的情况作以下说明:

一、根据《中华人民共和国企业破产法》第六十三条的规定,兴昌达博公司破产管理人于2007年12月18日向所有已知债权人邮寄了会议通知。同日,管理人还向兴昌达博公司清算组成员,兴昌达博公司原法定代表人王××和管理人聘用的中介机构等应当列席本次债权人会议的人员和单位邮寄了会议通知。

二、本次会议应到债权人_____名,其中,自然人债权人共_____名,机构债权人共_____名。实到债权人_____名,其中自然人债权人共_____名,机构债权人共_____名。

三、本次会议应到列席人员_____名,实到_____名。
说明完毕。

北京兴昌达博房地产开发有限公司破产管理人
年　月　日

(三) 介绍债权人会议的性质、职权

在签到入场、资格审查工作完成后,由主审法官宣布兴昌达博公司第一次债权人会议开始。为使广大债权人了解债权人会议的性质及所享有的职权,管理人首先向与会债权人宣布了债权人会议的性质和其职权。具体如下:

北京兴昌达博房地产开发有限公司债权人会议的性质和职权

各位债权人:

根据《中华人民共和国企业破产法》第五十九条之规定,债权人会议是全体债权人依人民法院的公告或通知而组成的代表债权人共同意志、行使债权人合法权益的临时机构。依法向兴昌达博房地产开发有限公司(以下简称"兴昌达博公司")破产管理人申报债权的债权人为兴昌达博公司债权人会议的成员,有权参加债权人会议,享有表决权。债权尚未确定的债权人,除人民法院能够为其行使表决权而临时确定债权额的外,不得行使表决权。对兴昌达博公司特定财产享有担保权的债权人,未放弃优先受偿权利的,对于通过兴昌达博公司的和解协议和通过兴昌达博公司破产财产的分配方案不享有表决权。

根据《中华人民共和国企业破产法》第六十一条的规定,北京兴昌达博房地产开发有限公司债权人会议行使以下职权:

(一) 核查债权;
(二) 申请人民法院更换管理人,审查管理人的费用和报酬;
(三) 监督管理人;
(四) 选任和更换债权人委员会成员;
(五) 决定继续或者停止债务人的营业;
(六) 通过重整计划;
(七) 通过和解协议;
(八) 通过债务人财产的管理方案;
(九) 通过破产财产的变价方案;
(十) 通过破产财产的分配方案;

（十一）人民法院认为应当由债权人会议行使的其他职权。

（四）指定债权人会议主席

根据我国《企业破产法》第60条的规定："债权人会议设主席一人，由人民法院从有表决权的债权人中指定。债权人会议主席主持债权人会议。"债权人会议主席可由人民法院根据债权人会议的推选，从具有表决权的适当人选中指定。如果指定的债权人会议主席为单位，该单位应当派固定的代表人员负责履行职责。代表人员未经人民法院同意不得更换。本案中，人民法院指定债权数额最大的北京兴昌高科技发展公司为债权人会议主席，由其法定代表人具体负责履行债权人会议主席的有关权利和义务。

（五）管理人进行工作汇报

在人民法院指定债权人会议主席后，在债权人会议主席的主持下，第一次债权人会议便按照事先拟定的会议议程由各负责人向债权人会议进行工作汇报。管理人进行工作汇报，一方面可以使广大债权人了解破产工作的进展情况，另一方面可以对债权人对管理人是否依法行使职权进行监督。在第一次债权人会议上，一般需要汇报的工作情况包括：接管工作情况、资产清理情况、资产评估情况、财务审计情况、合同审查情况、债权申报及审查情况及涉诉案件情况等。本案中，管理人就上述各项需要汇报的工作制作成专项工作报告，在债权人入场时分发给每位债权人。同时，由有关负责人在债权人会议上进行宣读。在制作上述各项报告时，管理人分为工作进展情况、工作中存在的问题及解决方案、下一步工作计划等几部分。

（六）询问

我国《企业破产法》第23条第2款规定："管理人应当列席债权人会议，向债权人会议报告职务执行情况，并回答询问。"因此，债权人在债权人会议上可以就相关问题向破产管理人提问，这也是债权人会议的必经程序之一。为使债权人更好地了解情况，顺利进行表决，会议期间应该安排债权人代表对管理人和破产公司原法定代表人进行提问。管理人和破产公司原法定代表人应该就债权人的问题进行回答。考虑到整个会议的进程及会场安全问题，会议主持人应当严格限定发言人的提问时间，在发言内容脱离主题时，及时予以制止。当主审法官宣布开始提问时，由一名工作人员负责向提问者递送麦克风，并提示提问人在提问前先行报告自己的基本情况。提问完毕后，工作人员即行收回麦克风。

（七）表决及监票、计票

在债权人询问完毕后，下一个程序就是对各项议案进行表决。在进行表决前应当先由指定人员宣读表决事项,以便债权人了解待表决事项的内容。在需表决事项宣读完毕后,由主审法官宣布开始表决。

本案中,第一次债权人会议的表决及监票计票工作由后勤组和监票计票组共同负责,表决形式为投票表决,每位债权人的会议资料中有两张表决票。当主审法官宣布开始表决时,各位债权人将在自己对应的表决票中写下自己的意见,并对议案作出同意、不同意或者弃权的意思表示。在主审法官宣布投票完毕时,后勤组安排工作人员到每排座位的最左边收取各位债权人依次传过来的表决票,并迅速汇总给后勤组组长。未在规定的时间内递交表决票的一律视为废票。后勤组组长收集齐表决票后,立即将收集到的表决票交到监票计票组组长手中。唱票及计票工作由监票计票组工作人员完成,监票人员由人民法院书记员担任。监票计票组组长组织本组工作人员根据签到情况将确定的表决债权额先行减去所有未到场债权人的债权数额,查看是否达到债权人会议表决要求的最低标准。如果无误,开始清点票数,将投赞成、反对和弃权票的表决票分开(不按照表决须知填写的一律视为废票,废票一律按照弃权计算),然后根据实际情况在债权人情况表上进行登记。例如投赞成票较多时,可先行统计弃权票和反对票,并在债权人情况表上分别做上记号,然后根据预先在表中注明的各个债权人所占的份额数,计算出反对和弃权债权人所占的份额数,剩余即为赞成的债权人所占的份额数。如果份额数符合《企业破产法》规定的债权人会议通过决议要求的数额,此议案即为通过,反之,则该议案未通过。计算票数和其所代表的债权额及比例的工作,应当在初次统计后,再行复核一次。复核后,由监票计票组组长在表决结果统计表上签字确认。完成统计后,监票计票组组长应当将表决结果统计表立即交给主审法官,由主审法官宣布表决结果。

(八)退场

会议结束后,会议组织人员应做好与会人员的退场工作。在会议即将结束时,会议组织人员应尽快开启会场所有出口,保证所有参会人员能够尽快离开会场。

第三节 第一次债权人会议以后的债权人会议

一、第一次债权人会议与以后债权人会议的区别

在第一次债权人会议之后,根据破产工作的需要,可能还需要召开多次债权人

会议。然而,之后的债权人会议与第一次债权人会议有所不同。① 具体表现在以下几个方面:

1. 会议组成

第一次债权人会议由依法申报债权的债权人组成,以后的债权人会议则由债权已经得到管理人确认、债权经人民法院临时确定、债权经人民法院裁定确认或者债权经人民法院判决确认的债权人组成。

2. 召集人

第一次债权人会议由人民法院负责召集,以后的债权人会议由债权人会议主席召集。债权人会议主席在第一次债权人会议召开前没有指定,而在以后的债权人会议召开前已经指定。

3. 召开原因和时间

第一次债权人会议自债权申报期限届满之日起 15 日内召开,以后的债权人会议在人民法院认为必要时或者破产管理人、债权人委员会、占债权总额 1/4 以上债权人向债权人会议主席提议时召开。在出现以下情形时,管理人可以向债权人会议主席提议召开债权人会议:核查债权表、通过重整计划或和解协议、通过债务人财产管理方案、通过破产财产的变价方案或分配方案、决定继续或停止债务人的营业等事项。

4. 会议通知

第一次债权人会议由人民法院通知和公告,破产管理人也应进行通知。以后的债权人会议仅由破产管理人通知即可。

5. 会议议题

第一次债权人会议的议题一般包括核查债权、审查管理人报酬方案、通过债务人财产的管理方案以及决定继续或者停止债务人的营业等。以后债权人会议的议题一般包括审查破产管理人的费用、监督破产管理人、通过破产财产的变价方案、通过破产财产的管理方案等。

二、以后债权人会议的召开

以后债权人会议的召开,在程序上和第一次债权人会议基本相同,以后的债权人会议的会议须知、议事规则、表决形式、会场工作方案、阶段性工作报告、与会人员资格审查等法律没有特殊规定的和第一次债权人会议相同。但由于每次债权人会议的议程不同,预先需要准备的会议材料也不尽相同。

本案中,第一次债权人会议以后的债权人会议通过的议案主要有关于停止兴

---

① 参见张小炜、尹正友主编:《破产管理人工作规程》,中国人民大学出版社 2008 年版,第 138 页。

昌达博公司营业、成立债权人委员会、重整计划草案(将在后面章节介绍)等。但《北京市高级人民法院企业破产案件审理规程》规定,将停止债务人营业及成立债权人委员会的表决事项列为第一次债权人会议的议程中。

(一) 停止债务人营业

根据我国《企业破产法》第61条第1款第(五)项的规定,债权人会议可以决定继续或停止债务人的营业。因此,在决定停止债务人营业时,管理人应制作停止营业的议案提交债权人会议表决。

关于停止北京兴昌达博房地产开发有限公司营业的议案

各位债权人:

《中华人民共和国企业破产法》第六十一条第一款第(五)项规定,债权人会议可以决定继续或停止债务人的营业。

2007年9月20日,北京兴昌达博房地产开发有限公司(以下简称"兴昌达博公司")破产管理人按照昌平区人民法院的要求接管了兴昌达博公司。当时,该公司已经处于实际停业的状态。从目前管理人对兴昌达博公司财产和债务的清理情况来看,兴昌达博公司已不具备继续经营所需要的资金和其他方面的要求,继续经营只会徒增全体债权人的负担。鉴于此,为保障广大债权人的最大权益,保证兴昌达博公司重整计划草案的顺利拟定,建议债权人会议根据《企业破产法》的规定对兴昌达博公司做停止营业的处理。请审议。

北京兴昌达博房地产开发有限公司破产管理人
年 月 日

在该议案提交债权人大会表决前,兴昌达博公司管理人还制作了相应的表决票、表决结果统计表和关于停止营业的决议以备开会时使用。

北京兴昌达博房地产开发有限公司第二次债权人会议表决票

序号:(序号应当在会前予以确定)　　　　　表决时间:　年 月 日

表决事项	停止债务人的营业
债权人名称或姓名	(由清算组填写)
确定的债权数额	(由清算组填写)

（续表）

代表的债权额占已确定的无财产担保债权总额的比例	（由清算组填写）		
填表人姓名			
表决意见	同意（　）	不同意（　）	弃权（　）

表决说明：

 1. 表决人在填表前应当先行阅读本说明。因未按照本说明填写而导致表决票被视为废票的，由表决人自行承担责任。

 2. 表决人应当严格按照此表中所列的填表人姓名和表决意见项填写，不得遗漏。遗漏任何一项的，视为废票。

 3. 除本表中所列各项外，表决人不得在表决票上另行书写任何文字。否则，表决票视为废票。

 4. 表决人在填写表决意见时，只能在选择的一个"（　）"内画"√"。以其他形式填写的，视为废票。

 5. 表决票应当按照会议规定的时间填写和提交。超过规定时间没有提交给工作人员的视为废票。

 6. 提交表决票时，应当将票面朝下，顺序递至本人本排左方的人员，由工作人员在每排的最左侧收取。

北京兴昌达博房地产开发有限公司第二次债权人会议表决结果统计表
统计时间：　　年　月　日

表决事项	关于停止债务人营业的议案	
发出票数		收回票数	
赞成票数		反对票数	
弃权票数		废票数	
赞成票数所代表的债权数额（元）		赞成本决议的债权数额占无财产担保债权总额的比例	
统计结果	1. 出席会议的有表决权的债权人的表决已过（或未过）半数通过； 2. 出席会议的有表决权的债权人代表的债权额，已占（或未占）无财产担保债权总额的半数以上。	

计票人：　　　　　　　　监票人：　　　　　　　　唱票人：

复核人：　　　　　　　　监票计票组组长：

北京兴昌达博房地产开发有限公司第二次债权人会议
关于停止兴昌达博公司营业议案的决议

  北京兴昌达博房地产开发有限公司(以下简称"兴昌达博公司")第一次债权人会议于2008年1月4日在_____召开。应到会的债权人为_____名,实到_____名,其中有表决权的_____名。会议由昌平区人民法院_____主持,会议的召开符合《中华人民共和国企业破产法》及最高人民法院相关司法解释的规定。会议审议了《关于停止北京兴昌达博房地产开发有限公司营业的议案》,最终以投票表决的形式进行了表决,其中_____票同意,_____票反对,_____票弃权。同意票所代表的确定债权数额超过确定的无担保债权总额的二分之一。该议案经表决通过。

附:
  1. 第一次债权人会议关于停止兴昌达博房地产开发有限公司营业的表决票
  2. 第一次债权人会议关于停止兴昌达博房地产开发有限公司营业表决结果统计表

年　月　日

(二) 成立债权人委员会

  根据《企业破产法》第67条的规定,债权人会议可以决定设立债权人委员会。债权人会议决定设立债权人委员会的,其成员人数应当为单数,而且不得超过9人。债权人会议主席也应当成为债权人委员会成员,债务人的职工代表或者工会代表也应推选一名职工代表。本案中,由于兴昌达博公司债权人众多、债权类型复杂,为了更好地保障全体债权人的合法权益,管理人根据兴昌达博公司债权人的实际情况,从债权人当中推选7位代表作为债权人委员会的成员提交债权人会议审议,包括:债权额最大的债权人代表1名、职工代表1名、机构代表2名、购房者代表3名。为保证债权人委员会成员选举工作的顺利进行,在债权人会议召开前,管理人制作了关于成立债权人委员会的议案提交债权人会议审议,并对推选的候选人的情况进行了详细介绍,以便债权人行使选举权。

  本案进展过程中,有部分债权人委员会成员主张因履行职责应获得补助。这一问题在目前《企业破产法》及相关司法解释中没有明确规定。但《企业破产法》第41条对破产费用作出了规定:"人民法院受理破产申请后发生的下列费用,为破产费用:(一)破产案件的诉讼费用;(二)管理、变价和分配债务人财产的费用;(三)管理人执行职务的费用、报酬和聘用工作人员的费用。"

  虽然债权人委员会履行职责支出的费用没有明确列入该条,但笔者认为,破产费用是在破产程序中为全体债权人的共同利益而支出的旨在保障破产程序顺利进行所必需的程序上的费用。如果破产程序中债权人委员会成员进行的活动符合上述条件，且为破产程序所必要，可以作为破产费用给予适当补偿，包括交通费、伙食费及误工费等。

关于成立北京兴昌达博房地产开发有限公司债权人委员会的议案

各位债权人：

根据《中华人民共和国企业破产法》第六十一条第一款第（四）项之规定，债权人会议可以选任和更换债权人委员会成员。

考虑到北京兴昌达博房地产开发有限公司（以下简称"兴昌达博公司"）的债权人众多，债权类型复杂，为了更好地保障全体债权人的合法权益，兴昌达博公司破产管理人依照兴昌达博公司债权人的实际情况，拟从债权人当中推选五位候选人组成债权人委员会。其中购房者代表两名（即第一次债权人会议后选出的业主维权代表中得票最多的两人）、职工代表一名、建筑商代表一名、最大债权人代表一名。以上人选已报北京市昌平区人民法院并经法院批准。

以上议案，请审议。

附：北京兴昌达博房地产开发有限公司债权人委员会候选人个人情况介绍

北京兴昌达博房地产开发有限公司破产管理人
年　月　日

北京兴昌达博房地产开发有限公司债权人委员会候选人情况介绍

1. 王××，男，＿＿＿年＿＿＿月＿＿＿日出生，×××公司总经理，债权类别为＿＿＿，债权额为＿＿＿元人民币；
2. 高××，男，＿＿＿年＿＿＿月＿＿＿日出生，债权类别＿＿＿，债权额为＿＿＿元人民币；
3. 莫××，男，＿＿＿年＿＿＿月＿＿＿日出生，债权类别＿＿＿，债权额为＿＿＿元人民币；
4. 周××，女，＿＿＿年＿＿＿月＿＿＿日出生，债权类别＿＿＿，债权额为＿＿＿元人民币；
5. 杨×，男，＿＿＿年＿＿＿月＿＿＿日出生，债权类别＿＿＿，债权额为＿＿＿元人民币；
6. 王××，男，＿＿＿年＿＿＿月＿＿＿日出生，债权类别＿＿＿，债权额为＿＿＿元人民币；
7. 华×，男，＿＿＿年＿＿＿月＿＿＿日出生，债权类别＿＿＿，债权额为＿＿＿元人民币。

同时，为保障选举工作的顺利进行，管理人还提前制作了关于成立债权人委员会的表决票，并在会议召开时向每位债权人分发，在债权人投票完毕后并由专人负责收回。

北京兴昌达博房地产开发有限公司第二次债权人会议
关于成立债权人委员会的表决票

序号:（序号应当在会前予以确定）　　　　　　表决时间：　年　月　日

表决事项	成立债权人委员会
债权人名称或姓名	（由清算组填写）
确定的债权数额	（由清算组填写）
填表人姓名	
候选人名单	1.　　　　　　　　　2. 3.　　　　　　　　　4. 5.
表决意见	同意（　）　不同意（　）　弃权（　）

表决说明：
1. 表决人在填表前应当先行阅读本说明。因未按照本说明填写而导致表决票被视为废票的，由表决人自行承担责任。
2. 表决人应当严格按照此表中所列的填表人姓名和表决意见项填写，不得遗漏。遗漏任何一项的，视为废票。
3. 除本表中所列各项外，表决人不得在表决票上另行书写任何文字。否则，表决票视为废票。
4. 表决人在填写表决意见时，只能在选择的一个"（ ）"内画"√"，以其他形式填写的，视为废票。
5. 表决票应当按照会议规定的时间填写和提交。超过规定时间没有提交给工作人员的视为废票。
6. 提交表决票时，应当将票面朝下，顺序递至本人本排左方的人员，由工作人员在每排的最左侧收取。

为便于统计投票结果及保证投票结果的公正性，管理人还制作了会议表决结果统计表及决议，对发出票数、收回票数、赞成票数、反对票数等进行统计。

北京兴昌达博房地产开发有限公司第二次债权人会议表决结果统计表

　　　　　　　　　　　　　　　　　　　　　　　统计时间：　年　月　日

表决事项		关于成立债权人委员会的议案	
发出票数		收回票数	
赞成票数		反对票数	
弃权票数		废票数	
赞成票数所代表的债权数额（元）		赞成本决议的债权数额占无财产担保债权总额的比例	

（续表）

统计结果	1. 出席会议的有表决权的债权人的赞成票已过（或未过）半数通过； 2. 出席会议的有表决权的债权人中赞成票代表的债权额，已占（或未占）无财产担保债权总额的半数以上。

计票人：　　　　　　监票人：　　　　　　唱票人：
复核人：　　　　　　监票计票组组长：

北京兴昌达博房地产开发有限公司第二次债权人会议
关于成立债权人委员会的决议

　　北京兴昌达博房地产开发有限公司(以下简称"兴昌达博公司")第二次债权人会议于2008年3月29日在_____召开。应到会的债权人为_____名，实到_____名，其中对本事项有表决权的_____名。会议由债权人会议主席主持，会议的召开符合《中华人民共和国企业破产法》及最高人民法院相关司法解释的规定。会议审议了《关于成立北京兴昌达博房地产开发有限公司债权人委员会的议案》，最终以投票表决的形式进行了表决，其中_____票同意，_____票反对，_____票弃权。同意票所代表的确定的债权数额_____元人民币超过了确定的无担保债权总额_____元人民币的二分之一。该议案经表决通过。

附：
　　1. 第二次债权人会议关于成立兴昌达博房地产开发有限公司债权人委员会的表决票
　　2. 第二次债权人会议关于成立兴昌达博房地产开发有限公司债权人委员会表决结果统计表

　　　　　　　　　　　　　　　　　　　　　　　　年　月　日

在债权人会议结束后，根据我国《企业破产法》第67条第2款的规定："债权人委员会成员应当经人民法院书面决定认可。"因此，在债权人会议表决通过债权人委员会成员名单后，破产管理人将债权人委员会名单呈送昌平区人民法院，提请人民法院决定认可。

关于提请批准债权人委员会成员的申请

北京市昌平区人民法院：
　　北京兴昌达博房地产开发有限公司(以下简称"兴昌达博公司")第二次

债权人会议于____年____月____日召开。在本次会议上，经过到场债权人投票，选举产生了兴昌达博公司债权人委员会及其成员。选举过程及投票结果符合《企业破产法》的相关规定。

根据《企业破产法》第六十七条第二款之规定，特将兴昌达博公司债权人委员会成员名单提交给贵院，请求贵院对其进行书面决定许可。

特此申请。

附：兴昌达博公司债权人委员会成员名单

北京兴昌达博房地产开发有限公司破产管理人
年　月　日

北京市昌平区人民法院
决定书

(2007)昌民破字第10949号

申请人：北京兴昌高科技发展总公司，住所：北京市昌平区科技园区超前路××号。

法定代表人：王××，总经理。

债务人：北京兴昌达博房地产开发有限公司，住所：北京市昌平区科技园区超前路××号。

法定代表人：王××，董事长。

本院在审理申请人北京兴昌高科技发展总公司(以下简称"兴昌公司")申请北京兴昌达博房地产开发有限公司(以下简称"达博公司")破产一案中，债权人会议主席兴昌公司于2008年4月10日向本院提出申请，请求认可债权人会议选举的债权人委员会成员。本院经审查认为，2008年3月29日债权人会议选举的债权人委员会成员，产生程序和成员资格合法。依照《中华人民共和国企业破产法》第六十七条之规定，决定如下：

认可债权人会议选任的债权人委员会成员。(名单附后)

审判长：刘××
审判员：冯××
审判员：徐××
年　月　日
书记员：李××

附：北京兴昌达博房地产开发有限公司债权人委员会成员名单

序号	姓名	职务
1	王××	主任
2	高××	副主任
3	莫　×	成员
4	周××	成员
5	杨　×	成员
6	王××	成员
7	华　×	成员

在债权人委员会成立后,管理人要监督债权人委员会及时召开第一次会议,会议召开时应制作会议议程及债权人会议议事规则。一般来说,债权人委员会第一次会议应当选出债权人委员会主任、副主任,讨论债权人委员会议事规则,讨论债权人委员会的近期工作安排等。在制定债权人委员会议事规则时,一般可从债权人委员会的组成、债权人委员会的职权、会议召开的方式、会议的主持及表决方式等方面制定。以下是本案中召开第一次债权人委员会时管理人制定的会议议程和会议议事规则。

北京兴昌达博房地产开发有限公司
债权人委员会第一次会议议程

1. 选举债权人委员会主任、副主任。
2. 讨论债权人委员会议事规则草稿。
3. 讨论近期工作的安排。
4. 由各位委员提出意见和建议。

北京兴昌达博房地产开发有限公司债权人委员会议事规则

第一条 为使北京兴昌达博房地产开发有限公司(以下简称"兴昌达博公司")债权人委员会能够更好地为广大债权人服务,提高工作效率,特制定本议事规则。

第二条 兴昌达博公司债权人委员会共七名成员。其中主任一名、副主任两名、委员四名。另外,债权人委员会设秘书一名,负责债权人委员会会议的记录及日常联系工作。

第三条 根据《中华人民共和国企业破产法》第六十八条之规定,兴昌达博公司债权人委员会行使下列职权：

（一）监督兴昌达博公司财产的管理和处分；

（二）监督破产财产分配；

（三）提议召开债权人会议；

（四）债权人会议委托的其他职权。

第四条 兴昌达博公司债权人委员会以召开债权人委员会会议的形式商讨相关事项，行使职权。

第五条 债权人委员会主任可以随时召集召开债权人委员会会议，一般应提前三天以书面或口头形式通知各位成员。债权人委员会其他成员认为应当召开债权人委员会会议的，应由三位以上（含本数）成员联名向主任提议召开会议，主任应及时召集。遇有紧急情况时，主任可临时召集债权人委员会会议。

第六条 债权人委员会会议由债权人会议主任主持。债权人会议主任因正当理由无法主持的，可以书面指定一名副主任代为主持。

第七条 债权人委员会的决定应当以决议的形式作出，决议应当至少获得四名债权人委员会成员的赞成。

第八条 债权人委员会作出的有关破产管理人工作的决议事项，可以由主任出面向管理人提交。

第五章 重整程序的启动与期间

第一节 申请重整

一、向法院申请重整

由于兴昌达博公司破产一案涉及近300户购房债权人的利益,一旦处理不好极易引发社会不稳定因素。因此,在处理本案时不仅要考虑法律层面上的问题,还应当考虑兴昌达博公司的破产对社会秩序可能产生的影响。同时,由于兴昌达博公司开发的房地产项目及土地使用权已大部分用以抵押担保,如果进行破产清算,购房债权人的受偿比例将很低,必将引发广大购房债权人的不满,从而极易形成社会不稳定因素。因此,在一开始为兴昌达博公司设计破产方案时,采取的便是先对兴昌达博公司进行破产清算,在理清债权债务关系之后,再转为重整程序,通过重整盘活兴昌达博公司,从而解决广大购房债权人要求房屋的诉求,消除社会不稳定因素。

通过前期的债权申报、债权审核与确认、资产清查与评估、财务审计等工作,兴昌达博公司的债权债务关系已大致理清。2007年11月4日,作为拥有兴昌达博公司10%股权的兴昌高科公司向昌平区人民法院提出了对兴昌达博公司进行破产重整的申请:

破产重整申请书

申请人:北京兴昌高科技发展总公司
法定代表人:王×× 职务:总经理
住所:××市昌平区中关村科技园区昌平园××路××号
电话:010-×××
申请事项:破产重整
事实与理由:
北京兴昌高科技发展总公司于2007年9月11日向贵院提出申请北京兴

昌达博房地产开发有限公司破产,贵院于2007年9月19日裁定受理北京兴昌高科技发展总公司的破产申请。现出资额占债务人注册资本十分之一以上的出资人北京兴昌高科技发展总公司认为,债务人还有挽救希望,根据《中华人民共和国企业破产法》第七十条之规定,特向贵院提出破产重整申请。请予以裁定许可。

  此致

北京市昌平区人民法院

申请人:北京兴昌高科技发展总公司
(盖章)
年 月 日

  本案中,重整申请是在人民法院受理破产申请后,由出资额占债务人注册资本1/10以上的出资人提出。那么,向人民法院提出重整申请需要怎样的条件,又有哪些主体可以提出重整申请呢?

(一) 申请重整的条件

  关于重整的条件,我国《企业破产法》未有特殊规定,仅是在第2条中规定了与破产清算相类似的条件。

  1. 重整的对象限于企业法人

  根据我国《企业破产法》第2条第2款的规定,只要企业法人具备了该条规定的条件,就可以依照我国《企业破产法》的有关规定申请重整。即凡企业法人,不论其所有制性质、经营规模、组织形式、经营规模皆可适用。对此,笔者认为,目前我国法律关于重整可以适用的对象过于宽泛,因为重整是一项程序复杂、成本高、耗时长的制度,重整一般需要债权人作出让步和牺牲(延迟甚至减免债务),重整一旦失败,会给债权人带来巨大损失。同时,重整程序启动后,可以对债权人的有关权利进行调整,担保权、取回权的行使也将受到限制。实务中常有债务人为逃避债务或延缓债务的履行而提出重整申请。因此,为防止重整程序的滥用,笔者建议,在制定《企业破产法》有关司法解释时,应当对重整制度的适用主体作出限定。即根据公司的股东人数、资产金额、员工人数、经营规模、经营范围、社会影响等指标来考查一个企业是否适合重整。原因在于:

  (1) 重整制度是一项将保护债权人利益和保护社会利益相结合的制度,它更关注的是企业破产造成的大量工人失业及对社会经济秩序产生的影响,体现了破产法律制度的多元化价值取向,即债权人利益、债务人利益以及企业存续与否对社会经济秩序的影响等多方面价值衡量。其中,社会价值的衡量是决定一个企业是否重整的重要考量标准。避免破产清算带来的社会秩序的动荡,防范企业破产引发的职工失业,也应当是企业重整所考虑的目的内容之一。而大型企业或股份公司往往拥有较大规模的资产和人员,其破产解体往往会造成大批工人失业和社会生产力的浪费,给其他市场主体乃至整个经济社会带来一系列负面效应,因而具有更高的重整价值。

(2) 由于重整程序复杂、操作难度较大,一般耗时较长、成本较高,一旦重整失败,会给债权人带来巨大损失。对一些小企业来说,重整的巨大费用往往让其难以负担,重整的费用往往已经超出了其自身存在的价值,对其重整不具有实际意义。

本案中,兴昌达博公司开发的"麓鸣花园"项目涉及几百户购房债权人的房屋交付问题,因兴昌达博公司迟延交房长达8年之久,广大购房债权人为维护自身权益,多次向北京市委、市人大、市政府等党政机关聚集、上访,成为当时具有很大社会影响力的案件,2007年、2008年被北京市政法委定为十大维稳案件之一,排在第五位。因此,为保护广大购房债权人的利益、维护社会秩序的稳定,启动重整程序成为本案的必然选择。

2. 重整的原因

根据我国《企业破产法》第2条的规定,企业法人重整的原因有三种情况:一是不能清偿到期债务,并且资产不足以清偿全部债务;二是不能清偿到期债务,并且明显缺乏清偿能力;三是有明显丧失清偿能力的可能。在判断一个企业是否资产不足以清偿全部债务,或者明显缺乏清偿能力,或者有明显丧失清偿能力的可能时,笔者认为,可以参照本书第二章申请破产清算时的有关认定标准,即依据企业法人的资产负债表来加以判断。

(二) 申请重整的主体

我国《企业破产法》第70条规定:"债务人或者债权人可以依照本法规定,直接向人民法院申请对债务人进行重整。债权人申请对债务人进行破产清算的,在人民法院受理破产申请后、宣告债务人破产前,债务人或者出资额占债务人注册资本十分之一以上的出资人,可以向人民法院申请重整。"根据该条规定可知,根据破产重整申请时间的不同,重整可分为初始重整申请和后续重整申请。初始重整申请就是该条中所说的债务人或者债权人依法直接向人民法院提出重整申请;后续重整申请就是人民法院受理债权人提出的破产清算申请后,宣布债务人破产前,债务人或者出资额占债务人注册资本1/10以上的出资人向人民法院提出的重整申请。人民法院受理该申请后,原来的破产清算程序转入重整程序。[1]

根据《企业破产法》第70条,结合《企业破产法》第2条、第7条的规定,可以提

---

[1] 参见王卫国:《破产法精义》,法律出版社2007年版,第201—208页。

出重整申请的主体有债务人、债权人和出资额占债务人注册资本1/10以上的出资人。但不同主体可以提出重整申请的条件不尽相同。

1. 债务人作为重整申请人

债务人提出重整申请分为两种情况：一是初始重整申请，即当债务人不能清偿到期债务并且资产不足以清偿全部债务或者明显缺乏清偿能力，或者有明显丧失清偿能力可能时，债务人可以直接向人民法院申请重整；二是后续重整申请，即债权人申请对债务人进行破产清算，在人民法院受理后、宣告债务人破产前，债务人可以向人民法院申请重整。

如果债务人提出的是初始重整申请，在向人民法院提交申请时，需按照我国《企业破产法》第8条的规定，提交重整申请书和有关证据。重整申请书应载明申请人、被申请人的基本情况，申请事项、事实与理由等。同时，还应当向人民法院提交财产状况说明、债权债务清册、有关财务会计报告、职工安置预案以及职工工资的支付和社会保险费用的缴纳情况等。如果是后续重整申请，由于人民法院在受理债务人破产申请时，债务人已向人民法院提交了财产状况说明、债权债务清册、有关财务会计报告、职工安置预案以及职工工资的支付和社会保险费用的缴纳情况等。因此，在债务人申请重整时，不需要再提供上述材料。但仍需按照《企业破产法》第8条的规定提交重整申请书和有关证据。后续重整申请的重整申请书和初始重整申请的重整申请书有所不同。根据不同情况，申请人的情况表述、申请事由、结尾落款等均应根据法律规定和相关事实做相应调整。提交重整申请书时提交的有关证据材料，包括申请人主体资格证明、法定代表人身份证明、证明债务人情况的材料等。

无论是初始重整申请还是后续重整申请，笔者认为，债务人在向人民法院提出重整申请时，还应提交重整的可行性报告，以便人民法院审查债务人是否具备重整的可行性。这一点在《北京市高级人民法院企业破产案件审理规程》第202条得到确认："债务人申请重整的，除提交本规程第13、14条规定的材料外，还应当提交债务人通过重整程序企业能够持续经营，获得经济收益和摆脱困境的重整可行性报告。重整可行性报告一般应包括以下内容：（1）债务人在重整申请之前一年内的资金周转状况；（2）重整如获得批准后的资金筹措方案；（3）重整如获得批准后的资金运行周转方案；（4）重整如获得批准后的生产经营方案；（5）重整如获得批准后债务人收取经营利润的可能性说明。"综上，债务人在申请重整时应当向人民法院提交的材料包括：破产重整申请书、有关证据和债务人可以重整的可行性报告。以下是债务人作为申请人时，初始重整申请书和后续重整申请书的不同格式：

破产重整申请书一
(债务人直接申请重整用)

申请人:
法定代表人:
住所:
电话:
申请事项:破产重整
事实与理由:
一、企业的基本情况;
二、企业的经营状况;
三、企业不能清偿到期债务且资产不足以清偿全部债务(或明显缺乏清偿能力,或有明显丧失清偿能力可能的)情况。

综上,××公司因不能清偿到期债务,其公司全部资产不足以清偿全部债务(或明显缺乏清偿能力,或有明显丧失清偿能力可能的),现根据《中华人民共和国企业破产法》第二条、第七条、第七十条之规定,向贵院提出破产重整申请。

请予以裁定许可。
此致
××人民法院

申请人:××公司
(盖章)
年　月　日

附:一、债务人企业法人营业执照(副本)
　　二、法定代表人身份证明
　　三、有关证据材料
　　四、重整的可行性报告

破产重整申请书二
(法院受理破产申请后宣告破产前申请重整用)

申请人:
法定代表人:
住所:
电话:
申请事项:破产重整

事实与理由：

××公司（债权人）于××年××月××日向贵院提出申请××公司（债务人）破产，贵院于××年××月××日裁定受理××公司的破产申请。现债务人××公司（或出资额占债务人注册资本十分之一以上的出资人）认为债务人还有挽救希望，根据《中华人民共和国企业破产法》第七十条之规定，向贵院提出破产重整申请。

请予以裁定许可。

附：重整的可行性报告

此致

××人民法院

申请人：××公司

（盖章）

年　月　日

2. 债权人作为重整申请人

根据我国《企业破产法》第7条第2款的规定，当债务人不能清偿到期债务时，债权人可以向人民法院提出对债务人进行重整的申请。然而，债权人申请对债务人重整应当具备什么条件，是否所有类型的债权人都可以申请重整，是否有债权数额和人数的限制呢？

关于债权人申请对债务人重整应当具备的条件，笔者认为，申请重整的债权与申请破产清算的债权都必须满足一定的条件，即债权人对债务人的债权必须符合下列条件：① 债权为具有金钱或财产给付内容的到期债权；② 债权合法、有效，且未超过诉讼时效或者申请执行时效。

关于可以申请重整的债权的类型，笔者认为可以参照本书第二章申请破产的做法，即职工债权人，经职工代表大会或者全体职工2/3多数同意，债务人职工以《企业破产法》第113条第1款第（一）项规定的债权申请债务人重整的，人民法院应当受理；对税务机关、社会保险管理部门等债权人，在债务人出现《企业破产法》第2条规定的情形，并且欠缴税款、企业应缴部分社会保险费用或者法定公积金，税务机关、社会保险费用或者住房公积金管理部门申请债务人重整的，人民法院应当受理；对于有财产担保的债权人，在债权人放弃优先受偿权，或者担保物的价款低于其债权额时，有财产担保的债权人对其放弃和不足的债权额部分享有重整申请权。对于附条件和附期限的债权人，如果是附解除条件和附终期的债权，在条件未成就、期限未到来之前，债权人应享有重整申请权；如果附停止条件和附始期的债权，在条件未成就、期限未到来之前，债权人不享有重整申请权。

根据我国《企业破产法》的规定，债权人可以提出的重整申请是初始重整申请,其申请书的格式和债务人直接申请的格式相差不大。一般格式如下：

破产重整申请书三
（债权人直接申请重整用）

申请人：

法定代表人：

住所：

电话：

申请事项：破产重整

事实与理由：

  企业不能清偿到期债务且资产不足以清偿全部债务(或明显缺乏清偿能力,或有明显丧失清偿能力可能的)情况。

  综上,××公司因不能清偿到期债务,其公司全部资产不足以清偿全部债务(或明显缺乏清偿能力;或有明显丧失清偿能力可能的),现根据《中华人民共和国企业破产法》第二条、第七条、第七十条之规定,向贵院提出破产重整申请。

  请予以裁定许可。

  此致

××人民法院

申请人：××公司

（盖章）

年　月　日

  我国《企业破产法》第10条第1款规定,在债权人提出破产申请时,人民法院应当自收到申请之日起5日内通知债务人。债务人对申请有异议的,应当自收到人民法院的通知之日起7日内向人民法院提出。该条规定是否同样适用于重整程序,《企业破产法》未予明确。笔者认为,重整是一项较破产清算更为复杂的程序,它并不适用于所有的企业法人,为避免司法资源浪费,给债权人造成不必要的损失,在债权人提出重整申请时,应当同样适用《企业破产法》第10条的规定,给债务人提出异议的权利和时间,以便人民法院更好地审查债务人是否具有启动重整程序的必要性和可能性。这一点在最高人民法院2011年10月发布的《人民法院破产程序法律文书样式(试行)》中得以体现。该文书样式中便包括了人民法院收到债权人的重整申请后致债务人的通知书(文书样式49)的样式,具体内容如下：

人民法院收到债权人的重整申请后致债务人的通知书

××××人民法院

通知书

（收到重整申请后通知债务人用）

（××××）×破（预）字第×-×号

×××（债务人名称）：

××××年××月××日，×××（债权人或出资人的姓名或名称）以……为由向本院申请对你单位重整。依据《中华人民共和国企业破产法》第十条之规定，你单位对申请如有异议，应在收到本通知之日起七日内向本院书面提出并附相关证据材料。

特此通知

××××年××月××日

（院印）

说明：

一、本样式系根据《中华人民共和国企业破产法》第十条制定，供人民法院收到债权人或出资额占债务人注册资本十分之一以上的出资人的重整申请后通知债务人时使用。

二、"你单位"可根据具体情况表述为"你公司或厂、企业、学校等"。

3. 债务人的出资人作为重整申请人

根据我国《企业破产法》第70条第2款的规定，债务人的出资人申请对债务人进行重整需要符合以下两个条件：一是重整申请必须在债权人申请对债务人进行破产清算且人民法院受理后、宣告债务人破产前提出；二是该出资人的出资额必须占债务人注册资本1/10以上。由此可知，出资人的重整申请权是一种后续重整申请。

但根据我国《企业破产法》第2条第2款的规定，企业可以进行重整的条件是不能清偿到期债务，并且资产不足以清偿全部债务或者明显缺乏清偿能力的，或者有明显丧失清偿能力可能的。我国《企业破产法》第70条第2款将出资人提出重整申请的时间限定在债权人对债务人提出破产清算申请，并为人民法院受理后、宣告债务人破产前不尽合理，这不仅使出资人在企业有明显丧失清偿能力可能的情形下不能及时提出重整申请，而且法院受理破产清算的申请，是以企业发生破产原因为前提的，此时才允许出资人提出重整申请，往往使企业错失了重整复苏的最佳时机，因此就可能使该条规定本身失去实际意义，出资人申请破产重整的权利也将难以实现。因此，笔者认为，我国立法应当放宽对出资人提出重整申请的时间限制,明确在债权人、债务人未申请重整的情况下也可以申请重整。

另外,对"出资额占债务人注册资本十分之一以上"的规定该如何理解,该 1/10 以上的出资额是否可以合并计算?关于出资人的重整申请权,《日本社会更生法》第 30 条第 2 款规定,持相当于已发行股票总数 1/10 以上股份的股东可提出重整申请。我国台湾地区"公司法"第 282 条规定,连续 6 个月持有已发行股份 10%以上的股东可以提出重整申请,当然股东作为重整申请人在人数上并无限制,其为一个或数人联合申请概无不可。① 为保护股东的正当合法权益,避免大股东利用持股优势损害小股东的利益,笔者认为,对出资人的出资额应当允许合并计算。

但出资额占注册资本 1/10 以上的出资人申请重整时,是否需要经公司权力机关以会议决议的形式作出意思表示方可提起重整?对此,学界也有着不同的理解。部分学者认为,对公司进行重整乃是公司的重大事项,必须经公司股东会或股东大会通过方可提起。另一部分学者认为,当出资额达到一定比例时申请重整乃是股东根据《企业破产法》享有的一项法定权利,无须经公司权力机关表决通过。在司法实践中,北京市第一中级人民法院于 2019 年 12 月 30 日发布的《北京破产法庭破产重整案件办理规范(试行)》规定债务人的出资人申请重整的,参照债务人申请重整的情形向人民法院提交材料,而债务人申请重整的材料中就包括了债务人股东会或股东大会等权力机构同意申请重整的文件。因此司法实践采取了前者观点。对此笔者认为,在公司出现重整原因时,可能部分出资人希望企业能进行重整,部分出资人不愿重整。如果要求出资人在行使重整申请权时必须经公司权力机关表决通过,当出资份额较大的出资人不愿重整时,就可能在表决时故意投反对票,从而阻止其他股东提出重整申请,这必然使小额出资人处于十分不利的地位,也违背了《企业破产法》立法的目的与初衷。因此,在出资人的出资额单独或合计达到注册资本 1/10 以上时,不必公司权力机关表决通过即可行使重整申请权。

由于出资人可提出的重整申请也是一种后续重整申请,因此,其重整申请书的格式可以参照债务人后续重整申请的格式,在此不再赘述。本案中,兴昌达博公司的重整申请是由出资额占兴昌达博公司注册资本 10%的出资人北京兴昌高科公司,在债权人申请对兴昌达博公司进行破产清算且人民法院受理后、宣告债务人破产前提出。人民法院在依法审查后予以受理,从而使本案由破产清算程序转为破产重整程序。

---

① 参见李永祥、丁文联主编:《破产程序运作实务》,法律出版社 2007 年版,第 278 页。

二、法院受理重整申请

(一) 法院审查的期限

人民法院对重整申请的审查期限,我国《企业破产法》及其司法解释均未作单独规定。在我国《企业破产法》第二章"申请和受理"中,既包括对破产清算、和解的申请和受理,也包括对重整的申请和受理。因此,在《企业破产法》对重整的审查期限未作单独规定的情况下,笔者认为,人民法院对重整申请的审查期限应当适用《企业破产法》第 10 条的规定。即:

(1) 对债权人提出的重整申请,人民法院应当自收到申请之日起 5 日内通知债务人。债务人对申请有异议的,应当自收到人民法院的通知之日起 7 日内向人民法院提出。人民法院应当自异议期满之日起 10 日内裁定是否受理。

(2) 对债务人和出资人提出的重整申请,人民法院应当自收到重整申请之日起 15 日内裁定是否受理。

(3) 有特殊情况,经上一级人民法院批准,可以延长 15 日。

司法实践也遵循上述期限,《北京破产法庭破产重整案件办理规范(试行)》第 52 条规定:"债权人提出重整申请的,人民法院应当自债务人异议期满之日起十日内裁定是否受理。除前款规定的情形外,人民法院应当自收到重整申请之日起十五日内裁定是否受理。有特殊情况需要延长前两款规定的期限的,经上一级人民法院批准,可以延长十五日。申请审查期间,申请人补充、补正材料的期间、人民法院组织听证的期间、指定管理人的期间以及预重整期间,不计入前两款规定的裁定受理期限。"

综上可知,人民法院对重整申请的审查期限最短为 15 天,最长期限为 37 天。然而,重整是一项复杂的工作,人民法院在决定是否受理重整申请前,需要对债务人重整的可行性进行审查,如果是初始重整申请一般需要对债务人的债权债务情况、资产状况、财务状况、清偿能力等许多方面进行初步的调查和了解。而这些工作在短暂的 15 天或 37 天的时间内,法院一般很难完成。因此,笔者曾建议,在出台有关司法解释时,应当就人民法院对重整申请的审查期限予以适当延长。如果是后续重整申请,上述审查期限则是合适的,这是因为一般经过前期的清算程序,有关债务人的债权债务情况、资产状况、财务状况、清偿能力等已基本理清,此时人民法院在审查时较初始重整申请较为快速和方便。本案中,兴昌达博公司重整便属于这种情况。由于是经破产清算程序转向重整程序,在出资人向人民法院申请重整前,通过前期的破产清算工作,已经理清了所有的债权债务关系,资产清查与评估、财务审计等工作已基本完成,并且在前期的清算过程中,对重整的方案和计划已形成初步的思路和方案,极大地便于人民法院的审查和受理。

《北京破产法庭破产重整案件办理规范(试行)》规定了预重整制度,缓解了重整申请审查期限紧张的问题。所谓预重整指为了准确识别重整价值和重整可能、降低重整成本、提高重整成功率,人民法院在以"破申"案号立案后、受理重整申请前指定临时管理人履行相应职责,债务人自愿承担相应义务,由临时管理人组织债务人、债权人、出资人、重整投资人等利害关系人拟定预重整方案的程序。自人民法院决定预重整之日起至临时管理人提交预重整工作报告之日止,为预重整期间。预重整期间不计入重整申请审查期限。预重整期间,临时管理人履行下列职责:(1)全面调查债务人的基本情况、资产负债情况、涉诉涉执情况;(2)执行案件移送破产重整审查的,应当及时通知所有已知执行法院中止对债务人财产的执行程序;(3)查明债务人是否具有重整价值和重整可能;(4)监督债务人履行《北京破产法庭破产重整案件办理规范(试行)》第38条规定的义务,并及时报告人民法院;(5)明确重整工作整体方向,组织债务人与其出资人、债权人、(意向)重整投资人等利害关系人协商拟定预重整方案;(6)根据需要指导和辅助债务人引进重整投资人;(7)根据情况向人民法院提交终结预重整程序的申请或预重整工作报告。

(二) 审查的标准

人民法院对重整申请应当如何审查,我国《企业破产法》仅在第71条规定:"人民法院经审查认为重整申请符合本法规定的,应当裁定债务人重整,并予以公告。"据此可知,人民法院收到重整申请后,应当对重整申请进行审查,并决定是否许可债务人重整。对重整申请进行审查是人民法院认定债务人是否可以重整的重要一步。一般包括形式审查和实质审查两部分。

1. 形式审查

形式审查主要是对申请人有无申请资格、申请书的形式和内容是否符合法律规定、受理法院有无管辖权等进行审查。

2. 实质审查

实质审查主要是对债务人主体是否适格、是否具备重整原因、有无重整能力、有无挽救希望等进行审查。其中,对债务人是否具备《企业破产法》第2条规定的重整原因,即"不能清偿到期债务,并且资产不足以清偿全部债务或者明显缺乏清偿能力",或者"有明显丧失清偿能力的可能"的审查缺乏明确的标准,《破产法解释(一)》第2条做了相关规定:"下列情形同时存在的,人民法院应当认定债务人不能清偿到期债务:(一)债权债务关系依法成立;(二)债务履行期限已经届满;(三)债务人未完全清偿债务。"第3条规定:"债务人的资产负债表,或者审计报告、资产评估报告等显示其全部资产不足以偿付全部负债的,人民法院应当认定债务人资产不足以清偿全部债务,但有相反证据足以证明债务人资产能够偿付全部负债的除外。"第4条规定:"债务人账面资产虽大于负债,但存在下列情形之一的,人民法院应当认定其明显缺乏清偿能力:(一)因资金严重不足或者财产不能变现等原因,无法清偿债务;(二)法定代表人下落不明且无其他人员负责管理财产,无法清偿债务;(三)经人民法院强制执行,无法清偿债务;(四)长期亏损且经营扭亏困难,无法清偿债务;(五)导致债务人丧失清偿能力的其他情形。"

同时,由于重整是一项耗时长、费用高的程序,一旦重整失败将会给债权人带来巨大损失,加之企业一旦进入重整,有关债务人的财产保全措施将被解除,执行程序将被中止,包括担保权人在内的所有债权人的请求将被冻结,债权人的意思自治因重整计划制订过程中引入的分组表达方式和出资人权益而被削弱,企业债务按重整计划得到延期和减免;但重整对企业本身无制裁,企业主体不经清算而消灭,而是继续经营。重整对债务人来说有百利而无一害。[1] 这使得重整极易被债务人作为逃避或减免债务的手段。因此,人民法院在决定是否受理重整申请时,还应当对债务人企业是否具有挽救的希望进行审查。对此,笔者认为,在判断一个企业是否具有重整的可行性时,可以债权人在破产企业的清算程序与重整程序中债权的清偿率来衡量。即如果经过重整债权人的债权清偿率高于在清算程序中的清偿率,即可认定破产企业具有重整的可行性。本案中,便是采取此种方式向法院说明兴昌达博公司的重整是否具有可行性,将债权人在清算程序中和重整程序中的清偿率进行了计算和比较。具体如下:经过测算,兴昌达博公司一旦进入破产清算程序,普通债权的清偿率为70.63%,普通债权本金的清偿率为76.80%。具体计算方式如下:

(1) 普通债权的清偿率:

(资产总值 − 破产费用 − 担保债权 − 职工债权 − 税款)

÷ 普通债权总额(含已确定的普通债权及诉讼未决的债权总额)

× 100% = 70.63%

(2) 普通债权本金的清偿率:

(资产总值 − 破产费用 − 担保债权 − 职工债权 − 税款)

÷ 普通债权本金总额 × 100% = 76.80%

根据重整计划草案中设定的对普通债权的调整方案:296户购房债权不再清偿,免除利息、罚息、违约金及其他损失;其他普通债权本金不予调整,免除利息、罚息、违约金及其他损失。据此,重整计划草案中对全部普通债权本金的清偿率均为100%。同时,只有通过重整、引入新的资金才能盘活"麓鸣花园"项目,从而解决将近300户购房债权人要求交付房屋的诉求,维护社会秩序的稳定。

---

[1] 参见谢唯成、陆晓燕:《浅析破产重整的启动要件》,载最高人民法院民二庭等主办:《第二届中国破产法论坛论文集》,第377页。

(三) 召开听证会

由于重整申请,债权人、债务人和出资人均可提出。因此,实务中,经常存在债权人提出重整申请,债务人在法律规定的时间内提出异议;或债权人或债务人分别向人民法院提出破产清算申请和重整申请;或人民法院受理债权人对债务人的破产清算申请后,宣告债务人破产前,债务人或出资人向人民法院申请重整。在司法实践中,《北京市高级人民法院企业破产案件审理规程》第12条第2款规定,以下情况可进行听证:人民法院受理案件之前又有其他申请人提出不同类型的破产申请的,人民法院应当召开听证会,组织各申请人协商确定具体的破产程序。协商不成的,人民法院应当根据债务人的实际情况,依法受理相应的破产申请。债务人对债权人、依法对其负有清算责任的人提出的破产申请有异议的,人民法院认为有必要的,可以组织破产申请人、债务人对破产申请应否受理进行听证。与破产申请存在利害关系的人员可以申请参加。根据《北京破产法庭破产重整案件办理规范(试行)》第23条的规定,申请审查期间,人民法院可就重整申请组织听证。符合下列情形之一的,人民法院一般应当组织听证:(1)上市公司、金融机构重整;(2)关联企业重整;(3)决定是否预重整;(4)判断是否存在重整原因、重整可能或重整价值存在困难;(5)债务人重整涉及国家利益或社会公共利益。根据《北京破产法庭破产重整案件办理规范(试行)》第24条的规定,听证一般由下列人员参加:(1)申请人;(2)被申请人的法定代表人、财务管理人员和其他经营管理人员;(3)预重整临时管理人;(4)重整投资人;(5)人民法院认为应当参加听证的其他人员。经人民法院准许,债务人的有关监督管理部门、能够提供专业意见的人员或机构、债权人、出资人、实际控制人及其他利害关系人可以参加听证。根据《北京破产法庭破产重整案件办理规范(试行)》第25、26条的规定,听证应当制作会议记录,由审判人员、参加人员签字,听证期间不计入重整申请审查期限。

(四) 公告和送达

根据我国《企业破产法》第71条的规定:"人民法院经审查认为重整申请符合本法规定的,应当裁定债务人重整,并予以公告。"重整公告根据申请人的不同作相应调整,公告一般应载明申请人、被申请人的名称或姓名、重整开始的时间、指定管理人的名称、地点、债权申报的期限、债务人以及财产持有人向债务人清偿债务或交付财产的事宜、第一次债权人会议召开的时间、地点等。对于债权人申请对债务人进行破产清算且人民法院受理后,宣告债务人破产前,债务人或出资额占债务人注册资本1/10以上的出资人提出重整申请的,在破产清算阶段已经进行完毕的工作,如债权申报、召开第一次债权人会议等,公告中无须再次提及,在破产清算阶段已经指定了管理人,为了便于工作的开展,一般直接由破产清算阶段的破产管理人担任重整期间的管理人,公告可以再次提及破产管理人的指定情况,也可以不予载明。本案即属于此种情况。人民法院经审查后,于2007年11月16日作出如下裁定和公告:

北京市昌平区人民法院民事裁定书

(2007)昌民破字第10949号

申请人:北京兴昌高科技发展总公司,住所:北京市昌平区科技园区超前路××号。

法定代表人:王××,总经理。

债务人:北京兴昌达博房地产开发有限公司,住所:北京市昌平区科技园区超前路××号。

法定代表人:王××,董事长。

申请人北京兴昌高科技发展总公司(以下简称"兴昌公司")作为债权人认为北京兴昌达博房地产开发有限公司(以下简称"达博公司")不能清偿到期债务,明显缺乏清偿能力,向本院申请达博公司破产清算。本院于2007年9月19日依法裁定受理兴昌公司申请。在本院审理过程中,兴昌公司作为占达博公司注册资本10%的出资人向本院申请对达博公司进行重整。

本院经审查认为,达博公司承诺于2006年12月31日偿付兴昌公司欠款,至今不能清偿,明显缺乏清偿能力。兴昌公司申请达博公司重整,符合法律规定。依照《中华人民共和国企业破产法》第二条、第七条、第七十一条的规定,裁定如下:

北京兴昌达博房地产开发有限公司重整。

本裁定送达后立即生效。

审判长:×××
审判员:×××
审判员:×××
二〇〇七年十一月十六日
书记员:×××

北京市昌平区人民法院公告

(2007)昌民破字第10949号

北京兴昌高科技发展总公司申请北京兴昌达博房地产开发有限公司破产一案,本院已于2007年9月19日依法立案审理。在本院审理过程中,北京兴昌高科技发展总公司申请对北京兴昌达博房地产开发有限公司进行重整。本院已于 2007 年 11 月 16 日依法裁定北京兴昌达博房地产开发有限公司重整。

特此公告。

二〇〇七年十一月十六日

重整的裁定和公告作出以后,根据我国《企业破产法》第 11 条、第 12 条的规定,人民法院应当自裁定作出之日起 5 日内送达申请人。

第二节 重 整 期 间

一、重整期间

根据我国《企业破产法》第 72 条的规定,重整期间为自人民法院裁定债务人重整之日起至重整程序终止的期间。它分为重整期间的开始时间和重整期间的终止时间。

（一）重整期间的开始时间

重整期间的开始时间即重整期间的起算点。对于重整期间的开始时间从何时开始,目前学界有争议,主要有重整受理开始主义和重整裁定开始主义两种观点。重整受理开始主义是指重整申请一经法院受理,即对债务人财产发生保护效力,重整期间即开始。重整裁定开始主义是指重整期间始于人民法院裁定债务人重整之日。《北京破产法庭破产重整案件办理规范(试行)》采取的是受理开始主义,其第 63 条规定:"自人民法院裁定受理重整申请之日起至重整程序终止,为重整期间。"如果重整的裁定中未明确债务人开始重整的日期,则以人民法院作出裁定书的日期为准。《北京市高级人民法院企业破产案件审理规程》规定自人民法院裁定债务人重整之日起至重整程序终止为重整期间。

（二）重整期间的终止时间

重整程序的终止之日,是指人民法院依法作出的裁定中确定终止重整程序的日期。① 根据我国《企业破产法》第 78 条、第 79 条、第 87 条、第 88 条规定,在如下几种情形下,人民法院应当裁定终止重整程序,法院裁定终止重整程序之日就是重整期间的终止时间:

---

① 参见石全瑜:《企业重整法律实务研究》,载最高人民法院民二庭等主办:《第二届中国破产法论坛论文集》,第 425 页。

(1) 在重整期间,债务人的经营状况和财产状况继续恶化、缺乏挽救的可能性;或者债务人有欺诈、恶意减少债务人财产、无理拖延或者其他显著不利于债权人的行为;或者由于债务人的行为致使管理人无法执行职务的,经管理人或者利害关系人的请求;

(2) 债务人或者管理人未按期提出重整计划草案的;

(3) 人民法院裁定批准重整计划草案的;

(4) 重整计划草案未获得通过且没有得到人民法院批准的;

(5) 已通过的重整计划草案未获得人民法院批准的。

然而,实务中对重整程序的终止时间存有不同认识。有学者根据上述规定认为,重整程序的终结时间应当是《企业破产法》规定的重整程序终结的几种情形,重整程序不包括重整计划的执行阶段。另一种观点认为,重整期间应当包括重整计划执行阶段,重整计划执行完毕,管理人向人民法院提交重整计划执行报告并经人民法院裁定批准时重整程序终结。关于这一问题,破产法相关司法解释没有进一步明确。结合国外有关法律规定,笔者认为第二种观点更为合理。因为在重整计划执行阶段,管理人还需向人民法院提交监督报告;在债务人不能执行或者不执行重整计划时,管理人或者利害关系人可请求人民法院裁定终止重整计划的执行,并宣告债务人破产。如果重整程序在人民法院裁定批准重整计划之日就已经结束,相应的人民法院有关职责也就完成。此时,管理人或利害关系人又该如何请求人民法院行使有关职权?

关于重整期间的期限(即重整期间的时间长短),目前我国法律没有明确规定。明确涉及重整期限的是《企业破产法》第79条的规定:"债务人或者管理人应当自人民法院裁定债务人重整之日起六个月内,同时向人民法院和债权人会议提交重整计划草案。前款规定的期限届满,经债务人或者管理人请求,有正当理由的,人民法院可以裁定延期三个月。债务人或者管理人未按期提出重整计划草案的,人民法院应当裁定终止重整程序,并宣告债务人破产。"

二、重整期间债务人财产和营业事务的管理

我国《企业破产法》第73条规定:"在重整期间,经债务人申请,人民法院批准,债务人可以在管理人的监督下自行管理财产和营业事务。有前款规定情形的,依照本法规定已接管债务人财产和营业事务的管理人应当向债务人移交财产和营业事务,本法规定的管理人的职权由债务人行使。"据此可知,重整期间债务人财产和营业事务的管理包括管理人管理和债务人自行管理两种方式。

(一) 管理人管理财产和营业事务

在重整期间,一般情况下由管理人管理财产和营业事务。在管理人管理模式

下,重整期间的管理人职权主要有以下三种:调查或检查权,即对重整受理时的债务人财产状况或重整受理前的行为进行调查;撤销及追讨财产型职权,即请求法院对重整受理前涉及债务人财产的某些行为予以撤销的职权;重整事务型职权,即除上述两项职权以外的其他权利。① 根据我国《企业破产法》的相关规定,重整事务型职权主要包括如下内容:

(1) 第一次债权人会议召开前,决定继续或停止债务人的营业;
(2) 实施《企业破产法》第69条规定的各项行为;
(3) 提议召开债权人会议;
(4) 同意有关权利人依法行使取回权;
(5) 向人民法院申请解除对债务人的有关保全和执行措施;
(6) 同意债权人依法行使抵消权;
(7) 决定继续或解除尚未履行完毕的合同;
(8) 决定公司的日常开支和重整费用、共益债务的必要开支;
(9) 聘任债务人的经营管理人员负责营业事务;
(10) 为继续营业发生的借款提供担保;
(11) 制订、提交、说明、协商重整计划草案;
(12) 向人民法院报告重大行为、法定情形下提请法院终止重整程序等。

如果重整是由债权人或债务人提起的原始重整申请,在重整期间管理人除行使上述重整事务型职权外,还需行使调查或检查权、撤销及追讨财产型职权。如果重整程序是由破产清算程序转成重整程序,有关重整事务型职权由管理人继续行使,只不过进入重整程序后,管理人职责和工作重心需要有所转变。本案中,在重整期间,由管理人继续管理债务人的财产和营业事务。

(二) 债务人自行管理财产和营业事务

根据我国《企业破产法》第73条的规定,债务人自行管理财产和营业事务需满足如下条件:限于在重整期间,即自人民法院裁定债务人重整之日起,至人民法院裁定终止重整程序之日止;需债务人向人民法院提出申请并得到人民法院的批准;需在管理人的监督下进行。

但具体在什么情况下,债务人可以申请人民法院自行管理财产和营业事务,我国《企业破产法》未作规定。《北京市高级人民法院企业破产案件审理规程》第205条规定:"重整期间,债务人符合下列条件的,经债务人申请,人民法院可以批准债务人在管理人的监督下自行管理财产和营业事务:(1) 未发现债务人有企业破产

---

① 参见王欣新、李江鸿:《浅析公司自行管理重整模式的立法完善》,载最高人民法院民二庭等主办:《第二届中国破产法论坛论文集》,第298页。

法第三十一条、第三十三条规定的行为;(2)债务人的内部治理结构足以使企业正常运转;(3)出资人对债务人自行管理财产和营业事务有实际可行的支持措施。债务人自行管理的,依照企业破产法及本规程规定已接管债务人财产和营业事务的管理人应当向债务人移交财产和营业事务,企业破产法及本规程规定的管理人的职权由债务人行使。"债务人自行管理债务人财产和营业事务的,其行使的是原本应由管理人行使的重整事务型职权。调查或检查权、撤销及追讨财产型职权仍由管理人行使。具体来说大致包括如下内容:

(1)管理人印章的刻制与使用;
(2)与债权申报、审核、确认相关的职责;
(3)与债权人会议和债权人委员会相关的职责;
(4)要求债务人有关人员工作和回答询问;
(5)对债务人的财产状况或有关行为进行调查的权利;
(6)行使《企业破产法》第31条、第32条、第33条规定的撤销权;
(7)行使《企业破产法》第35条、第36条规定的出资的追缴、非正常收入和被侵占财产的追回等职权;
(8)对债务人自行管理财产和营业事务的行为进行监督;
(9)人民法院认为管理人应当履行的其他职责。

在债务人自行管理财产和营业事务期间,管理人负有监督的责任。管理人如发现债务人有不当管理财产和营业事务的行为,应当告知其予以纠正;债务人拒不纠正的,管理人可以请求人民法院要求债务人纠正;债务人仍不纠正的,经利害关系人申请,人民法院应当指定管理人接管。

三、重整期间有关权利的限制

为了利用一切资源,促使企业重整获得成功,在重整程序中不仅需要债权人作出妥协与让步,也需要对有关权利的行使进行限制。

(一)担保权的限制

由于进入破产程序的企业,一般其主要财产都已设定抵押,如果在重整程序中许可担保权人行使担保权,将会使重整程序因担保权人行使担保权失去重整的物质基础。因此,我国《企业破产法》第75条第1款对重整期间担保权的行使作出了限制,即在重整期间,对债务人的特定财产享有的担保权暂停行使。但是,如果在重整程序中绝对禁止担保权人行使担保权将有违民法"物权优于债权"的原则,也将不可避免地使社会交易安全受到冲击。因此,在担保物有损坏或者价值明显减少的可能,足以危害担保权人的权利时,担保权人可以向人民法院请求恢复行使担保权。对于是否有恢复行使担保权的必要,需由人民法院自由裁量。

(二) 取回权的限制

在重整程序中,取回权的行使也受到了一定的限制。根据我国《企业破产法》第76条的规定:"债务人合法占有的他人财产,该财产的权利人在重整期间要求取回的,应当符合事先约定的条件。"据此规定,在重整期间,债务人合法占有的他人财产,该财产的权利人不能因为债务人进行重整而要求取回。如果该财产的权利人要求取回财产的,应当符合事先约定的条件。在权利人和债务人就事先约定的条件发生争议时,可请求人民法院予以裁决。《破产法解释(二)》第40条对重整期间取回权作出了例外规定,即因管理人或者自行管理的债务人违反约定,可能导致取回物被转让、毁损、灭失或者价值明显减少的除外。《北京市高级人民法院企业破产案件审理规程》规定,当取回物被转让或者毁损、灭失,权利人行使代偿取回权的,不受事先约定条件的限制。《北京破产法庭破产重整案件办理规范(试行)》第88条第2款对权利人主张取回的财产为重整所必需的情况作了灵活处理,允许管理人组织利害关系人与取回权人协商保留相应财产并予以合理补偿。

本案中,就曾涉及因商品房买卖合同关系而发生的购房人要求行使取回权的问题。在兴昌达博公司进入破产程序之前,有部分购房人一次付清了全部购房款。在兴昌达博公司进入破产程序后,该部分购房人依据我国《企业破产法》第38条之规定,要求行使取回权,取回其已经付清全部购房款的房屋。而根据当时的《中华人民共和国物权法》(已失效)第9条第1款的规定:"不动产物权的设立、变更、转让和消灭,经依法登记,发生效力;未经登记,不发生效力,但法律另有规定的除外。"由此可知,该部分购房人是否享有取回权关键是看其是否取得了房屋的所有权。本案中,该部分购房人虽然已交付了全部购房款,但未依法办理相关不动产权属变更登记,该部分购房人并未当然取得相应房屋的不动产物权。因此,该部分购房人对于所购商品房享有的仅为债权,而非不动产物权,也就当然没有基于物权而产生的取回权。

但这一问题,随着最高人民法院于2009年5月14日颁布,并于2020年12月23日修正的《关于审理建筑物区分所有权纠纷案件具体应用法律若干问题的解释》的实施发生了改变。该解释第1条第2款明确:"基于与建设单位之间的商品房买卖民事法律行为,已经合法占有建筑物专有部分,但尚未依法办理所有权登记的人,可以认定为民法典第二编第六章所称的业主。"《民法典》第271条规定了业主享有的权利,即对建筑物内的住宅、经营性用房等专有部分享有所有权,对专有部分以外的共有部分享有共有和共同管理的权利。根据上述规定可知,以购房人未办理房屋所有权登记抗辩其行使取回权的,将不再受法律支持。

(三) 出资人权利的限制

为了促使债务人的出资人、董事、监事、高级管理人员尽力做好重整,避免其利用重整逃避责任和义务,《企业破产法》第 77 条在重整期间对债务人的出资人、董事、监事、高级管理人员的权利也进行了限制。在重整期间,债务人的出资人不得请求投资收益分配;债务人的董事、监事、高级管理人员持有的债务人的股权,在重整期间不得向第三人转让,但经人民法院同意的除外。但是,在什么情况下人民法院可以同意转让,相关司法解释并做进一步规定。

上述规定仅对出资人在重整期间的投资收益分配权利作出限制,但并未限制出资人在重整期间转让股权。因此,本案中,便有出资人以此为由,要求转让其持有的兴昌达博公司的股权。对此,笔者认为,为避免出资人通过转让股权逃避其应承担的责任,对重整期间出资人的股权转让亦应进行严格限制,由管理人审查后,提请人民法院审查批准。根据《北京破产法庭破产重整案件办理规范(试行)》第 41 条的规定,如果预重整方案涉及出资人权益调整事项的,出资人在这一阶段就有义务如实披露其出资权益的涉诉情况,债务人、出资人有义务如实披露出资权益上设定的质押、被保全等权利负担情况。

综上,重整期间以尽量保护债务人财产安全为原则,对有可能损害债务人财产的行为均进行了严格的限制,以有利于债务人重整的成功。

第六章　重整计划草案的制订

重整计划是破产重整程序的核心,重整程序主要围绕重整计划的制订、通过、批准展开。而重整计划草案的制订是重整程序的核心环节之一,也是重整计划执行阶段的依据和规则。因此,在兴昌达博公司转入破产重整程序后,管理人便迅速展开了重整计划草案的制订工作。所谓重整计划草案是指由债务人或者管理人制订的,以清理债务、维持债务人继续营业、复兴债务人为目的,经债权人会议通过、法院批准的多方协议。包括重整计划草案的制订主体和期限、重整计划草案制订的原则、重整计划草案的内容等多方面内容。可以说,重整计划草案的制订是否合理、能否执行对于整个重整程序的成功至关重要。

第一节　重整计划草案的制订主体与期限

一、重整计划草案的制订主体

关于重整计划草案的制订主体,我国《企业破产法》第80条规定:"债务人自行管理财产和营业事务的,由债务人制作重整计划草案。管理人负责管理财产和营业事务的,由管理人制作重整计划草案。"据此可知,重整计划草案的制订主体为自行管理财产和营业事务的债务人或者管理人。

(一) 债务人

由于在重整期间,经债务人申请,人民法院批准,债务人可以在管理人的监督下自行管理财产和营业事务。如人民法院裁定由债务人自行管理财产和营业事务,则由债务人负责制作重整计划草案。

(二) 管理人

在重整期间,一般情况下由管理人管理财产和营业事务。在管理人负责管理财产和营业事务时,重整计划草案则由管理人负责制作。

但无论重整计划草案是由债务人还是管理人负责制作,重整计划草案的制订者同时也是重整计划草案的提交者,债务人或者管理人应当将重整计划草案提交给债权人会议进行讨论和表决,债权人会议表决通过后,重整计划草案应该提交给人民法院批准。本案中,兴昌达博公司进入重整程序后,债务人的财产和营业事务由管理人继续管理。因此,重整计划草案也是由管理人负责制订。

(三) 关于重整计划草案制订主体的反思

根据上文介绍可知,我国《企业破产法》将重整计划草案的制订权赋予了债务人或管理人,债权人、股东、新出资人等利害关系人无提出重整计划草案的权利,且在重整计划草案制订的过程中也无任何可以参与的机会。这种法律制度的缺失可能会使相关利害关系人的权益无法得到有效保障,也不利于调动相关利害关系人参与重整程序的积极性。因为破产重整制度设立的主要目的是维护债权人的合法权益和挽救濒临破产的企业。因此,无论是债务人还是管理人制订重整计划草案,都可能忽视对股东、新出资人利益的保护。出资人唯一可以参与表达自己意愿的机会只能是在重整计划草案提交债权人会议表决时,而此时即使出资人对重整计划草案投反对票,重整计划草案也可能因法院的强制批准而生效。且出资人作为破产企业的实际控制人,对公司的经营、资产、财务等情况也较为了解,其有可能制订出较管理人、债务人更具有可行性的重整计划草案。

因此,从公平保护相关利害关系人权益及使重整计划草案更具有可执行性的角度出发,笔者认为,我国可以借鉴国外有关做法,允许债权人、股东、新出资人等利害关系人制作重整计划草案。但有关利害关系人制作的重整计划草案应当提交给债务人或管理人,债务人或管理人认为该重整计划草案具有可行性的,可以提交或修改后提交债权人会议讨论。本案在制订重整计划草案的过程中,也给予了兴昌达博公司出资人制作重整计划草案的机会,但因其制作的重整计划草案从整体上看不具有可执行性,最终未能提交债权人会议讨论。但管理人在制作重整计划草案时尽可能地借鉴和吸取了出资人制作的重整计划草案中的合理部分,并充分听取了债权人、债务人及债务人股东等相关利害关系人的意见和建议。目前《企业破产法》的两个司法解释尚未对此作出规定,《北京市高级人民法院企业破产案件审理规程》第210条规定了,债权人、债务人出资人、新出资人等利害关系人均可就重整计划草案向债务人或管理人提出建议。《北京破产法庭破产重整案件办理规范(试行)》设立了预重整制度,即为了准确识别重整价值和重整可能、降低重整成本、提高重整成功率,法院在以"破申"案号立案后、受理重整申请前指定临时管理人履行相关职责,债务人自愿承担相关义务。在预重整期间,临时管理人组织债务人、债权人、出资人、重整投资人等利害关系人通过自愿、平等商业谈判拟定有关债权分类、债权调整和清偿、出资人权益调整、债务人治理和经营以及其他有利于债务人重整内容的协议,即预重整方案。重整申请受理后,债务人或者管理人一般应当以预重整方案为依据拟定重整计划草案,向人民法院和债权人会议提交。上述规定通过预重整方案,给了除债务人以外的其他利害关系人间接参与制订重整草案的机会。

二、重整计划草案制订的期限

重整计划草案的制订是有期限限制的,我国《企业破产法》第79条规定:"债务人或者管理人应当自人民法院裁定债务人重整之日起六个月内,同时向人民法院和债权人会议提交重整计划草案。前款规定的期限届满。经债务人或者管理人请求,有正当理由的,人民法院可以裁定延期三个月。债务人或者管理人未按期提出重整计划草案的,人民法院应当裁定终止重整程序,并宣告债务人破产。"据此,重整计划草案提出的期限一般是自人民法院裁定债务人重整之日起6个月;如有正当理由,债务人或管理人可以申请人民法院许可再延长3个月,即最长期限是9个月。如果经过最长9个月的期限,债务人或者管理人依然不能提出重整计划草案,人民法院应当裁定终止重整程序并宣告债务人破产。由此,债务人将由破产重整程序转入破产清算程序。

在本案中,由于在重整程序中是破产管理人负责管理债务人的财产和营业事务,所以重整计划草案由管理人负责制订。笔者作为管理人的法律顾问,重整计划草案的制订具体由我们负责。但在制作重整计划草案的过程中,由于兴昌达博公司的债权债务数额巨大且情况复杂,同时该公司的账目管理十分混乱,存在账实不符等诸多问题,加之该公司兴建的"麓鸣花园"房地产项目的部分手续存在缺失,不但给与重整相关的财务测算工作造成很大障碍,也在一定程度上影响了重整计划草案中各项具体方案的确定。在规定的期限内未能完成重整计划草案的制订,于是管理人向昌平区人民法院提交了延长重整期间的申请书。人民法院经审查后,裁定将管理人提交重整计划草案的期限延长两个月。以下是本案中管理人向人民法院提交的延长重整期间的申请书和人民法院予以批准的裁定书:

民事申请书

申请人:北京兴昌达博房地产开发有限公司破产管理人
地址:北京市昌平区超前路××号
负责人:×××
申请事项:申请延长重整期间
申请事由:
自贵院于2007年11月16日裁定北京兴昌达博房地产开发有限公司(下

称兴昌达博公司)重整以来,破产管理人即在清理兴昌达博公司的资产及债权债务的同时,着手制作兴昌达博公司重整计划草案。

在重整计划草案的制订过程中,由于兴昌达博公司的债权债务数额巨大且情况复杂,同时该公司的账目管理十分混乱,存在账实不符等诸多问题,加之该公司兴建的"麓鸣花园"房地产项目的部分手续存在缺失,不但给与重整相关的财务测算工作造成很大障碍,也在一定程度上影响了重整计划草案中各项具体方案的确定。

根据《企业破产法》第七十九条第一款之规定,管理人向贵院及债权人会议提交重整计划草案的截止时间应为2008年5月15日。但由于该重整计划草案因上述原因尚未最后确定,加之《企业破产法》第六十三条规定管理人应当在召开债权人会议前15日通知已知的债权人,因此管理人已无法在截止期限之前向债权人会议提交该重整计划草案。

根据《企业破产法》第七十九条第二款之规定:"前款规定的期限届满,经债务人或者管理人请求,有正当理由的,人民法院可以裁定延期三个月。"考虑到兴昌达博公司的重整成功与否不仅关系到能够实现广大债权人利益的最大化,也关系到昌平区乃至北京市的社会稳定,为避免因提交重整计划草案的期限届满而导致兴昌达博公司的重整失败,特申请贵院根据上述规定,裁定延长本案的重整期间。

谨呈
北京市昌平区人民法院

北京兴昌达博房地产开发有限公司破产管理人
负责人:
年 月 日

北京市昌平区人民法院
民事裁定书

(2007)昌民破字第10949号

申请人:北京兴昌高科技发展总公司,住所:北京市昌平区科技园区超前路××号。

法定代表人:王××,总经理。

债务人:北京兴昌达博房地产开发有限公司,住所:北京市昌平区科技园区超前路××号。

法定代表人:王××,董事长。

申请人北京兴昌高科技发展总公司(以下简称"兴昌公司")申请债务人

北京兴昌达博房地产开发有限公司(以下简称"兴昌达博公司")破产一案,本院受理后于 2007 年 11 月 16 日依法裁定对兴昌达博公司进行重整。在本院审理过程中,兴昌达博公司管理人于 2008 年 5 月 10 日向本院提出申请,请求延长重整计划草案提交期限。

本院经审查认为,兴昌达博公司管理人的申请,符合法律规定,依照《中华人民共和国企业破产法》第七十九条的规定,裁定如下:

北京兴昌达博房地产开发有限公司管理人提交重整计划草案的期限延长两个月。

审判长:刘××
审判员:冯××
审判员:徐××
年　月　日
本件与原件核对无异　(院印)
书记员:李×

第二节　重整计划草案制订的原则

重整计划草案是重整程序中的主要内容,是重整程序的核心,也是重整计划执行阶段的依据和规则。因此,起草重整计划草案的目标就是要让它切实可行,并能得到债权人会议的通过和法院的裁准。要达到这一目的,根据我国《企业破产法》的有关规定,起草重整计划草案应当遵守如下原则。

一、公平合理原则

重整计划草案的制订要兼顾债权人、债务人及其股东和其他利害关系人的利益。从某种意义上说重整计划草案就是重整主体之间的一份协议,是有关各方斗争、妥协、协商确定的一个文字化的法律性文件。所以在制订重整计划草案时,要充分考虑到各方的利益,尽量做到公平合理。这也是债权人会议各表决组表决通过重整草案的前提。所谓公平合理就是指如果一组债权人或出资人反对一项重整计划草案,该项重整计划草案就要保证这些持反对意见的组获得公平对待,即根据《企业破产法》处于同一优先顺序的债权人必须获得按比例的清偿。

二、债权人利益最大化原则

债权人利益最大化原则是指重整计划草案必须保证每一个反对这项计划的债权人或出资人,在重整程序中至少可以获得他在清算中本可获得的清偿。该原则的目的在于保护对重整计划草案持反对意见的少数派的利益。这条原则主要体现在我国《企业破产法》第87条所规定的内容,即除非经表决组通过,否则重整计划草案必须在符合以下条件时人民法院才能强制裁定批准重整计划草案:

(1) 有担保的债权得到全额清偿,其因延期支付的损失有公平补偿的方案,并且其担保权未受到实质性损害;

(2) 职工债权、税务债权得到全额清偿;

(3) 普通债权所获得的清偿比例,不低于其在重整计划草案被提请批准时依照破产清算程序所能获得的清偿比例。

三、绝对优先原则

绝对优先原则,是指如果任何一组债权人或出资人反对一项重整计划草案,该重整计划草案必须保证,只有这个组的成员获得充分清偿后,在优先顺序上低于这个组的其他组才可以获得清偿。该原则主要指重整计划草案安排的债权清偿顺序不能违反我国《企业破产法》第113条规定的分配顺序:"破产财产在优先清偿破产费用和共益债务后,依照下列顺序清偿:(一)破产人所欠职工的工资和医疗、伤残补助、抚恤费用,所欠的应当划入职工个人账户的基本养老保险、基本医疗保险费用,以及法律、行政法规规定应当支付给职工的补偿金;(二)破产人欠缴的除前项规定以外的社会保险费用和破产人所欠税款;(三)普通破产债权。破产财产不足以清偿同一顺序的清偿要求的,按照比例分配。破产企业的董事、监事和高级管理人员的工资按照该企业职工的平均工资计算。"

四、切实可行原则

重整计划草案必须具有可行性才能保证重整程序的成功,在制订重整计划草案时,要充分评估现有的各种条件,如资金条件、经营条件、政府支持、政策环境等,针对债务人的实际情况及其所处的境遇制订现实、可行的重整计划草案,不可不顾现实条件的限制,制订脱离实际的重整计划草案。

第三节 重整计划草案的主要内容

关于重整计划草案的内容,根据我国《企业破产法》第81条的规定:"重整计划草案应当包括下列内容:(一)债务人的经营方案;(二)债权分类;(三)债权调整方案;(四)债权受偿方案;(五)重整计划的执行期限;(六)重整计划执行的监督期限;(七)有利于债务人重整的其他方案。"最高人民法院印发的《全国法院破产审判工作会议纪要》"四、破产重整"第17点规定,重整不限于债务减免和财务调整,重整的重点是维持企业的运营价值。人民法院在审查重整计划时,除合法性审查外,还应审查其中的经营方案是否具有可行性。本案中,我们在制作兴昌达博公司重整计划草案时,将该草案分为重整计划草案的编制说明和重整计划草案正文两部分。重整计划草案说明是为了让债权人、出资人等相关利害关系人更好地理解重整计划草案的内容,对其中的一些特殊问题进行解释和说明,如对个别债权进行调整或清偿的说明、债务人与关联公司之间债权抵顶的问题、对个别债权人进行退房处理的说明、拆迁费支出的说明、破产费用的支出说明等。重整计划草案除包含我国《企业破产法》第81条规定的内容外,还结合本案的具体情况加入了购房债权人房屋交付的解决方案、拆迁安置方案、施工方案、重整计划执行的监督等内容。

一、债务人的经营方案

债务人的经营方案是为挽救债务人,改变债务人亏损状态,恢复其营业能力而对债务人采取的营业调整措施,具体包括经营管理方案、融资方案、裁员减薪方案、营利模式、资产与业务重组方案等。具体可采取的措施有多种,比如转让部分营业或财产、资产重组和债务重组、调整出资人权益、调整业务范围、重新制订生产经营计划、改组企业组织结构、变更管理层、企业合并或者分立、引进外来投资、裁员、借款等。重整计划草案的制订者应该根据债务人的具体情况采用切实、可行的措施,以恢复债务人的营运价值,为重整成功创造条件。

重整计划草案中的经营方案实际上是对债务人重整的具体措施,它直接关系到债务人重整目标的实现。因此,债务人的经营方案必须具有可行性,这也是人民法院强制批准重整计划草案的必要条件。但实务中对如何判断经营方案是否具有可行性存在不同的认识。有学者认为,对重整计划的内容,法律不应有过多的强制性和限制性规定,应在破产重整的框架内,允许由市场来决定各经济主体在破产重整计划中作出适当的商业决策,由当事人自由协商最终决定;破产重整计划的法律设计应侧重于一些原则性、程序性的规定。其实,法律设计的原则性和程序性规定,就是要保障经营方案的可行性。① 也有学者认为,经营方案可行,首先意味着计划获得确认后公司具有合理生存机会的可能性。为此,必须保证适当的运营成本,资本结构要合理,负债不能太高,预计收入必须足以支付与重整后负债相关的固定支出以及其他经营开支。②

鉴于我国《企业破产法》及最高人民法院相关司法解释对上述问题并没有明确规定,笔者认为,由于个案的差异及所采取重整措施的不同,法律难以对上述问题作出统一、具体的判断标准,应当结合个案的具体情况加以判断。实践中一般由案件受理法院根据经营方案的内容并结合债务人的实际情况进行综合判断。经营方案是否具有可行性,取决于重整计划草案对债务人的经营管理方案、融资方案、资产与业务重组方案等重整具体措施的说明及债务人执行这一经营方案具有的财产能力和经营能力。因此,重整计划草案中的经营管理方案、融资方案、资产与业务重组方案等应尽量制订得全面、具体、明确,以有利于人民法院判断经营方案是否具有可执行性、重整计划的执行及管理人对重整计划进行监督。

本案中,笔者为兴昌达博公司制作的重整计划草案中债务人的经营方案包括五个方面的内容:一是债务人的资产状况;二是股权结构和法人治理结构的重新安排;三是资金筹措和使用计划;四是拆迁安置方案;五是施工方案。

(一) 债务人的资产状况

债务人的资产状况是制订经营方案,进行资产重组、股权调整、债权调整的基础。因此,在制订重整计划草案之前,应由专业的资产评估机构对债务人的资产状况进行评估,并将评估结果在重整计划草案中进行披露。本案中,在制订重整计划草案之前,管理人聘请北京德平资产评估有限公司对兴昌达博公司的资产状况进行了评估,具体评估结果如下:

根据北京德平资产评估有限公司 2008 年 6 月 12 日出具的资产评估报告结果显示:截至评估基准日 2007 年 9 月 18 日,北京兴昌达博房地产开发有限公司资产状况为:资产总额为×××万元,其中流动资产×××万元,长期投资××万元,固定资产××万元;负债总额为×××万元;净资产为-××万元。

上述资产评估结果为后面股权的调整、债权的调整提供了依据。

(二) 股权结构和法人治理结构的重新安排

一般来说,股权调整是重整计划草案中债务人经营方案的一项重要内容,通过

---

① 参见张艳丽:《重整计划比较分析》,载《法学杂志》2009 年第 4 期。
② 参见〔美〕帕特里克·A.高根:《兼并、收购与公司重组》,朱宝宪、吴亚君译,机械工业出版社 2004 年版,第 284 页。

股权的调整筹措资金、引入新的投资者,或者改变公司的经营控制结构已成为实务中债务人重整的普遍做法。

本案中,兴昌达博公司的股权结构在调整前,最大股东是东方达博公司,占注册资本的70%,自然人黄某占20%的股权,兴昌高科公司占10%的股权。而东方达博公司实际上完全由兴昌达博公司法定代表人王某实际控制,兴昌达博公司另一个持股20%的股东黄某,实际上也是兴昌达博公司法定代表人王某的关系人。也就是说,兴昌达博公司90%的股权都是由该公司的法定代表人王某控制。从2002年开始,兴昌达博公司挪用麓鸣花园的建设资金和预售楼盘的资金,购置土地和进入证券市场,致使正常的施工建设出现资金困难。为了获取资金,在兴昌达博公司法定代表人王某的直接指挥下,兴昌达博公司以高利贷、抵押已售商品房的形式借入资金,但仍然难以周转并最终导致资金链断裂,造成300多户业主的房屋无法按期交付,从而使兴昌达博公司陷入破产境地。可以说兴昌达博公司进入破产程序,大股东和法定代表人王某存在着明显的过错和难以推卸的责任。因此广大业主对王某以东方达博公司名义主导兴昌达博公司的重整已经失去信任,强烈要求占该公司10%股份的股东、具有国有性质的兴昌高科公司来主导兴昌达博公司重整。而且当地政府也愿意支持和推动兴昌达博公司的重整。针对上述情况,笔者在制作兴昌达博公司重整计划草案时,对兴昌达博公司的股权结构和法人治理结构作出了如下调整:

鉴于兴昌达博公司的净资产已为-××万元,而根据管理人的测算,启动兴昌达博公司开发的麓鸣花园项目至少需要2亿元人民币资金的直接投入。为保证兴昌达博公司重整计划的顺利实施,保障债权人及出资人的合法权益,并使兴昌达博公司出资人权益得到公平、公正地调整,管理人决定向兴昌达博公司的股东筹措上述项目启动资金,并按照各位股东在2008年7月7日前的实际出资额占此次总出资额的比例调整兴昌达博公司的股权结构。

2008年6月29日,管理人向兴昌达博公司的股东北京兴昌高科技发展总公司、北京东方达博置业投资有限公司和黄某邮寄送达了《关于北京兴昌达博房地产开发有限公司破产重整筹资及股权调整的函》,全文内容如下:

关于北京兴昌达博房地产开发有限公司
破产重整筹资及股权调整的函

_____:

北京市昌平区人民法院于2007年9月19日依法受理了北京兴昌达博房地产开发有限公司破产一案,并指定清算组为管理人,负责兴昌达博公司的破产清算工作。现此案已进入重整阶段。

根据兴昌达博公司管理人聘请的中介机构的评估及测算结果,兴昌达博公司的净资产已为负数,且至少需要2亿元人民币资金的直接投入才能保证兴昌达博公司重整成功。为保证兴昌达博公司重整计划的顺利实施,保障债权人及各位出资人的合法权益,管理人决定向兴昌达博公司的股东筹措上述资金,并按照各位股东新的实际出资额调整兴昌达博公司的股权结构。

贵单位(您)作为兴昌达博公司的股东,应当在2008年7月13日前将贵单位(您)的出资提交给昌平区人民法院(开户行:_____,户名:_____,账号:_____)。贵单位(您)的股权将按照贵单位(您)此次出资额占此次总出资额的比例进行调整;各股东的最低出资额不得少于1 000万元人民币,不设上限。

逾期未提交出资的,视为放弃出资的权利,在股权调整时,不再考虑未出资股东的股权。

上述出资将作为兴昌达博公司新的注册资本金记入公司资本,并用于兴昌达博公司重整计划的执行,由兴昌达博公司管理人监管,并由管理人聘请项目管理公司对上述资金的使用制订出严格具体的支出计划,并监督执行。上述资金不得随意抽逃和挪用。

特此函告

北京兴昌达博房地产开发有限公司破产管理人
年　月　日

附:北京兴昌达博房地产开发有限公司破产重整计划原则草案

上述函件发出之后,截至2008年7月7日,兴昌高科公司出资2亿元人民币、东方达博公司及自然人黄某未出资。为使兴昌达博公司的股权结构调整更加公平、公正,更好地维护广大债权人的合法权益,保证重整计划的成功。重整计划草案中,管理人又增加了向出资人筹资的期限延长至本重整计划经债权人会议通过后60日内,或北京市昌平区人民法院裁定批准后30日内的内容,并规定届时将按照各位出资人新的出资额确定兴昌达博公司的股权结构。管理人向各位出资人发出的《关于北京兴昌达博房地产开发有限公司破产重整筹资及股权调整的函》中设定的其他条件和内容不变。

同时,鉴于兴昌高科公司已经出资2亿元人民币,在重整计划草案经人民法院批准后,暂由兴昌高科公司全面主导兴昌达博公司重整,并立即组建临时经营团队启动重整计划。并结合我国《公司法》的有关规定,在筹资期限届满后将兴昌达博公司的法人治理结构调整为:公司设董事会,董事会成员5人,董事长为兴昌达博公司的法定代表人;公司设监事会,监事会成员5人;公司设总经理1名、副总经理2名,财务总监1名。

公司章程将通过公司章程修改程序进行修改。

管理团队的机构设置及职责范围由总经理提出方案,按照公司章程规定的程序报董事会决定。

兴昌达博公司的规章制度按照公司修订后的章程的规定重新制定。

鉴于兴昌高科公司已出资 2 亿元,在规定的筹资期限届满后,如东方达博公司和自然人黄某未出资,兴昌达博公司的股权结构将调整为兴昌高科占有 100% 股权的国有独资公司。

但上述方案一经提出,便招致一片质疑和反对。争论的焦点主要集中在如下几个方面:

1. 公司股权结构能否强制调整

对于本案中的做法,有人认为,这明显是侵犯了股东的权利。如果对股东的股权进行调整,必须事先征得出资人的同意。也就是说,出资人不同意,股权结构就不能强制调整。这个观点也是兴昌达博公司大股东法律顾问的观点,该律师提出如下两点理由:

(1) 从股权性质上看,股权是股东享有的私人财产权,只有股东才享有处分权,其他人未经股东同意不得强行处分。

(2) 从股权内容上看,股权分为自益权和共益权(自益权是指股东为自身的利益而独立主张的权利,包括盈余分配权、剩余财产分配权、股权转让优先受让权等;共益权是指股东参与企业经营的权利、股东大会的出席权、提案权、表决权等)。破产重整程序中,出资人丧失的仅仅是自益权,而对公司仍享有共益权。未经其本人同意,就强行剥夺其共益权有失公平、公正。

对此笔者认为,股权结构完全可以通过法定程序进行强制调整,理由在于:

(1) 法律上可以找到依据。我国《企业破产法》第 85 条规定:"……重整计划草案涉及出资人权益调整事项的,应当设出资人组,对该事项进行表决……"第 87 条第 2 款第(四)项规定:"重整计划草案对出资人权益的调整应当公平、公正……"从以上规定可知,在符合公平、公正原则的条件下,对出资人权益可以进行调整。这里的出资人权益,笔者认为主要是指出资人的股权。

(2) 特殊程序优于一般程序。股权是出资人的财产权,未经出资人同意不得强制处分,这在公司法层面上是完全正确的,但在破产重整这一特殊程序中,就会发生变化。因为破产重整程序是一项特殊的程序,其与公司法的原则和内容不同,二者是特殊与一般的关系。根据特殊法优于普通法的原则,在破产重整程序中,不能以公司法上设定的股东权利来对抗《企业破产法》的相关规定,在特殊程序中应优先适用《企业破产法》。在破产重整程序中,债权人会议是相关利害关系人行使其权利表达其意愿的机关,而债权人会议就有关事项进行表决时不需要利害关系人一致通过即可发生约束全体利害关系人的效力,这也是重整程序可能成功的关键所在。如在重整计划草案中对出资人权益进行调整,即使个别出资人不同意,而该调整经债权人会议各组别法定数额表决通过并经法院裁定批准,或经法院强制裁定批准,对出资人即具有约束力。

(3) 兴昌达博公司净资产已经是负数。虽然股权包括自益权和共益权,但这两种权利并不是并列的。共益权以自益权为基础,股东对公司享有共益权是基于股东对公司的出资,股东将财产投资于公司就依法享有资产收益这种财产性质的权利(主要表现为自益权)。为了使股东顺利行使这一权利,法律赋予其参与公司经营管理的权利,这些非财产性质的权利(主要表现为共益权)皆是为保障财产性权利的实现而设。当公司资不抵债进入破产重整程序时,出资人的股权往往已没有任何价值,其对公司的股权已经虚化,相应的以此为基础的共益权也就失去了存在的基础。本案中兴昌达博公司的净资产已为负数,这就意味着出资人的股权已没有价值,即使公司破产清算,出资人也得不到任何剩余资产,财产权利的虚化决定了以其为基础和前提的非财产权利的虚化。此时,为挽救破产企业,使其继续生存与发展,对出资人股权进行调整不会损害出资人的权益。

(4) 重整的目的是能够使债务人起死回生。如果对出资人权益进行调整必须征得其同意,这与设立破产重整制度的立法本意不符。破产重整制度设立的目的之一是挽救濒临破产的企业,而企业能否重整成功取决于企业能否筹集到充足的资金。一般情况下,通过现有股东筹资很难实现,往往需要引入新的战略投资者,而新的投资方在投入资金时则希望获得公司的控制权,这势必涉及对现有出资人权益的调整。如果对出资人权益的调整必须征得其同意方可进行,当出资人不愿对其权益进行调整时,势必阻碍重整程序的进行,从而导致破产重整程序无法进行。

因此,无论是从立法目的上看,还是从法律规定上看;无论是从出资人股权的价值上看,还是从法律优先适用上看:重整计划草案对于出资人股权结构进行强制性调整是不应该存在疑问的。但破产法司法解释尚未作出此类规定,而《北京市高级人民法院企业破产案件审理规程》也只规定重整涉及债务人的出资人权益调整的,重整计划草案还应当包括出资人权益调整方案。

2. 如何理解在重整程序中对出资人权益的调整要符合公平、公正的原则

我国《企业破产法》第85条规定:"债务人的出资人代表可以列席讨论重整计划草案的债权人会议。重整计划草案涉及出资人权益调整事项的,应当设出资人组,对该事项进行表决。"第87条第2款第(四)项规定:"重整计划草案对出资人权益的调整应当公平、公正……"根据以上两个条款的规定可以看出,在重整程序中可以对出资人权益进行调整,但必须符合公平、公正的原则。由于公平、公正是一

个比较模糊的概念,没有一个明确的标准,致使对出资人权益如何调整才符合公平、公正的原则产生了分歧。一种观点认为,在破产重整程序中,如对出资人权益进行调整必须征得其同意或取得其授权,方符合公平、公正的原则。另一种观点认为,公平是指对性质相同的债权或权益给予相同的待遇,对破产企业的出资人而言,公平是指对性质相同的股权进行调整时一视同仁、适用同一标准。公正则应结合破产重整的目的加以考虑。破产重整制度的设立一方面是为了挽救破产企业,另一方面是为了清偿债权,两者必须同时进行。如果重整计划草案对出资人权益的调整,在保障债权人公平受偿的前提下,有利于破产企业的重整,有利于破产企业的继续生存和发展,即为公平。

股权结构怎样调整才会公平、公正,笔者认为,主要是指在强制调整的情形下。所谓强制调整,就是在重整计划草案中直接确定重整企业的股权结构,不考虑出资人的意愿,虽然也要经过出资人表决组的表决程序,但着眼点在于重整计划草案的强裁通过。给予原股东的股权比例往往会偏离其实际价值,甚至在有些情况下会剥夺其股权。

在兴昌达博公司股权结构调整的过程中,由于兴昌达博公司的净资产已为负数,而启动重整项目又至少需要2亿元人民币的资金。为保证重整计划的顺利实施,保障债权人的合法权益,管理人决定向兴昌达博公司的股东筹措上述项目启动资金,于是向兴昌达博公司各股东送达了《关于兴昌达博公司破产重整筹资及股权调整的函》,并按照各位股东在规定时限前实际出资额占此次总出资额的比例调整兴昌达博公司的股权。在重整计划草案规定的时限过后,只有兴昌高科公司注入2亿元。由于兴昌达博公司原实际控制人的强烈反对,为了审慎起见,管理人应东方达博公司的请求,又将出资期限延长至重整计划草案通过后的60日内。届时按照各股东新的出资额确定股权结构,但其余两位股东在到期日后仍然未能出资。客观上东方达博公司、黄某的股权将被完全剥夺。兴昌达博公司改造成为兴昌高科公司的全资子公司。上述调整符合公平、公正的原则,原因在于:

一是经评估事务所评估以后,兴昌达博公司的净资产已为-2 548.60万元,这意味着原股东股权已经没有价值。

二是原大股东和实际控制人在经营管理和资金运用上存有过错,甚至有涉嫌违法犯罪的情形存在。抽逃资本金、骗贷、未经董事会和股东大会同意,抽出巨额资金进入股市,而且血本无归,直接造成了广大债权人的债权不能到期偿还和公司进入破产程序的后果。大股东在主观上存有较大程度的过错,再保留其股份并参与重整无法获得债权人的信任。

三是在公司净资产为负数的情况下,政府协助兴昌高科公司筹措2亿元的资金进入兴昌达博公司,如果仍然保留原大股东的股权,实际上通过重整,东方达博公司和黄某在没有付出任何对价的情况下,无偿获得国有资产,显然是有失公平、公正的,也不利于引进资金。

四是已经给予原股东以充分的时间进行引资。

因此,在对重整企业股权结构进行强制调整时,笔者认为应当从以下四个方面来考虑实施的条件,只有这样才能说基本做到了对债权人、债务人、股东及其他利害关系人的公平和公正:

第一,要考虑经过评估后企业净资产的状况,这样才能有效衡量股权的价值。当股权没有价值时,强制调整的难度就小些;当股权还有部分价值时,新的股权结构就应当予以考虑。

第二,在出资人没有重大违法或出现重大经营失误,主观上又无重大过错的情况下,从公平、公正的角度上看,只要股权尚有价值,将其股东资格予以剥夺就应慎重。

第三,在调整股权结构时,任何调整方式都是为了使企业获得重生。调整股权结构,要考虑是否有利于引资成功,有利于挽救企业。

第四,如果对原股东的股权比例以强制调整的方式进行调整,调整的条件对所有股东应是公平一致的。

3. 出资人权益调整的方式

所谓出资人权益,实质上是出资人作为公司股东所享有的权利在破产程序中的体现,主要分为以下两类:一类为自益权,即股东基于自己的出资而享受利益的权利,如获得股息红利的权利、公司解散时分配财产的权利;另一类为共益权,即股东基于自己的出资而享有的参与公司经营管理的权利,如知情权、表决权等。而对出资人权益的调整实际上是对出资人股权的调整。

根据是否经出资人同意可以将对出资人股权调整的方式分为两类:

(1) 协商调整,即经股权持有人同意后对其股权的调整。其实现方式可以是股权转让、增资扩股、债转股,等等。然而,这种必须经出资人同意方可对其股权进行调整的方法在实践中一般很难实现,因为出资人往往以同意重整计划草案为筹码试图换取不合理的股权份额或者其他权益,致使各利益主体之间很难达成合意,从而使重整计划无法通过,公司不得不走向破产清算,造成社会资源的极大浪费。

(2) 强制调整,即不顾出资人的反对,在重整计划草案中列明对出资人的股权进行调整的标准和方式,然后交由债权人会议对该草案进行表决。其实现方式通常有:

第一,股权转让,即在出资人不同意的情况下,在重整计划草案中列明出资人股权转让的比例、价格、受让方等相关内容,待重整计划生效后,根据重整计划规定的条件进行股权转让。如在《企业破产法》出台之前,郑百文股份有限公司重组案件中,要求所有股东将 50% 的股权过户给战略投资方三联集团公司,实际上采取的就是此种方式。

第二,债转股,即指债权人将所持债权转为其对债务人股权的投资行为,但不包括可转换债券的"债转股"。关于能否以债权出资,各国规定不尽相同,有的国家允许,有的国家禁止,还有的国家部分允许、部分禁止。美国等英美法系国家通常对债权出资不加限制。[①] 根据《公司法》第 27 条第 1 款的规定,以非货币财产出资必须能够以货币估价并可以依法转让。根据该条的规定,以债权出资在法律上不存在什么障碍,但同时也需考虑我国的国情及破产重整的特殊情况。目前我国的社会信用状况显然是不够理想的,逃债、赖债的现象较为严重,债权出资不仅存在法律风险,而且存在较大的道德风险。债权人以对破产企业的债权出资,相当于先向债务人收回债权,这有违《企业破产法》债权公平清偿的原则。同时,进入破产重整程序的企业已是资不抵债,需要新的资金投入以使企业恢复正常运转,而债转股虽然可以减少公司负债,但并不能解决破产急需资金的问题。因此,笔者认为,一般来说对债权出资的方式在破产重整程序中不宜采用。

第三,增资扩股,即通过发行新股或增加公司注册资本金的形式,由原股东增加投资或新股东投资入股,从而增加企业资本金的一种方式。然而,采取此种方式必须以部分原有股东或新的股东愿意注入新的资金足以保障重整的启动和进行为前提,否则此种方式将不具有可行性。基于公平、公正的考虑,对那些不愿增资的股东,应当给予其相同的出资时间和机会。在公司净资产数为正时,由于股东的股权尚有一定的价值,在增资扩股时,对不愿增资的股东享有的股权份额不可随意剥夺,应当根据破产清算时该部分股东可能分配的利益,为其保留相应的股权份额。

第四,直接安排,即在破产企业净资产为负的前提下,不考虑原有股东的出资情况,而是根据原股东或新股东的出资来确定破产企业新的股权结构。本案中采取的便是此种调整方式。此种方式在实践中曾引起争议,但笔者认为该种方式具有可行性,理由如下:首先,根据我国《企业破产法》第 87 条的规定,在符合公平、公正的原则下,对出资人的权益可以进行调整。然而,所谓的公平、公正正如笔者在前文所述,只要对性质相同的股权进行调整时一视同仁、适用同一标准,在保障债权人公平受偿的前提下,有利于破产企业的继续生存和发展即为公平、公正。其次,当企业净资产为负时,出资人的股权已经没有价值,采取此种方式并不会损害出资人的利益。最后,根据《企业破产法》第 85 条的规定,当涉及对出资人权益调整时,会设立出资人组对该事项进行表决。如出资人对此种方式有异议,可以通过投反对票的形式来保障自己的权益。

---

① 参见王欣新、徐阳光:《上市公司重整法律制度研究》,载《法学杂志》2007 年第 3 期。

4. 对出资人权益强制调整的标准

在对出资人的股权进行调整时,虽然可以无须考虑出资人的意愿,对其股权进行强制调整。然而,这种未经现有股东同意就将其股权部分或完全替换的情况,必须满足一定的条件方可适用,否则就可能造成权利的滥用,损害出资人的权益。鉴于破产重整程序以清偿债务和挽救破产企业为目的,笔者认为,如果此种调整和安排有利于使债权人获得比清算更高的清偿和破产企业的重整,在具有下列情形之一时,可以对出资人的股权进行强制调整:

(1) 破产企业净资产为负。当破产企业的净资产为负时,则意味着出资人的股权已没有价值,即使公司破产清算,出资人也得不到任何剩余资产,财产权利的虚化决定了以其为基础和前提的非财产权利的虚化。此时,为挽救破产企业,使其继续生存与发展,即使出资人不同意,也可以在重整计划草案中对其股权进行强制调整。但前提必须通过法院认可的中介评估机构对重整企业的净资产作出一个公平合理的估价。

(2) 出资人对企业破产存在重大过错。企业破产可能是由多方原因造成的,但一般多存在经营管理、资金使用的问题。出资人作为公司的原始股东负有如实缴纳出资、不得抽逃的义务。当出资人作为公司的高级管理人员直接参与公司的经营管理时,更负有忠实和认真履行职责的义务。如果由于出资人虚假出资、抽逃出资、挪用公司资金或未尽到管理责任而造成企业破产,出资人理应为自己的行为承担责任。而且,此时如仍由该部分出资人控制并经营破产企业,不仅广大债权人对其缺乏信心,而且新的投资人也不愿参与进来。因此,从对出资人过错行为的惩罚及保障重整成功的角度考虑,此时应当允许在重整计划草案中对该部分出资人的股权进行强制调整。如《韩国统一倒产法》第 205 条第 4 款就作了类似规定:在因公司董事、准董事或者经理有重大责任的行为而引起重整序开始原因产生的情况下,应规定以注销对该行为行使有较大影响力的股东及其亲属,以及大统领所规定的有特殊关系的其他股东的 2/3 以上股份或者把 3 个以上的股合成一股的方法来减少资本。[①]

(3) 重整引资的需要。公司进入破产重整程序往往负有巨额债务,为挽救破产企业,使公司获得重生的机会,不仅需要相关利害方作出妥协和让步,而且需要输入新的血液,注入新的资金方能使企业获得重生。而新的资金的引入必然涉及对破产企业的股权进行调整,尤其是在引入新的战略投资人时,新的投资人往往要求以获取破产企业一定股权或控制权为条件。如果新资金的引入有利于维护广大债权人的利益,有利于破产企业的起死回生,在需要对出资人的股权进行调整时,

---

① 参见金星均:《韩国公司重整制度立法的研究——与中国〈企业破产法(草案)〉相关规定比较》,中国政法大学 2006 年博士学位论文。

应当允许在重整计划中对出资人股权进行强制调整。然而,在引入新资金时,笔者认为,应按照先原股东,再债权人,最后由第三人(即战略投资人)的顺序进行。因为原股东最了解公司的情况,由原股东出资可以保证公司结构的完整性,磨合期也较短,有利于重整计划的执行,同时也符合公平、公正的原则。

鉴于以上分析,笔者认为,在符合公平、公正原则,保障广大债权人利益的前提下,为挽救破产企业,使其能够继续生存与发展,在经法院认可的评估机构评估破产企业的净资产为负、出资人对企业破产有重大过错或需要引入新的资金时,可以不经出资人的同意在重整计划草案中对其股权进行强制调整。

5. 查封股权是否可以调整

由于兴昌达博公司大股东东方达博公司的股权被法院查封,在对兴昌达博公司的股权进行调整时,债权人 CHP 公司向管理人提出异议,认为大股东东方达博公司已将其对兴昌达博公司 51% 的股权作为偿还公司债务的担保,且该部分股权已被法院查封,因此管理人在未征得 CHP 公司同意的情况下,在重整计划草案中直接调整出资人的股权,实际已经损害到债权人 CHP 公司对该部分股权的合法权益,这就涉及查封股权能否调整的问题。对此,目前我国立法缺乏明确规定。我国破产立法专家中国人民大学王欣新教授在第一届中国破产法论坛上曾谈道,对查封股权从转让的角度看是不能动的,但在重整计划草案中对所有的股东进行股权调整,比如都削减一样的比例则是不受查封影响的。因为该调整不是仅仅对被查封的股权,而是对整个公司进行的。

对此笔者赞同王欣新教授的观点。首先,从股权查封的法律后果来说,目前法律并未禁止对查封股权进行调整。最高人民法院《关于人民法院执行工作若干问题的规定(试行)》第 38 条第 2 款规定:"冻结投资权益或股权的,应当通知有关企业不得办理被冻结投资权益或股权的转移手续,不得向被执行人支付股息或红利。被冻结的投资权益或股权,被执行人不得自行转让。"根据该规定,股权被查封(冻结)后,仅限制股东收取股息及自行转让股权的自由,并未明确禁止在破产重整程序中由债权人会议或人民法院对被查封的股权直接进行调整。其次,从我国《企业破产法》设立破产重整制度的立法本意与目的考虑,对查封股权应当允许进行调整。《企业破产法》第 87 条第 2 款第(四)项仅规定重整计划草案对出资人权益的调整应当公平、公正,并未对涉及调整出资人被查封股权的问题作出特别规定。而破产重整制度设立的目的之一是挽救濒临破产的企业,而在企业重整过程中往往会涉及对股权的调整,实践中企业股权被查封的情况也较为普遍,如果仅仅因为股权查封而不能进行调整必然导致破产重整程序无法进行,这与立法设立破产重整的目的不符。

6. 根据新的出资重新确定股权结构时,如何确定出资人的筹资时间和股权

比例

根据出资人新的出资确定破产公司的股权结构,应当给出资人多长的筹资时间才比较公平、合理,我国《企业破产法》没有规定。破产重整程序是一项特殊的程序,对时间和资金的要求都比较紧迫。事实上,股东对一个公司新的出资,对股东公司来说是对破产公司进行追加投资,根据《公司法》第16条的规定,公司向其他企业投资需按照公司章程的规定由董事会或者股东会、股东大会决议。而公司在召开股东会时一般需要提前15日通知全体股东。因此,笔者认为,一般给股东1至2个月的筹资时间比较公平合理。

当出资人在规定的期限内出资后,如何确定新的股权比例又是一个新的问题。根据《公司法》的有关规定,一般是根据股东的原始出资和新的出资占出资总额的比例来确定其享有的股权份额,但此原则一般适用于公司正常经营即公司净资产为正的情况。但是,当公司净资产为负时,是否还需考虑股东的原始出资情况呢?对此,笔者认为,当公司净资产为负时,出资人的股权已没有价值,股东的权益已化为零,此时根据出资人新的出资比例来确定公司的股权结构符合公平、公正的原则。

7. 股权调整是否需要经股东会表决

在破产重整程序中,对公司股权进行调整是否需要经股东会表决通过,实践中有着不同的理解。一种观点认为,根据《公司法》的有关规定,股权调整属于公司内部的重大事项,应当由股东会对此作出决议。另一种观点认为,公司进入破产重整程序后适用《企业破产法》的有关规定,股权调整应当由债权人会议上的出资人组进行表决。对此,笔者赞同第二种观点。因为公司一旦进入破产重整程序,公司的权利能力和行为能力受到限制,董事会、股东大会的职权也被停止。此时相关利害关系人行使其权利、表达其意志的机关为债权人会议,而股权调整作为重整计划的一部分,由债权人会议上的出资人组进行表决,无须再由破产企业股东大会表决通过,这也是各国或地区之通行做法。根据我国台湾地区"公司法"第293条第1款的规定,公司裁定重整后,股东会之职权当然停止。执行重整计划需要减资、并股时,原商法或公司法中规定的股东大会决议要求不予适用。《日本民事再生法》第43条、第154条、第161条、第183条规定,为重整程序的顺利进行,在涉及重整期间部分营业的转让,以及重整计划中涉及减资、并股等事项时,也以法院的替代许可排除了商法中股东会决定事项的程序要求。

(三) 资金筹措及使用计划

资金对破产企业来说犹如人的血液,能否筹措到新的资金决定着重整能否继续与成功。因此,在制订重整计划草案时,必须对需要的资金量进行测算、明确资金筹措的方法和来源、制订资金使用的原则与计划。本案中,结合"麓鸣花园"项目

的复工及工程进展情况,在制订重整计划草案时,对资金的筹措与使用也作出了较为明确、详细的规定。具体如下:

1. 项目资金流入分析

麓鸣花园项目国有出让土地使用权面积为 305 374.61 平方米,已批准规划开工建筑面积 80 016.66 平方米。项目的规划总建筑面积为 202 847 平方米,其中住宅规划面积为 191 161 平方米(公寓 49 742.72 平方米、联排别墅 130 022.88 平方米、独栋别墅 11 395.40 平方米),配套公建规划面积 11 686.00 平方米。重整计划执行期间,可能产生的资金流入共计×××万元,具体包括:

(1) 已售房屋 296 套尾款收入×××万元。

截至本重整计划编制之日,兴昌达博公司确认共销售房屋 296 套。其中公寓 119 套、建筑面积 17 110.05 平方米,联排别墅 159 套、建筑面积 32 674.50 平方米,独栋别墅 18 套、建筑面积 6 238.38 平方米。销售合同价款×××万元,已收×××万元,未收×××万元。本重整计划对上述销售均予以认可。

(2) 销售新建商品房预计收入×××万元。

管理人通过对麓鸣花园项目周围北一街 8 号、邑上、随园公寓、湾流汇、蓝郡及新新公寓等在售项目的销售情况进行调查,并结合麓鸣花园项目的地理位置、配套设施、装修状况以及土地的剩余使用年限,本重整计划草案确定麓鸣花园项目建成后的商品房销售均价为公寓 a 元/平方米、联排别墅 b 元/平方米、独栋别墅 c 元/平方米。

新建商品房销售收入:$32\,632.67×a+97\,348.38×b+5\,156.62×c=$×××万元。

(3) 对外债权及投资款回收预计最高额约×××元。

截至本重整计划草案编制之日,在兴昌达博公司与东方达博公司及关联公司间的债权债务抵顶之后,可能通过各种途径收回的债权最高额约为×××元。

2. 项目资金流出分析

重整计划执行期间,兴昌达博公司预计支出_____元:

(1) 清偿政府垫资的破产费用_____元。

(2) 清偿有财产担保的债权_____元(本金)。

(3) 清偿职工债权_____元。

(4) 清偿税款_____元。

(5) 清偿普通债权_____元(本金),其中:

① 清偿以 13 套房屋作为还款保障的债权及以个人购房名义套取的北京××××银行兴昌支行按揭贷款_____元,具体包括:

广东××建筑工程有限公司 10 套_____元;

桑××1 套_____元;

马×1套_____元；

胡×1套_____元；

套取的北京××××银行兴昌支行按揭贷款_____元（共涉及4套房屋）。

② 清偿66名退房债权人债权_____元；

③ 清偿其他普通债权人债权_____元。

（6）拆迁安置费用_____万元。

（7）村委会办公用房、老年活动中心以及相关附属设施_____万元。

（8）建安成本_____万元，具体包括：

建设安装费用_____万元；

人防工程费_____万元；

管理费_____万元；

勘察设计费_____万元；

监理费_____万元；

销售费用_____万元；

工程预算费_____万元；

财务费用_____万元；

销售税金_____万元；

不可预见费_____万元。

（9）荒山租赁及补偿费_____万元。

（10）备用金_____万元：

① 鉴于中国××××产业集团公司诉兴昌达博公司侵权纠纷（以下简称"普天案件"）_____万元、兴昌达博公司破产管理人诉中国××银行北京市顺义区支行和北京××××仪表有限责任公司合同纠纷（以下简称"顺义农行案件"）_____万元、北京××建筑装饰工程有限公司诉兴昌达博公司承包合同纠纷（以下简称"××建筑公司案件"）_____万元、姜×律师代理费_____万元，目前正在诉讼中，先预提_____亿元作为备用金。

② 中国人民解放军海军军事法院（以下简称"海军法院"）追缴执行款_____万元，目前尚未确定是否给付，先预提_____万元作为备用金。

3. 兴昌达博公司重整资金筹措及使用

（1）兴昌达博公司重整资金的筹措：

① 兴昌达博公司直接投入重整启动资金2亿元人民币，债务人将按照项目资金使用计划严格支出；

② 回收符合销售条件的房屋销售尾款，用于项目再投入；

③ 对符合销售条件的房屋逐步进行销售，分期取得销售收入，用于项目再投

入,以保证项目收支平衡。

(2) 项目资金使用原则。在保证项目顺利建设及周转的前提下,在资金回笼过程中根据我国《企业破产法》的有关规定及本重整计划草案中债权清偿方案,安排各类债权依法定顺序清偿。

(四) 拆迁安置方案

拆迁是房地产开发过程中不可避免的一个环节,拆迁方案是否科学、合理直接影响着重整计划能否顺利执行。因此,在房地产公司破产重整案件中,制订重整计划草案时,必须做好拆迁方案。本案中,根据"麓鸣花园"项目拆迁工作的进展程度及实际情况,制订了如下拆迁方案:

1. 拆迁基本情况

(1) 拆迁情况。重整计划执行过程中的拆迁包括北京市昌平区南邵镇金家坟、纪窑两个行政村的拆迁。目前金家坟村、纪窑村有未拆迁自然院共计_____户,未拆迁人口_____人。兴昌达博公司对项目建设需拆迁的金家坟村和纪窑村承诺的事项包括:村委会办公用房、老年活动中心以及相关附属设施的建设。

(2) 回迁楼建设情况。为解决项目开发建设用地范围内的农民拆迁、就近安置问题,兴昌达博公司已建成回迁用房建筑面积总计约_____万平方米,已全部竣工。回迁楼产权安置面积_____平方米,共计_____套,目前已安置_____户回迁居民入住,安置总建筑面积_____平方米。剩余_____套,建筑面积_____平方米,可用于安置未拆迁居民。但回迁楼产权安置面积还差_____平方米。

2. 拆迁安置计划

为保证后期项目的顺利进行,兴昌达博公司本着促使项目建设尽快推进的原则,针对两村的拆迁制订了如下的拆迁计划:

(1) 申报拆迁许可证;

(2) 落实拆迁公司、拆迁评估公司;委托拆迁公司实施拆迁和拆迁评估工作,计划于____年____月启动拆迁工作;

(3) 完善回迁楼配套设施;

(4) 解决回迁楼查封和抵押担保问题。

3. 拆迁安置的资金使用:

金家坟、纪窑两村拆迁安置费用预计_____万元。

本重整计划草案中所述的拆迁费×××万元是整个项目重整过程中支出较大的费用,该笔费用包括金家坟村和纪窑村两个村的拆迁费用。现对该笔费用的支出作如下说明:

(1) 金家坟村、纪窑村必须同时完成拆迁。金家坟村系麓鸣花园项目征用土地所在的村,纪窑村与金家坟村相毗邻。根据规划,两村均被征用为科技园区工业用地,但金家坟村部分土地规划为园区配套住宅用地,因此只有金家坟村的区域内可以用于两村村民的回迁安置。正是基于金家坟村、纪窑村在地理位置、规划要求上的特殊性,2001年3月30日兴昌达博公司与兴昌高科公司就麓鸣花园项目签订了《关于南邵东住宅小区建设开发的合作合同》,其中明确约定兴昌达博公司获得建设用地的条件之一,就是负责金家坟村、纪窑村两村的拆迁还建工作,同时提供×××万元的拆迁补偿费用。按照2001年两村的人口状况和拆迁政策,如果在2001年、2002年启动拆迁工作,×××万元的拆迁费用足以完成两村的拆迁安置工作。但是,合同签订后,由于兴昌达博公司拆迁资金无法落实,两村的拆迁工作没有启动。

由此可见,金家坟村与纪窑村的同时拆迁是兴昌达博公司获得麓鸣花园项目用地的基础条件。现兴昌达博公司进行重整,继续麓鸣花园项目的后续建设,仍须对金家坟村、纪窑村两个村同时进行拆迁。因此,重整中关于拆迁的费用应当包括金家坟村和纪窑村两个村的拆迁费用。

(2) 拆迁费用的构成。目前金家坟村、纪窑村有未拆迁自然院共计_____户,未拆迁人口_____人。两村拆迁安置费用预计×××万元,具体包括:

① 拆迁安置费×××万元;

② 村委会办公用房、老年活动中心以及相关附属设施×××万元。

(五) 施工方案

房地产公司的破产重整案件,一般多是由于资金链断裂,导致项目搁置无法按期向业主交房。公司重整的一个重要目标就是恢复施工,完成向业主交房的任务。因此,重整计划草案中施工方案的制订将必不可少。本案中,结合麓鸣花园项目的开发及进展情况、存在的问题及解决的方案,制订了如下施工方案:

1. 麓鸣花园项目的开发及进展情况

(1) 前期报建情况:

① 项目一、二期立项批复已过期;

② 2006年、2007年、2008年度施工计划未获批准;

③ 面积为80 014平方米规划许可证已过期;

④ 面积为80 014平方米开工证已过期;

⑤ 项目总体设计方案——规划意见书已过期。

(2) 大市政情况:

① 小区供电方案已过期,需申报;

② 小区燃气站方案未报批;

③ 供暖尚未接通园区锅炉房;

④ 上水工程尚未接通南邵水厂；
⑤ 雨水、污水方案未设计；
⑥ 电信、有线电视方案未设计；
⑦ 人防工程方案未报批；
⑧ 中水处理方案已进行施工；
⑨ 沿山防洪沟设计方案未设计。

（3）建安施工情况：现场已开工建设约 70 000 平方米，工程形象进度差异较大，部分已结构封顶、外立面完成，部分结构为±0.000，工程已停工 4 年。具体情况为：春天一区主体结构封顶，外装修及安装工程部分完工，形象进度为 95%；奇胜一区尚未施工；奇胜二区部分框架部分施工完毕，形象进度为 50%；梦幻一区基础完工，开始施工一层框架部分，形象进度为 10%；梦幻二区主体结构封顶，准备进入装修及安装阶段，形象进度为 70%；梦幻三区主体框架施工进度为 1—3 不等，形象进度为 30%；诊所及未来一区全部完工，形象进度为 100%。

2. 麓鸣花园项目存在的问题

麓鸣花园项目由于相关的土地整理及拆迁问题仍没有解决，建设工程规划许可证、施工许可证等尚未办理，导致项目前期办理的部分开发手续已经失效，需重新补办，使得该项目在重整计划执行过程中难度增加，主要存在以下问题：

（1）规划设计问题。麓鸣花园项目规划建筑面积 202 847 平方米，已批准规划许可证面积 80 014 平方米。2006 年 7 月 6 日，建设部颁布了建住房〔2006〕165 号《关于落实新建住房结构比例要求的若干意见》，将 2006 年 6 月 1 日以前已审批但未取得施工许可证的商品房开发项目纳入需清理、调整房型比例结构的范围。本项目属于低密度住宅已审批未开工项目，按照原规划施工能否重新获得审批，是重整过程中需要解决的重要问题。对此，北京市昌平区人民政府已向北京市规划局申请按原规划申报，但目前尚未获得批准。

（2）前期手续问题。由于麓鸣花园项目前期手续已基本超过时效期，重新申报手续涉及建委、发改委、规划局等多个政府职能部门，需要请求区政府协调解决。

（3）大市政问题。麓鸣花园大市政方案需要重新落实，并协调政府相关部门重新报批。

（4）建安施工问题。现场已开工建设 70 000 平方米，开工证为 7 家施工企业，后又进场施工的 3 家施工企业（昌园建筑工程中心、泛华建设集团有限公司、广东嘉海建设工程有限公司）未办理正式开工手续。现场工程形象进度差异较大，部分工程已停工 4 年。继续施工，能否达到设计要求符合验收标准，需进一步与设计、质检、建委等部门沟通落实。

3. 解决方案

(1) 关于协调相关部门解决项目建设手续问题

为保证重整计划顺利实施,在本方案通过后重整执行人将立即组成专项工作组,开始同有关部门进行协调沟通,解决如下问题:

① 与区发改委、区建委联系协调项目 2008 年度基本建设计划报批;
② 与区规划分局联系协调建筑规划许可证延期;
③ 与区规划分局联系协调新报规划意见书;
④ 与区规划分局联系协调新办建设工程规划许可证;
⑤ 与区建委联系协调变更建筑工程开工证;
⑥ 与区建委联系协调申办拆迁许可证;
⑦ 与区发改委、区建委联系协调项目立项延期手续;
⑧ 与区建委、质检站联系协调已完工工程的竣工验收手续;
⑨ 与区建委联系协调销售许可证延期手续;
⑩ 与区建委开发办联系协调办理房地产开发企业资质证书。

(2) 施工企业解决方案

麓鸣花园项目通过正式招标,签订施工合同并在建委备案的施工单位共有 7 家,分别为 _____、_____、_____、_____、_____、_____、_____。其中,_____、_____、_____、_____、_____、_____ 在签订施工合同后,与兴昌达博公司又签订施工退场协议,双方协议解除之前签订的施工合同并解除在建委的备案登记手续,但协议签订后双方并未办理施工合同解除的备案登记手续。

基于以上因素,为便于对施工企业进行统一的管理与监督,保障重整的顺利与成功,管理人根据《企业破产法》第 18 条之规定,决定解除与 _____、_____ 之间的施工合同,并办理与该 7 家施工企业施工合同解除的备案登记手续;采取公开招标的方式从资质、技术、业绩等各方面甄选新的施工企业,并办理开工手续。由新的施工企业、兴昌达博公司、监理公司对现场工程情况进行清查,部分结构工程需聘请专门机构鉴定。

(3) 中介公司的聘请方案

① 监理公司。为便于完成已开工部分的验收工作,需要原监理公司对项目已开工的部分继续履行合同约定的监理职责,所以在工期延长造成的监理合同期需延长的情况下,需要与原监理公司补签合同。对未开工部分的验收工作,采取招标的方式确定新的监理公司。

② 设计公司(含各专业大市政设计)。采取公开招标的方式确定新的设计单位,开展项目未开工部分的方案设计和单体设计。原设计单位完成已开工部分建筑面积的设计工作至竣工验收。

③ 项目管理公司。项目管理公司主要承担工程造价管理、工程施工管理和工程质量管理。由于该项目需要在 2 至 3 年时间内全面交付使用,拟采用公开招标的方式确定一家项目管理公司,并与该项目管理公司签署合同。由该项目管理公司选拔得力的竞标人员和工程管理人员,对项目的成本控制、施工质量、施工进度等方面进行全面管理并对管理人负责,决定 2008 年 9 月开始确定项目管理公司的招投标工作。

4. 施工计划

预计项目开工日期为 2008 年 9 月下旬。施工计划由债务人兴昌达博公司具体实施,债务人可以按照公司章程的规定根据实际情况进行适当调整,但事先应报昌平区人民法院及管理人同意。

施工计划进度表

时间	工作内容
2008 年 9 月—2008 年 12 月	施工现场、设计图纸的整理,施工单位的落实,复工手续的办理,计划用时 3 个月。
2008 年 12 月—2009 年 8 月	一期工程(指已有施工图、手续齐整部分),计划施工周期 8 个月。
2009 年 8 月—2010 年 5 月	二期工程(指未有施工图、手续不齐部分),补办建设手续及施工图设计 6 至 9 个月,计划施工周期 10 个月。
2010 年 4 月—2010 年 10 月	市政园林配套,计划用时 4 至 5 个月。

二、债权分类

根据《企业破产法》第 82 条的规定,参加债权人会议的债权人要分组对重整计划草案进行表决,不同性质的债权其调整方案、受偿方案也不相同,合理的债权分类是重整计划草案表决通过的重要条件。根据我国《企业破产法》的规定,债权主要分为以下几类:

(1) 对债务人的特定财产享有担保权的债权,包括抵押权、质权和留置权。

(2) 债务人所欠职工的工资和医疗、伤残补助、抚恤费用。所欠的应当划入职工个人账户的基本养老保险、基本医疗保险费用,以及法律、行政法规规定应当支付给职工的补偿金。

根据国务院 2005 年 12 月发布的《关于完善企业职工基本养老保险制度的决定》(国发〔2005〕38 号)的规定,从 2006 年 1 月 1 日起,基本养老保险单位缴费部分不再划入个人账户。也就是说,2006 年 1 月 1 日以后不会发生单位所欠划入职工账户的基本养老保险费用的情况。这一点需要注意。

根据国务院的有关规定,用人单位缴纳基本医疗费的缴费率应控制在职工工资总额的6%左右,职工个人的缴费率一般为本人工资收入的2%。职工个人缴纳的基本医疗保险费,全部计入个人账户。用人单位缴纳的基本医疗保险费的30%左右划入职工个人账户。划入职工账户的比例各地根据个人账户的支付范围和职工工龄等因素具体确定,所以,在确定这部分债务时要联系本地的社保机构进行调查。

法律、行政法规规定应当支付给职工的补偿金目前主要包括解除、终止劳动合同经济补偿金、竞业禁止经济补偿金以及克扣、拖欠工资补偿金等。

需要注意的是,我国《企业破产法》第83条规定:"重整计划不得规定减免债务人欠缴的本法第八十二条第一款第二项规定以外的社会保险费用;该项费用的债权人不参加重整计划草案的表决。"所谓"本法第八十二条第一款第二项规定以外的社会保险费用"是指除划入职工个人账户的基本养老保险、基本医疗保险费用以外的社会保险费用。根据我国目前社会保险的规定,这部分费用主要包括未划入职工个人账户的基本养老保险费用和基本医疗保险费用、失业保险费用、工伤保险费用、生育保险费用等。这些保险费用由用人单位统一缴入社会保险基金的管理机构,债务人无权决定减免。因此,重整计划草案不得规定减免债务人欠缴的上述社会保险费用,该项费用的债权人也不需参加重整计划草案的表决。

(3) 债务人所欠税款。在破产清算中,债务人所欠税款优先于普通债权受偿,也就是债务人所欠税款的清偿率和普通债权的清偿率有所不同,故在重整程序中将之单独列为一类债权。

(4) 普通债权。必要时人民法院可以决定在普通债权组中单列小额债权组。设置小额债权组的主要目的是平衡大额债权人和小额债权人之间的利益,适当提高小额债权人的债权清偿比例,以取得人数居多的小额债权人的同意,以争取重整计划草案的表决通过。

(5) 出资人。我国《企业破产法》第85条规定:"债务人的出资人代表可以列席讨论重整计划草案的债权人会议。重整计划草案涉及出资人权益调整事项的,应当设出资人组,对该事项进行表决。"据此,如果重整计划草案没有涉及出资人的权益调整,债务人的出资人代表可以列席讨论重整计划草案的债权人会议。如果重整计划草案涉及出资人的权益调整,应该设立出资人组,对该事项进行表决。

(6) 待定债权。破产程序中,有些进入诉讼或仲裁程序的债权,在制订重整计划草案时,该诉讼或仲裁可能尚未作出最后的裁决,对该部分债权是否需要清偿暂时还不能确定。因此,在制订重整计划草案时也必须将该部分尚未确定的债权列入考虑范围之内,根据涉案金额的大小预留相应的份额。

(7) 破产费用和共益债务。破产费用是指破产程序开始后，为破产程序的顺利进行以及破产财产的管理、估价、变卖和分配等行为而产生的各项费用。根据我国《企业破产法》第41条的规定，破产费用包括破产案件的诉讼费用，管理、变价和分配债务人财产的费用，管理人执行职务的费用、报酬和聘用工作人员的费用。共益债务是指破产程序中为全体债权人的共同利益而发生的债务。根据我国《企业破产法》第42条的规定，共益债务包括因管理人或者债务人请求对方当事人履行双方均未履行完毕的合同所产生的债务，债务人财产受无因管理所产生的债务，因债务人不当得利所产生的债务，为债务人继续营业而应支付的劳动报酬和社会保险费用以及由此产生的其他债务，管理人或者相关人员执行职务致人损害所产生的债务，债务人财产致人损害所产生的债务。由于破产费用和共益债务由债务人财产随时清偿，因此，在债权分类中应单独列出。《全国法院破产审判工作会议纪要》"三、管理人制度的完善"第11点规定，管理人经人民法院许可聘用企业经营管理人员，或者管理人确有必要聘请其他社会中介机构或人员处理重大诉讼、仲裁、执行或审计等专业性较强工作，如所需费用需要列入破产费用的，应当经债权人会议同意。

除上述债权种类外，本案中，在进行债权分类时，还遇到了法院对破产企业追缴或责令退赔的款项，对该类款项在破产程序中应当作为哪类债权处理，我国《企业破产法》未作任何规定。最高人民法院《关于审理企业破产案件若干问题的规定》第61条第1款第(一)项规定，"行政、司法机关对破产企业的罚款、罚金以及其他有关费用"不作为破产债权。但该条规定中的"其他有关费用"是否包括人民法院对破产企业追缴或责令其退赔的款项，没有明确。对此，笔者认为，对于追缴或责令退赔后应当返还给被害人的财物(被害人放弃权利的除外)则不能排除在一般债权之外。原因在于：

第一，《中华人民共和国刑法》第64条规定："犯罪分子违法所得的一切财物，应当予以追缴或者责令退赔；对被害人的合法财产，应当及时返还；违禁品和供犯罪所用的本人财物，应当予以没收……"《中华人民共和国刑事诉讼法》第245条第4款规定："人民法院作出的判决生效以后……对查封、扣押、冻结的赃款赃物及其孳息，除依法返还被害人的以外，一律上缴国库。"从以上两条规定可以看出，我国刑事法律对犯罪分子违法所得的财物，以是否存在被害人作出两种不同的处理：一是在存在明确具体被害人的情况下，属于被害人的合法财产，应当及时返还。如果被害人放弃权利的，则上缴国库。二是在不存在明确具体的被害人的情况下，应当予以追缴。追缴所得全部上缴国库。

在存在明确具体被害人的情况下，追缴或责令退赔后应当返还给被害人的财物是对原本属于被害人所有财物的退回或赔偿，是对被害人的一种民事赔偿，追缴或责令退赔财物的所有权最终属于被害人所有。而行政、司法等机关对破产企业的罚金、罚款、追缴后上缴国库的财产等则是国家有关机关针对债务人的违法犯罪行为采取的行政或刑事处罚措施,是国家行使职权的一种表现,其对破产企业的罚款、罚金或追缴的财产最终要上缴国库,为国家所有。同时,破产程序是一种民事债权的实现程序,在破产程序中能够向破产企业申报并可确认为债权的权利必须具有债的性质。而债是依照约定或法律规定在平等主体的当事人之间产生的权利义务关系。刑事追缴或责令退赔后应当返还给被害人的财物实际上是对被害人权利受到侵犯时的一种救济,具有民法上债的本质。而行政、司法等机构对破产企业的罚款、罚金、追缴后上缴国库的财产等则是国家对违法者的一种惩罚,不具有民法上债的本质。因此,在破产程序中,对行政、司法等机关对破产企业的罚金、罚款、追缴后上缴国库的财产与应当退赔给被害人的财物的性质不加区分,一律将其不作为破产债权处理的做法,不利于保护被害人的利益。

第二,债权公平清偿的原则要求赋予刑事被害人平等受偿的权利。在存在明确具体被害人的情况下,由于追缴或责令退赔后应当返还被害人的财物实际上是对被害人的一种民事赔偿。而进入破产程序的企业,一般多是不能清偿到期债务、并且资产不足以清偿全部债务,或者是不能清偿到期债务,并且明显缺乏清偿能力。此时如果把应当返还给被害人的财物作为劣后债权在一般债权之后得以清偿,其债权实现几乎没有可能性。即使在破产重整程序中,破产企业可能恢复清偿能力,其债权也必须在一般债权得到清偿后才能清偿。而刑事被害人作为犯罪分子违法犯罪行为的直接受害人,其身心和财产已经遭受到巨大的损失。如果在破产程序中其债权再劣后于一般债权人清偿,这对刑事被害人来说无疑是雪上加霜,这不仅与我国刑法设立责令退赔制度的目的不符,也有违《企业破产法》债权公平受偿的原则。

第三,罚款、罚金、追缴后上缴国库的财产等是国家机关强制违法行为者在一定期限内向国家缴纳一定数量现金或将违法所得财物追回的一种处罚方法,是对实施违法行为或犯罪行为主体的一种惩罚。在债务人被宣告破产后,其资产已不足以偿还全部债务,此时若将罚金、罚款、追缴后上缴国库的财产等与应当返还给被害人的财产同列为劣后债权,实际上受到处罚的不是破产企业,而是被害人,这违背了设立行政、刑事处罚目的的初衷。在存在明确具体被害人的情况下,追缴或责令退赔制度设立的目的是为了对刑事被害人因犯罪分子的违法犯罪行为而遭受的损失进行赔偿,是对刑事被害人权利的一种救济方式。在破产程序中如果不将追缴或责令退赔后应当返还给被害人的财物作为一般债权处理,最终损害的是刑事被害人的合法权益,这对被害人来说将是极为不公平的。

本案中,中国人民解放军海军军事法院对兴昌达博公司追缴的款项,由于在编制重整计划草案时,该债权尚未确定是否给付。因此,在进行债权分类时将其列入待定债权中。

结合上文分析,在制作兴昌达博公司重整计划草案时,将债权分为有财产担保的债权、职工债权、税款、普通债权、待定债权和破产费用。其中,对普通债权,根据本案的具体情况又进行了更为详细的分类。由于破产费用应当优先受偿,为便于债权人了解破产费用的花费情况,将破产费用花费的明细也在草案中予以了列明。具体分类情况如下:

根据管理人债权审核确认情况,截至本重整计划草案编制之日,兴昌达博公司破产债权总额共计_____元(含待定债权_____元)。

(1) 有财产担保的债权_____元,债权人 3 人。

(2) 职工债权_____元,债权人 19 人。

兴昌达博公司应支付的职工工资、经济补偿金、社会保险共计_____元。

(3) 税款_____元。

兴昌达博公司拖欠北京市昌平区地方税务局税款本金_____元及滞纳金_____元,共计_____元。

(4) 普通债权_____元(本金+利息),债权人 435 人。其中:

① 以 13 套房屋作为还款保障的债权及以个人购房名义套取的北京××银行兴昌支行按揭贷款_____元(不包括北京××联合国际投资顾问有限公司、××投资发展有限公司的债权)。

② 购房债权人债权_____元。具体包括:

A. 296 人购房债权人债权本金加利息共_____元。

B. 66 人退房债权人债权本金加利息共_____元。具体包括:法院判决退房的 36 人;已退部分房款的 13 人;签订还款协议的 8 人;签订订房协议的 3 人;明显以不合理价格购房的 6 人。

③ 其他普通债权人债权_____元。

(5) 待定债权_____元:

① ××案件_____万元;

② ××农行案件_____万元;

③ ××建筑公司案件_____万元;

④ 姜×诉兴昌达博支付律师代理费_____万元;

⑤ 海军法院追缴执行款_____万元。

(6) 政府垫资的破产费用_____万元。

自 2007 年 9 月 19 日兴昌达博公司破产管理人成立以来,截至 2008 年 6 月 30 日破产费用实际支出金额×××元,具体明细如下:

2007年9月19日—2008年6月30日破产费用实际支出明细

	支出项目	内容	实际支出金额
基本支出 / 日常办公用品	办公场地费	办公场地费	
	水电费	水费	
		电费	
	物业管理费		
	交通(租车)费	租车费	
		汽油费	
		过路停车费	
	办公耗材费		
	通讯费	快递费	
		话费	
	办公用品购置费	移动硬盘及打印机等	
	午餐补助	员工午餐补贴	
	设备维修费		
	会议费		
	其他日常办公杂费	办公费	
		其他杂费	
工资及补贴	破产管理人职工工资及加班	工资	
		加班	
	麓鸣花园现场保安工资		
	破产管理人职工保险	医疗保险	
		社会保险	
		住房公积金	
专项支出	律师代理费		
	公证费		
	法律顾问费		
	审计费		
	评估费		
	鉴定费		
	诉讼费		
	破产诉讼费		
	工程造价		
合计			

三、债权调整方案

重整成功的一个重要因素就是减免债权,减轻债务人负担,增加其营业能力。

所谓的债权调整主要是在不低于破产清算程序中债权清偿率的基础上减免债权，这也是重整计划的一项重要内容。债权调整方案应制订每类债权的具体调整计划，常用的调整方式包括延期偿付、减免本金清偿额、减免利息、变更清偿条件、债权转股权等。上述方案一般是综合交叉运用，达到既减轻债务人负担又能让债权人接受的效果。债权调整方案不同类别的债权可采取不同的调整方案，但对同一类别的债权调整应当公平。本案中，根据上述债权的分类，对各类别的债权分别作出了如下调整：

（1）有财产担保的债权本金不予调整，免除人民法院裁定进入重整之日前的利息、罚息、违约金等。

有财产担保的债权在重整计划执行期间暂停行使担保权，法院重整期间及重整计划执行期间的利息、罚息、违约金等予以免除。

（2）依法补缴拖欠的职工工资、经济补偿金、社会保险。

（3）依法清偿税款，重整计划执行期间按章纳税。

（4）普通债权分为以下四种情况进行调整：

① 以13套房屋作为还款保障的债权及以个人购房名义套取的北京××银行兴昌支行按揭贷款，其债权本金不予调整，免除利息、罚息、违约金及其他损失。

② 296人拟交付房屋的购房债权人的债权不再现金清偿，免除利息、罚息、违约金及其他损失。

③ 66人退房债权人的债权本金不予调整，免除利息、罚息、违约金及其他损失。

④ 其他普通债权本金不予调整，免除利息、罚息、违约金及其他损失。

（5）待定债权中：① ××案件所涉＿＿＿＿＿＿＿万元、××农行案件＿＿＿＿＿＿＿万元、××建筑公司案件＿＿＿＿＿＿＿万元及姜×代理费＿＿＿＿＿＿＿万元视案件判决情况而定。在案件审理结果确定前，暂将其列入待定债权。② 海军法院追缴执行款＿＿＿＿＿＿＿万元，目前尚未确定是否给付，暂将其列入待定债权。

四、债权清偿方案

债权清偿方案是对调整后债权清偿的具体明确的规定，包括清偿时间、地点、清偿条件、债务履行担保等内容。债权的清偿方案必须保证同一类别的债权得到公平清偿，并且不得违背我国《企业破产法》第113条第1款关于清偿顺序的规定："破产财产在优先清偿破产费用和共益债务后，依照下列顺序清偿：（一）破产人所欠职工的工资和医疗、伤残补助、抚恤费用，所欠的应当划入职工个人账户的基本养老保险、基本医疗保险费用，以及法律、行政法规规定应当支付给职工的补偿金；（二）破产人欠缴的除前项规定以外的社会保险费用和破产人所欠税款；（三）普通破产债权。"

本案中,根据上述有关规定并结合本案的情况,在重整计划草案中制订了如下债权受偿方案:

1. 政府垫资的破产费用_____万元,计划于2008年12月31日之前偿还。
2. 有财产担保的债权全部本金_____元,在2009年9月30日之前偿还。
3. 职工债权和税款在重整计划草案通过后,于2009年10月1日前清偿。
4. 普通债权分为以下几种情况进行清偿:

(1) 对除北京××××国际投资顾问有限公司、××投资发展有限公司之外的以售房形式作为还款保障的债权(涉及13套房屋)及以个人购房名义套取的北京××银行兴昌支行按揭贷款(涉及4套房屋),用兴昌达博公司股东投入的资金及其他渠道融资和已售项目收回的尾款于2009年12月底前清偿,并解除17套商品房预售登记合同。

本案中,以房屋销售形式对兴昌达博公司拖欠的借款、施工保证金、项目转让金、设计费作为还款保障而销售的房屋共73套,具体为:×××国际投资顾问有限公司10套、××有限公司34套、金××15套、××有限公司10套、桑××1套、马×1套、胡×1套、××管理有限公司1套。其中:

① ××10套房屋,北京仲裁委员会(2004)京仲裁字第0845号裁决认定,双方当事人并不具有房屋买卖的真实意思表示。《中华人民共和国民法通则》(已失效)第55条规定:"民事法律行为应当具备下列条件:(一) 行为人具有相应的民事行为能力;(二) 意思表示真实;(三) 不违反法律或者社会公共利益。"根据该条规定,可以认定双方之间的房屋买卖合同无效。因此,对该10套房屋直接解除商品房预售登记,其相对应的债权将按照本重整计划草案中的其他普通债权的调整方案和受偿方案进行清偿。

② ××34套房屋,由于其相对应的债权已有财产担保。因此,对该34套房屋直接解除商品房预售登记,其相对应的债权将按照本重整计划草案中的担保债权的调整方案和受偿方案进行清偿。

③ ××15套房屋,由于其相对应的债权在兴昌达博公司向北京××房地产信息咨询公司转让北京××置业有限公司股权时已作为转让款的一部分抵消,且双方在《股份转让合同补充协议书》中约定:双方签署本合同的同时,金××办理15套房屋的退房手续。因此,对该15套房屋直接解除商品房预售登记。

④ ××1套房屋,由于该债权人未申报债权,且根据管理人的调查,该债权人也不再进行补充申报。因此,对该套房屋直接解除商品房预售登记。

⑤ ××10套、桑××1套、马×1套、胡×1套,对该13套房屋对应的债权,用兴昌达博公司股东投入的资金及其他渠道融资和已售项目收回的尾款于2009年12月

底前清偿,从而解除该 13 套房屋的预售登记。

以个人购房名义套取银行按揭贷款的涉及 4 套,该 4 套房屋实际上是兴昌达博公司以个人购房的名义套取北京××银行兴昌支行按揭贷款,涉及贷款额为×××万元。对以该 4 套房屋套取的银行贷款,用兴昌达博公司股东投入的资金及其他渠道融资和已售项目收回的尾款于 2009 年 12 月底前清偿,从而解除该 4 套房屋的预售登记。

(2) 296 人拟交付房屋的购房债权人的债权解决方案:

① 拟交付房屋的购房债权人共 296 人(以下简称"296 人购房债权人"),是指除以售房形式作为还款保障的购房债权人、以个人购房名义套取银行按揭贷款的购房债权人和退房购房债权人之外的购房债权人,具体包括:公寓 119 人,在销售许可范围内的 0 人;独栋别墅 18 人,在销售许可范围内的 17 人;联排别墅 159 人,在销售许可范围内的 147 人。其中,1 套独栋、5 套联排因高压线下规划已经取消原规划设计。

本重整计划中的购房债权人解决方案主要是解决这部分购房债权人的房屋交付问题,尽可能将符合合同约定的房屋交付给购房债权人,其债权不再现金清偿。

② 296 人购房债权人房屋交付的基本原则:

本重整计划主要目的之一是解决该 296 人购房债权人的房屋交付问题,在重整计划执行期间将按照以下原则逐步履行:

A. 重整计划执行过程中,对 296 人购房债权人的房屋交付将按原合同规定的价格执行。

在规划不变的前提下,对 296 人购房债权人的房屋交付将尽量按照原合同约定的位置、户型执行。

B. 对购买了不符合商品房销售条件房屋的 139 人购房债权人,如其愿意等待交付房屋,待其所认购的房屋满足商品房销售许可条件后,按照原价格重新办理商品房买卖手续。若该部分购房债权人不愿意等待交付房屋的,则可以提出合同解除申请。

C. 兴昌达博公司重整计划执行期间,将逐步完成项目建设、销售手续,使购房债权人所认购的房屋分期满足销售许可条件。对于逐步满足销售许可条件的购房债权人,应当按照本部分"296 人购房债权人房屋交付方案"中房款交付的规定付清购房尾款。

D. 296 人购房债权人不再享有向兴昌达博公司主张破产立案前因迟延交房而发生的利息、罚息、违约金及其他损失的权利。

E. 认购有销售许可手续房屋的购房债权人接受在重整计划执行过程中对于房屋调整的安排(注:由于规划调整,除签订正式商品房预售合同的 52 人外,原有房屋及房号已发生变化或不存在）。若在重整计划执行过程中需要调整房号及户型的，购房面积增加的，应按现价补交超出面积的房款；购房面积减少的，按照现价退还房款。在此基础上，重新签订商品房预售合同的，在交房时对面积出现误差的，将按照正式签订的预售合同执行。

F. 如后期项目因政策原因无法按照原规划建设时，296人购房债权人可自愿选择退款或在新规划批准后按照原认购条件优先购买新规划内的同类型房屋。购房面积增加的，应按现价补交超出面积的房款；购房面积减少的，按照现价退还房款。

G. 为保障重整计划的顺利实施，管理人将积极协助债务人同有关政府部门沟通规划事宜，如规划确需调整，296人购房债权人对此表示认可并接受调整方案。

③ 296人购房债权人房屋交付方案

A. 对于认购已经具备商品房销(预)售许可条件房屋的购房债权人：

a. 已签订正式预售合同，并已经办理预售登记备案的，原房型不变，待房屋满足合同约定的交付条件后入住。购房债权人应当在本重整计划方案经法院裁定批准后30日内一次性交齐全部购房款余款。

b. 签订认购合同、所购房屋规划未发生变化的购房债权人，在收到兴昌达博公司关于办理商品房购房手续通知后，应当按照认购合同约定的房型、面积签署正式的预售合同并办理预售登记备案，预售合同签订后30日内一次性交齐全部购房款尾款，待房屋满足合同约定的交付条件后入住。

c. 签订认购合同、所购房屋规划发生变化的购房债权人，接受兴昌达博公司在同类型房屋中关于房号、户型调整的安排的，在收到兴昌达博公司关于办理商品房购房手续通知后，按照认购合同约定的房型、面积签署正式的预售合同并办理预售登记备案，预售合同签订后30日内一次性交齐全部购房款尾款，待房屋满足合同约定的交付条件后入住。

d. 上述购房债权人中，如在收到兴昌达博公司办理商品房购房手续通知后未能办理购房手续，在规定期限内未付清购房款或者不接受兴昌达博公司关于房屋调整的安排，则视为解除认购合同。

B. 对于认购尚不具备商品房销(预)售许可条件房屋的购房债权人：

a. 兴昌达博公司将尽最大努力，完善房地产开发、销售手续，尽量保证按照原规划进行建设，待购房债权人所认购房屋逐步满足商品房销(预)售许可条件后进行正式销售。

b. 签订认购合同、后期房屋规划未发生变化的购房债权人，在收到兴昌达博公司关于办理商品房购房手续通知后，按照认购合同约定的房型、面积签署正式的预售合同并办理预售登记备案，预售合同签订后30日内一次性交齐全部购房款余款,待房屋满足合同约定的交付条件后入住。

c. 签订认购合同、后期房屋规划发生变化的购房债权人,如接受兴昌达博公司在同类型房屋中关于房号、户型调整的安排的(如后期规划无同类型房屋则可尽量调整性质、面积相近似的房屋),在收到兴昌达博公司关于办理商品房购房手续通知后,按照认购合同约定的房型、面积签署正式的预售合同并办理预售登记备案,预售合同签订后 30 日内一次性交齐全部购房款余款,待房屋满足合同约定的交付条件后入住。

d. 上述购房债权人中,如在收到兴昌达博公司办理商品房购房手续通知后未能办理购房手续,在规定期限内不能一次性交付购房款或者不接受兴昌达博公司关于房屋调整的安排,则视为解除认购合同。

(3) 66 人退房债权人的债权,按照其他普通债权清偿的方式清偿。

退房债权人共 66 人,主要包括以下几类:

① 法院判决退房的 36 人。由于法院已经判决该 36 人退房,因此,对其已预付给兴昌达博公司的房款应予以退还,其债权将按照重整计划草案中普通债权的调整及清偿方案处理。

② 已退还部分房款的 13 人。该 13 人购房债权人在签订认购契约后,与兴昌达博公司又达成还款协议,约定解除原先签订的商品房认购契约,由兴昌达博公司退还该部分购房债权人已支付的房款及应支付的利息。《合同法》(已失效)第 91 条规定:"有下列情形之一的,合同的权利义务终止:……(二) 合同解除……"第 93 条第 1 款规定:"当事人协商一致,可以解除合同。"根据以上规定,自该协议签订之日起,合同双方之前签订的认购契约即行解除,根据该认购契约形成的双方的权利义务终止。且协议签订后,兴昌达博公司已退还部分房款,该部分购房人也已接受。因此,兴昌达博公司已无交房的义务。

③ 签订退房协议的 8 人。该 8 人购房债权人在签订认购契约后,与兴昌达博公司又达成还款协议,约定由兴昌达博公司退还该部分购房债权人已支付的房款及应支付的利息。《合同法》(已失效)第 91 条规定:"有下列情形之一的,合同的权利义务终止:……(二) 合同解除……"第 93 条第 1 款规定:"当事人协商一致,可以解除合同。"根据上述规定,自该协议签订之日起,合同双方之间形成一种新的债权债务关系,其之前签订的认购契约即行解除,根据该认购契约形成的双方的权利义务终止,兴昌达博公司已无交付房屋的义务。

④ 签订订房协议的 3 人。最高人民法院《关于审理商品房买卖合同纠纷案件适用法律若干问题的解释》(2003 年)第 5 条规定:"商品房的认购、订购、预订等协议具备《商品房销售管理办法》第十六条规定的商品房买卖合同的主要内容,并且出卖人已经按照约定收受购房款的,该协议应当认定为商品房买卖合同。"《商品房销售管理

办法》第 16 条规定:"商品房销售时,房地产开发企业和买受人应当订立书面商品房买卖合同。商品房买卖合同应当明确以下主要内容:(一) 当事人名称或者姓名和住所;(二) 商品房基本状况;(三) 商品房的销售方式;(四) 商品房价款的确定方式及总价款、付款方式、付款时间;(五) 交付使用条件及日期;(六) 装饰、设备标准承诺;(七) 供水、供电、供热、燃气、通讯、道路、绿化等配套基础设施和公共设施的交付承诺和有关权益、责任;(八) 公共配套建筑的产权归属;(九) 面积差异的处理方式;(十) 办理产权登记有关事宜;(十一) 解决争议的方法;(十二) 违约责任;(十三) 双方约定的其他事项。"根据该规定,商品房的认购、订购、预订等协议只有在具备《商品房销售管理办法》第 16 条规定的商品房买卖合同的主要内容,且出卖人已经按照约定收受购房款的,才可认定为商品房买卖合同。而该部分购房债权人签订的订房协议,缺乏《商品房销售管理办法》第 16 条规定的主要条款,因此,双方之间的房屋买卖合同并未成立,对其支付的预付款应当予以退还。

⑤ 以明显不合理的价格进行交易的 6 人。根据我国《企业破产法》第 31 条的规定,人民法院受理破产申请前一年内,以明显不合理的价格进行交易的,管理人有权请求人民法院予以撤销。由于该 6 人购房债权人是在人民法院受理破产申请前一年内,以明显低于市场的价格购买的。因此,管理人向人民法院申请撤销与该 6 人债权人的商品房买卖合同。

以上购房债权人均做退房处理,其债权将按照本重整计划中普通债权的调整方案和受偿方案进行调整、清偿。

该 66 人购房债权人,由于假按揭、法院判决退房、协议解约并部分退款及以明显不合理价格购房等原因,重整计划草案中已不可能再向他们交付住房,只能按一般债权作清偿本金处理。这引起了 66 人债权人群体的强烈不满,发生了一些冲突事件。因此,为稳定这些债权人的情绪,缓解社会矛盾,在不违反法律和重整计划的前提下,适当利用法律技术性手段,让该部分债权人的债权在偿还时间上实际先于重整计划规定的时间。但问题是按照重整计划,一般债权的清偿期限是 2009 年 12 月底之前,假如提前偿还该 66 人债权人的债权,一是不能违反法定清偿顺序,二是不能违反重整计划。因此如何设计一个既要满足维稳的需要,又要符合法律和重整计划规定的方案就变得十分重要。经过研究采取了如下方案:

① 确定一个债权收购公司;
② 由债权收购公司准备相当于清偿 66 人债权人债权额的收购款项;
③ 与 66 人债权人签订债权收购协议;
④ 由收购公司通知债务人和管理人债权转让的情况,并向债务人、管理人进行债权人变更登记申报;
⑤ 向人民法院报告,并征得同意;

⑥ 向债权人委员会进行通报；
⑦ 向全体债权人公示。

通过上述方案,有效地防止了矛盾的激化,使债权人、法院、政府相关部门都能取得满意的效果。最重要的是,这样做完全没有突破现有的法律规定。

（4）其他普通债权于2009年12月底之前偿还全部本金。其中涉及工程款的建筑类债权人,应在重整计划通过后立即撤出麓鸣花园施工现场,以使项目顺利开工。

（5）暂定债权确定后,按照确定的结果应当给付的,于2009年12月底之前清偿。海军法院追缴的执行款若确定后,于2010年6月开始分期分批偿还。

五、重整计划的执行期限

重整计划草案应该为重整计划的执行确定一个明确合理的期限,这有利于维护债权人的利益,促使债务人尽早完成重整。我国《企业破产法》对重整计划的执行期限未作具体规定,重整计划草案制订人可以根据债务人具体情况与利益相关方协商后予以确定。如在执行期限内债务人不能执行或者不执行重整方案,说明债务人没有重整的条件或意愿,应该在重整期限结束后转入破产清算程序。

本案中,结合本案的具体情况,重整计划的执行期限确定为36个月,自人民法院裁定批准本重整计划草案之日起计算。

六、重整计划的执行监督

根据我国《企业破产法》的规定,重整计划草案经人民法院批准后由债务人负责执行,管理人负责对债务人执行重整计划的情况进行监督。我国《企业破产法》对监督的方式、手段、期限等事项未作具体规定,这需要重整计划草案的制订人根据实际情况予以确定,通常情况下重整计划的执行监督期限与执行期限应当一致,但也可以短于执行期限。为保证整个重整计划执行期间都在管理人的监督之下,给债权人以信任感和安全感,重整计划执行的监督期限,最好与重整计划的执行期限相一致,即自人民法院裁定批准重整计划草案之日起算。监督期限届满后,如有必要管理人可向人民法院申请延长。

本案中,为便于管理人对债务人执行重整计划的情况进行监督,从公章的管理与监督、人事任免与监督、资金的使用与监督、重大事项的报告与审批、定期汇报与监督等几个方面进行了原则性规定。

对执行重整计划进行监督是保证重整计划执行效果的一种重要手段。为保证兴昌达博公司严格按照重整计划进行重整工作,积极争取实现重整目标,在重整计

划规定的监督期内,管理人将对兴昌达博公司执行重整计划的情况进行全面监督:

(一) 公章的管理与监督

为更有力地监督兴昌达博公司严格执行重整计划,在人民法院裁定批准重整计划草案、管理人向兴昌达博公司移交财产和营业事务后,兴昌达博公司的公章仍由破产管理人保管,兴昌达博公司在使用时需由管理人审核登记。

(二) 人事任免与监督

(1) 股权变更后,兴昌达博公司新任董事、监事、高级管理人员不得存在《公司法》禁止任职的情形,且须提前15日将新任董事、监事、高级管理人员的基本情况报管理人审批,如管理人认为新任人员不能胜任该职务或该人员的任职不利于重整计划的执行,管理人有权不予批准;未经管理人批准的任命无效。

(2) 在重整计划执行期间,如兴昌达博公司董事、监事、高级管理人员发生变动,须提前15日报管理人审批;否则,不发生变动的效力。

(3) 兴昌达博公司新修订的公司章程须经管理人审核批准后方可生效。

(4) 在重整计划执行期间,兴昌达博公司的出资人不得请求投资收益分配。

(三) 资金的使用与监督

在人民法院裁定批准重整计划后,管理人与兴昌达博公司需设立专门的共管资金账户,将筹集的重整资金、已售房屋尾款收入、销售新建项目收入、对外回收的债权等所有收入汇入该账户。对上述资金的使用兴昌达博公司须制订严格具体的支出计划,并由管理人监督执行。在每一季度终结之日起10日内向管理人汇报该季度资金支出、收入及还款情况。

(四) 重大事项的报告与审批

(1) 在重整计划执行期间,如发生对重整计划的执行及债权人利益有较大影响的重大事件时,兴昌达博公司必须立即报管理人,并说明事件的起因、目前的状态和可能产生的影响。

前款所称重大事件包括但不限于:

① 公司发生重大债务和未能清偿到期重大债务的违约情况,或者发生大额赔偿责任;

② 公司发生重大亏损或者重大损失;

③ 公司生产经营的外部条件发生的重大变化;

④ 董事、监事、高级管理人员无法履行职责;

⑤ 涉及公司的重大诉讼、仲裁,股东大会、董事会决议被依法撤销或者宣告无效;

⑥ 主要资产被查封、扣押、冻结或者被抵押、质押；
⑦ 主要或全部业务陷入停顿；
⑧ 可能对公司资产、负债、权益或者经营成果产生重大影响的额外收益；
⑨ 管理人认为应当及时汇报的其他情形。

（2）在重整计划执行期间，如可能发生对重整计划的执行及债权人利益有较大影响的重大行为时，兴昌达博公司必须在该行为发生前 10 日内报管理人审批，未经管理人审核与批准，兴昌达博公司无权进行有关行为。

前款所称重大行为包括但不限于：
① 公司的重大投资行为、重大的购置资产的决定及股权转让行为；
② 公司订立重要合同，可能对公司的资产、负债、权益和经营成果产生重要影响；
③ 涉及土地、房屋等不动产权益的转让；
④ 借款；
⑤ 对外提供担保；
⑥ 放弃权利；
⑦ 管理人认为应当审批的其他行为。

（五）定期汇报与监督

在重整计划执行期间，兴昌达博公司须在每季度终结后 15 日内向管理人提交季度报告，并在每一会计年度终结后 30 日内向管理人提交年度报告。报告应当记载以下内容：
（1）重整计划的执行情况；
（2）债务人的财务状况；
（3）董事、监事、高级管理人员的任职及变动情况；
（4）董事会报告；
（5）报告期内重大事件、行为及对公司的影响；
（6）管理人认为应当报告的其他事项。

在重整计划规定的监督期限内，在征得北京市昌平区人民法院的同意后，管理人有权根据重整计划执行的实际情况制订具体监督措施与计划。在重整计划执行期限内，如因兴昌达博公司的行为致使管理人无法执行职务，或者兴昌达博公司不能执行、不执行重整计划的，根据《企业破产法》第 93 条的规定，管理人将申请人民法院裁定终止重整计划的执行，并宣告兴昌达博公司破产。

七、有利于企业重整的其他条件

如果有上述内容没有穷尽重整计划草案所要表达的内容，可以将有利于企业重整的其他条件规定在本部分内容中。

本案中,由于案件的复杂、社会影响较大,加之国家及北京市关于房地产开发政策的变化,许多工程复工的手续、项目的设计及规划方案,需要政府的指导与协调。因此,在重整计划草案中将有利于重整的一些条件,也在重整计划草案中予以了明确。具体内容如下:

(一) 债权人的支持与配合

本次重整方案的具体实施需要全体债权人的积极配合,尤其是购房债权人应遵守本重整计划规定的债权调整方案和债权清偿方案,以减轻兴昌达博公司在重整过程中的资金压力,提高重整的成功概率。

(二) 政府的指导与协调

(1) 由于国家及北京市关于房地产开发政策的变化(对低密度住宅未开工项目需重新审批),为能真正解决购房债权人的入住安置问题,应协调区政府解决项目的规划问题,保障兴昌达博公司进行重整时,项目后继工作能按照原规划设计方案进行施工、建设和销售,重整才有成功的可能性。

(2) 项目目前面临的另一个问题是尚有_____户农民因未拆迁而占据着项目后期建设的用地,兴昌达博公司应与北京市昌平区南邵镇政府协调麓鸣花园项目的拆迁问题,尽早启动拆迁工程,并尽可能降低重整过程中的拆迁成本,使安置业主成为可能。

(3) 尽快协调政府相关部门落实各项开工手续。

(三) 管理人的监督与协调

在重整计划执行过程中,管理人应全面监督兴昌达博公司执行本重整计划,保证兴昌达博公司的重整资金全部用于重整工作,公开资金使用情况,使债权人全面了解资金收支情况、销售收入情况以及清偿债权情况。管理人将严格制定相关的财务支出计划,并对债务人进行必要的监督。同时,管理人将努力协调各方关系,协助债务人解决重整过程中项目审批、规划、设计、施工等方面的问题。

(四) 重整执行人认真执行本重整计划

重整过程中,兴昌达博公司应认真甄选建筑商、销售公司、监理公司和项目管理公司,加大销售宣传力度,加快项目建设进度,力争早日使购房债权人入住。在征得北京市昌平区人民法院和管理人同意后,重整执行人可以按照公司章程规定的程序,在本重整计划规定的范围内制定具体措施。

第四节 普通债权清偿率的计算

重整计划草案除包括我国《企业破产法》第81条规定的内容外,《企业破产法》第87条也规定:"部分表决组未通过重整计划草案的,债务人或者管理人可以同未通过重整计划草案的表决组协商。该表决组可以在协商后再表决一次。双方协商的结果不得损害其他表决组的利益。未通过重整计划草案的表决组拒绝再次表决或者再次表决仍未通过重整计划草案,但重整计划草案符合下列条件的,债务人或者管理人可以申请人民法院批准重整计划草案……"其中的条件之一就是"按照重整计划草案,普通债权所获得的清偿比例,不低于其在重整计划草案被提请批准时依照破产清算程序所能获得的清偿比例,或者该表决组已经通过重整计划草案"。也就是说,在普通债权组表决未通过重整计划草案,人民法院强制批准重整计划草案时,普通债权所获得的清偿比例不低于其在重整计划草案被提请批准时依照破产清算程序所能获得的清偿比例。因此,在制订重整计划草案时,还应当包括普通债权依照破产清算程序所获得的清偿比率的计算依据和详细说明。从该司法解释的立法倾向来看,清偿率的说明未来也应当是重整计划草案的必要内容之一。建议在以后司法解释制定中补充上述内容。

如何认定和计算两个通过不同程序得出的清偿率是一个问题。因为此时破产重整程序和破产清算程序并未进行,对可供分配的财产都是模拟估算,出入最大的可能就是债务人的对外债权和或然债务(暂定债权)。因此在计算两个程序的清偿比例时要尽量准确。因为有些对外债权已经过了时效,有些对外债权已经不能实现;涉诉案件尚未判决也是一个很不确定的因素。本案中,在制订重整计划草案时,虽然没有将普通债权依照破产清算程序所获得的清偿比率的计算依据和详细说明作为重整计划草案的一部分放在正文中,但在重整计划草案编制说明中对对外债权回收的预测进行了说明,并在债权人大会表决通过重整计划草案时,将依照破产清算程序可能获得的清偿比例和计算依据进行了释明。具体的清偿比例与计算依据如下。

一、计算依据及清偿比例

(一) 计算依据

普通债权清偿率计算公式:
普通债权清偿率 = (资产总额 – 破产费用 – 共益债务 – 担保债权

$$-\text{职工债权} - \text{税款}) \div \text{普通债权总额} \times 100\%$$

在此需要特别注意的是,普通债权总额中应当将未决的暂定债权也计算进来,如诉讼未决的债权额。

(二)清偿比例

根据北京××资产评估有限责任公司出具的资产评估报告,兴昌达博公司的资产负债情况为:资产总额a元,负债总额b(未含待定债权)元,净资产为-c元。具体情况如下:

(1)兴昌达博公司资产的评估价值:

资产总额a元,其中含预计可收回的对外债权总额:×元。

(2)兴昌达博公司破产债权总额(负债):m元(含待定债权)。其中:

① 有财产担保的债权总额:d元;

② 职工债权总额:e元;

③ 税款总额:f元;

④ 普通债权总额:g元(其中普通债权本金总额n元);

⑤ 待定债权总额:h元,其中包括诉讼未决的债权总额××元及海军法院追缴公款××元。

(3)管理人预提破产费用k元。

将数字代入公式:

$$\text{普通债权清偿率} = (\text{资产总额}\,a\,\text{元} - \text{破产费用}\,k\,\text{元} - \text{担保债权}\,d\,\text{元}$$
$$- \text{职工债权}\,e\,\text{元} - \text{税款}\,f\,\text{元})$$
$$\div (\text{普通债权总额}\,g\,\text{元} + \text{待定债权总额}\,h\,\text{元}) \times 100\%$$
$$= 62.9\%$$

由于兴昌达博公司重整计划草案中已经对所有普通债权人的债权额偿还本金,而免除了罚息、利息、违约金和其他损失,所以普通债权的清偿率的计算就变得非常简单了。普通债权本金是3亿元,而除了本金之外确认的违约金、利息等债权只有3700多万元,并且估算待定债权的违约金、利息不会超过其本金的10%,这样重整计划草案提交时的普通债权清偿率就可以高达87%左右,相差了24个百分点。本案中,普通债权人在重整计划草案中获得的清偿率远远高于同时计算的破产清算程序的清偿率。

二、计算清偿率时的注意事项

在普通债权清偿率的计算时应该着重注意以下三个问题:

1. 待定普通债权额应当计入普通债权总额

根据《企业破产法》第119条的规定:"破产财产分配时,对于诉讼或仲裁未决的债权,管理人应当将分配额提存……"因此,在计算破产清算程序中普通债权的清偿率时,应当包含诉讼未决的债权额。同样,对于其他待定债权额也应当一并计入。

2. 对债务人的对外债权应有合理的预估

评估报告往往将待收回的对外债权计入公司资产总额,一旦对外债权不能收回或不能全部收回,则清偿率势必发生变化。所以,对债务人的对外债权能否收回一定要慎重评估,注重可行性。比如兴昌达博公司对外债权额高达7 100多万元,如果收不回来,普通债权的清偿率就会大幅度降低。

3. 增加债务人资本额是提高普通债权清偿率的重要途径

通过增资扩股、引进第三方投资、债转股等多种途径增加债务人的资本额,这样才能保障一定水平的普通债权清偿率。本案中,兴昌达博公司便采取了向公司股东筹集资金的方式增加债务人的资本额,从而保证了普通债权人的债权本金得到了足额受偿。

第七章 重整计划草案的表决批准及其效力

第一节 重整计划草案的表决与通过

重整计划草案编制完成后,根据我国《企业破产法》第 79 条、第 84 条的规定,制作重整计划草案的管理人或债务人应在法定的期限内,向人民法院和债权人会议同时提交重整计划草案。人民法院应当自收到重整计划草案之日起 30 日内召开债权人会议,对重整计划草案进行表决。据此可知,重整计划草案的表决与通过需要在债权人大会上进行。人民法院在收到重整草案后,应当及时召开债权人会议对重整计划草案进行表决。人民法院召开债权人会议对重整计划草案进行表决的期限为自人民法院收到重整计划草案之日起 30 日内。

一、表决前的准备工作

由于重整计划草案的表决需要在债权人大会上进行。因此,在表决前需做好会议召开前的有关准备工作。一般来说,本次债权人会议召开的程序同本书第四章阐述的第一次债权人会议召开的程序基本相同。但由于本次债权人会议主要是对重整计划草案分组进行表决,与之前的债权人会议又存在一定的差别。

(一) 制定债权人会议议程

为保障会议的顺利召开,在会议召开前,像之前每次召开的债权人会议一样,为兴昌达博公司破产管理人制定了本次债权人大会的会议议程,明确本次债权人会议召开的程序及需要讨论的议题。对未列入本次会议议程的事项除非经主审法官或者债权人会议主席同意,否则本次债权人大会不予讨论。结合本案的具体情况,为兴昌达博公司制定了如下本次债权人会议议程:

北京兴昌达博房地产开发有限公司第三次债权人会议议程

1. 审判长宣布本次会议开始,书记员宣布会场须知,介绍合议庭成员。
2. 由兴昌达博公司管理人办公室主任王××作关于债权人会议的参加人

员和列席人员资格审查情况的说明,并对债权人的分组及对重整计划表决等事项作特别说明。

3. 由兴昌达博公司管理人负责人苏××作阶段性整体工作报告。

4. 由兴昌达博公司管理人负责人苏××简要介绍重整计划草案。

5. 回答债权人代表的询问。

6. 由兴昌达博公司的债权人及出资人分组对重整计划草案进行讨论并投票表决。

7. 由监票人宣读对重整计划草案的表决结果。

8. 宣布会议结束。

(二) 制定会场须知

为维护会场秩序、保证债权人会议的顺利召开,在召开本次债权人会议之前,为兴昌达博公司破产管理人制定了本次债权人会议的会场须知。并将该会场须知在债权人入场时分发给每位债权人,使广大债权人了解会议现场需遵守的纪律和秩序,以及违反会场纪律和秩序时可能要承担的法律责任。下面是为兴昌达博公司破产管理人制定的本次债权人会议的会场须知:

北京兴昌达博房地产开发有限公司
债权人会议会场须知

根据《中华人民共和国企业破产法》之规定,制定如下债权人会议须知:

一、债权人会议是全体债权人依人民法院的公告或通知而组成的代表债权人共同意思、行使债权人合法权益的临时性机构。

二、全体债权人要自觉遵守债权人会议的各项规定,认真行使权利,履行义务,努力完成会议的各项任务。

三、出席会议的债权人,应当严格遵守会议纪律,自觉维护会场秩序,不得喧哗、鼓掌、哄闹、走动以及实施妨害会议秩序的行为;不得拍照、录音、录像;债权人应按照会议确定的议题及时间安排进行发言和表决。

四、债权人应当按照会议指定的位置就座,不得随意变换座位。

五、出席会议的债权人非经主审法官许可退出会场的,视为自动放弃权利,取消其参会资格。

六、一个债权人只能委托一名代理人出席会议,凭法定代表人身份证明或由债权人签名盖章的授权委托代理手续及其他必要手续出席债权人会议。

七、请各位债权人注意会场秩序。会议期间请自觉将移动电话关闭或设置为振动。不得随意走动,不得喧哗,保持会场良好秩序。

八、参加会议的债权人应服从会议的安排,听从会议工作人员的指挥。债权人要求发言,须举手示意,经主审法官同意后方可发言。发言和提问必须围绕着阶段性工作报告和重整计划草案进行。由于兴昌达博房地产开发有限公司的债权人众多,所以每次发言仅允许提一个问题。

(三) 制订债权人会议工作方案

为保障草案表决工作的顺利有序进行,避免突发事件的发生和扩大,在本次债权人会议召开前,亦需拟订债权人会议工作方案,提前进行组织分工,明确职责。由于本次债权人会议的主要议题是对重整计划草案进行表决,因此本次债权人会议的工作方案与之前的债权人会议工作方案有很大的不同:

首先,在分组上除将会议组织人员分为录音录像组、签到组、安全保卫组、监票计票组和后勤组等临时专项工作组,分别负责会议召开期间的具体事务;同时,根据我国《企业破产法》的规定,还需将债权人分为担保债权组、职工债权组、税款债权组、普通债权组和出资人组,并在债权人会议现场将各组债权人分开安排,每一组应当安排专人负责,并聘请速记人员对每组债权人投票表决情况分别进行记录。

其次,在会场布置上也不同于之前的债权人会议。由于本次债权人会议需要对重整计划草案进行分组表决,因此在布置会场时需要准备一个主会场和五个分会场,供各小组分组讨论表决使用。

最后,表决事项通过的标准也不相同。由于本次债权人会议主要是对重整计划草案进行表决。根据我国《企业破产法》的规定,出席会议的同一表决组的债权人过半数同意重整计划草案,并且其所代表的债权额占该组债权总额的2/3以上的,即为该组通过重整计划草案。

鉴于上述不同之处,本案中为兴昌达博公司破产管理人制订了如下本次债权人会议会场工作方案:

北京兴昌达博房地产开发有限公司
第三次债权人会议会场工作方案

第一章 总 则

第一条 为保证北京兴昌达博房地产开发有限公司(以下简称"兴昌达博公司")第三次债权人会议的顺利召开,维护广大债权人的合法权益,特制订本方案。

第二条 本方案工作的实施由兴昌达博公司清算组组长和办公室主任负责。

第三条 本方案当中的各项工作应当按照要求落实到工作组和个人，实行岗位责任制。每位参与会场工作的工作人员应当明确自己的职责并确实履行，不得懈怠。

第二章 工作人员组织安排

第四条 为保证会议的正常召开，在会议现场，清算组应当安排工作人员组成录音录像组、签到组、安全保卫组、监票计票组和后勤组等临时专项工作组，分别负责各组的专项工作。

第五条 各组分别设组长一名，负责本组的工作安排和人员配置，并就本小组的工作向清算组组长和清算组办公室主任负责。

第六条 各小组工作人员应当在本组组长的安排下，严格按照本方案规定的程序和要求履行自己的职责。

第七条 在完成各小组本职工作的同时，工作人员应当协助其他小组的工作人员完成与会议有关的其他工作。

第八条 清算组应当为参与会场工作的所有人员制作胸牌，工作人员凭胸牌进出会场。

第九条 由于本次会议将对重整计划草案进行分组表决，其中包括由原兴昌达博公司组成的职工债权组，所以原兴昌达博公司的留守人员不能参加本次会议的组织工作，清算组应抽调其他工作人员参与本次会议的组织安排。

第三章 会议具体工作安排

第一节 会议的速记工作

第十条 清算组应当聘请专业的速记人员对第三次债权人会议期间所有人员的发言作会议记录。

由于本次会议将由债权人分组对重整计划草案进行表决，所以应当聘请六组速记人员对每组债权人投票表决时的发言情况分别进行记录。

第十一条 上述会议记录在会后应当按照《清算组档案管理办法》的规定归档。

第二节 会场的录音录像工作

第十二条 清算组应当安排专人成立录音录像组，负责整个会议过程的录音录像工作。

第十三条 录音录像组应当在债权人签到处至少安排一台摄像机，全程摄录债权人的签到情况。在会场内主席台上安排一台摄像机，负责对会议全过程的摄录工作。在债权人分组进行讨论表决时，每组债权人的会场内也应当安排人员进行摄像和录音工作。

第十四条 摄录工作完成后,录音录像材料应当由录音录像组组长交予清算组办公室主任保管。上述材料应按照《清算组档案管理办法》的规定存档。

第三节 会场内外的安全保卫工作

第十五条 第三次债权人会议现场的安全保卫工作由清算组专门设立的安全保卫组负责。

第十六条 安全保卫组至少由二十名保安人员组成。另外,清算组还应与昌平区人民法院商调部分法警到会议现场参与安保工作。

第十七条 签到处至少安排六名保安负责维持秩序和人员的疏导工作,会场入口处安排至少四名保安和一名法警负责检查人员的进出。入场时,检查与会人员是否领取了会议资料,没有会议资料的人员一律不得入内,中途不得随意退场。会场内至少安排十名保安和两名法警维持会场内秩序,疏导人员。对于在会议进行当中有不当行为的人员进行劝说和制止。签到完毕后,签到处的保安应当进入会场,帮助维持会场内秩序。

第十八条 由于本次债权人会议将由债权人对重整计划草案进行表决,其中的内容涉及部分债权人的切身利益,以防过激行为的发生。

另外,在债权人分组讨论时,安全保卫组应当安排好各组会场的安全保卫工作。

第四节 会场的布置工作

第十九条 会场的布置工作由后勤组负责。本次会议需准备一个主会场(供大会使用)和五个分会场(供分组讨论表决使用)。

第二十条 会议开始时,主会场主席台上方的电子屏幕上应当打出"北京兴昌达博房地产开发有限公司第三次债权人会议"的字样。同时,应当在会议期间,以投影的方式将所有债权(包括已经修改后的债权)再次向所有债权人进行公示。

此时,各分会场暂时关闭,待分组表决时使用。

第二十一条 后勤组应当安排专人在会场外负责车辆的指挥和疏导工作。

第二十二条 后勤组负责协调会场业主单位,保证会场内音响、灯光和麦克风等设备的正常工作。

第二十三条 会议现场主席台中央三个位置预留给本次会议的主持人——昌平区人民法院的三位法官。左侧依次为清算组组长和两位法律顾问的座位。右侧的位置预留给兴昌达博公司债权人会议主席及其法律顾问。清算组应当为在主席台就座的人员准备姓名签并在会前提前摆放。

第二十四条 后勤组应当预先在主会场安排各个债权人的座次,并将每个债权人的序号、具体位置、姓名(或名称)以表格的形式预先固定下来(此表暂定名为债权人情况表)。由于本次会议将分组表决重整计划草案,所以应将债权人按照担保债权组、职工债权组、税款债权组、普通债权组、小额债权组和出资人组分开安排。每一组应当明确区分开来并有明显的标识以免产生混乱。

在分组讨论表决重整计划时,后勤组应当引导各组债权人到指定的分会场就座。

第五节 与会人员的签到工作

第二十五条 与会人员的签到工作由签到组负责。

第二十六条 会议召开前,签到组应当预先设计出各债权人组的签到表并提前印制。签到表上应当按照预先确定的座次为每组债权人指定座位。

第二十七条 签到时,会场仅开启一扇大门,其他出入口暂时封闭。清算组安排至少六组人员,每组两人,负责各个债权人组的签到工作。各组人员在入口外顺序排开。每组工作人员先行审查参会人员的身份证件、开会通知和授权委托书是否带齐(若是债权人本人参加的无须授权委托书)。如果带齐上述材料的,审查材料的工作人员应收取参会人员的通知和授权委托书(收取的材料应当妥善保存并在会后与签到表一起存档),并要求其在签到表上详细填写各项内容。在完成上述工作,确认无误后,负责审核和登记的工作人员发给完成上述程序的与会人员本次会议资料一份(每人仅能领取对应的材料一份,不得多发多领,也不得领取他人的材料)。与会人员凭资料进入会场。无资料的一律不得入场。入场后应当按照事先安排好的座次就座。

第二十八条 如果与会人员没有带齐身份证件、开会通知和授权委托书(债权人本人参会的无须授权委托书)的,分以下情况予以处理:

(一)未带上述任何材料的,不予签到放行,并劝其迅速离开会场;

(二)未携带授权委托书的,不予签到放行,并劝其迅速离开会场;

(三)未携带身份证的,除非其能够提供其他身份证明(例如户口簿、护照或者机动车驾驶证等)确认的,否则不予签到登记,并劝其迅速离开会场;如果能够确认的,按照前述方法进行签到登记,工作人员在签到表备注中对具体情况予以记载,然后发放材料,与会人员凭材料进场;

(四)仅未携带会议通知原件,而其他要求的文件齐备的,在清算组办公室主任批准后,可以参加会议。

在签到时如果遇到突发情况,各小组工作人员应当迅速向签到组组长报告。签到组组长应当迅速赶到现场处理。

第二十九条 考虑到兴昌达博公司的债权人人数众多,初步拟定签到工作到会议当天上午 8 时 30 分截止,其后到会的人员一律不予接待。

第三十条 签到截止后,签到组组长应当清点签到表,对到场的债权人进行统计,并迅速将统计情况报监票计票组组长、清算组办公室主任和会议主席。

第六节 会议资料的准备工作

第三十一条 第三次债权人会议的资料由后勤组负责准备。

第三十二条 在会议召开前,后勤组应当根据此次会议的议程,为各位债权人准备以下会议材料:

(一)兴昌达博公司第三次债权人会议议程;

(二)会议须知;

(三)重整计划草案;

(四)对兴昌达博公司破产重整计划草案的表决票(各债权人组的表决票不同)。

第三十三条 上述材料应当按照各组债权人的人数准备。会议召开当天,会议材料由签到组负责保管,在债权人完成签到程序时,旋即发放给债权人。

第七节 表决及监票计票工作

第三十四条 第三次债权人会议的表决及监票计票工作由后勤组和监票计票组共同负责。

第三十五条 按照兴昌达博公司第三次债权人会议的议程,本次会议中将对重整计划草案进行表决。表决形式为投票表决。普通债权人组的投票组织工作由清算组组长负责,小额债权组的投票组织工作由清算组办公室主任负责,其他组投票工作的组织工作由清算组办公室主任指定。

每位债权人的会议资料中有一张表决票。当各组债权人讨论完毕,各组投票组织人员宣布开始投票表决时,各位债权人将在自己的表决票中写下自己的意见并对议案作出同意、不同意或者弃权的意思表示。在各组投票完毕时,后勤组安排工作人员到每组债权人处收取依次传过来的表决票并迅速汇总。对于不按照规定的时间递交表决票的一律视为废票。

第三十六条 后勤组组长收集齐各组的表决票后,应当立即将收集到的表决票交到监票计票组组长的手中。

第三十七条 唱票及计票工作由监票计票组工作人员完成,监票人员由人民法院书记员担任。

第三十八条 监票计票组组长应当组织本组工作人员分组清点票数,将每一组投赞成、反对和弃权票的表决票分开(不按照表决须知填写的一律视为废票,废票一律按照弃权计算)。然后统计出每一组赞成票的票数以及赞成票所代表的债权总额。如果该组赞成票票数超过该组出席人员的二分之一且其代表的债权总额超过该组债权总额的三分之二,则重整计划草案在本组通过,反之,则该组未通过重整计划草案。出资人组的投票方式及表决通过条件按照兴昌达博公司章程规定的程序进行。

计算票数和其所代表的债权额及比例的工作,应当在初次统计后,再行复核一次。复核后,由监票计票组组长在表决结果统计表上签字确认。

第三十九条 完成统计后,监票计票组组长应将表决结果统计表立即交给管理人负责人。如六组均通过重整计划草案,即行将表决结果形成决议。

若有债权人组未能通过决议,则管理人负责人可以与该组债权人进行协商。协商后,该组可再投票一次。若再次投票仍然无法通过重整计划草案或拒绝再次投票的,则管理人不再与其协商,即行将相关情况记录在案,进行下一项会议内容。

第八节 债权人提问时的工作

第四十条 按照兴昌达博公司第三次债权人会议的议程,会议期间将会安排债权人代表对管理人工作和重整计划草案内容进行提问。此期间的工作由安全保卫组负责。

第四十一条 当主审法官宣布开始提问时,由一名工作人员负责向提问者递送麦克风,并提示提问人在提问前先行报告自己的基本情况,然后开始提问。一个债权人一次只能提一个问题,提问完毕后即行收回麦克风。在提问期间如果提问者出现过激的言行和行为,即行取消其提问的权利并收回麦克风。

第四章 退 场

第四十二条 在主审法官宣布会议结束后,安全保卫组工作人员应当迅速到会场两个出口处开启大门,疏导人员退场。后勤组及其他各组人员在场内指导与会人员通过就近出口退场。另外,安全保卫组还当安排专人负责主席台就座人员的退场安保工作。

第四十三条 在所有债权人退场后,后勤组人员负责会场的清洁工作。

(四) 准备有关文件

为保障会议的顺利召开,在会议召开前,管理人应将召开本次会议需要的有关文件提前备好。由于本次债权人会议主要是对重整计划草案进行表决,因此需要准备的文件与之前的债权人会议也有所不同。一般来说,需要准备的文件包括:债权人会议议程、重整计划草案、会场须知、会议签到表、签到情况统计表、参加人员与列席人员资格审查情况的说明、表决票(各债权人组的表决票不同)、表决结果统计表、各表决组审议重整计划草案的决议等有关文件。其中,本次债权人会议议程、会场须知、重整计划草案、表决票,在会议召开当天,债权人完成签到程序后,发放给债权人。

(五) 发送通知书

为便于广大债权人及时参加会议,在债权人会议的时间、地点确定后,管理人应提前向债权人发送债权人会议通知,告知债权人会议召开的时间、地点、需要携带的文件资料及有关注意事项。本案中,由于重整计划草案的内容较多,为便于债权人能充分了解草案的主要内容、及时行使表决权,在发送通知书的同时,一并向债权人发送了重整计划草案的缩减版。以下是本次债权人会议召开前向债权人发送的通知书格式:

北京兴昌达博房地产开发有限公司第三次债权人会议通知

_____: 　　　　　　　　　　　　　　　　　　　　组别:_____

　　北京兴昌达博房地产开发有限公司(以下简称"兴昌达博公司")破产案第三次债权人会议定于____年____月____日____午____时____分在____召开。本次会议将对兴昌达博公司重整计划草案进行表决,请届时参加。迟到三十分钟以上者谢绝入场。

　　参会人员应携带身份证件和本通知入场。参会人员如非法定代表人本人或债权人申报债权时提交的授权委托书载明的代理人本人的,请另行携带授权委托书。

　　由于兴昌达博公司债权人众多,且会场空间有限,本次大会仅限债权人本人或债权人之代理人(若有多位代理人的,请推举一名代表)入场。参会人员请不要带领无关人员入场。本通知只能作为一人入场之凭证,复印无效。

北京兴昌达博房地产开发有限公司破产管理人
年　月　日

附件1:兴昌达博公司重整计划草案缩减版
附件2:路线图

　　由于债务人的出资人代表可以列席讨论重整计划草案的债权人会议,重整计划草案涉及出资人权益调整事项的,还应当设出资人组,对该事项进行表决。因此,即使在重整计划草案不涉及出资人权益调整事项时,管理人也应当将讨论重整计划草案的债权人会议召开时间告知出资人,由出资人决定是否派代表参加债权人会议。重整计划草案涉及出资人权益调整事项时,对提前通知的时间我国《企业破产法》没有明确。《企业破产法司法解释》(征求意见稿)规定:"设立出资人组对重整计划草案进行表决的,管理人应当在债权人会议召开前二十日内通知各股东。"笔者建议在以后司法解释制定中补充上述内容。

二、表决与通过

(一)签到

签到作为债权人会议的必备环节必须重视。因为通过签到可以查明每组债权人参会的人数及占该组债权额的份额,进而确定会议能否合法召开,各项决议能否表决通过。人数较多的债权人会议尤其要做好签到工作,避免由于人多引起混乱。由于本次债权人会议要分组对重整计划草案进行表决,因此签到时要按照不同的组别分别签到。在签到工作完成后,负责签到工作的人员应迅速对每组的出席人数作出统计,然后报签到组组长。本案中,签到工作由专门设立的签到组负责,在会议召开前,签到组将预先设计好的签到表、签到情况统计表提前印制好,以备签到时使用。

北京兴昌达博房地产开发有限公司第三次债权人会议签到表

(按组别划分)

会议时间: 年 月 日

序号	债权人名称或姓名	参会人员	身份证件及号码	联系电话	座次	备注

工作人员: 　　　　　　　　　　　　　　　签到组组长:

北京兴昌达博房地产开发有限公司第三次债权人会议签到情况统计表

统计时间：　　年　　月　　日　　时　　分

应到债权人总人数	
担保债权组应到债权人人数	
职工债权组应到债权人人数	
税款债权组应到债权人人数	
普通债权组应到债权人人数	
小额债权组应到债权人人数	
出资人组应到人数	
实到债权人总人数	
其中担保债权组实到债权人人数	
职工债权组实到债权人人数	
税款债权组实到债权人人数	
普通债权组实到债权人人数	
小额债权组实到债权人人数	
出资人组实到人数	

统计人员：　　　　　　　　　　　　　　　　签到组组长：

(二) 宣布资格审查结果

由于债权人的出席情况直接关系到债权人会议是否达到了召开的条件及对后续有关事项的表决。因此，在债权人签到完毕后，管理人需向债权人会议宣布参加人员和列席人员资格审查情况，说明债权人的应到人数及实到人数。一般来说，资格审查的格式如下：

北京兴昌达博房地产开发有限公司第三次债权人
会议参加人员与列席人员资格审查情况的说明

各位债权人：

下面就北京兴昌达博房地产开发有限公司(以下简称"兴昌达博公司")第三次债权人会议参加人员与列席人员资格审查的情况作以下说明：

一、根据《中华人民共和国企业破产法》第六十三条的规定，兴昌达博公司破产管理人于＿＿年＿＿月＿＿日向所有债权人邮寄了会议通知。另外，管理人还向兴昌达博公司清算组成员、兴昌达博公司原法定代表人王××和管理人聘用的中介机构等应当列席本次债权人会议的人员和单位邮寄了会议通知。

二、本次会议应到债权人＿＿＿＿＿＿＿名,其中,担保债权组＿＿＿＿＿＿＿名,职工债权组＿＿＿＿＿＿＿名,税款债权组＿＿＿＿＿＿＿名,普通债权组＿＿＿＿＿＿＿名,小额债权组＿＿＿＿＿＿＿名。另外,出资人组应到＿＿＿＿＿＿＿名。实到债权人＿＿＿＿＿＿＿名,其中自然人债权人共＿＿＿＿＿＿＿名,机构债权人共＿＿＿＿＿＿＿名,担保债权组＿＿＿＿＿＿＿名,职工债权组＿＿＿＿＿＿＿名,税款债权组＿＿＿＿＿＿＿名,普通债权组＿＿＿＿＿＿＿名,小额债权组＿＿＿＿＿＿＿名。出资人组实到＿＿＿＿＿＿＿名。

三、本次会议应到列席人员＿＿＿＿＿＿＿名,实到＿＿＿＿＿＿＿名。

说明完毕。

北京兴昌达博房地产开发有限公司破产管理人
年　月　日

(三) 债权分组及对重整计划草案表决等事项的特别说明

由于本次债权人会议要对重整计划草案进行分组表决,为使广大债权人了解自己所在的组别及重整计划草案通过的标准,在正式表决前,管理人应就债权分组情况及重整计划草案通过的标准,向广大债权人作以特别说明。

根据我国《企业破产法》第82条的规定:"下列各类债权的债权人参加讨论重整计划草案的债权人会议,依照下列债权分类,分组对重整计划草案进行表决:(一)对债务人的特定财产享有担保权的债权;(二)债务人所欠职工的工资和医疗、伤残补助、抚恤费用,所欠的应当划入职工个人账户的基本养老保险、基本医疗保险费用,以及法律、行政法规规定应当支付给职工的补偿金;(三)债务人所欠税款;(四)普通债权。人民法院在必要时可以决定在普通债权组中设小额债权组对重整计划草案进行表决。"从以上规定可知,在对重整计划草案进行表决时,是根据债权性质的不同将债权人分为有财产担保债权人组、工资和劳动保险债权人组、税款债权人组、普通债权人组和出资人组等组成不同的债权组分别进行。但出资人组的设立并不是必须的,如果重整计划草案涉及对出资人权益调整事项的,管理人应当设立出资人组;如果重整计划草案不涉及对出资人权益调整事项的,可以不设立出资人组,管理人应将讨论重整计划草案的债权人会议召开的时间告知出资人,由出资人决定是否派代表参加。如果重整计划草案对普通债权根据债权额的大小作出不同调整的,管理人可以在普通债权组中设小额债权组,然后提请人民法院决定对重整计划草案进行表决。

本案中,在重整计划草案债权分类中,普通债权包含了三种不同的情况:第一类是以13套房屋作为还款保障的债权及以个人购房名义套取的北京××银行兴昌支行按揭贷款的债权;第二类是购房债权人债权,具体包括296人购房债权人本金、利息和66人退房债权人本金、利息;第三类是普通债权人债权本金和利息。在债权调整方案中,对这三类债权都统一保留了本金,免除了利息、罚息、违约金和其他损失。但在购房债权人的解决方案中,296人购房债权人是按照原合同规定的价格执行,在规划不变的情况下对296人购房债权人的房屋交付尽量按照合同约定的位置、户型执行。而对66人退房债权人则是按照其他普通债权清偿方式清偿。通常普通债权组的所有成员都应当按照统一的一个公平的尺度受偿,可是296人债权人是要得到交付房屋的,这显然是不同的受偿方式,甚至是不同的数额。

鉴于上述情况,在进行债权分组时,笔者建议管理人根据我国《企业破产法》第82条第2款的规定,人民法院在必要时可以在普通债权组中设小额债权组对重整计划草案进行表决。因此,可以将296人债权人单独设立一个小额表决组。但上述建议未能得到法院的采纳。法院认为小额债权组不是一个独立的、与其他顺序的债权组相平等的表决组,即使设立了也不可单独计票,也要汇总到普通债权组统一计票,所以没有必要。

但笔者认为,即使同在普通债权组的情况下,这两种不同的受偿安排并不有失公平。笔者认为,公平是在同一表决组内按照完全相同的标准划分的债权,就应当按照完全相同的受偿方式一视同仁对待。比如66人退房债权人就应当在清偿比例、清偿时间、给付方式上相同,这就是公平。笔者认为,如果将296人购房债权人单独设立一个表决组对重整计划草案进行表决,是最理想的。

关于重整计划草案表决通过的标准,我国《企业破产法》第84条第2款规定:"出席会议的同一表决组的债权人过半数同意重整计划草案,并且其所代表的债权额占该组债权总额的三分之二以上的,即为该组通过重整计划草案。"由此可知,通过重整计划草案的标准高于债权人会议的一般事项。一般事项的通过只需债权额占债权总额的1/2以上,而重整计划草案的通过采用了人数和债权额的双重多数标准,即不仅要求出席会议的同一表决组的债权人过半数同意,而且其所代表的债权额占该组债权总额的2/3以上,该组重整计划草案方为通过。这样的双重标准有利于重整计划草案维护大多数债权人的利益,平衡和兼顾大额与小额债权人的利益,避免小额债权人的利益被侵害。

重整计划草案的表决实质上是各利害关系人一个讨价还价的过程,只有在上述各表决组均通过重整计划草案时,才能视为重整计划草案通过。否则,即为未通过。

本案中,为了使债权人了解债权分组情况及重整计划草案通过的标准,为兴昌达博公司破产管理人制定了债权人分组及对重整计划草案等事项的特别说明,由管理人在对重整计划草案表决前向债权人宣读:

关于北京兴昌达博房地产开发有限公司债权人分组及对重整计划草案表决等事项的特别说明

各位债权人：

根据议程安排，本次债权人会议将对管理人提交的重整计划草案进行表决。我国《企业破产法》第八十二条规定："下列各类债权的债权人参加讨论重整计划草案的债权人会议，依照下列债权分类，分组对重整计划草案进行表决：（一）对债务人的特定财产享有担保权的债权；（二）债务人所欠职工的工资和医疗、伤残补助、抚恤费用，所欠的应当划入职工个人账户的基本养老保险、基本医疗保险费用，以及法律、行政法规规定应当支付给职工的补偿金；（三）债务人所欠税款；（四）普通债权。人民法院在必要时可以决定在普通债权组中设小额债权组对重整计划草案进行表决。"第八十五条第二款规定："重整计划草案涉及出资人权益调整事项的，应当设出资人组，对该事项进行表决。"

因此，本次债权人会议按照上述规定，将债权人和出资人分为：有财产担保债权组；职工债权组；税款债权组；普通债权组；小额债权组；出资人组，分别对重整计划草案和相关事项进行表决。但考虑到债权人的实际情况，现临时取消小额债权组的设置。原小额债权组的债权人并入到普通债权组。另外，因普通债权组债权人人数众多，为方便投票，特在普通债权组中下设四个小组。四个小组的投票结果将汇总为普通债权组的投票结果，不单独计算。

上述表决组中，担保债权组、职工债权组、税款债权组和普通债权组对重整计划草案进行表决。根据《企业破产法》第八十四条第二款的规定，上述四组由出席会议的同一表决组的债权人过半数同意重整计划草案，并且其所代表的债权额占该组债权总额的三分之二以上，即视为该组通过重整计划草案。出资人组根据《企业破产法》第八十五条的规定，按照兴昌达博房地产开发有限公司章程的规定对出资人权益调整事项进行表决。

上述表决组均通过重整计划草案时，重整计划即为通过。

若部分表决组未通过重整计划草案的，管理人可根据《企业破产法》第八十七条之规定同未通过重整计划草案的表决组协商，该表决组可以在协商后再表决一次。未通过重整计划草案的表决组拒绝再次表决或者再次表决仍未通过重整计划草案，但重整计划草案符合《企业破产法》第八十七条第二款的条件的，管理人可以申请人民法院批准重整计划草案。

另外，《企业破产法》第五十九条第二款规定："债权尚未确定的债权人，除人民法院能够为其行使表决权而临时确定债权额的外，不得行使表决权。"据此，以下债权人除已确认的部分债权外，对重整计划草案不享有表决权，名单附后：

1. ×××（申报金额×××，确认金额×××）

2. ×××(申报金额×××,确认金额×××)

3. ×××(申报金额×××,确认金额×××)

特此说明

北京兴昌达博房地产开发有限公司破产管理人

年 月 日

(四)明确出资人组对重整计划草案表决的程序规则

我国《企业破产法》第85条规定:"债务人的出资人代表可以列席讨论重整计划草案的债权人会议。重整计划草案涉及出资人权益调整事项的,应当设出资人组,对该事项进行表决。"但对出资人组具体应有哪些人组成法律并没有明确规定。有学者认为,出资人组的组成人员应当是债务人的所有出资人,而不限于与出资人权益调整有关的出资人。① 还有人认为,出资人组的组成人员应根据出资人权益调整的范围而定,因为出资人组设立的目的是对股权调整方案进行表决,需要真正了解的是权益受到调整的股东的意思表示。对此,笔者认为,鉴于有限责任公司封闭性、人合性的特点,在重整草案中,即使只对部分股东的股权进行调整,也必然会对其他股东的权益产生影响,出资人组的组成人员应当是债务人的所有出资人。

本案中,由于兴昌达博公司重整计划草案对兴昌达博公司股东的股权进行了重大调整,因此特设出资人组对该事项进行表决,但对于出资人组通过重整计划草案的标准,我国《企业破产法》没有规定。对此,有学者认为,应当采取《公司法》规定的股东会的表决方式,即重整计划草案经参与表决的出资人所持表决权的2/3以上同意即为通过。② 也有人认为,应当参照债权人组通过重整计划草案的标准,即不仅人数要达到出席债权人会议的过半,而且其所代表的表决权数额也要达到该组表决权总额的2/3以上方为通过。还有人主张将两者结合起来,人数上比照债权人组1/2以上的要求,股权比例上适用《公司法》的规定。对此,笔者认为,可参照股东会修改公司章程的表决程序,经出席会议的股东所持表决权的2/3以上通过,更符合公平、公正的原则。

本案中,在出资人组对重整计划草案进行表决时,便是按照兴昌达博公司章程中股东会的议事方式和表决程序进行,即出资人按照出资比例行使表决权,该事项经参与表决的出资人或其授权代表所持表决权的2/3以上同意即为通过。本案中的此种做法,在《北京市高级人民法院企业破产案件审理规程》第217条第2款得到体现:"出资人组对重整计划草案中涉及出资人权益调整事项进行表决,同意重整计划草案的出资人的出资额占债务人注册资本三分之二以上的,即为该组通过

---

① 参见韩传华:《企业破产法解析》,人民法院出版社2007年版,第291页。
② 参见王欣新:《上市公司重整实务问题研究》,载《中国律师》2008年第9期。

重整计划草案。"

但在出资人组对重整计划草案进行表决时是否需要考虑公司的净资产状况呢？根据我国《企业破产法》第 85 条的规定可知，当重整计划草案涉及出资人的权益调整时，出资人对重整计划草案即享有表决权，而不考虑公司的净资产状况。境外的相关立法与我国不尽相同，如《日本公司更生法》第 129 条规定："股东得凭其所持有的股票参加重整程序。股东按其股票的数额有相应的表决权。公司有作为破产原因的事实时，股东无表决权。"我国台湾地区"公司法"第 302 条规定："公司无资本净值时，股东组不得行使表决权。"对此，学界有着不同的看法。一种观点认为，对重整计划进行表决乃公司的重大事项，出资人作为公司的股东当然享有表决权。另一种观点认为，当公司资不抵债进入破产重整程序，股东对于债务人公司已经没有权益可言，并且股东更多只是关心自己的利益，听取股东的意见不利于重整计划的进行。因此，当公司的净资产为负时，出资人不应享有表决权。由于当公司无资本净值时，股东对公司已经没有实际的权利，为了保障重整的顺利进行，防止出资人以其表决权阻碍重整的进行，笔者认为，可以借鉴日本和我国台湾地区的做法，在公司无资本净值时，出资人不享有表决权。但由于破产企业还继续存在，出资人作为公司的股东应当有权参加债权人会议、了解重整计划草案表决的有关情况。

本案中，为保障表决工作的顺利进行，在会议召开前，参照我国《公司法》的有关规定，并结合兴昌达博公司的公司章程，为兴昌达博公司出资人组制定了如下表决程序规则：

北京兴昌达博房地产开发有限公司第三次债权人会议之出资人组对出资人权益调整事项的表决程序规则

根据《中华人民共和国企业破产法》第八十五条第二款之规定："重整计划草案涉及出资人权益调整事项的，应当设出资人组，对该事项进行表决。"提交本次债权人会议表决的《北京兴昌达博房地产开发有限公司重整计划草案》（以下简称"重整计划草案"）对兴昌达博公司股东的股权进行了重大调整，因此特设出资人组对该事项进行表决。出资人组对该事项的表决程序按照《北京兴昌达博房地产开发有限公司章程》中股东会的议事方式和表决程序进行：

1. 出资人组由全体出资人组成。

2. 出资人可以书面委托他人参加本次债权人大会对该事项进行表决，受托人需向管理人提交授权文件，并在授权范围内行使表决权。

3. 本小组的表决方式为投票表决。

4. 出资人按照出资比例行使表决权，该事项经参与表决的出资人或其授权的代表所持表决权的三分之二以上同意即为通过。

(五)对重整计划草案进行说明和询问

我国《企业破产法》第 84 条第 3 款规定:"债务人或者管理人应当向债权人会议就重整计划草案作出说明,并回答询问。"根据上述规定,在召开债权人会议时,在重整计划草案提请表决之前,债务人或管理人(即重整计划草案制作人)应当向债权人等利害关系人履行详尽的说明义务,利害关系人认为债务人或管理人说明不够充分或存有疑问,可以要求债务人或管理人补充说明或接受询问。说明的内容包括债务人资产状况、重整计划草案的内容、债权人的权益调整及保障、重整计划的可行性等。

(六)表决

在重整计划草案经过债权人会议的讨论和询问后,便开始对重整计划草案进行表决的程序。在进行投票表决前,按照债权人会议工作方案的规定,由工作人员将不同组别的债权人分别带到相应的会场。各债权小组分别指定一名负责人,负责本小组的投票工作。一般来说,在债权人入场时分发的会议资料中会包含一张如下格式的表决票(出资人组的与其他组的略有不同):

北京兴昌达博房地产开发有限公司第三次债权人会议关于重整计划草案的表决票

序号:(序号应当在会前予以确定)   组别:(由清算组填写)

表决事项	北京兴昌达博房地产开发有限公司重整计划草案
债权人名称或姓名	(由清算组填写)
确定的债权数额	(由清算组填写)
填表人姓名	
表决意见	同意(　　) 不同意(　　) 弃权(　　)

表决说明:

1. 表决人在填表前应当先行阅读本说明。因未按照本说明填写而导致表决票被视为废票的,由表决人自行承担责任。

2. 表决人应当严格按照此表中所列的填表人姓名和表决意见项填写,不得遗漏。遗漏任何一项的,视为废票。

3. 除本表中所列各项外,表决人不得在表决票上另行书写任何文字。否则,表决票视为废票。

4. 表决人在填写表决意见时,只能在选择的一个"(　)"内画"√",以其他形式填写的,视为废票。

5. 表决票应当按照会议规定的时间填写和提交。超过规定时间没有提交给工作人员的视为废票。

6. 提交表决票时,应当将票面朝下,顺序递至本组工作人员。

表决时间:　　年　月　日

第七章 重整计划草案的表决批准及其效力

北京兴昌达博房地产开发有限公司第三次债权人会议出资人组关于重整计划草案的表决票

组别：出资人组

表决事项	北京兴昌达博房地产开发有限公司重整计划草案
出资人名称或姓名	（由清算组填写）
原出资数额及比例	（由清算组填写）
填表人姓名	
表决意见	同意（　）　不同意（　）　弃权（　）
表决说明： 1. 表决人在填表前应当先行阅读本说明。因未按照本说明填写而导致表决票被视为废票的，由表决人自行承担责任。 2. 表决人应当严格按照此表中所列的填表人姓名和表决意见项填写，不得遗漏。遗漏任何一项的，视为废票。 3. 除本表中所列各项外，表决人不得在表决票上另行书写任何文字。否则，表决票视为废票。 4. 表决人在填写表决意见时，只能在选择的一个"（　）"内画"√"，以其他形式填写的，视为废票。 5. 表决票应当按照会议规定的时间填写和提交。超过规定时间没有提交给工作人员的视为废票。	

表决时间：　年　月　日

在投票表决前，各小组的负责人应向债权人说明如何投票，即在各组人员讨论完毕后，各位债权人在自己手中的表决票中写下自己的意见，并对议案作出同意、不同意或者弃权的意思表示。在各组投票完毕时，各小组负责人应收取每组债权人表决票并迅速汇总。对于不按照规定的时间递交表决票的一律视为废票。各小组负责人将收集到的表决票交到监票计票组组长的手中，由监票计票组对投票表决结果进行统计，并将统计结果填在如下表格中（出资人组表决票单独统计）：

北京兴昌达博房地产开发有限公司第三次债权人会议表决结果统计表

统计时间：　年　月　日

组别：

表决事项	关于北京兴昌达博房地产开发有限公司重整计划草案的表决事项	
发出票数		收回票数	
赞成票数		反对票数	
弃权票数		废票数	

(续表)

赞成票数所代表的债权数额(元)		赞成本决议的债权数额占本组债权总额的比例	
统计结果： 1. 本组投赞成票的债权人人数超过(或未超过)本组出席会议债权人人数的一半以上； 2. 本组投赞成票的债权人所代表的债权额超过(或未超过)本组债权总额的2/3以上。			

计票人：　　　　　监票人：　　　　　唱票人：
复核人：　　　　　监票计票组组长：

北京兴昌达博房地产开发有限公司第三次债权人会议出资人组表决结果统计表

统计时间：　年　月　日

组别：

表决事项	关于北京兴昌达博房地产开发有限公司重整计划草案的表决事项		
发出票数		收回票数	
赞成票数		反对票数	
弃权票数		废票数	
赞成票数所代表的出资额(元)		赞成本决议的出资额占出资总额的比例	
统计结果	出资人组投赞成票的出资人所持表决权超过(或未超过)出资总额的2/3以上。		

计票人：　　　　　监票人：　　　　　唱票人：
复核人：　　　　　监票计票组组长：

监票计票组将每组的投票表决结果统计完成后，应就本小组表决投票的结果向该小组宣读，一般格式如下：

北京兴昌达博房地产开发有限公司第三次债权人会议＿＿＿组关于审议重整计划草案的决议

北京兴昌达博房地产开发有限公司(以下简称"兴昌达博公司")第三次债权人会议于＿＿＿年＿＿＿月＿＿＿日在＿＿＿＿召开。会议由主审法官主持，会议的召开符合《中华人民共和国企业破产法》及最高人民法院相关司法解释的规定。会议审议了《关于审议兴昌达博房地产开发有限公司重整计划草案的议案》，最终以分组投票表决的形式进行了表决。本组应到债权人

_____名,实到_____名。其中_____票赞成,_____票反对,_____票弃权。本组赞成票所代表的债权数额_____元人民币超过(或未超过)本组债权总额_____元人民币的三分之二[出资人组_____票赞成,_____票反对,_____票弃权。该组根据兴昌达博房地产开发有限公司章程的规定对出资人权益调整事项的表决已通过(或未通过)]。

根据《企业破产法》第八十四条之规定,本小组已通过(或未通过)重整计划草案。

年　月　日

在各小组的投票表决结果宣读完毕后,监票计票组应将各小组的表决结果汇总,然后向债权人大会介绍各小组的表决结果,并宣布重整计划草案是否通过。一般格式如下:

北京兴昌达博房地产开发有限公司第三次债权人会议
关于审议重整计划草案的决议

北京兴昌达博房地产开发有限公司(以下简称"兴昌达博公司")第三次债权人会议于____年____月____日在_____召开。应到会的债权人为_____名,实到_____名,应到出资人_____名,实到出资人_____名。会议由主审法官主持,会议的召开符合《中华人民共和国企业破产法》及最高人民法院相关司法解释的规定。会议审议了《关于审议兴昌达博房地产开发有限公司重整计划草案的议案》,最终以分组投票表决的形式进行了表决,其中:

担保债权组_____票赞成,_____票反对,_____票弃权。该组赞成票所代表的债权数额_____元人民币超过(或未超过)该组债权总额_____元人民币的三分之二。

职工债权组_____票赞成,_____票反对,_____票弃权。该组赞成票所代表的债权数额_____元人民币超过(或未超过)该组债权总额_____元人民币的三分之二。

税款债权组_____票赞成,_____票反对,_____票弃权。该组赞成票所代表的债权数额_____元人民币超过(或未超过)该组债权总额_____元人民币的三分之二。

普通债权组_____票赞成,_____票反对,_____票弃权。该组赞成票所代表的债权数额_____元人民币超过(或未超过)该组债权总额_____元人民币的三分之二。

小额债权组_____票赞成,_____票反对,_____票弃权。该组赞成票所代表的债权数额_____元人民币超过(或未超过)该组债权总额_____元人民币的三分之二。

出资人组_____票赞成,_____票反对,_____票弃权。该组根据兴昌达博房地产开发有限公司章程的规定,赞成票所代表的出资额超过(或未超过)原出资总额的三分之二。该小组对相关事项的表决已通过(或未通过)。

根据《企业破产法》第八十六条之规定,以上各个表决组均通过重整计划时,重整计划即为通过。

1. 现各组投票结果均达到法律规定的标准,本议案通过;
2. 现由于_____组未达到法律规定的条件,故本议案未获通过。

年　月　日

本案中,在经过上述各项程序之后,对重整计划草案的表决结果为:担保债权人组实到担保人3人,1票赞成,两票反对,零票弃权,债权金额30 415 023元人民币,占整个担保债权额的35.63%,未超过该组债权总额的2/3。职工债权组实到债权人18人,18票赞成,零票弃权,零票反对,该组代表的债权人数额277 982.93元人民币,超过该组债权总额3 094.85万元人民币的2/3。税款债权组实到债权人1人,1票赞成,零票反对,零票弃权,债权金额685 619元人民币,超过该组债权总额6 855 619.39元人民币的2/3,实际为100%。普通债权组实到债权人300人,190票赞成,94票反对,16票弃权,该组赞成票所代表的债权金额231 570 000元,超过2/3,实际比例为68.4%。出资人组实际到3人,零票弃权,两票反对,该组根据兴昌达博房地产开发有限公司章程的规定,赞成票所代表的出资额未超过原出资总额的2/3,实际为10%,该小组对相关事项的表决未通过。根据我国《企业破产法》第86条的规定,重整计划草案未获通过。

实务中,在清算组担任管理人的情况下,由清算组(管理人)负责制订重整计划草案时,重整计划草案制作完毕后,应当先由清算组会议予以审议,在清算组审议通过后,再提交人民法院召开债权人会议进行上述表决程序。

三、重整计划草案的再次表决

我国《企业破产法》第87条规定:"部分表决组未通过重整计划草案的,债务人或者管理人可以同未通过重整计划草案的表决组协商。该表决组可以在协商后再表决一次。双方协商的结果不得损害其他表决组的利益。未通过重整计划草案的表决组拒绝再次表决或者再次表决仍未通过重整计划草案,但重整计划草案符合下列条件的,债务人或者管理人可以申请人民法院批准重整计划草案:……"《北京市高级人民法院企业破产案件审理规程》第218条第2、3款规定:"再次表决应当在第一次表决后的三个月内完成。未通过重整计划草案的表决组就是否再次表决进行程序表决时,过半数的成员或者代表表决权额三分之二以上的表决权人反对再次表决;或者在指定的时间不参加再次表决会议;或者以书面形式明确表示不接受债务人或者管理人再次表决的建议的,视为该表决组拒绝再次表决重整计划草案。"

可见,在部分表决组未通过重整计划草案的情况下,债务人或者管理人可以与未通过重整计划草案的表决组就未能达成一致的问题进行协商。该表决组可以在协商后再行表决一次,如果表决通过,债务人或者管理人应提请人民法院批准重整计划草案。如果再行表决仍未通过,债务人或者管理人在符合一定条件的情况下申请人民法院强制批准重整计划草案。值得注意的是,第一次表决未通过重整计划草案,债务人或管理人经与未通过重整计划草案的表决组协商后,再次提交表决的重整计划草案确定的普通债权所获得的清偿比例不得低于第一次提交表决的清偿比例,清偿时间不得长于第一次提请表决的清偿时间,并且该草案不影响其他表决组权利人的权利。

本案中,为了保障广大债权人的合法权益,破产管理人根据我国《企业破产法》第87条的规定,与未通过重整计划草案的担保债权组、出资人组进行了再次协商,由该两表决组在协商后再次进行表决。在对重整计划草案进行再次表决时,应按照第一次表决时的程序进行。在表决前,管理人或债务人应当制作再次表决通知书、对重整计划草案再次进行表决的议案和再次表决票等。具体格式如下:

关于北京兴昌达博房地产开发有限公司有财产担保债权组再次对《重整计划草案》进行表决的通知

各位有财产担保债权组债权人:

  北京兴昌达博房地产开发有限公司(以下简称"兴昌达博公司")破产管理人决定于2008年7月28日上午10时召集兴昌达博公司全体有财产担保债权人到破产管理人办公室(地址为:北京市昌平区超前路××号),对兴昌达博公司《重整计划草案》再次进行投票表决,请届时参加。

  参会人员应携带身份证件和本通知入场。参会人员如非法定代表人本人,请另行携带授权委托书。

北京兴昌达博房地产开发有限公司破产管理人
年 月 日

关于提请有财产担保债权组债权人再次审议
《北京兴昌达博房地产开发有限公司重整计划草案》的议案

各位有财产担保债权人：

在2008年7月15日召开的北京兴昌达博房地产开发有限公司（以下简称"兴昌达博公司"）第三次债权人会议上，兴昌达博公司破产管理人将制订完成的《重整计划草案》提交给全体债权人进行了表决。经统计，有财产担保债权组未能通过《重整计划草案》。

我国《企业破产法》第八十七条第一款规定："部分表决组未通过重整计划草案的，债务人或者管理人可以同未通过重整计划草案的表决组协商。该表决组可以在协商后再表决一次。双方协商的结果不得损害其他表决组的利益。"因此，兴昌达博公司破产管理人在第三次债权人会后与未通过《重整计划草案》的有财产担保债权组债权人进行了协商。期间，××××发展有限公司对管理人确认的有财产担保债权提出了异议。经管理人再次审核，确认的有财产担保债权分别为：北京××××发展有限公司×××元、××××银行北京市和平支行×××元、北京××××典当有限责任公司×××元。有财产担保债权组债权人对上述确认的债权予以认可。另外，经管理人与有财产担保债权组债权人协商决定，对上述担保债权中包含的利息、罚息和违约金等予以免除，清偿时间不变。

现管理人根据《企业破产法》第八十七条之规定，将修改后的《重整计划草案》提交给有财产担保债权组债权人，请审议。

附：北京兴昌达博房地产开发有限公司《重整计划草案》

北京兴昌达博房地产开发有限公司破产管理人
年　月　日

北京兴昌达博房地产开发有限公司第三次债权人会议
关于重整计划草案由管理人与未表决通过的担保债权组协商后再次表决票

组别：担保债权组

表决事项	北京兴昌达博房地产开发有限公司重整计划草案
债权人名称或姓名	（由清算组填写）
确定的债权数额	本金：（由清算组填写） 利息：
填表人姓名	

(续表)

表决意见	同意( ) 不同意( ) 弃权( )
表决说明： 1. 表决人在填表前应当先行阅读本说明。因未按照本说明填写而导致表决票被视为废票的，由表决人自行承担责任。 2. 表决人应当严格按照此表中所列的填表人姓名和表决意见项填写，不得遗漏。遗漏任何一项的，视为废票。 3. 除本表中所列各项外，表决人不得在表决票上另行书写任何文字。否则，表决票视为废票。 4. 表决人在填写表决意见时，只能在选择的一个"( )"内画"√"，以其他形式填写的，视为废票。 5. 表决票应当按照会议规定的时间填写和提交。超过规定时间没有提交给工作人员的视为废票。 6. 提交表决票时，应当将票面朝下，顺序递至本组工作人员。	

表决时间：　　年　月　日

在本案中，管理人根据我国《企业破产法》第 87 条第 1 款的规定与未通过重整计划草案的两个表决小组进行协商后进行了再次表决。结果，出资人组拒绝再次表决，有财产担保债权组经再次表决通过了兴昌达博公司重整计划草案。根据我国《企业破产法》第 86 条的规定，兴昌达博公司重整计划草案未能获得通过。

第二节　重整计划草案的批准

一、申请人民法院批准重整计划草案

根据我国《企业破产法》第 86 条、第 87 条的规定，重整计划草案在债权人会议上无论是否通过，都需要提请人民法院裁定批准。申请人民法院批准重整计划草案分两种情况：

（一）正常批准

所谓重整计划草案的正常批准，是指各表决组均通过重整计划草案后申请人民法院批准。具体体现在我国《企业破产法》第 86 条第 2 款的规定中："自重整计划通过之日起十日内，债务人或者管理人应当向人民法院提出批准重整计划的申请。人民法院经审查认为符合本法规定的，应当自收到申请之日起三十日内裁定批准，终止重整程序，并予以公告。"对于人民法院正常批准的条件，在我国《企业破产法》中未予明确。《北京市高级人民法院企业破产案件审理规程》第 220 条第 1

款对此作出如下规定:"……(1)重整计划草案的表决程序符合企业破产法和本规程的规定;(2)重整计划草案的内容符合企业破产法第八十七条第二款规定的条件;(3)重整计划草案涉及行政许可事项的,债务人或管理人已取得相关行政机关许可相关事项的书面意见。"

(二) 强制批准

所谓重整计划草案的强制批准,是指部分表决组未通过重整计划草案,经协商再次表决仍未通过或者拒绝再次表决,在符合法定条件下,申请人民法院批准重整计划草案。此时,申请人民法院强制批准的重整计划草案以协商后再次提交表决的草案文本为准。根据我国《企业破产法》第87条的规定,在符合下列条件时,人民法院应当自收到申请之日起30日内裁定批准重整计划草案:

(1)按照重整计划草案,《企业破产法》第82条第1款第(一)项所列债权,即对债务人的特定财产享有担保权的债权就该特定财产将获得全额清偿,其因延期清偿所受的损失将得到公平补偿,并且其担保权未受到实质性损害,或者该表决组已经通过重整计划草案。

(2)按照重整计划草案,《企业破产法》第82条第1款第(二)项、第(三)项所列债权将获得全额清偿,或者相应表决组已经通过重整计划草案。《企业破产法》第82条第1款第(二)项、第(三)项规定的分别是债务人所欠职工的工资和医疗、伤残补助、抚恤费用,所欠的应当划入职工个人账户的基本养老保险、基本医疗保险费用,以及法律、行政法规规定应当支付给职工的补偿金和债务人所欠税款。这两类债权在破产清算程序中处于优先清偿地位,在重整程序中应获得全额清偿,不能减免。

(3)按照重整计划草案,普通债权所获得的清偿比例,不低于其在重整计划草案被提请批准时依照破产清算程序所能获得的清偿比例,或者该表决组已经通过重整计划草案。

(4)重整计划草案对出资人权益的调整公平、公正,或者出资人组已经通过重整计划草案。

(5)重整计划草案公平对待同一类表决组的成员,并且所规定的债权清偿顺序不违反《企业破产法》第113条的规定。在破产清算程序中的清偿顺序有先后,重整计划草案规定的债权清偿顺序应当与破产清算程序中的清偿顺序相符方为合理,除非优先顺位的债权人同意。

(6)债务人的经营方案具有可行性。经营方案是否具有可行性由人民法院进行审查。

《全国法院破产审判工作会议纪要》"四、破产重整"第18点提出,人民法院应当审慎适用重整计划草案的强制批准权,确需强制批准的重整计划草案,除应当符合《企业破产法》第87条第2款规定外,如债权人分多组的,还应当至少有一组已经通过重整计划草案,且各表决组中反对者能够获得的清偿利益不低于依照破产清算程序所能获得的利益。

在人民法院强制批准重整计划草案时,未通过重整计划草案的表决组是否有提出异议的权利呢？我国《企业破产法》及司法解释未有相关规定。《北京破产法庭破产重整案件办理规范(试行)》第120规定："人民法院可以就是否批准重整计划草案组织召开听证调查,重点听取和审查反对意见是否具有事实和法律依据。"第121条规定："人民法院经审查认为重整计划草案符合本规范第一百一十九条规定的,应当自收到申请之日起三十日内裁定批准,终止重整程序,并予以公告。"

本案中,兴昌达博公司重整计划草案经过与出资人组再次协商仍未获得该组通过。但管理人认为,兴昌达博公司重整计划草案符合我国《企业破产法》第87条第2款的规定,能够充分公平地保障全体债权人和出资人的合法权益,且其中的经营方案具有可操作性。于2008年8月6日,向昌平区人民法院提交了如下民事申请书,申请人民法院强制批准该重整计划草案。

民事申请书

申请人:北京兴昌达博房地产开发有限公司破产管理人

负责人:苏××,北京兴昌达博房地产开发有限公司破产清算组组长

申请目的:

请求贵院依据《中华人民共和国企业破产法》第八十七条第二款之规定,批准北京兴昌达博房地产开发有限公司重整计划草案。

申请事由:

2008年6月20日,北京兴昌达博房地产开发有限公司(以下简称"兴昌达博公司")破产管理人将制订完成的兴昌达博公司重整计划草案提交贵院。根据《中华人民共和国企业破产法》第八十四条之规定,贵院于2008年7月15日召开兴昌达博公司第三次债权人会议。在此次债权人会议上,兴昌达博公司的债权人和出资人分为有财产担保债权组、职工债权组、税款债权组、普通债权组和出资人组,各组分别对破产管理人提交的重整计划草案进行了投票表决。职工债权组、税款债权组和普通债权组通过了重整计划草案,而有财产担保债权组和出资人组未能通过。

嗣后,兴昌达博公司破产管理人根据《中华人民共和国企业破产法》第八十七条第一款之规定,与未通过重整计划草案的表决组再次进行了协商。经过管理人的努力,有财产担保债权组债权人同意于2008年7月28日对重整计划草案再次进行表决,并最终一致通过了兴昌达博公司重整计划草案。

鉴于兴昌达博公司重整计划草案已获得除出资人组之外的四个债权人表决组的通过,且兴昌达博公司的重整计划草案符合《中华人民共和国企业破产法》第八十七条第二款规定的条件,为保障兴昌达博公司广大债权人的合法权益,维护社会稳定,兴昌达博公司破产管理人特向贵院提出批准《北京兴昌达博房地产开发有限公司重整计划草案》的申请,恳请贵院依法裁定如上之申请目的。

谨呈

北京市昌平区人民法院

北京兴昌达博房地产开发有限公司破产管理人
负责人:
年　月　日

附1:北京兴昌达博房地产开发有限公司重整计划草案
附2:北京兴昌达博房地产开发有限公司重整计划草案编制及修改的说明

二、人民法院的审查结果

根据我国《企业破产法》第86条、第87条的规定,重整计划通过后债务人或者管理人提请人民法院批准重整计划,或者债务人或者管理人提请人民法院强制批准重整计划时,人民法院经审查认为符合《企业破产法》规定或者强制批准的条件的,应当自收到申请之日起30日内裁定批准,终止重整程序,并予以公告。也就是说,不论何种情况下人民法院在裁定批准重整计划的同时,还应该裁定终止重整程序,并予以公告,重整期间就此结束。

同时,我国《企业破产法》第88条规定:"重整计划草案未获得通过且未依照本法第八十七条的规定获得批准,或者已通过的重整计划未获得批准的,人民法院应当裁定终止重整程序,并宣告债务人破产。"也就是说,重整计划未获批准的法律后果是重整程序终止,债务人转入破产清算程序。一般有以下几种情况:

(1) 所有表决组均未通过重整计划草案,人民法院应当裁定终止重整程序,并宣告债务人破产。

(2) 部分表决组未通过重整计划草案,而且重整计划草案没有按《企业破产法》第87条的规定获得人民法院强制批准,人民法院应当裁定终止重整程序,并宣告债务人破产。

(3) 重整计划草案经各表决组表决通过,人民法院在审查时发现重整计划不符合《企业破产法》相关规定,如重整计划的内容、表决程序违反法律规定,重整计划不具有可行性等,人民法院应当裁定终止重整程序,并宣告债务人破产。

本案中,对管理人提出的批准重整计划草案的申请,昌平区人民法院审查后批准了兴昌达博公司重整计划草案,并作出如下裁定:

北京市昌平区人民法院民事裁定书

(2007)昌民破字第10949号

申请人:北京兴昌高科技发展总公司,住所:北京市昌平区科技园区超前路××号。

法定代表人:王××,总经理。

债务人:北京兴昌达博房地产开发有限公司,住所:北京市昌平区南邵镇麓鸣花园会所二层。

法定代表人/负责人:苏××。

本院在审理申请人北京兴昌高科技发展总公司(以下简称"兴昌公司")申请北京兴昌达博房地产开发有限公司(以下简称"达博公司")破产一案中,申请人兴昌公司申请对达博公司进行重整。本院于2007年11月16日依法裁定达博公司重整。达博公司管理人于2008年6月25日向本院提交了《达博公司重整计划草案》(以下简称《重整草案》)。本院于2008年7月15日依法召开债权人会议对《重整草案》进行表决。除出资人组和有财产担保的债权人组表决未通过外,其他表决组均表决通过了《重整草案》。后达博公司管理人依法同出资人组和有财产担保的债权人组再次表决通过了《重整草案》。2008年8月6日达博公司管理人向本院提出申请,请求批准《重整草案》。

本院经审查认为,有财产担保债权人组、工资和劳动保险债权人组、税款债权人组、普通债权人组均已表决通过《重整草案》。《重整草案》对出资人权益的调整公平、公正。《重整草案》公平对待同一表决组成员,并且所规定的债权清偿顺序不违反《中华人民共和国企业破产法》的相关规定。《重整草案》制订的债务人的经营方案具有可行性。因此,本院对达博公司管理人提交的《重整草案》予以批准。依照《中华人民共和国企业破产法》第八十七条之规定,裁定如下:

批准北京兴昌达博房地产开发有限公司管理人提交的《北京兴昌达博房地产开发有限公司重整计划草案》。

北京兴昌达博房地产开发有限公司重整程序终止。

审判长:×××
审判员:×××
审判员:×××
二○○八年九月四日
书记员:×××

昌平区人民法院在裁定批准重整计划草案的同时，还作出了如下裁定重整程序终止的公告：

北京市昌平区人民法院公告
（2007）昌民破字第 10949 号

本院在审理申请人北京兴昌高科技发展总公司（以下简称"兴昌公司"）申请北京兴昌达博房地产开发有限公司（以下简称"达博公司"）破产一案中，申请人兴昌公司申请对达博公司进行重整。本院于 2007 年 11 月 16 日依法裁定达博公司重整。达博公司管理人于 2008 年 6 月 25 日向本院提交了《达博公司重整计划草案》（以下简称《重整草案》）。本院于 2008 年 7 月 15 日依法召开债权人会议对《重整草案》进行表决。除出资人组和有财产担保的债权人组进行了协商，出资人组拒绝再次表决，有财产担保的债权人组再次表决通过了《重整草案》。2008 年 8 月 6 日达博公司管理人向本院提出申请，请求批准《重整草案》。本院经审查认为，有财产担保债权人组、工资和劳动保险债权人组、税款债权人组、普通债权人组均已表决通过《重整草案》。《重整草案》对出资人权益的调整公平、公正。《重整草案》公平对待同一表决组的成员，并且所规定的债权清偿程序不违反《中华人民共和国企业破产法》的相关规定。《重整草案》制订的债务人的经营方案具有可行性。因此，本院对达博公司管理人提交的《重整草案》予以批准。达博公司重整程序终止。

特此公告。

北京市昌平区人民法院（印）
二〇〇八年九月四日

三、对人民法院批准重整计划裁定的复议

根据我国《企业破产法》第 87 条的规定，未通过重整计划草案的表决组拒绝再次表决或者再次表决仍未通过重整计划草案，但重整计划草案符合《企业破产法》第 87 条第 2 款规定的条件的，债务人或者管理人可以申请人民法院批准重整计划草案。但在人民法院强制批准重整计划草案后，如出资人等利害关系人认为法院强制批准的裁定违反法律规定时，应当如何救济？对此，我国《企业破产法》及司法解释没有规定。发达国家一般做法是由相关利害关系人向法院提起上诉或申请法院撤销确认重整计划的命令。如《德国破产法》第 253 条规定，债务人和各债权人有权对认可或不予认可重整计划的裁定提出即时抗告。《美国破产法》第 1144 条规定，在确认命令颁布后的 180 天内应利益当事方的请求，经过通告和听证程序

后,只有在该项命令是通过欺诈手段获得时,法庭才可以撤销该项命令。笔者认为,由于重整计划草案经法院强制批准后即具有法律效力,为了确保对重整计划持异议的相关利害关系人的利益,应当为维护其权益提供救济的途径,赋予其向上一级人民法院申请复议的权利,但复议期间不停止重整计划的执行。如上一级人民法院认为强制批准的裁定违反法定条件,应当裁定撤销该裁定,并由受理法院重新审查核准。

第三节 重整计划的效力

一、重整计划的效力范围

重整计划草案经人民法院批准后对哪些人具有约束力,我国《企业破产法》第92条规定:"经人民法院裁定批准的重整计划,对债务人和全体债权人均有约束力。债权人未依照本法规定申报债权的,在重整计划执行期间不得行使权利;在重整计划执行完毕后,可以按照重整计划规定的同类债权的清偿条件行使权利。债权人对债务人的保证人和其他连带债务人所享有的权利,不受重整计划的影响。"该条是关于被批准重整计划的效力的规定。

经人民法院裁定批准的重整计划的效力范围及于债务人和全体债权人,也就是说,债务人和全体债权人(无论其支持、反对重整计划或者根本就未参加对重整计划的表决)均应受生效重整计划的约束。同时,生效的重整计划对债权人的影响还包括以下两个方面:

(1)债权人未依照《企业破产法》的规定申报债权的,在重整计划执行期间不得行使权利,但这并不意味着该债权被彻底消灭,其依然有效,在重整计划执行完毕后,可以按照重整计划规定的同类债权的清偿条件行使权利。

(2)重整计划不影响债权人对债务人的保证人和其他连带债务人所享有的权利,重整计划生效后,债权人依然可以要求债务人的保证人和其他连带债务人清偿其在重整计划中未受清偿的债权。

但在实务中,对《企业破产法》第92条第1款的理解存在分歧:一种观点认为,既然法条已有明确规定,那么经人民法院裁定批准的重整计划,就仅对债务人和全体债权人具有约束力,对出资人和其他利害关系人没有约束力。另一种观点认为,经人民法院裁定批准的重整计划,不仅对债务人和全体债权人具有约束力,而且对重整的其他利害关系人也具有约束力。由于对此问题认识的分歧,在本案中引起了管理人、债权人和出资人等不同利益主体的激烈争论。出资人甚至依据重整计划对其不发生法律效力的观点,拒绝执行重整计划中关于股权直接调整的内容。

对此,笔者认为第二种观点更为合理。

首先,从我国《企业破产法》的立法目的及相关法条的综合理解来看,重整计划应当对包括出资人在内的所有利害关系人具有约束力。根据我国《企业破产法》第 85 条第 2 款的规定:"重整计划草案涉及出资人权益调整事项的,应当设出资人组,对该事项进行表决。"第 87 条第 2 款第(四)项规定:"重整计划草案对出资人权益的调整公平、公正……"当对出资人权益进行调整时,出资人参与对重整计划草案的表决。如果重整计划对出资人不具有约束力,《企业破产法》的上述规定将会变得毫无意义。况且除了债务人、债权人,还存在其他利害相关人,如管理人、中介机构等,不能说重整计划对他们没有约束力。《北京市高级人民法院企业破产案件审理规程》第 223 条对出资人权益调整事项的执行的规定也体现出这一观点:"重整计划涉及出资人权益调整事项的,出资人权益登记机关应当根据人民法院批准重整计划的裁定办理该权益的变动登记。"

其次,重整计划对包括出资人在内的所有利害关系人具有拘束力的规定是国外之立法惯例。如《韩国统一倒产法》第 250 条第 1 款规定,重整计划对公司、全体重整债权人、重整担保人和股东、持股权人、为重整而担负债务或提供担保的人和新公司(因合并或分立合并而设立的新公司除外)均发生效力。该法第 252 条又规定,法院批准重整计划之后,重整债权人和重整担保权人、股东、持股权人的权利将按照计划变更。[①]《美国破产法》第 1141 条第(a)款规定,不论该债权人、资本股票持有人或者普通合伙人的债权或权益是否被重整计划所削减,也不论该债权人、资本股票持有人或者普通合伙人是否已经接受了重整计划,确认后重整计划的条款对债务人、依照重整计划发行股票的任何实体、依照重整计划取得财产的任何实体、任何债权人、资本股票持有人,或者债务人的普通合伙人,都具有约束力。[②]

最后,如果重整计划对出资人等其他利害关系人不具有约束力,破产重整之立法目的将难以实现。在重整过程中,为获取重整资金、保障重整成功,一般都会涉及对出资人等其他利害关系人权益进行调整。然而,在调整时可能会因为出资人等其他利害关系人不同意调整而在重整计划中强制进行调整的情形。如果重整计划对出资人等其他利害关系人不具有约束力,当其不同意对其权益的调整时就会以重整计划对其不具有约束力而拒绝执行,这必然导致重整计划无法执行,从而使破产重整之立法目的也无法实现。

当然不可否认的是,我国《企业破产法》第 92 条的规定确实存在缺陷,容易引起歧义,应当加以完善。

---

① 参见郑志斌、张婷:《困境公司如何重整》,人民法院出版社 2007 年版,第 377 页。
② 参见李飞主编:《当代外国破产法》,中国法制出版社 2006 年版,第 667—668 页。

二、重整计划的性质

从《企业破产法》第 92 条的规定可知，经法院裁定批准的重整计划不仅对全体债权人、债务人具有约束力，而且应当对包括出资人在内的其他利害关系人也具有约束力。然而，重整计划的这种约束力究竟是合同法上的约束力还是具有司法上的强制执行力？对此，我国《企业破产法》没有规定，实践中的观点也不尽相同：一种观点认为，对债权人会议表决通过并经人民法院裁定批准的重整计划或由人民法院强制批准的重整计划具有准司法的性质，法院的裁定批准是对重整计划的一种司法确认，除对相关利害关系人具有约束力外，如果确定有给付义务，且适合强制执行的，还应具有执行力，否则法院的裁定就无法发生作用，重整计划的执行也将无法顺利进行。另一种观点认为，重整计划是债权人、债务人及相关利害关系人在法院的主持下对其权利、义务的一种自由协商与约定，具有合同的性质，其效力应当是合同法上的约束力，不具有强制执行力，否则就可能因个别债权的强制执行造成多数债权人之间在债务清偿上的不公平。《北京市高级人民法院企业破产案件审理规程》采纳了第二种观点，在第 227 条明确规定："重整计划不具有强制执行力。债务人不能执行或者不执行重整计划的，人民法院经管理人或者利害关系人请求，应当裁定终止重整计划的执行，并宣告债务人破产。"《北京破产法庭破产重整案件办理规范（试行）》第 133 条也规定，重整计划执行期间，管理人、利害关系人可就重整计划的执行向人民法院申请必要的协助。人民法院可以根据申请，向有关单位发出协助执行通知书，但不得强制执行重整计划的清偿方案。

对此，笔者认为，应当赋予重整计划法律文书效力，如果重整计划具有给付内容应当具有强制执行力，上述规定有待商榷，建议最高人民法院在制定新的司法解释时予以完善。原因有三：

首先，人民法院对重整计划的审核与批准具有准司法的性质。破产重整制度虽然以当事人意思自治为基础，但又不是完全的自治，更多地贯彻了国家干预的原则，直接用国家的强制规定维护大多数当事人意思自治的有效性及保障重整的成功。在对重整计划草案进行表决时，即使各表决组通过重整计划草案仍需要提请法院批准，法院在审查后如发现重整计划草案不符合《企业破产法》的有关规定，有权推翻债权人会议的表决不予批准；而在各表决组未能通过重整计划草案时，只要符合法定条件，人民法院有权予以强制批准。由此可以看到，无论各表决组是否通过重整计划草案都需要人民法院的审核与批准，重整计划草案也只有在人民法院裁定批准后方可生效。人民法院对重整计划草案的审查、批准行为是一种司法行为，法院以裁定的形式批准重整计划草案事实上是对重整计划内容的一种司法确认，它赋予了重整计划准司法的性质。

其次，重整计划具有强制执行力是保障重整成功的需要。重整是一项成本高、耗时长的制度，而公司重整进行到重整计划执行阶段往往已经花费了较长的时间，耗费了大量的人力、物力及财力，可谓是到了重整的关键环节，而此时如果不赋予重整计划以强制执行力，债务人、出资人或其他利害关系人便可以随意去违背，重整计划将无法执行，破产重整的立法条文也将如同虚设。实务中，许多情况不依靠法院的强制力来协助执行，重整计划很难实施下去。

最后，赋予重整计划以强制执行力也是各国或地区之普遍做法。如我国台湾地区"公司法"第305条第2款明确规定：法院认可之重整计划，对于公司及关系人均有拘束力，其所载之给付义务，适用于为强制执行之标的者，并得予强制执行。《德国支付不能法》第257条第1款规定：支付不能债权人的债权已经得到确认，并且在审查期日未未受债务人争辩的，如同根据具有执行力的判决一样，其可以根据以确定裁判认可的支付不能方案，同时结合在债权表上的登记，请求对债务人实施强制执行。《韩国统一倒产法》第255条也规定，在重整计划批准的裁定确定时，具有与确定判决同样的效力。

然而，重整计划的这种强制执行应当是对同类性质的全体债权人的共同执行且不得违反《企业破产法》规定的清偿顺序，因为如果是对债权人的个别执行将可能出现先执行的人得到了全部清偿，而后执行的人无法得到任何清偿，这有违《企业破产法》公平的原则。

第八章 重整计划的执行和监督

第一节 重整计划的执行

重整计划草案经人民法院裁定批准后,重整计划便产生效力。随之,便进入重整计划的执行阶段,重整计划能否顺利执行决定着重整目标能否实现。在重整计划执行阶段,应当由谁负责执行、管理人应当如何监督、在重整计划执行不能时又当如何救济等,都是在重整计划执行过程中需要解决的问题。

一、重整计划的执行主体

我国《企业破产法》第89条第1款规定:"重整计划由债务人负责执行。"因此,重整计划只能由债务人负责执行。由于债务人对企业的状况比较熟悉,重整计划能否顺利执行也关系到债务人的切身利益,债务人具有善意、充分执行的动力,故由债务人负责重整计划的执行有利于实现重整计划的目的。

但有时债务人为了个人私利,存在破产欺诈或者其他严重损害债权人利益的行为。此时,根据我国《企业破产法》的规定,管理人或利害关系人只能请求人民法院裁定终止重整计划的执行,并宣告债务人破产。然而,此时重整计划并非不具有可执行性,宣告债务人破产并不是对债权人及相关利害关系人权益保障的最好方法。《北京破产法庭破产重整案件办理规范(试行)》第127条规定:"债务人负责执行重整计划,并向管理人报告重整计划执行情况和债务人财务状况,管理人负责监督重整计划的执行,重整计划另有约定的除外。重整计划约定由管理人或其他人执行,管理人或其他人不执行或不能执行的,依照本规范第一百四十三条的规定处理。"第143条第1款规定:"债务人不能执行或者不执行重整计划的,人民法院经管理人或者利害关系人请求,应当裁定终止重整计划的执行,宣告债务人破产,并依照本规范第一百二十五条的规定处理。"

二、协助执行

在重整计划执行过程中,有时会涉及其他有关部门协助执行的问题,如果有关部门不予配合的话,重整计划将难以执行。如本案中,在股权变更时,就涉及查封股权的解封及办理股权变动的事宜,此时就需要工商行政管理部门、采取查封措施的法院予以配合。但由于我国《企业破产法》未有相关规定,在执行过程中曾遇到过不少障碍。最后还是由管理人向受理法院提出申请,请求人民法院出具协助执行通知书,才可顺利完成股权变更的有关手续。对上述实务中存在的问题,《北京市高级人民法院企业破产案件审理规程》仅规定重整计划涉及出资人权益调整事项的,出资人权益登记机关应当根据人民法院批准重整计划的裁定办理该权益的变动登记。《北京破产法庭破产重整案件办理规范(试行)》第132条规定:"重整计划执行期间,出资人、债权人等无正当理由拒不配合办理出资权益变更手续的,人民法院可以根据管理人、利害关系人的申请向有关单位发出协助执行通知书。"第133条规定:"重整计划执行期间,管理人、利害关系人可就重整计划的执行向人民法院申请必要的协助。人民法院可以根据申请,向有关单位发出协助执行通知书,但不得强制执行重整计划的清偿方案。"

三、财产和营业事务的移交

根据我国《企业破产法》的有关规定,在重整期间,债务人财产和营业事务的管理有两种模式:一种情况是破产申请受理后,管理人接管债务人的财产和营业事务,在重整期间,管理人继续执行这一职务;另一种情况是债务人根据《企业破产法》第73条的规定申请并经人民法院批准,由债务人在管理人的监督下自行管理财产和营业事务。实务中多是前一种情况。如果是由管理人管理债务人的财产和营业事务,根据《企业破产法》第89条第2款的规定:"人民法院裁定批准重整计划后,已接管财产和营业事务的管理人应当向债务人移交财产和营业事务。"

但在人民法院裁定批准重整计划后,管理人向债务人移交财产和营业事务的期限,我国《企业破产法》没有规定。《北京市高级人民法院企业破产案件审理规程》第49条第2款规定:"管理人接管债务人的财产,一般应当自管理人被指定之日起二个月内完成。确因客观原因无法在二个月内完成接管的,经人民法院许可,接管期限可相应延长。"由于管理人接管债务人的财产和营业事务与向债务人移交财产和营业事务的程序和内容极为相似,笔者认为,管理人在向债务人移交财产和营业事务时,移交的期限可以参照管理人接管债务人财产和营业事务期限的规定。

本案中,自人民法院受理破产申请后,债务人的财产和营业事务一直是由管理人管理。在人民法院裁定批准重整计划草案后,管理人便需要向债务人移交财产和营业事务。但对管理人向债务人移交财产和营业事务的期限、方式、程序等内容,我国《企业破产法》未有相关规定。为保障移交工作的顺利进行,在进行财产和营业事务的移交前,管理人最好制订《财产和营业事务移交的工作预案》。工作预案具体可以从以下几个方面来制订：

（一）移交前的准备工作

为保证财产和营业事务的顺利移交，在管理人正式向债务人移交前应做好移交的准备工作，具体包括成立工作交接临时小组，明确临时工作小组的人员组成及职责分工，对管理人成立后接管的债务人的有关财产、印章和账簿、文书等资料进行清查，制作详细的清查清单，并与之前接管的财产、印章和账簿、文书等资料进行核对，如发现财产、资料有遗失、毁损或其他不一致的情形，应及时向临时工作小组组长汇报，由管理人进行调查核实并作出书面说明。在有关清查工作完成后，应提前确定移交的时间和地点，并提前通知需参加的有关人员。

（二）正式移交

正式移交一般应在受理破产申请法院主审法官的指导下，由破产管理人负责人和破产企业法定代表人或其授权的人分别代表管理人和债务人进行工作交接。临时小组工作成员亦应参加交接以协助完成移交工作。在移交时，鉴于管理人还要继续履行监督职责，部分财产、文件资料可能暂时无法移交，因此，移交时一般将破产管理人成立后接管的权属证明、证照、合同、档案文件（含电子版）、财务账册、案件材料、资产及清算组已完成阶段性工作形成的文件资料（如债权申报资料、会议材料等）等先行移交。对管理人因继续履行职责需要的部分资产、文件资料（如购置的办公设备、尚未结案的案件材料等）、按照重整计划规定应由管理人保管的公司印章等暂不移交，待重整计划执行完毕，由清算组制作清单另行移交。

移交时，一般根据之前清查的结果，由临时小组具体负责清查的工作人员按类别逐项进行移交，移交时需填写详细的移交清单，并由具体移交人员、接收人员在交接清单上签字。对因继续履行职责需要的部分资产、文件资料（如购置的办公设备、尚未结案的案件材料等）仍由清算组保管并填写详细清单，由交接双方代表在未移交的清单上签字确认。待清算组解散后再行移交给兴昌达博公司。在所有移交工作完成后，由清算组组长与兴昌达博公司法定代表人或其授权的人签署财产和营业事务移交接管书。自移交接管书双方签字或盖章时起，本次移交工作完成，临时小组解散。

（三）移交时需注意的问题

移交时注意保管好移交的财产、文件资料等，避免遗漏、遗失。如移交的财产、账簿、文件资料等与接管时不一致，移交时应进行特别说明，并由交接双方签字。如果移交的财产、文件资料众多，为避免资产、文件资料的丢失、毁损，债务人应配备必要的人员、车辆将接收的财产、文件资料等及时运走并妥善保管。

本案中，为兴昌达博公司破产管理人制订了如下财产和营业事务移交的工作预案：

北京兴昌达博房地产开发有限公司破产管理人向北京兴昌达博房地产开发有限公司移交财产和营业事务的工作预案

鉴于北京市昌平区人民法院已于2008年9月4日裁定批准了《北京兴昌达博房地产开发有限公司重整计划草案》，北京兴昌达博房地产开发有限公司(以下简称"兴昌达博公司")破产重整一案已进入重整计划执行阶段，根据《中华人民共和国企业破产法》第八十九条第二款的规定，破产管理人应当向兴昌达博公司移交财产和营业事务。为保障移交工作的顺利开展，特制订本工作预案。

一、工作人员的组织与安排

（一）成立工作交接临时小组

鉴于兴昌达博公司文件资料繁多、工作量较大，为顺利完成交接工作，拟成立工作交接临时小组（以下简称"临时小组"），由清算组组长苏××担任组长，破产管理人办公室主任王××担任副组长，小组成员5名。为提高工作效率，小组成员由办公室、原资产组、债权债务组、财务组了解情况的人员组成。

（二）临时小组工作职责

1. 对清算组成立后接管的兴昌达博公司的财产、印章和账簿、文书等资料及接管后形成的文件资料进行清查并制作详细的清查清单。具体分工如下：

(1) 1人负责印章、权属证明、证照、档案文件(含电子版)的清查；

(2) 1人负责合同、涉诉案件资料的清查；

(3) 1人负责财务账册、银行账户资料、银行存款凭证、库存现金、股权投资、有价证券等财务资料的清查；

(4) 1人负责固定资产、存货、无形资产、其他资产及现场保卫情况的清查；

(5) 1人负责清算组因履行职责而需要继续保管的财产、文件资料的清查。

2. 制作移交接管书和工作交接清单。

3. 协助办理工作交接的有关手续。

4. 其他交接前的准备工作。

（三）临时小组工作纪律

临时小组工作人员在小组组长的统一安排下，严格按照本方案规定的程序和要求履行自己的职责，并对清算组负责。如因工作人员工作失误造成财产、资料毁损或灭失的，应当承担相应的责任。

二、移交前的准备工作

（一）移交前的清查工作

1. 为完整、全面地完成移交工作，需对清算组接管的兴昌达博公司的财产、印章和账簿、文书等资料及清算组接管后为履行职责购买的财产、完成阶段性工作形成的文件资料进行清查并按类别制作详细清查清单。具体清查内容如下：

（1）印章。需清查的印章包括兴昌达博公司公章、财务专用章、合同专用章、海关报关用章、各部门印章(董事会、监事会、人事部门等)及其他各类专用章。清查时应制作详细表格，载明印章名称、数量、存放处等。

（2）权属证明、证照。需清查的权属证明包括出资人证明、财产所有权证明等。证照包括企业法人营业执照(正、副本)、组织机构代码证(正、副本)、税务登记证、报关证、法定代表人登记证、贷款证、企业信用等级证、银行开户许可证、建设用地许可证、国有土地使用权证、建设工程规划许可证、建筑工程施工许可证、商品房预售许可证等。清查时应制作详细表格，载明名称、数量、内容等。

（3）合同。需清查的合同为清算组接管的兴昌达博公司的所有合同及清算组接管后为履行工作职责签订的合同，对所有合同文件应按类别进行清查，并制作详细表格，载明名称、当事人、内容、数量、原/复印件等内容。

（4）档案文件(含电子版)。需清查的档案文件包括清算组接管的兴昌达博公司人事档案、公司章程、股东协议、验资证明、各种会议记录、公司规章制度等及清算组接管后形成的文件资料(如债权申报材料、会议文件等)。清查时应制作详细表格，载明名称、内容、数量、原/复印件等内容。

（5）财务账册等。清查的财务账册包括清算组接管的兴昌达博公司的账册、会计凭证、票据、银行账户资料、银行存款凭证、库存现金、股权投资、有价证券等及清算组接管后对兴昌达博公司财务进行审计的文件资料。清查时应制作详细表格，载明名称、年份、内容、数量、原/复印件等内容。

（6）涉诉案件资料。需清查的涉诉案件资料包括清算组接管的兴昌达博公司的所有涉诉案件资料及清算组接管后形成的涉诉案件资料，对所有涉诉案件资料要分案汇集并制作详细表格，载明诉讼当事人、受理法院、案由、诉讼标的、诉讼所处阶段等内容。

（7）资产。需清查的资产包括清算组接管的兴昌达博公司的货币资金、固定资产、存货、无形资产及其他资产和清算组接管后为履行工作职责购置的资产。清查时需制作详细表格，载明名称、规格(型号)、数量、价值、存放地点等内容。

（8）清算组因履行职责而需继续保管的财产、文件资料。清算组因履行职责而需继续保管的财产、文件资料包括各种办公设备、尚未审结的案件材料、目前及日后进行监督需要的文件资料等。

2. 将清查的结果与清算组接管的财产、印章和账簿、文书等资料进行核对，如发现财产、资料有遗失、毁损或其他不一致的情形，应及时向临时工作小组组长汇报，由清算组进行调查核实并作出书面说明。

3. 制作移交接管书、工作交接清单等其他准备工作。

（二）确定移交的时间和地点

1. 考虑到兴昌达博公司合同、财务账册、档案文件等资料存放于破产管理人办公地点，为便于工作的移交，拟将破产管理人办公地点作为正式移交的地点。

2. 关于移交的具体时间，在临时小组完成清查工作及相关准备工作后，由破产管理人与兴昌达博公司协商确定，最迟应于2009年2月28日之前完成移交工作。

三、正式移交

（一）移交参加人

1. 正式移交仪式在昌平区人民法院主审法官冯××的主持下，由清算组组长苏××代表破产管理人和兴昌达博公司董事长进行工作交接。

2. 临时小组成员亦参加移交仪式以协助完成移交工作。同时，兴昌达博公司需指定至少3名工作人员参加移交仪式，负责接收、保管破产管理人移交的财产、文书等资料。

（二）移交的原则

鉴于兴昌达博公司破产重整工作尚未结束，管理人还需继续履行监督职责，部分财产、文件资料目前尚无法移交。为保证本次移交工作的顺利进行，本次移交的原则如下：

1. 本次移交的财产、文件资料为清算组接管的兴昌达博公司的权属证明、证照、合同、档案文件（含电子版）、财务账册、案件材料、资产及清算组已完成阶段性工作形成的文件资料（如债权申报资料、会议材料等）。

2. 兴昌达博公司的营业事务和"麓鸣花园"项目的现场保卫工作应当一并移交。

3. 根据《北京兴昌达博房地产开发有限公司重整计划》第九部分第一条第（一）项的规定，破产管理人在向兴昌达博公司移交财产和营业事务后，兴昌达博公司的公章仍由破产管理人保管，兴昌达博公司在使用时由管理人审核登记。因此，在管理人向兴昌达博公司移交财产和营业事务时，兴昌达博公司的公章、财务专用章不必移交。在重整计划执行过程中，如兴昌达博公章、财务专用章发生变更须及时报管理人并交其保管,待重整计划执行完毕,另行移交。

4. 对清算组因继续履行职责需要的部分资产、文件资料(如购置的办公设备、尚未结案的案件材料等)暂不移交,待重整计划执行完毕,由清算组制作清单另行移交。

(三)移交程序

1. 由昌平区人民法院冯××法官就移交工作需注意的事项进行特别指示。

2. 根据之前清查的结果,由临时小组具体负责清查的工作人员按类别逐项进行移交,移交时需填写详细的移交清单,并由具体移交人员、接收人员在交接清单上签字。

3. 对因继续履行职责需要的部分资产、文件资料(如购置的办公设备、尚未结案的案件材料等)仍由清算组保管并填写详细清单,由交接双方代表在未移交的清单上签字确认。待清算组解散后再行移交给兴昌达博公司。

4. 在所有移交工作完成后,由清算组组长与兴昌达博公司法定代表人或其授权的人签署财产和营业事务移交接管书。自移交接管书双方签字或盖章时起,本次移交工作完成,临时小组解散。

四、移交时需要注意的问题

1. 移交时注意保管好移交的财产、文件资料等,避免遗漏、遗失。

2. 如移交的财产、账簿、文件资料等与接管时不一致,移交时应进行特别说明,并由交接双方签字。

3. 由于移交的财产、文件资料众多,为避免资产、文件资料的丢失、毁损,兴昌达博公司应配备必要的人员、车辆将接收的财产、文件资料等及时运走并妥善保管。

附件1:

北京兴昌达博房地产开发有限公司
财产和营业事务移交接管书

鉴于北京市昌平区人民法院已于2008年9月4日裁定批准了《北京兴昌达博房地产开发有限公司重整计划草案》,北京兴昌达博房地产开发有限公司(以下简称"兴昌达博公司")破产重整一案已进入重整计划的执行阶段,根据《中华人民共和国企业破产法》第八十九条第二款的规定,管理人于2009年____月____日向兴昌达博公司移交财产和营业事务。

破产管理人按照《中华人民共和国企业破产法》的规定,除目前不宜移交的事项外,已向兴昌达博公司妥善移交该公司的所有财产、账册、文书档案、证照、有关资料、现场保卫及营业事务。交接时,双方按照物品性质、分类逐项清点、造册,并由具体负责交接人员在交接清单上签字确认。

该交接清单是本接管书不可分割的组成部分。

附:兴昌达博公司财产及物品交接清单

移交方:北京兴昌达博房地产开发　　接管方:北京兴昌达博
有限公司破产管理人　　　　　　　房地产开发有限公司
负责人:(签字)　　　　　　　　　负责人:(签字)
签署地点:　　　　　　　　　　　　年　月　日

附件2:

北京兴昌达博房地产开发有限公司财产交接汇总表

序号	财产名称	数量	处所	金额(元)	移交人	接收人
	现金					
	银行存款					
	固定资产					
	存货					
	无形资产					
	其他资产					
合计						

(后附财产详细清单)

北京兴昌达博房地产开发有限公司财产交接之货币资金清单

单位名称:　　　　　　　年　月　日　　　　　单位:人民币

序号	类别	开户银行或存放处所	账户	金额
合计				

北京兴昌达博房地产开发有限公司财产交接之固定资产清单

单位:人民币

序号	名称	规格	存放地点	数量	权属	原值	净值	备注
合计								

北京兴昌达博房地产开发有限公司财产交接之存货清单

单位:人民币

序号	名称	规格	型号	数量	原值	净值	存放处所	备注
合计								

北京兴昌达博房地产开发有限公司财产交接之无形资产清单

单位:人民币

序号	权利类别	名称	原值	净值	备注
合计					

北京兴昌达博房地产开发有限公司财产交接之其他资产清单

单位：人民币

序号	名称	原值	净值	存放地点	备注
合计					

附件3：

北京兴昌达博房地产开发有限公司文件资料交接汇总表

序号	文件名称	数量	处所	内容	移交人	接收人
	权属证明					
	证照					
	合同					
	档案文件(含电子版)					
	财务账册					
	涉诉案件资料					
	其他文件					
合计						

（后附文件资料详细清单）

北京兴昌达博房地产开发有限公司文件资料交接之权属证明、证照交接清单

序号	文件名称	数量	内容	颁发机关	备注
合计					

北京兴昌达博房地产开发有限公司文件资料交接之合同交接清单

序号	名称	签约单位(个人)	内容	数量	原/复印件	备注
合计						

北京兴昌达博房地产开发有限公司文件资料交接之档案文件交接清单

序号	文件名称	内容	数量	原/复印件	备注
合计					

北京兴昌达博房地产开发有限公司文件资料交接之财务账册交接清单

序号	名称	年份	内容	数量	原/复印件	备注
合计						

北京兴昌达博房地产开发有限公司文件资料交接之案件材料交接清单

序号	诉讼当事人	案由	诉讼标的	受理法院	诉讼所处阶段	备注

附件4：

清算组未移交的财产、文件资料汇总表

序号	财产/文件名称	内容	数量	处所	移交人	接收人
合计						

第二节 重整计划执行的监督

一、监督的主体

（一）管理人监督

我国《企业破产法》第90条规定："自人民法院裁定批准重整计划之日起，在重整计划规定的监督期内，由管理人监督重整计划的执行。在监督期内，债务人应当向管理人报告重整计划执行情况和债务人财务状况。"因此，在重整计划执行阶段，应由管理人对债务人执行重整计划的情况进行监督。

(二) 利害关系人监督

我国《企业破产法》第 93 条第 1 款规定:"债务人不能执行或者不执行重整计划的,人民法院经管理人或者利害关系人请求,应当裁定终止重整计划的执行,并宣告债务人破产。"据此可知,我国立法赋予利害关系人对重整计划执行具有一定的监督权。

然而,利害关系人对重整计划执行的监督权受到如下两个方面的限制:

一是缺乏了解重整计划执行情况的途径。利害关系人根据我国《企业破产法》第 93 条的规定申请人民法院裁定终止重整计划的执行须以"知道"或"了解"债务人不能执行或不执行重整计划为前提,但利害关系人一般很难知道债务人是否具备法定情形;并且我国《企业破产法》也并未给利害关系人提供一个可以了解重整计划执行情况的方式或途径,这就使得利害关系人的监督权无法真正落到实处。因此,为使利害关系人的监督权可以落到实处;更好地保护其利益,笔者认为,在破产管理人认为合适的情况下或法院应利害关系人的请求在必要时,可由债权人委员会或股东代表向债务人了解重整计划的执行情况,债务人应当予以配合。

二是利害关系人进行监督的方式过于单一。根据我国《企业破产法》第 93 条的规定,在债务人不能执行或者不执行重整计划时,利害关系人只能申请人民法院裁定终止重整计划的执行,并宣告债务人破产。而在重整进行到重整计划执行阶段,往往耗费了较大的人力、物力、财力,如果仅仅因为债务人暂时不能执行重整计划或不执行重整计划就裁定终止重整计划的执行,宣告债务人破产,往往会造成重整资源的浪费。此时,利害关系人一般也不希望公司破产,并且利害关系人实际上行使此项权利的可能性较小。因此,笔者认为,应当根据重整计划不能执行或不执行的具体情况,提供多元化的救济方式。如在发生情事变更时允许对重整计划进行适当变更;赋予重整计划以强制执行力,在重整计划尚具有可执行性而债务人不执行时,可由相关利害关系人申请人民法院强制执行等。

二、监督的期限

我国《企业破产法》第 90 条规定:"……在重整计划规定的监督期限内,由管理人监督重整计划的执行……"第 91 条第 3 款规定:"经管理人申请,人民法院可以裁定延长重整计划执行的监督期限。"由此可知,管理人对重整计划执行监督的期限,由重整计划加以规定,该期限既可以短于重整计划的执行期间,也可以长于重整计划的执行期间。一般来说,对重整计划的监督期限应当与重整计划的执行期间相同。必要时,管理人也可以提请人民法院延长重整计划执行的监督期限。监督期限届满时,管理人应当向人民法院提交监督报告,自提交监督报告之日起,管理人的监督职责终止。

三、监督的方式

虽然我国《企业破产法》第 90 条规定,由管理人监督重整计划的执行。但管理人监督的具体权限及履行监督职责的具体程序,法律未作规定。为使管理人更好地履行监督职责,监督债务人严格按照重整计划进行重整工作,积极实现重整目标,管理人在进行监督管理前最好制定对债务人执行重整计划进行监督管理的具体制度。监督管理制度可以从以下几个方面进行明确:

(一) 印章监督

印章是权力的象征,印章的使用要有严格的制度。为防止债务人滥用公章,实施损害债权人等利害关系人利益的行为,在管理人向债务人移交财产和营业事务时,债务人的有关印章可以由管理人继续保管。管理人保管的印章包括公司公章、财务专用章、名章、合同专用章等各种印章。债务人在使用印章时需事先申请并经批准后方可加盖。使用印章的审批手续区分一般事项与特殊事项实行不同的审批程序,一般情况下由清算组组长(管理人负责人)审批,特殊事项由清算组(管理人)会议讨论决定后报受理法院批准。

(二) 人事任免监督

人事任免监督,主要是监督破产企业董事、监事和高级管理人员等的任免、变动。对上述人员的任职条件和任免程序要实施控制,并明确规定未经管理人批准,债务人不得任命董事、监事、高级管理人员职务,未经管理人的批准上述人员的任免一律无效。任命的破产企业的董事、监事和高级管理人员应当具备任职的条件,且不得有《公司法》禁止任职的情形。

(三) 资金监督

资金对重整企业来说犹如人的血液,企业开展各项活动都离不开资金的支持与保障。因此,在重整计划执行阶段,对债务人资金的监管尤其重要。资金方面的监管措施主要包括以下方面:

(1) 设立管理人与债务人的共管账户,也就是说,债务人的任何支出都需要得到管理人的同意。值得注意的是,进入重整计划执行阶段以后,根据现行《企业破产法》的规定,重整程序已经终结。司法机关对债务人的资金可以随时采取各种强制措施,故管理人不仅要防止债务人滥用资金,还要防止其他司法机关的查封、冻结、划转等。因此,债务人的支出得到承办法院的认可是有效的保障。

(2)规定债务人的所有收入必须划入共管账户。

(3)债务人必须提前将资金使用计划报管理人审核。计划内的资金使用由清算组组长(管理人负责人)批准,计划外的使用,以一定金额为线,线下的由清算组组长(管理人负责人)审批,线上的由(清算组)管理人集体决定。

(4)规定不予批准资金使用的情况,如已申请款项未按计划使用,申请用款额度超过了重整计划的规定,收款单位、用途等与合同约定不符等违背重整计划规定使用资金的情形。

(5)管理人有权随时对债务人的资金使用情况进行检查。

除此之外,债务人要在每一个季度终结后向管理人汇报该季度资金收支情况,并附上明细表和相应的凭证。通过上述措施,管理人可以对债务人在重整计划执行阶段资金的使用情况实施有效的监督,进而保证重整计划的顺利实施。

(四)重大事项报告

重大事项报告是指在重整计划执行期间,如发生对重整计划的执行及债权人利益有较大影响的重大事件时,债务人应及时报告管理人,并说明事件的起因、目前的状态和可能产生的影响。重大事项主要指公司发生重大债务、重大违约行为、重大亏损或重大损失、公司资产被查封、扣押、公司经营条件发生重大变化、对公司产生重大影响的额外收益等。重大事项报告,可以使管理人及时了解有关情况,并判断对重整计划执行可能产生的影响,从而采取相应措施。

(五)重大事项审批

重大事项审批是指在重整计划执行期间,如实施对重整计划执行及债权人利益有较大影响的重大行为时,必须提前报管理人审批。重大事项可由管理人结合案件的具体情况在监督方案中明确,并对审批程序事先作出规定。对债务人申请的审批事项,管理人应当及时作出批准或不予批准的决定,并送达申请人。

(六)定期汇报

定期汇报分为每月报告、季度报告和年度报告。报告的内容除包含重整计划执行情况、财政情况外,公司重大事项、公司管理层讨论与分析、董事会报告等与重整计划执行有关的情况也应包含在内。对债务人提交的报告如有不明之处或存在疑问,管理人有权要求债务人或其董事、监事、高级管理人员对有关问题作出解释、说明或者提供相关资料。对债务人汇报中存在的问题,管理人有权要求其改正,并对其下一步的工作进行指导与监督。

(七)代表参加仲裁、诉讼

《全国法院破产审判工作会议纪要》"三、管理人制度的完善"第9点规定,在债务人自行管理的重整程序中,人民法院要督促管理人制订监督债务人的具体制度。在重整计划规定的监督期内,管理人应当代表债务人参加监督期开始前已经启动而尚未终结的诉讼、仲裁活动。

本案中,根据我国《企业破产法》关于管理人职责的有关规定,为兴昌达博公司破产管理人制定了如下监督管理细则:

北京兴昌达博房地产开发有限公司破产管理人
监督北京兴昌达博房地产开发有限公司
执行重整计划的实施细则

第一章 总 则

第一条 根据《北京兴昌达博房地产开发有限公司重整计划》(以下简称"重整计划")第九部分的规定,在重整计划规定的监督期限内,管理人对北京兴昌达博房地产开发有限公司(以下简称"兴昌达博公司")执行重整计划的情况进行全面监督。为使管理人更好地履行监督职责,监督兴昌达博公司严格按照重整计划进行重整工作,积极实现重整目标,特制定本实施细则。

第二条 在重整计划规定的监督期限内,兴昌达博公司公章的管理、人事任免、资金监管、重大事项的报告、重大行为的审批、定期汇报等事项适用本实施细则。

第三条 管理人按照我国《企业破产法》、重整计划和本实施细则的规定,依法主动、全面地履行监督职责。在重整计划规定的监督期限内,管理人有权对兴昌达博公司执行重整计划的情况随时进行监督和抽查。

第四条 兴昌达博公司应积极配合管理人履行监督职责,按照我国《企业破产法》、重整计划和本实施细则的要求履行其义务。

第二章 公章的管理
第一节 公章的保管

第五条 根据重整计划第九部分第一条第(一)项的规定,在人民法院裁定批准重整计划草案、管理人向兴昌达博公司移交财产和营业事务后,兴昌达博公司的公章仍由管理人保管,兴昌达博公司在使用时需由管理人审核登记。

前款所称兴昌达博公司公章,包括兴昌达博公司印章、兴昌达博公司财务专用章及兴昌达博公司合同专用章。

第六条 兴昌达博公司印章、财务专用章及合同专用章由清算组组长或其指定的专人保管。

第七条 存放公章的设施应当安全可靠。公章保管人应当妥善保管公章,不得转借他人;不使用公章时应当将公章入柜锁好。如有遗失,应当及时向清算组组长报告。

第二节 公章的使用

第八条 兴昌达博公司应当严格按照本实施细则规定的程序使用公章,未经本实施细则规定的程序,不得擅自使用。

第九条 公章的使用程序

(一)兴昌达博公司在使用公章时应当填写《印章、财务专用章、合同专用章使用登记表》(见附件一),并办理相应的审批手续后方可使用。

(二)兴昌达博公司日常使用公章的审批手续由清算组组长或其授权的人员审批。

但在下列情况下,由清算组集体讨论决定并报昌平区人民法院批准:

1. 公司重大的投资行为、重大的购置资产及股权转让行为;

2. 公司订立重要合同,可能对公司的资产、负债、权益和经营成果产生重要影响;

3. 涉及土地、房屋等不动产权益的转让(不含公司正常的销售经营活动);

4. 借款;

5. 对外提供担保;

6. 放弃权利;

7. 公司董事、监事、高级管理人员的任免;

8. 对重整计划执行有重大影响的其他行为。

(三)公章负责人应当对使用公章的审批手续进行核对,经核对无误后方可使用。

第十条 空白的纸张、介绍信、证件、表格不得加盖公章。

第十一条 使用公章后,《印章、财务专用章、合同专用章使用登记表》由公章保管人保存,并定期整理后交清算组办公室归档。

第十二条 兴昌达博公司公章原则不许带出清算组,兴昌达博公司如因工作需要确需带出时,应事先填写《印章、财务专用章、合同专用章使用登记表》说明使用缘由,并经清算组组长批准后方可带出。

第十三条 清算组办公室应当对公章的使用作书面记录,并由使用人签字。

第三节 责 任

第十四条 公章保管人员因保管不当而造成公章灭失或毁损的,应当承担相应的法律责任。

第十五条 任何人违反本实施细则的规定使用公章,给广大债权人造成损失的,应当承担相应的法律责任。

第三章 人事任免

第一节 监督范围

第十六条 根据重整计划第九部分第一条第(二)项的规定,股权变更后,兴昌达博公司董事、监事、高级管理人员的任免、变动及公司章程的修改须报管理人审批。

第二节 任职资格

第十七条 兴昌达博公司的董事、监事、高级管理人员应当具备下列条件:

(一)有良好的品行;

(二)有符合职位要求的专业知识和工作能力;

(三)有能够正常履行职责的身体条件;

(四)法律、行政法规规定的其他条件。

第十八条 有下列情形之一的,不得担任公司董事、监事、高级管理人员:

(一)无民事行为能力或者限制民事行为能力;

(二)因贪污、贿赂、侵占财产、挪用财产或者破坏社会主义市场经济秩序,被判处刑罚,执行期满未逾五年,或者因犯罪被剥夺政治权利,执行期满未逾五年;

(三)担任破产清算的公司、企业的董事或者厂长、经理,对该公司、企业的破产负有个人责任的,自该公司、企业破产清算完结之日起未逾三年;

(四)担任因违法被吊销营业执照、责令关闭的公司、企业的法定代表人,并负有个人责任的,自该公司、企业被吊销营业执照之日起未逾三年;

(五)个人所负数额较大的债务到期未清偿;

(六)不能胜任该职务或其任职不利于重整计划的执行的。

公司违反前款规定选举、委派董事、监事或者聘任高级管理人员的,该选举、委派或者聘任无效。

董事、监事、高级管理人员在任职期间出现本条第(一)项所列情形的,公司应当解除其职务。

第三节 任职资格的审核与管理

第十九条 兴昌达博公司董事、监事、高级管理人员新任、变动时,须提前十五日将新任董事、监事、高级管理人员的基本情况报管理人审批,并提交以下书面材料:

(一)对拟任高级管理人员进行任职资格审核的申请;

(二)兴昌达博公司高级管理人员任职资格申请表(见附件二);

(三)拟任高级管理人员的身份证、学历证书等有关证书的复印件,有护

照的应同时提供护照复印件;

（四）对拟任高级管理人员的品行、业务能力、管理能力、工作业绩等方面的综合鉴定。

第二十条 管理人应在收到第十九条所述书面材料后二十个工作日内作出是否核准任职的决定。

第二十一条 在重整计划规定的监督期限内，如兴昌达博公司高级管理人员辞职必须向管理人提出申请，管理人自收到申请之日起十个工作日内作出决定。

第二十二条 未经管理人批准，兴昌达博公司不得擅自任命高级管理人员，也不得以临时负责人名义或其他方式指定未经管理人审核批准的人员为该公司高级管理人员。遇特殊情况确实需要指定临时负责人的，指定和结束时应报管理人备案，且临时负责的时间最长不得超过一个月。

第二十三条 对兴昌达博公司人事任免审批形成的有关文件资料，管理人应定期整理并加以归档。

第四节 任职资格的取消及法律责任

第二十四条 如兴昌达博公司高级管理人员违反有关法律、法规或在任职期间实行了不利于重整计划的行为，管理人有权取消其任职资格。给公司及广大债权人造成损失的应当依法承担法律责任。

第五节 公司章程的修改

第二十五条 在重整计划规定的监督期限内，如兴昌达博公司修改公司章程应及时将修改的公司章程草案报管理人，由管理人对其合法性进行审核。管理人自收到章程后十日内作出批准或不予批准的决定。待管理人批准后，兴昌达博公司方可办理相应的工商变更手续。

第四章 资金监管

第一节 监督范围

第二十六条 根据重整计划第九部分第一条第（三）项的规定，在人民法院裁定批准重整计划后，管理人将与兴昌达博公司设立专门的共管资金账户以监督兴昌达博公司的资金收入与支出。

前款所称资金包括筹集的重整资金、项目的销售收入、对外回收的债权、通过其他方式融资的资金等。

第二节 设立共管账户

第二十七条 在人民法院裁定批准重整计划草案，兴昌达博公司的股权结构确定后，兴昌达博公司需与管理人设立专门的资金共管账户。

第二十八条 共管账户设立后，兴昌达博公司应将筹集的重整资金、项目的销售收入、对外回收的债权、通过其他方式融资的资金等所有收入存入该账户。

第二十九条 共管账户开户银行依据管理人出具的同意拨付证明及兴昌达博公司公章办理核准资金的划拨手续。

第三节 资金入账

第三十条 兴昌达博公司所有收入应直接存入资金共管账户。

第三十一条 购房人凭缴款通知书将房价直接存入共管资金账户,兴昌达博公司凭购房人的缴款凭证为购房人开具发票。

第四节 资金的使用

第三十二条 兴昌达博公司应根据重整计划中项目资金使用计划的规定严格支出,不得将资金用于与重整无关的工作。

第三十三条 兴昌达博公司应提前十日将下一季度资金使用计划报管理人审核,并按计划分批次申请用款。资金使用计划应当根据重整计划和工程进度制订。

季度资金使用计划的核准由清算组集体讨论决定,在季度资金使用计划内的分批次用款的核准由清算组组长决定。超过季度资金使用计划一百万元以下的,清算组组长可以决定是否批准;一百万元以上的,由清算组集体讨论决定。

第三十四条 兴昌达博公司在申请用款时应填写资金使用申请表(见附件三),并根据申请款项的不同提交相应的证明材料。

第三十五条 除需清算组召开会议审核的情况外,管理人对兴昌达博公司提交的申请材料,自收到之日起五个工作日内审核完毕。符合条件的,出具同意拨付证明;不符合条件的,出具不予拨付通知书。

第三十六条 有下列情况之一时,管理人有权不予办理用款手续或责令申请人修正用款手续:

(一)已申请款项未按计划使用;

(二)申请用款额度超过了重整计划的规定;

(三)收款单位、用途等与合同约定不符;

(四)其他违背重整计划规定使用资金的情形。

第三十七条 兴昌达博公司具有下列行为之一的,由管理人责令其限期整改,整改期间不得申请使用资金:

(一)未按重整计划的规定使用资金;

(二)未按规定将收入存入共管资金账户;

(三)转移、隐匿或以其他方式变相逃避资金监管的。

第三十八条 如购房人与兴昌达博公司达成退房协议并已办理相关退房

手续需退还房款的,兴昌达博公司需向管理人提交相关材料,管理人自收到之日起三个工作日内审核完毕。符合条件的,出具同意退款证明。

第五节 资金使用的监督

第三十九条 管理人应对兴昌达博公司是否按计划使用资金定期进行监督与检查。

第四十条 兴昌达博公司须在每一季度终结之日起十日内向管理人汇报该季度资金收入、支出、还款等情况,并后附明细表及收支对账单。

第六节 共管账户的结算及注销

第四十一条 共管资金账户在重整计划执行完毕后,由管理人和兴昌达博公司共同向开户银行提出账户的结算和注销申请,经开户银行审验后,办理结算和注销共管账户的手续,并出具共管账户注销证明。

第四十二条 对资金监管形成的有关文件资料,管理人应定期整理并及时归档。

第五章 重大事项的报告、审批与定期汇报

第一节 基本原则

第四十三条 根据重整计划第九部分第一条第(四)项的规定,在重整计划执行期间,兴昌达博公司如发生重大事件,必须立即报管理人;在实施重大行为时必须提前报管理人审批;必须定期向管理人汇报工作。

第四十四条 兴昌达博公司在报告重大事项、提交审批事项、汇报工作时应当真实、准确、完整、及时。

第四十五条 兴昌达博公司的董事、监事、高级管理人员应当忠实、勤勉地履行职责,保证提交的材料、汇报的事实真实、准确、完整、及时。

第四十六条 管理人依法对兴昌达博公司重大事项的报告、审批事项的提交和定期汇报进行监督,督促其依法及时、准确地按照重整计划的规定履行义务。

第四十七条 对兴昌达博公司提交的有关报告、审批、汇报的资料,管理人在依法审核、审阅后交专人存档备案。

第二节 重大事项的报告

第四十八条 在重整计划执行期间,如发生对重整计划的执行及债权人利益有较大影响的重大事件时,兴昌达博公司应及时报告管理人,并说明事件的起因、目前的状态和可能产生的影响。

前款所称重大事件包括但不限于:

1. 公司发生重大债务和未能清偿到期重大债务的违约情况,或者发生大额赔偿责任;

2. 公司发生了新的重大亏损或者重大损失;

3. 公司生产经营的外部条件发生了重大变化；

4. 董事、监事、高级管理人员无法履行职责；

5. 涉及公司的重大诉讼、仲裁，股东大会、董事会决议被依法撤销或者宣告无效；

6. 主要资产被查封、扣押、冻结或者被抵押、质押；

7. 主要或全部业务陷入停顿；

8. 可能对公司资产、负债、权益或者经营成果产生重大影响的额外收益；

9. 管理人认为应当及时报告的其他情形。

第三节 重大事项的审批

第四十九条 在重整计划执行期间，兴昌达博公司实施对重整计划的执行及债权人利益有较大影响的重大行为时，必须提前十日报管理人审批。

前款所称重大行为包括但不限于：

1. 公司的重大投资行为和重大的购置资产的决定；

2. 公司订立重要合同，可能对公司资产、负债、权益和经营成果产生重要影响；

3. 涉及土地、房屋等不动产权益的转让(不含公司正常销售经营活动)；

4. 借款；

5. 对外提供担保；

6. 放弃权利；

7. 管理人认为应当审批的其他行为。

第五十条 对兴昌达博公司申请的审批事项，管理人从以下几个方面进行审核：

1. 是否符合我国法律、行政法规和国家政策的有关规定；

2. 是否有利于公司的重整和重整计划的执行；

3. 是否有利于公平维护广大债权人的利益；

4. 交易价格是否合理，是否存在欺骗、双方恶意串通等损害债权人利益的行为。

第五十一条 对兴昌达博公司申请的审批事项，管理人应当自收到申请之日起十日内作出批准或不予批准的决定，并送达申请人。

第四节 定期汇报

第五十二条 定期汇报包括每月报告、季度报告和年度报告。

第五十三条 每月报告应当在每月终结后三日内向管理人提交，季度报告应当在每季度终结后十五日内向管理人提交，年度报告应当在每一会计年度终结后三十日内向管理人提交。

第五十四条 每月报告、季度报告应当记载以下内容：

1. 本月、本季度重整计划执行情况；
2. 本月、本季度资金收入与支出情况；
3. 本月、本季度公司重大事件、行为及对公司和重整计划的影响；
4. 公司董事、监事、高级管理人员发生变动情况；
5. 公司管理层的讨论与分析；
6. 管理人认为应当报告的其他事项。

第五十五条 年度报告应当记载以下内容：

1. 本年度重整计划执行情况；
2. 本年度资金收入与支出情况；
3. 本年度公司重大事件、行为及对公司和重整计划的影响；
4. 公司董事、监事、高级管理人员发生变动情况；
5. 公司管理层的讨论与分析；
6. 董事会报告；
7. 财务会计报告和审计报告全文；
8. 管理人认为应当报告的其他事项。

第五节 监督及责任

第五十六条 兴昌达博公司提交的报告、审批事项和汇报材料如有不明确之处，管理人有权要求兴昌达博公司或者其董事、监事、高级管理人员对有关问题作出解释、说明或者提供相关资料。

第五十七条 兴昌达博公司及其董事、监事、高级管理人员违反本实施细则的，管理人有权责令其改正。拒不改正致使重整计划不能执行或者不执行重整计划的，管理人有权根据《中华人民共和国企业破产法》第九十三条的规定，申请人民法院裁定终止重整计划的执行，并宣告债务人破产。

第六章 附 则

第五十八条 本实施细则由清算组负责解释。

第五十九条 本实施细则自清算组会议通过之日起生效。

监督管理制度制定后，管理人应将该制度提交管理人会议讨论审议，监督管理制度自管理人会议审议通过后开始生效。之后，管理人便可按照该管理制度的规定行使监督管理权。

管理人在按照上述制度进行监督管理的过程中，如果遇到监督管理制度没有规定或规定不够细致的地方，可以在原有监督管理制度的基础上制定更为细致的监督管理办法。本案中，在管理人监督债务人执行重整计划的实施细则中，虽然规定了债务人就重整计划执行的情况定期向管理人进行汇报的义务,但由于规定比较原则,因此,在具体执行的过程中,管理人又制定了破产管理人监督例会制度,对汇报的方式、时间、内容等进行了更加明确的规定。具体内容如下:

北京兴昌达博房地产开发有限公司破产管理人监督例会制度

第一章 总 则

第一条 为监督北京兴昌达博房地产开发有限公司(以下简称"兴昌达博公司")更好地执行重整计划,保障重整成功,根据《北京兴昌达博房地产开发有限公司重整计划》(以下简称"重整计划")和《北京兴昌达博房地产开发有限公司破产管理人监督北京兴昌达博房地产开发有限公司执行重整计划的实施细则》(以下简称"实施细则")的规定,特制定本管理办法。

第二条 兴昌达博公司应当按照重整计划和实施细则的规定及时向管理人汇报各项工作,并保证所汇报的内容真实、准确、完整。

第三条 兴昌达博公司的工作汇报主要包括重大事项的报告、每月报告、季度报告、年度报告等。

第四条 管理人对兴昌达博公司的汇报工作进行监督,督促其依法及时、准确、完整地履行汇报职责。

第二章 监督汇报方式

第五条 兴昌达博公司的监督例会于每月的第一周和第三周周二的下午两点召开,如遇特殊情况管理人可灵活安排。

第六条 参与会议人员由管理人负责人、兴昌达博公司负责人、管理人法律顾问及管理人工作人员组成,必要时邀请主审法官、项目管理公司到场。

第三章 汇报程序

第七条 由兴昌达博公司负责人对近期重整计划执行的情况、遇到的困难、下一步工作计划做专题汇报。

重整计划的执行情况包括但不限于以下内容:资金使用情况、债权清偿情况、招投标情况、施工进展情况、期间内公司发生的重大事项、实施的重大行为等。

第八条 对兴昌达博公司汇报的有关内容,管理人如有疑问有权要求兴昌达博公司及其董事、监事、高级管理人员进行解释、说明或者提供有关材料,必要时可进入公司进行现场检查、专项核查或采取其他现场监管措施。

兴昌达博公司及有关负责人应配合管理人的监督、检查,对管理人要求解释、说明的事项应当及时回复或提供有关材料。

第九条 对兴昌达博公司监督汇报中存在的问题,管理人有权要求其改正,并对其下一步的工作进行指导与监督。

第四章　监督管理与法律责任
第十条　兴昌达博公司应对汇报内容的真实性、准确性、完整性负责。
第五章　附　则
第十一条　本管理办法由清算组负责解释。
第十二条　本管理办法自清算组会议通过之日起生效。

第三节　重整计划执行不能时的救济

在重整计划执行的过程中,由于客观情况的变化或债务人主观恶意,可能存在重整计划不能执行或不被执行的情况。当重整计划不能执行或不被执行时,根据我国《企业破产法》第93条的规定,相关利害关系人或管理人可以申请人民法院裁定终止重整计划的执行,并宣告债务人破产。由此可知,我国《企业破产法》对债务人不能执行或不执行重整计划时,唯一的救济途径就是由管理人或利害关系人请求人民法院宣告债务人破产。对此,笔者认为,我国《企业破产法》提供的救济途径过于单一。因为在实践中重整计划不能执行或不被执行的原因可能多种多样,有些可能是因为客观方面的原因暂时无法执行,有些可能是在重整计划即将执行完毕时发生了不能执行的情况,有些可能是因为债务人主观方面的原因无法执行。并且重整又是一项成本高、耗时长的制度,如果不区分重整计划不能执行或不被执行的具体原因,而一味地宣告债务人破产,必然导致破产成本的增加和重整资源的浪费。因此,应当根据重整计划不能执行或不被执行的具体情况采取不同的救济方式。

一、重整计划不能执行

重整计划不能执行,是指债务人不存在不执行重整计划的故意,而是因为客观上的原因不能执行重整计划。当重整计划不能执行时,人民法院应根据管理人、利害关系人的申请对重整计划不能执行的原因及继续执行的可能性进行分析:

(一) 对可恢复执行的,应当允许对重整计划进行变更

在重整计划执行过程中,因客观情况的变化可能会发生一些当初制订计划没有预料到而又影响到计划执行的情况,此时如果允许对重整计划进行适当变更,重整计划还是具有可执行性的。考虑到重整程序是一项成本较高的制度,重整进行到重整计划的执行阶段往往花费了较多的人力、物力。如果仅仅因为重整计划个别不能执行就破产清算,对债权人、股东及相关利害关系人未必是最好的选择。因此,在因某种特殊情况的发生导致重整计划不能执行时,法律应当允许对重整计划进行适当变更,这也是各国之普遍做法。然而,在对重整计划进行变更时,为保障债权人及相关利害关系人的利益,对重整计划的变更程序应当与通过重整计划草案的程序基本相同。

(二)对不能恢复执行的,由人民法院根据管理人、利害关系人的申请裁定终止重整计划的执行,并宣告债务人破产

如果重整计划的不能执行不具有恢复的可能性,为了防止重整计划的久拖不施损害债权人及相关利害关系人的利益,管理人、有关利害关系人有权申请人民法院裁定终止重整计划的执行,并宣告债务人破产。但为了避免重整资源的浪费和便于法院的审查,笔者认为,相关司法解释应当对重整计划不能执行时宣告债务人破产的情形作出明确规定。结合实务中的有关情况并借鉴国外有关做法,笔者认为,在具有下列情形之一时,人民法院应当裁定终止重整计划的执行并宣告债务人破产:

(1)债务人的经营状况和财产状况继续恶化,缺乏挽救的可能性;
(2)因情势变更或正当理由致重整计划不能或无须执行;
(3)债务人缺乏完成重整计划的能力;
(4)人民法院认为债务人清算价值大于其继续重整的价值。

然而,当债务人具备以上情形,经管理人、利害关系人之申请裁定终止重整计划的执行并宣告债务人破产之前,法院应当召开听证会,听取管理人、债权人委员会、股东及相关利害关系人的意见。因为是否破产清算直接关系到债务人、股东等利害关系人的切身利益,应当赋予其提出意见的机会,从而也使法院更好地权衡债务人是否具备了破产宣告的原因。

二、重整计划不被执行

重整计划不被执行,是指债务人客观上能够执行重整计划,但由于其主观上不具有执行重整计划的诚意从而使重整计划不能执行。当债务人不执行重整计划时,应当根据债务人主观恶意的大小对重整计划执行的影响进行具体分析:

(一)当债务人的主观恶意较小且可恢复执行时,应当强制债务人执行重整计划

本书前面介绍了如果重整计划具有给付内容,且适合强制执行的,应当赋予重整计划强制执行的效力。因此,当债务人不执行重整计划并未对重整计划的执行造成实质影响,且重整计划尚具有可执行性时,应当由人民法院根据管理人或相关利害关系人的申请强制债务人执行重整计划。

(二)当债务人主观恶意较大时,由人民法院根据管理人或利害关系人的申请,变更执行人

虽然我国《企业破产法》第 89 条规定,重整计划只能由债务人执行。但在重整计划尚具有可执行性时,如果仅仅因为债务人的欺诈或恶意减少债务人财产等行为而停止重整计划的执行,并不是对债权人及相关利害关系人权益保障的最好方法。此时应当由人民法院根据管理人或利害关系人的申请裁定变更执行人,由管理人负责执行。

第四节 重整计划的变更

重整计划草案被人民法院裁定批准后,一般来说应当严格按照重整计划的规定执行。但由于破产企业一般都存在财务管理混乱、账目不全、资料缺失等问题,而管理人只能依据现有的材料审核确认债权的数额、性质及真实性等问题,这样就不能排除个别债权存在认定错误的情形,或者在重整计划执行过程中,因客观情况发生了重大变化,致使重整计划中的个别情况不再具有可执行性,但终止重整计划的执行,宣告债务人破产又不是最佳的选择。此时,就需要对重整计划进行适当变更。关于重整计划是否可以变更,我国《企业破产法》未有相关规定。在一些发达国家,重整计划生效后一般都允许对重整计划进行变更。

对此问题,司法实践允许重整计划变更。《北京破产法庭破产重整案件办理规范(试行)》第 136 条规定:"重整计划执行期间,因出现国家政策调整、法律修改变化等重整计划制定阶段不能合理预见的特殊情况,导致原重整计划无法执行的,可由管理人召集债权人会议,或由债务人向人民法院申请召开债权人会议,就是否同意变更重整计划进行表决。"

既然重整计划在执行过程中可以变更,那么应当由谁提出变更申请,变更的程序、变更后的效力又是怎样的呢?

一、申请变更的主体

根据《北京破产法庭破产重整案件办理规范(试行)》第 136 条的规定,变更重整计划的,由管理人召集债权人会议,或由债务人向人民法院申请召开债权人会议进行表决。

二、变更的程序

对重整计划的变更程序,根据变更内容的不同可分为形式内容的变更与实质内容的变更。

(一) 形式内容的变更

所谓形式内容的变更,是指对重整计划中对相关利害关系人的权益不产生实质影响的变更。如因笔误而发生的债权人的名称、债权数额小数点错误等。由于重整计划形式内容的变更不涉及重整计划的实质内容,因此在变更时无须像通过重整计划草案一样必须经过债权人会议的表决。但由于重整计划已经法院裁定确认,具有与确定判决相同的法律效力,对债务人和全体债权人均有约束力。因此,如对重整计划中的形式内容进行变更必须报受理重整申请的法院,由法院以裁定的形式对重整计划中的形式错误进行补正。

(二) 实质内容的变更

所谓实质内容的变更,是指对重整计划中直接影响相关利害关系人利益的内容的变更。如债权事实认定、数额计算、债权性质、经营方案等方面的变更。此类变更由于涉及对重整计划的实质内容进行修改,应当与通过重整计划草案的程序基本相同。但在对变更事项进行表决时,不受变更事项影响的关系人无须参加表决,这也是世界上其他国家之普遍做法,根据《北京破产法庭破产重整案件办理规范(试行)》第139条的规定,变更后的重整计划应提交给因重整计划变更而遭受不利影响的债权人组和出资人组进行表决。

三、变更后的效力

重整计划经法定的程序变更并由人民法院裁定批准后,具有同原计划相同的法律效力,即包括债权人、债务人、出资人、重整担保人等其他利害关系人,无论是否受该变更事项的影响,变更后的重整计划对其都具有约束力。如果变更后的重整计划具有给付内容,债权人、债务人、出资人、重整担保人等其他利害关系人亦可申请法院强制执行。《北京破产法庭破产重整案件办理规范(试行)》第137条规定:"债权人会议决议同意变更重整计划的,管理人或债务人应自决议通过之日起十日内提请人民法院批准。申请变更重整计划限于一次,债权人会议决议不同意或者人民法院不批准变更申请的,参照本规范第一百四十三条的规定处理。"第138条规定:"人民法院裁定批准变更重整计划的,债务人或者管理人应当在六个月内提出新的重整计划,在此期间,债务人不存在严重损害债权人利益的行为或者有其他不适宜自行管理情形的,应由债务人自行负责管理财产和营业事务,并制作变更的重整计划,管理人参照重整期间履行职责。除当事人另有约定外,为原重整计划的执行提供的担保,在原担保范围和期限内,不因人民法院裁定批准变更而无效。"第139条规定:"⋯⋯债权人按照重整计划所受的清偿仍然有效,但债权已受偿部分不享有表决权。表决、申请人民法院批准以及人民法院裁定是否批准的程序与重整期间相同。变更后的重整计划经人民法院裁定批准,加重了为原重整计划的执行提供担保的负担的,担保人对加重的部分不承担担保责任,但当事人另有约定的除外。"

第五节　重整计划执行期限的延长

本案重整计划执行过程中,政府部门办理兴昌达博公司工商登记变更手续时间长,"麓鸣花园"项目"烂尾"时间长,严重影响建设手续的办理,拆迁工作进行困难,资金紧缺等,因制定重整计划时无法预见和控制的原因,致使重整计划确定的部分债权无法在重整计划规定的期限内按期清偿,兴昌达博公司申请延长重整计划的执行期限。

一、重整计划执行期限延长的合法性和必要性

对于重整计划执行期限是否可以延长,我国《企业破产法》及有关法律、法规、司法解释并未作出明确规定。但上述原因并非兴昌达博公司恶意不执行重整计划所致,实际上"麓鸣花园"二期项目建设的手续此时已基本办理完毕,工程建设现已全面启动,重整计划一直在向前推进。若严格遵循重整计划规定的期限,将重整程序转为破产清算程序,购房债权人将无法取得房产,其利益得不到最大限度的保护,也造成前期重整工作投入资源的浪费。因此,充分考虑破产后可能面临的严重后果,重整计划的执行工作已取得了阶段性成果,以及继续执行重整计划的有利条件,在法律没有禁止的情况下,适当延长重整计划的执行期限。

二、重整计划执行期限延长的程序

延长重整计划的执行期限将导致未清偿的债权人延期受偿,直接影响债权人的利益,属于实质内容的变更,应当通过债权人会议表决。因此破产管理人向债权人会议主席提议召开第四次债权人会议,对延长重整计划执行期限一事投票表决。有权参与投票的为受重整计划执行期限延长影响的债权人,即在重整计划规定期限内未受清偿的债权人。

与以往债权人会议不同，此次会议以通讯方式召开，即向有权参与表决的债权人以发送快递的方式寄送有关会议材料，并要求其在会议召开日的24小时以前将表决票通过快递寄回管理人。管理人收回表决票后，组织召开统计工作会议，统计表决结果。这种方式在债权人人数众多且分散时有利于节省债权人为参会付出的时间和金钱成本，也能有效避免债权人聚集时发生群体性不稳定事件。

（一）债权人会议的召开

1. 拟订工作方案

针对第四次债权人会议召开的特殊方式，管理人制订了相应的工作方案，并拟订工作计划，以保证会议工作顺利、高效地进行，确保在重整计划执行期限到期前顺利完成延期的相关手续。具体工作方案如下：

北京兴昌达博房地产开发有限公司第四次债权人会议工作方案

第一节 总 则

第一条 为保证北京兴昌达博房地产开发有限公司(以下简称"兴昌达博公司")第四次债权人会议的顺利召开，维护广大债权人的合法权益，特制订本方案。

第二条 第四次债权人会议的工作在兴昌达博公司清算组(破产管理人)领导下开展，清算组组长负总责，清算组常务副组长牵头组织实施。成立清算组办公室、清算组法律组、兴昌达博公司会务组负责具体实施。

第二节 机构、职责

第三条 清算组办公室由……三人组成，清算组办公室主任负责本组的工作安排，并就本组的工作向清算组组长请示、汇报。

清算组办公室的主要工作职责为：与清算组法律组、兴昌达博公司会务组的联系与沟通，及时收发、上报、转交与会相关的文件资料；监督兴昌达博公司按时报送与会有关的文件资料；统计、核实有权参与本次会议的债权人名单，如债权人地址发生变化及时予以确认与核对；依法向债权人寄送有关会议材料；对债权人是否收到有关会议材料进行回访；收取、统计表决结果及其他有关工作。

第四条 清算组法律组由……三人组成……为清算组法律组组长，负责本组的工作安排，并就本组的工作向清算组组长、常务副组长请示、汇报。

清算组法律组的主要工作职责为：制订债权人会议召开工作方案；起草与本次会议相关的法律文件；指导、协助办公室收、发有关会议文件及统计表决结果；对统计结果进行法律分析等其他有关工作。

第五条 兴昌达博公司会务组由……六人组成,由……担任组长,……担任副组长,负责本组的工作安排,并就本组的工作向清算组组长、常务副组长请示、汇报。

兴昌达博公司会务组的工作职责为:统计有权参与本次债权人会议的债权人名单,债权人名单按照本市和外埠分别制作详细的表格,载明债权人姓名或名称、债权性质、债权数额、债权人地址、电话等信息,并按要求及时报送;按要求向有权参与表决的债权人寄送有关会议文件;按要求按时报送有关文件资料和信息;完成管理人交办的其他有关工作。

第六条 第四次债权人会议的各项工作均按照要求落实到个人,实行岗位责任制,每位参与此次工作的工作人员应当明确自己的职责并切实履行,不得懈怠。(具体分工详见附件1)

第三节 会议前的准备工作

第七条 在会议召开前,清算组办公室、兴昌达博公司会务组应于2011年7月24日前完成有权参与本次会议行使表决权的债权人的统计工作,并制作详细的表格,载明债权人的姓名或名称、债权性质、债权数额、地址、电话、邮编等信息,以确保每位有权参与表决的债权人联系方式的准确。

第八条 在会议召开前,清算组法律组应根据本次会议需表决的事项,于2011年7月24日前准备好以下材料:

(1) 会议通知;
(2) 对兴昌达博公司重整计划执行期限延期进行表决的议案;
(3) 表决事项及说明;
(4) 表决票;
(5) 表决结果统计表;
(6) 其他有关法律文件。

第四节 会议的形式、参加人、表决事项、通过标准

第九条 兴昌达博公司第四次债权人会议采取通讯方式召开,即向有权参与表决的债权人以发送特快专递的方式,将会议通知、议案、表决事项及说明、表决票寄送给每位有权参与表决的债权人,并要求其在规定的时间内将表决票寄送管理人。如其未在通知规定的时间内将表决票寄送管理人则视为弃权。

第十条 有权参加本次债权人会议行使表决权的债权人为受重整计划执行期限延长影响的利害关系人,即重整计划执行期限届满后,不能按照重整计划规定受偿的债权人(包括后续补充申报确定的债权人)。

第十一条 本次债权人大会的表决事项为对兴昌达博公司重整计划执行

期限延期进行表决,表决形式为书面投票表决。

现有权对该事项进行表决的债权人均为普通债权人。因此,对重整计划执行期限是否延期进行表决,只需设普通债权组,并且该组通过延期即为通过。

第十二条 表决事项须经出席会议的债权人过半数同意,且其所代表的债权额占债权总额的三分之二以上的,即为通过表决事项。反之,则未通过。

凡是将会议通知、议案、表决事项及说明、表决票有效送达有权参会债权人后,无论其是否在限定期限内将表决票寄回管理人均视为出席了本次会议。

债权总额为重整计划执行期限到期后尚未按照重整计划规定清偿的债权总额(包括后续补充申报确定的债权)。

第五节　会议召开程序

第十三条 为保障在重整计划执行期限到期前顺利完成延期的相关手续,各相关人员应严格按照时间安排(详见附件2)完成各自的工作与职责。

第十四条 2011年7月25日至7月31日,由清算组办公室将会议通知、议案、表决事项及说明、表决票按照之前核对确认的地址以特快专递的方式寄送给每位有权参与表决的债权人。

在发送特快专递时,按照先外埠后本市的顺序,寄送时要做好记录、统计工作,详细记录每份快递的收件人姓名、寄送时间,并妥善保管邮寄回单。在填写邮单时要在内件品名栏注明邮寄文件的名称。

第十五条 邮件寄送完毕后,清算组办公室、兴昌达博公司会务组要定期向快递公司了解寄送邮件的送达情况,并做详细记录。对已成功送达给债权人的邮件,要向快递公司索要送达的凭证,以作为债权人出席会议的依据。

对被退回不能送达给债权人的邮件,清算组办公室、兴昌达博公司会务组要通过电话回访、派人专访等多种方式寻找新的通讯地址并寄送。如仍无法送达,则视为该债权人没有出席本次会议。

第十六条 对于可以直接送达或前来自取的债权人,在送达会议通知、议案、表决事项及说明、表决票时,要由债权人本人或其授权的代表领取,并由领取人在送达回执上签字,以作为债权人出席会议的依据。

第十七条 对有权参会无法联系的债权人,兴昌达博公司会务组应派人现场送达。债权人拒收或下落不明的,送达人可邀请受送达债权人所在地街道或物业公司代表到场,在介绍信上记明不能送达的事由和日期,并由见证人签字。因债权人拒收或下落不明不能送达的,视为债权人没有出席本次会议。

第十八条 在向有权参与表决的债权人寄送有关会议材料的同时,管理人最迟应于2011年7月31日前在破产管理人网站上发布以通讯方式召开第四次债权人大会公告,并将会议通知、议案、表决事项及说明在管理人网站上公示,以使广大债权人了解会议召开的有关情况。

第十九条 2011年8月18日为会议召开时间。债权人最迟应于2011年8月18日24时以前通过顺丰快递或其他特快专递的方式将表决票寄送管理人。对于不按照规定的时间寄送表决票的一律视为废票。

债权人寄送表决票的日期以特快专递邮戳载明的日期为准。

第二十条 对收到的债权人寄送的邮件,清算组办公室要及时做好记录、统计工作,详细记录债权人姓名或名称、债权性质、债权数额、债权人寄送时间、收到时间,但不得拆封。

第二十一条 表决结束后,管理人应在监票人的监督下,对收到的债权人寄送的邮件当场进行开封、清点、统计表决票。

监票人从债权人委员会中选出三名代表担任,其中由债权尚未清偿的委员优先担任。如债权尚未清偿的委员超过三名,则由其推选出三名代表;不足三名时,则由其从债权已清偿的委员中推选补足。

第二十二条 在清点票数时,要将投赞成、反对和弃权票的表决票分开(不按照表决须知填写的一律视为废票,废票一律按照弃权计算)。然后统计出赞成票的票数以及赞成票所代表的债权总额,并由经办人员在统计结果上签字确认。

如果赞成票票数超过出席人员的二分之一且其代表的债权总额超过参与表决的债权总额的三分之二,则表决事项即为通过,反之,则未通过。

第二十三条 统计结果完成后,由法律组组长对统计结果进行法律分析确认并上报管理人。如达到法律规定的通过标准,即行将表决结果形成决议。

第二十四条 决议形成后,管理人最迟应于2011年8月24日之前将表决结果上报昌平区人民法院,申请人民法院裁定批准。

在昌平区人民法院裁定批准兴昌达博公司重整计划执行期限延期后,管理人要在管理人网站上及时公告。

第六节 文档的保管

第二十五条 对本次会议形成的有关文件资料,清算组办公室要做好分类、整理、组卷归档的保管工作。

第二十六条 所有向债权人发送的文件,要做好留存备份,具体包括但不限于:发送的邮政特快专递留存单、邮局退回信函、会议通知、表决票、表决票统计表等文件。

附件1：

北京兴昌达博房地产开发有限公司第四次债权人会议各组工作人员职责分工

组别	人员组成	工作职责	负责人
办公室		(1) 协助清算组组长开展工作，主持清算组办公室日常管理工作； (2) 负责对本组发送的文件、法律组和兴昌达博公司会务组报送的文件，进行审核、把关； (3) 就相关法律问题与法律组组长沟通，并及时向清算组组长汇报； (4) 完成清算组组长安排的其他工作。	
		(1) 负责向债权人名单中1—70号债权人寄送有关会议文件，做好记录、统计工作，并妥善保管邮件回单； (2) 定期向快递公司了解寄送邮件的送达情况，查看寄送邮件是否被退回，并做详细记录；对被退回的邮件，通过电话回访等方式寻找新的通讯地址并再次寄送； (3) 负责收取并统计表决结果； (4) 负责与本次会议相关文件的保管工作； (5) 完成办公室主任安排的其他工作。	
		(1) 负责与清算组、法律组、兴昌达博公司会务组的联系与沟通，及时收发、上报、转交与会相关的文件资料； (2) 监督兴昌达博公司按时报送有关会议材料（如有权参与本次债权人会议的债权人名单、债权人地址发生变化时的确认与核对等）； (3) 负责向债权人名单中第71号之后债权人寄送有关会议文件，做好记录、统计工作，并妥善保管邮件回单； (4) 负责本次会议的有关文件在破产管理人网站上的发布，并及时了解、汇报债权人及网站上的最新动态； (5) 完成办公室主任安排的其他工作。	
法律组		(1) 就本组的工作向管理人请示、汇报； (2) 对本组报送的法律文件进行审核、把关； (3) 就相关法律问题与清算组组长、常务副组长沟通、协调，并给出法律建议； (4) 完成清算组组长、常务副组长安排的其他工作。	
		(1) 负责制订债权人会议召开工作方案，起草与本次会议相关的法律文件； (2) 与办公室工作人员沟通、协调，并指导其按法定程序开展具体工作； (3) 负责对统计结果进行复核及法律分析； (4) 完成组长安排的其他工作。	
		协助完成上述有关工作。	

(续表)

组别	人员组成	工作职责	负责人
兴昌达博公司会务组	组长	(1) 就本组的工作向管理人请示、汇报； (2) 负责对本组报送的文件进行审核、把关； (3) 负责本组工作人员的调配及具体工作的安排； (4) 完成管理人安排的有关工作。	
	具体工作人员职责	(1) 负责统计有权参与本次债权人会议的债权人名单，债权人名单按照本市和外埠分别制作详细的表格，载明债权人的姓名或名称、债权性质、债权数额、债权人地址、邮编、电话等信息，并按照管理人的要求及时报送； (2) 按照管理人的要求完成向有权参与表决的债权人寄送有关会议文件； (3) 按照管理人的要求及时报送有关文件资料和信息； (4) 完成管理人交办的其他工作。	

附件2：

北京兴昌达博房地产开发有限公司第四次债权人会议时间安排表

时间	工作内容	负责组别	注意事项
2011年7月24日前	(1) 完成有权参与本次会议行使表决权的债权人的统计工作，并制作详细的表格，载明债权人的姓名或名称、债权性质、债权数额、地址、邮编、电话等信息，以确保每位有权参与表决的债权人的地址和电话的准确。	办公室、兴昌达博公司会务组	
	(2) 完成与本次会议相关的法律文件的准备工作。	法律组	
2011年7月25日至7月31日	(1) 向有权参与本次会议的债权人寄送会议通知、议案、表决事项及说明、表决票等文件； (2) 在破产管理人网站上发布以通讯方式召开第四次债权人大会公告，并将会议通知、议案、表决事项及说明在管理人网站上公示。	办公室、兴昌达博公司会务组	(1) 在发送特快专递时，按照先外埠后本市的顺序，寄送时要做好记录、统计工作，详细记录每份快递的收件人姓名、寄送时间，并妥善保管邮寄回单。在填写邮单时要在内件品名栏注明邮寄文件的名称。 (2) 邮件寄送完毕后，清算组办公室、兴昌达博公司会务组要定期向快递公司了解寄送邮件的送

(续表)

时间	工作内容	负责组别	注意事项
			达情况,并做详细记录。对已成功送达给债权人的邮件,要向快递公司索要送达的凭证,以作为债权人出席会议的依据。 (3) 对被退回不能送达给债权人的邮件,清算组办公室、兴昌达博公司会务组要通过电话回访、派人专访等多种方式寻找新的通讯地址并寄送。如仍无法送达,则视为该债权人没有出席本次会议。 (4) 对于可以直接送达或前来自取的债权人,在送达会议通知、议案、表决事项及说明、表决票时,要由债权人本人或其授权的代表领取,并由领取人在送达回执上签字,以作为债权人出席会议的依据。 (5) 对有权参会但无法联系的债权人,兴昌达博公司会务组应派人现场送达。债权人拒收或下落不明的,送达人可邀请受送达债权人所在地街道或物业公司代表到场,在介绍信上记明不能送达的事由和日期,并由见证人签字。因债权人拒收或下落不明不能送达的,视为债权人没有出席本次会议。
2011年8月1日至8月18日	2011年8月18日为债权人会议召开时间。债权人最迟应于2011年8月18日24时以前通过特快专递的方式将表决票寄送管理人。对于不按照规定的时间寄送表决票的一律视为废票。 债权人寄送的日期以特快专递邮戳载明的日期为准。	办公室	对在该期间收到的债权人寄送的表决票,清算组办公室要及时做好记录、统计工作,详细载明债权人的姓名或名称、债权性质、债权数额、债权人寄送时间、收到时间,但不得拆封。

（续表）

时间	工作内容	负责组别	注意事项
2011年8月22日	表决期结束后,在监票人的监督下对收到的债权人寄送的特快专递当场进行开封、清点、统计表决票。监票人从债权人委员会中选出三名代表担任,其中由债权尚未清偿的委员优先担任。如债权尚未清偿的委员超过三名,则由其推选出三名代表;不足三名时,则由其从债权已清偿的委员中推选补足。	办公室、法律组	在清点票数时要将投赞成、反对和弃权票的表决票分开(不按照表决须知填写的一律视为废票,废票一律按照弃权计算)。然后统计出赞成票的票数以及赞成票所代表的债权总额,并由经办人员在统计结果上签字确认。
2011年8月22日至8月23日	统计结果完成后,由法律组组长对统计结果进行法律分析并上报管理人。如达到法律规定的通过标准,即行将表决结果形成决议。	法律组	如果赞成票票数超过出席人员的1/2且其代表的债权总额达到参与表决的债权总额的2/3,则表决事项即为通过,反之,则未通过。
2011年8月24日至8月31日	将表决结果报送昌平区人民法院,申请人民法院裁定批准。	办公室、法律组	
2011年8月31日之后	在人民法院裁定批准后在管理人网站发布公告。	办公室、法律组	

2. 准备、发送会议通知及相关文件

需要向债权人邮寄的材料包括:会议通知;对兴昌达博公司重整计划执行期限延期进行表决的议案;表决事项及说明;表决票;授权委托书。由于采取通讯方式召开会议,债权人无法现场了解表决事项的具体情况,这就需要通过"表决事项及说明"对重整计划延期的原因、必要性、可能性详细阐述,消除债权人的疑虑,促进议案顺利通过。

北京兴昌达博房地产开发有限公司第四次债权人会议通知

————————:

根据《中华人民共和国企业破产法》第六十二条之规定,管理人经向债权人会议主席提议,决定召开北京兴昌达博房地产开发有限公司(以下简称"兴昌达博公司")第四次债权人会议。现将会议有关事项通知如下:

(一)会议召开形式

兴昌达博公司第四次债权人会议采取通讯方式召开,即向有权参与表决的债权人以发送快递的方式,将"会议通知""议案""表决事项及说明""表决票"寄送给每位有权参与表决的债权人,并请您在规定的时间内将"表决票"通过快递寄回管理人。如未在通知规定的时间内将"表决票"寄送管理人,则视为弃权。

(二)会议召开时间

会议召开的时间确定为2011年8月18日。由于采用通讯方式召开债权人会议,管理人从2011年7月25日开始向债权人邮寄材料,表决截止到8月18日24时。

(三)出席会议的人员

根据《中华人民共和国企业破产法》的有关规定,有权参加本次债权人会议行使表决权的人为受重整计划执行期限延长影响的债权人,即重整计划执行期限届满后,不能按照重整计划规定受偿的债权人(包括后续补充申报确定的债权人)。经统计,有权出席本次会议的债权人共计134人,其中自然人债权人115人,机构债权人19人。

(四)会议议题

对兴昌达博公司重整计划执行期限延期进行表决。

(五)会议表决方法

表决形式为书面投票表决,请有权行使表决权的债权人最迟于2011年8月18日24时以前通过快递的形式,将相关表决文件填写后寄回管理人。对于不按照规定时间寄送的表决票将一律视为废票。债权人寄送表决票的日期以快递邮戳载明的寄出日期为准。

(六)其他事项

1. 本会议通知、议案、表决事项及说明在兴昌达博公司破产管理人网站同时公布。

2. 有权参会债权人未能收到管理人寄送的快递材料,可在会议召开前与管理人联系索取表决票。

3. 由于本次会议采取通讯方式召开,邮寄费用统一由管理人支付。建议使用4008111111将表决票寄送管理人办公地址,邮寄费用由管理人收取邮件时支付。对用"顺丰快递"以外的其他快递寄回表决材料的债权人可将邮寄收据留存,于2011年8月18日至9月15日前到管理人办公室报销票据。

4. 管理人地址、邮编、电话及传真。

联系地址：

联系部门：

联系人：

邮编：

电话：

传真：

附件：

1. 关于对北京兴昌达博房地产开发有限公司重整计划执行期限延期进行表决的议案

2. 北京兴昌达博房地产开发有限公司第四次债权人会议表决事项及说明

3. 北京兴昌达博房地产开发有限公司第四次债权人会议关于重整计划执行期限延期的表决票

4. 授权委托书

附件1：

关于对北京兴昌达博房地产开发有限公司重整计划执行期限延期进行表决的议案

各位债权人：

根据昌平区人民法院(2007)昌民破字第10949号裁定书批准的北京兴昌达博房地产开发有限公司(以下简称"兴昌达博公司")重整计划的规定，兴昌达博公司重整计划的执行期限将于2011年9月3日届满。但在重整计划执行过程中，由于一些无法预见和控制的原因，导致重整计划确定的部分债权无法在重整计划规定的期限内按期清偿。根据我国《企业破产法》第九十三条之规定，如兴昌达博公司不能执行重整计划，人民法院经管理人或者利害关系人请求，应当裁定终止重整计划的执行，并宣告债务人破产。

为避免兴昌达博公司再次被宣告破产，维护广大债权人的利益，管理人根据我国《企业破产法》第六十二条之规定，经向债权人会议主席提议，决定以通讯方式召开兴昌达博公司第四次债权人会议，对兴昌达博公司重整计划执行期限延期进行表决。具体延长期限及延期原因请参见附件《北京兴昌达博房地产开发有限公司第四次债权人会议表决事项及说明》。

以上议案，请审议。

附:北京兴昌达博房地产开发有限公司第四次债权人会议表决事项及说明

北京兴昌达博房地产开发有限公司破产管理人

年　月　日

附件2:

北京兴昌达博房地产开发有限公司第四次
债权人会议表决事项及说明

各位债权人：

　　北京兴昌达博房地产开发有限公司(以下简称"兴昌达博公司")第四次债权人会议的表决事项为对兴昌达博公司重整计划执行期限延期进行表决，为使各位债权人更好地行使表决权，现将有关情况说明如下：

　　一、重整计划执行期限延期的原因

　　在重整计划执行的过程中，因一些无法预见和控制的原因，致使重整计划确定的部分债权无法在重整计划规定的期限内按期清偿。导致重整计划无法按期完成的主要原因有：

　　(一)因变更工商手续，使实际执行重整计划的时间滞后约半年的时间。2008年9月，兴昌达博公司破产重整时，正值我国新《企业破产法》刚刚生效之际，由于没有相关的司法解释，社会各界及政府相关部门对重整计划的效力存在不同理解，致使政府部门办理兴昌达博公司工商登记变更手续的时间较长。另外，原兴昌达博公司法定代表人拒绝配合，使兴昌达博公司法人治理结构调整的工商变更登记手续，拖到2009年2月才得以完成。致使兴昌达博公司"麓鸣花园"项目的经营管理团队也滞后约半年时间才开始实际执行重整计划。

　　(二)因"麓鸣花园"项目"烂尾"时间长，严重影响建设手续的办理，使二期建设不能按期开工。由于"麓鸣花园"项目"烂尾"时间较长，已有的建设手续均已过期都要重新补办；已建的部分建筑工程、市政工程要拆除重新施工；大市政各系统均需重新设计施工。到今年1月，"麓鸣花园"项目取得了北京市规划委员会《关于北京兴昌达博房地产开发有限公司拟建麓鸣花园居住及公共服务设施项目规划设计方案的审查意见》。目前，正在办理土地出让合同变更手续，后续要做项目年度施工计划和规划、建设施工手续。2011年4月6日启动了二期开工建设。目前二期工程按计划开展，工程进度进展顺利。

　　(三)因没有完成全部拆迁工作，影响了"麓鸣花园"项目后期建设，制约了重整计划的执行。"麓鸣花园"项目拆迁安置工作自2002年开始，到2009年2月兴昌达博公司"麓鸣花园"项目经营管理团队接手，金家坟村、纪窑村依然有381户未拆迁。经过兴昌达博公司的努力,目前金家坟村依然滞留8户。农民拆迁补偿标准诉求过高,甚至拒绝拆迁评估。拆迁工作推进缓慢,严重影响了项目后期建设和全部重整计划的完成。

(四)因资金短缺问题,使重整计划难以推进。由于近年来拆迁、基建的成本快速提升,兴昌达博公司重整实际所需的费用远远高于重整计划确定的费用,原计划2亿元的启动资金实难满足重整计划完成的需要。一方面,兴昌达博公司因不符合各金融机构规定的放贷条件而无法融资;另一方面,重整计划实施以来,北京兴昌高科技发展公司(以下简称"兴昌公司")同意兴昌达博公司暂缓偿还6 642万元的破产债权之后,通过注入1亿元注册资本金,启动资金1亿元,垫付资金代偿职工债权、部分债权人的债权和项目建设、拆迁补偿金,先后投入共计6.08亿元。二期建设资金和拆迁补偿资金的缺少,严重影响了重整计划的推进。

二、重整计划执行期限不延期的后果

我国《企业破产法》第九十三条第一款规定:"债务人不能执行或者不执行重整计划的,人民法院经管理人或者利害关系人请求,应当裁定终止重整计划的执行,并宣告债务人破产。"因此,如兴昌达博公司在重整计划规定的执行期限内不能完成债权清偿,如不申请延期,极有可能被法院宣告破产。如果兴昌达博公司被宣告破产,债权尚未清偿和房屋尚未交付的债权人的债权只能作为破产债权参与兴昌达博公司破产财产的分配。

三、重整计划延长期限的测算

根据"麓鸣花园"二期项目建设相关手续的办理情况、二期项目建设范围内的拆迁情况、二期项目建设需要的时间,及重整计划执行完毕后,管理人向人民法院提交监督报告、对破产费用进行审计、向有关部门移交档案资料等所需要的时间,管理人建议将兴昌达博公司的重整计划的执行期限延长至2012年11月15日。如重整计划执行期限得以延期,经管理人请示昌平区人民法院后,对未能在重整计划规定期限内得以清偿的债权人将根据我国法律、法规的有关规定予以一定的赔偿。

四、重整计划继续执行的有利条件

鉴于兴昌达博公司如果破产可能面临的严重后果,及重整计划的执行工作已取得了阶段性成果,若适当延长重整计划的执行期限,不仅能最大限度保护债权人的利益,而且目前也具备了继续执行重整计划的有利条件。

首先,在资金方面,兴昌公司作为兴昌达博公司唯一股东承诺将继续给兴昌达博公司提供资金支持,这给"麓鸣花园"二期项目建设和拆迁工作提供了资金保障。

其次,"麓鸣花园"二期项目建设的手续已基本办理完毕,工程建设现已全面启动。涉及债权人的独栋别墅和公寓楼计划于2011年12月底前完成主体工程建设及部分室外工程。

以上为重整计划执行期限延期的有关情况的说明,请各位债权人对兴昌达博公司重整计划执行期限是否延期进行表决。为保障自己的权益,请各位债权人谨慎行使表决权,并按会议通知规定的时间及时将表决票寄送管理人。

北京兴昌达博房地产开发有限公司破产管理人
年 月 日

附件3:

北京兴昌达博房地产开发有限公司第四次债权人会议
关于重整计划执行期限延期的表决票

序号:( )

表决事项	北京兴昌达博房地产开发有限公司重整计划执行期限延期
债权人名称或姓名	(由清算组填写)
债权数额	(由清算组填写)
填表人姓名	
表决意见	同意( ) 不同意( ) 弃权( )

表决说明:

1. 表决人在填表前请先行阅读本说明。因未按照本说明填写而导致表决票被视为废票的,由表决人自行承担责任。

2. 表决票自然人应由债权人本人填写,机构应由法定代表人填写,如需委托他人代为填写,债权人需提供授权委托书并随同表决票一同寄送管理人。

3. 表决人在填写表决意见时,只能在选择的一个"( )"内画"√",以其他形式填写的,视为废票。

4. 表决人应当严格按照此表中所列的填表人姓名和表决意见项填写,不得遗漏。遗漏任何一项的,视为废票。

5. 除本表中所列各项外,表决人不得在表决票上另行书写任何文字。否则,表决票视为废票。

6. 表决票最迟应于2011年8月18日24时前寄送管理人。不按照规定时间寄送的表决票一律视为废票。债权人寄送表决票的日期以特快专递邮戳载明的寄出的日期为准。

7. 寄送表决票时,为提高效率建议采用"顺丰快递"寄送至管理人办公地点,也可采用其他特快专递方式。

表决时间: 年 月 日

附件4：

授权委托书
（自然人用）

委托人：
地址：
电话：
受委托人姓名： 身份证号：
电话： 地址：

现委托上列受委托人在北京兴昌达博房地产开发有限公司第四次债权人会议中，作为我的代理人。

代理人的代理权限为：代为签收、寄送本次会议中的有关文件，代为行使表决权。

委托人（签字）：

年 月 日

授权委托书
（法人单位用）

委托人单位：
法定代表人： 职务：
受委托人姓名： 工作单位：
职务： 电话：

现委托上列受委托人在北京兴昌达博房地产开发有限公司第四次债权人会议中，作为我单位代理人。

代理人的代理权限为：代为签收、寄送本次会议中的有关文件，代为行使表决权。

委托单位（盖章）：

法定代表人（签字）：

年 月 日

法律组准备上述材料的同时，管理人组办公室、兴昌达博公司会务组应完成有权参与本次会议行使表决权的债权人的统计工作，并制作详细的表格，载明债权人的姓名或名称、债权性质、债权数额、地址、电话、邮编等信息，以确保每位有权参与表决的债权人的联系方式准确。完成上述统计工作后，即可按照债权人的信息填写会议材料及快递单，二者对应无误后即可将会议材料密封邮寄。

此次债权人会议虽然采取通讯方式召开,但程序上仍应符合法律规定。按照《企业破产法》第63条的规定,管理人应当提前15日通知已知的债权人。会议通知同其他材料一同邮寄给债权人,邮件投寄的时间即为通知发出时间,以邮戳记载日期为准。同时管理人还应在网站上发布会议公告。经有效送达的债权人视为参加会议,未在通知规定的时间内将"表决票"寄送管理人,则视为弃权。通过多种途径仍无法送达(包括拒收)的债权人视为未参会,不列入计算通过比例的基数。

(二) 表决结果统计会议

与现场召开债权人会议不同,以通讯方式召开债权人会议无法当场统计表决结果。因此,在收回表决票后由管理人召开表决票统计会议,在债权人委员会及部分债权人代表的监督下现场开封、清点选票,统计表决结果。

1. 制定债权人会议议程

统计会议是对债权人会议的延续,其议程主要包括:介绍债权人会议的组织召开情况,统计工作会的工作分组及各组工作人员的职责,表决事项通过标准及表决票是否为有效票的判断标准;验票、唱票、计票及宣读表决结果。为了给外地债权人寄回表决票留出充足时间,统计会议召开的时间应视情况而定。因本案绝大部分债权人在本地居住,故将统计会议召开的时间定为债权人会议召开日的次日。管理人应在网站公告会议召开的时间和地点。

北京兴昌达博房地产开发有限公司第四次债权人会议表决票统计工作会议议程

一、时间、地点及主持人

(一) 时间:2011年8月19日上午10时

(二) 地点:

(三) 主持人:(北京兴昌达博房地产开发有限公司债权人会议主席)

二、参会人员

债权人会议主席、债权人委员会成员、破产管理人负责人、管理人工作团队(办公室及法律顾问、项目管理公司)、兴昌达博公司经营管理团队、部分购房债权人业主代表。

三、会议议程

(一) 由兴昌达博公司债权人会议主席宣布表决票统计工作会开始。

(二) 由破产管理人负责人介绍兴昌达博公司第四次债权人会议的组织

召开情况。

（三）由兴昌达博公司债权人会议主席介绍本次统计工作会的工作分组及各组工作人员的职责。

（四）由破产管理人法律顾问介绍表决事项通过标准及表决票是否为有效票的判断标准。

（五）由监票组核实向债权人寄送的邮件存单、送达回单、退回的邮件及债权人寄回的邮件，并检查债权人寄回邮件的密封情况。核实完毕后，由监票组填写《北京兴昌达博房地产开发有限公司第四次债权人会议向债权人寄送、送达邮件审查情况的说明》并由总监票人进行宣读。同时，由总监票人在表决结果统计表上记录发出票数、收回票数。

（六）由唱票组对债权人寄回的邮件当场开封、核查、宣读、归类，并清点、记录各类表决票的票数。由计票组在写字板及债权人名册（EXCEL表格）中同时记录唱票人宣读的表决结果。同时，由监票组监督唱票人宣读的表决结果与表决票是否相一致、计票人记录的表决结果与宣读结果是否相一致。

（七）在计票组总计票人的监督下，由记录人统计同意的票数及同意票所代表的债权数额占债权总额的比例，并由总计票人在表决结果统计表上填写、签字。

（八）由监票组总监票人对统计结果进行复核，并在统计表上签字。

（九）由法律组组长审核表决结果是否达到法定的通过标准，并报管理人负责人。

（十）如达到法定的通过标准，则即行形成决议。

（十一）由总监票人宣读决议结果。

（十二）由债权人会议主席宣布会议结束。

2. 拟订工作方案

管理人拟定统计会议工作方案，明确会议各机构及职责、统计前的准备工作和具体程序。表决票统计工作涉及公正、透明等敏感问题，在安排具体工作时应以此为基本原则，有关监票、唱票、计票的工作应尽可能由与债务人无关的债权人委员会成员及债权人代表担任，管理人工作人员可以辅助工作。唱票、计票时应由监票人监督。计票应以公示方式进行。整个会议过程应摄像记录、存档。以下为统计会议工作方案和分工表：

北京兴昌达博房地产开发有限公司第四次债权人会议表决票统计工作方案

第一节 总 则

第一条 由于北京兴昌达博房地产开发有限公司(以下简称"兴昌达博公司")第四次债权人会议以通讯方式召开,为保证表决票统计工作的公开、公平、公正,维护广大债权人的合法权益,特制订本方案。

第二条 兴昌达博公司第四次债权人会议表决票统计工作在兴昌达博公司清算组(破产管理人)领导下开展,清算组组长负总责,清算组常务副组长牵头组织实施。成立监票组、唱票组、计票组、法律组、会务组,负责具体实施。

第二节 机构、职责

第三条 监票组由……四人组成……为总监票人。监票组负责核实向债权人寄送的邮件数、送达的邮件数、退回的邮件数及债权人寄回的邮件数,检查债权人寄回邮件的密封情况,监督唱票组唱票、清点选票、计票组计票、统计表决结果、审核统计结果。

第四条 唱票组由……四人组成……为总唱票人。唱票组负责对债权人寄回的表决票当众拆封、核查、宣读和归类。

第五条 计票组由……四人组成……为总计票人。计票组负责计票,统计表决结果。

第六条 法律组由管理人法律顾问……三人组成,负责有关法律文件的准备,指导表决票统计工作的开展,并对最后的统计结果进行法律分析、确认。

第七条 会务组由……八人组成。会务组负责会前有关文件的准备、会场的布置及统计现场的服务工作。

第八条 第四次债权人会议表决票的统计及效力工作均按照要求落实到个人,实行岗位责任制,每位参与此次工作的工作人员应当明确自己的职责并切实履行,不得懈怠。(具体分工详见附件1)

第三节 统计前的准备工作

第九条 统计工作开始前,会务组要做好会场的布置工作。在会场正对主席台的位置悬挂"北京兴昌达博房地产开发有限公司第四次债权人会议表决票统计工作会"的条幅。

会场主席台位置为债权人委员会主席、清算组组长的位置,左起依次是清算组常务副组长、法律组组长、监票组;右起依次是唱票组、计票组、会务组;会务组要把摄像机放在唱票组、计票组的侧后方。在唱票组、计票组的后方为业主代表预留相应位置。

第十条 统计工作开始前,清算组办公室要将统计工作所需的债权人名单(包括电子版)、写字板、签字笔、计算器、电脑、摄像机等设备准备好,并联系好会议速记人员。

第十一条 统计工作开始前,清算组办公室要将向债权人寄送快递的邮件存单、送达回单、退回的邮件、债权人寄回的邮件等文件资料准备好,并对向债权人寄送快递的送达情况、退回情况、债权人寄回快递的情况进行统计,并制作详细的表格,载明债权人的姓名或名称、债权性质、债权数额、送达情况、退回情况、债权人寄回时间等。

对邮件存单、送达回单、退回的邮件、债权人寄回的快递,按照对债权人的编号按顺序排好。

第四节 具体程序

第十二条 北京兴昌达博房地产开发有限公司第四次债权人会议表决票统计工作由债权人会议主席王××主持,由其宣布"北京兴昌达博房地产开发有限公司第四次债权人会议表决票统计工作会"开始。

第十三条 由清算组组长介绍兴昌达博公司第四次债权人会议的召开情况(包括本次会议的召开时间、表决事项,向债权人寄送快递、债权人返回快递的情况等)。

第十四条 由兴昌达博公司债权人会议主席王××介绍本次统计工作的分组情况及各组工作人员的职责。

第十五条 由管理人法律顾问介绍兴昌达博公司第四次债权人会议的有权参会人员、组别、表决事项通过标准、表决票是否为有效票的判断标准。

第十六条 由监票组核实向债权人寄送的邮件存单、送达回单、退回的邮件及债权人寄回的邮件,并检查债权人寄回邮件的密封情况。

监票组核实完上述情况后,由监票组填写《北京兴昌达博房地产开发有限公司第四次债权人会议向债权人寄送、送达邮件审查情况的说明》(见附件二),并由总监票人进行宣读。同时,由总监票人在表决结果统计表上(见附件三)记录发出票数、收回票数。

第十七条 在监票组的监督下,由唱票组对收到的债权人寄回的表决票当场开封、核查、宣读。在宣读表决票时,唱票人要将债权人编号、债权人名称或姓名、投票结果大声读出,以便记录人记录。

唱票组唱票时,由一人负责开封、核查表决票是否为有效票(不按照会议通知规定时间寄送、不按照表决须知填写的一律视为废票,废票一律按照弃权计算);一人负责宣读表决结果;一人负责对宣读完的表决票按照投同意、不同意、弃权和废票进行归类。

表决票宣读完毕后,由总唱票人清点表决票,并将同意票数、不同意票数、弃权票数和废票数在表决结果统计表上(见附件三)载明。

第十八条 在唱票组唱票时,计票组由一人在写字板上对投同意、不同意、弃权和废票的票数分别以"正"字记录。

为方便最后统计投同意票的债权额占债权总额的比例,在唱票组唱票时由另一名计票人在债权人名册(EXCEL表格)中同时记录表决结果。

第十九条 在唱票组、计票组进行唱票、计票时,监票组由一人监督唱票人所宣读的表决票上的表决结果是否与表决票相一致,一人监督计票人在写字板上记录的表决结果与宣读结果是否相一致,一人监督计票人在债权人名册(EXCEL表格)中记录的表决结果与宣读结果是否相一致。

第二十条 在唱票组宣读完投票结果后,在总计票人的监督下,由记录人统计出同意票的票数以及同意票所代表的债权数额占债权总额的比例,并由总监票人在表决结果统计表上填写、签字。

计票结果出来后,由监票组总监票人进行复核,并在表决结果统计表上签字。

第二十一条 监票组复核无误后,将表决结果统计表交由法律组审核是否达到法定的通过标准。

第二十二条 如达到法定的通过标准,则由法律组组长报管理人负责人即行形成决议(见附件四),并由总监票人宣读决议内容。

第二十三条 决议形成后,管理人最迟应于2011年8月24日之前将表决结果上报昌平区人民法院,申请人民法院裁定批准。

在昌平区人民法院裁定批准兴昌达博公司重整计划执行期限延期后,管理人要在管理人网站上及时公告。

第二十四条 对监票组、唱票组、计票组审核、统计完的邮件存单、送达回单、邮件信封、表决票等,会务组要及时收取保存。

第五节 文档的保管

第二十五条 对本次统计工作形成的有关文件、会议记录、录音录像等资料,清算组办公室要做好分类、整理、组卷归档的保管工作,并按照《清算组档案管理办法》的规定存档。

附件1：

北京兴昌达博房地产开发有限公司第四次债权人会议
表决票统计工作各组人员职责分工表

组别	人员组成	工作职责	负责人
监票组		（1）核实向债权人寄送、送达、退回的邮件数及债权人寄回的邮件数； （2）检查债权人寄回邮件的密封情况，确认邮件没有拆封； （3）在《向债权人寄送、送达邮件审查情况的说明》上填写审查情况，并签字、宣读； （4）在表决结果统计表上记录发出票数、收回票数； （5）监督唱票人唱票，总唱票人清点选票； （6）复核统计结果并在表决结果统计表上签字。	
		（1）核实向债权人寄送、送达、退回的邮件数及债权人寄回的邮件数； （2）检查债权人寄回邮件的密封情况，确认邮件没有拆封； （3）在向债权人寄送、送达邮件审查情况的说明上签字； （4）监督计票人在写字板上记录的表决结果与宣读结果是否相一致。	
		（1）核实向债权人寄送、送达、退回的邮件数及债权人寄回的邮件数； （2）检查债权人寄回邮件的密封情况，确认邮件没有拆封； （3）在向债权人寄送、送达邮件审查情况的说明上填写签字； （4）监督计票人在债权人名册（EXCEL表格）中记录的表决结果与宣读结果是否相一致。	
	业主代表	在监票组有关成员不能到场时，由其接替行使相关职责。	
唱票组		（1）宣读表决结果； （2）清点表决票，并在表决票统计表上记录投同意、不同意、弃权及废票的票数。	
		负责开封、核查表决票是否为有效票。	
		对唱票人宣读完的表决票进行归类。	
	业主代表	在唱票组有关成员不能到场时，由其接替行使相关职责。	

（续表）

组别	人员组成	工作职责	负责人
计票组		(1) 监督记录表决结果； (2) 监督统计表决结果，并在表决结果统计表上填写、签字。	
		在债权人名册（EXCEL）表格中记录表决结果。	
		在写字板上记录表决结果。	
	业主代表	在计票组有关成员不能到场时，由其接替行使相关职责。	
法律组		(1) 对法律组起草的法律文件进行审核把关； (2) 指导表决票统计工作的开展； (3) 介绍表决事项通过标准及表决票是否为有效票的判断标准； (4) 对最后的统计结果进行法律分析，并上报管理人负责人。	
		(1) 具体工作参考唱票组。 (2) 完成领导交办的临时工作。	
		(1) 具体工作参考计票组。 (2) 完成领导交办的临时工作。	
会务组	管理人办公室主任	负责会务工作总协调。	
		(1) 负责分别向区法院、区维稳办、区信访办、区公安局松园派出所上报召开债权人大会有关情况的报告； (2) 负责债权人名单、向债权人寄送快递的邮件存单、送达回单、退回邮件、债权人寄回的邮件等文件的准备； (3) 负责统计工作现场的服务； (4) 负责参会人员签到； (5) 负责邮件存单、送达回单、邮件、表决票等文件的收取和保存。	
		(1) 负责会场布置，准备写字板、签字笔、会议横幅（在会场正对主席台的位置悬挂"北京兴昌达博房地产开发有限公司第四次债权人会议表决票统计工作会"的条幅）； (2) 负责起草、准备会议议程； (3) 负责桌签摆放工作； (4) 负责会议现场的照相工作； (5) 负责联系会议速记人员一名，以及速记材料的归档工作； (6) 协助做好签到工作；	

(续表)

组别	人员组成	工作职责	负责人
会务组		(7) 协助做好现场的服务； (8) 协助进行录音录像工作。	
		(1) 负责整个表决票统计过程的录音录像工作； (2) 负责准备电脑、摄像机等设备。	
		(1) 负责将存放在兴业大厦的园区713会议桌椅搬至六层西会议室，联系人：＿＿＿＿＿； (2) 负责区公安局松园派出所维稳协调工作； (3) 负责协调施工单位做好大厅的安全清理及电梯的保障工作； (4) 负责协调物业公司制作会议引导牌工作(大门及楼前醒目位置)； (5) 负责协调会务用车的保障工作； (6) 完成领导交办的临时工作。	
		(1) 负责会场秩序,组织好参会人员的引导工作； (2) 负责突发事件的安全保卫工作； (3) 协助做好会务临时用车的保障工作； (4) 负责会务用水的准备工作； (5) 协助做好午餐盒饭准备工作； (6) 完成领导交办的临时工作。	
		(1) 负责准备会务的午餐盒饭； (2) 完成领导交办的临时工作。	
		(1) 协助开展工作； (2) 完成领导交办的临时工作。	
		(1) 协助做好会场录像、照相工作。 (2) 完成领导交办的临时工作。	

3. 布置会场

统计会议会场需要准备会议横幅(在会场正对主席台的位置悬挂"北京兴昌达博房地产开发有限公司第四次债权人会议表决票统计工作会"的横幅)，用于计票的写字板、签字笔,根据会场大小决定是否需要麦克风。座位方面,按债权人会议主席、管理人负责人及各组名称摆放桌签,监票组、计票组、唱票组最好按工作顺序安排座次。会场应为临时参会的债权人留出一部分空余座位。

4. 签到

虽然统计会议参会的债权人人数较少,但也应做好签到工作,留存备案。由管理人制作适用于统计会议的签到表并提前印制。

北京兴昌达博房地产开发有限公司第四次债权人会议表决票
统计工作会签到表

会议时间：　　年　月　日

序号	债权人名称或姓名	参会人员	身份证件及号码	联系电话	备注

工作人员：

5. 会议召开

在介绍债权人会议的组织召开情况、统计工作会的工作分组及各组工作人员的职责、表决事项通过标准及表决票是否为有效票的判断标准后，由监票组核实向债权人寄送邮件情况，并检查债权人寄回邮件的密封情况。核实完上述情况，监票组成员填写向债权人寄送、送达邮件审查情况的说明，并由总监票人进行宣读。总监票人在表决结果统计表上记录发出票数、收回票数。唱票组在监票组的监督下当场开封、核查并宣读表决票，由总唱票人清点表决票，并将同意票数、不同意票数、弃权票数和废票数在表决结果统计表上载明。计票结果出来后，由监票组总监票人进行复核，并在表决结果统计表上签字。监票组复核无误后，将表决结果统计表交由法律组审核是否达到法定的通过标准。如达到法定的通过标准，则由法律组组长报管理人负责人即行形成决议，由总监票人宣读决议内容。

北京兴昌达博房地产开发有限公司第四次债权人会议
向债权人寄送、送达邮件审查情况的说明

北京兴昌达博房地产开发有限公司第四次债权人会议于2011年8月18日以通讯方式召开，有权出席本次会议的债权人共计_____人。管理人从2011年7月25日开始向有权参会债权人邮寄了会议材料(包括会议通知、议案、表决事项及说明、表决票、授权委托书)。

经审查管理人向债权人寄送的邮件存单、送达回单、退回的邮件及债权人寄回的邮件，管理人向有权参会的_____名债权人寄送了会议材料，其中，

成功送达的债权人_____名,不能送达的债权人_____名。截至目前,共收到债权人寄回的快递_____封,债权人寄回的快递密封完好、均未拆封。

特此说明

监票组:

年 月 日

北京兴昌达博房地产开发有限公司第四次债权人会议
表决结果统计表

组别:　　　　　　　　　　　　统计时间:　年　月　日

表决事项	关于北京兴昌达博房地产开发有限公司重整计划执行期限延期的议案	
发出票数		收回票数
同意票数		不同意票数
弃权票数		废票数
同意票数所代表的债权数额(元)		同意本议案的债权数额占债权总额的比例
统计结果	(1) 投同意票的债权人人数超过(或未过)出席会议债权人人数的一半以上; (2) 投同意票的债权人所代表的债权额达到(或未到)债权总额的2/3以上。	

计票人:　　　　　监票人:　　　　　唱票人:
复核人:

北京兴昌达博房地产开发有限公司第四次债权人会议
表决事项通过标准及表决票是否为有效票判断标准的介绍

各位债权人代表:

为使各位债权人代表了解本次债权人会议表决事项通过的标准,下面我为大家介绍一下有权参加本次会议的人员、组别、通过标准、表决票是否为有效票的判断标准。

一、有权参会人员、组别及表决事项通过标准

根据我国《企业破产法》的有关规定,有权参加本次债权人会议行使表决

权人为受重整计划执行期限延长影响的债权人,即重整计划执行期限届满后,不能按照重整计划规定受偿的债权人(包括后续补充申报确定的债权人)。经统计,有权出席本次会议的债权人共计＿＿＿＿＿＿人,债权总额为人民币＿＿＿＿＿＿元。上述有权参会债权人均为普通债权人。因此,对重整计划执行期限是否延期进行表决,只需设普通债权组,并且该组通过延期即为通过。

根据我国《企业破产法》的规定,本次会议的表决事项须经出席会议的债权人过半数同意,且其所代表的债权额占债权总额的三分之二以上的,即为通过表决事项。反之,则未通过。凡是将会议通知、议案、表决事项及说明、表决票有效送达有权参会债权人后,无论其是否在限定期限内将表决票寄回管理人均视为出席了本次会议。

二、表决票是否为有效票的判断标准

根据本次会议通知及表决说明的要求,不按照会议通知规定时间寄送、不按照表决须知填写的表决票将一律视为废票,废票一律按照弃权计算。具体情形如下:

1. 表决票自然人由他人代为填写未能提供授权委托书的,机构债权人未加盖公司公章或法定代表人签字的。

2. 在填写表决票时,没有按照填写要求在选择的一个"( )"内画"√",以其他形式填写的。

3. 没有按照表决票中所列的填表人姓名和表决意见填写,遗漏其中任何一项的。

4. 在2011年8月18日24时以后寄送的表决票(债权人寄送表决票的日期以快递邮戳载明的寄出的日期为准)。

北京兴昌达博房地产开发有限公司破产管理人
年 月 日

北京兴昌达博房地产开发有限公司第四次债权人会议
关于审议重整计划执行期限延期的决议

北京兴昌达博房地产开发有限公司(以下简称"兴昌达博公司")第四次债权人会议于2011年8月18日以通讯方式召开,对兴昌达博公司重整计划执行期限延期进行表决。有权参加本次会议的债权人共＿＿＿＿＿名,均为普通债权人,实际参与的有＿＿＿＿＿名。会议的召开符合《中华人民共和国企业破产法》及最高人民法院相关司法解释的规定。会议审议了《关于审议北京兴昌达博房地产开发有限公司重整计划执行期限延期的议案》,最终以书面投票表决的形式进行了表决,其中:_____票同意,_____票不同意,_____票弃权。投同意票的债权人人数超过出席会议债权人人数的一半以上,且同意票所代表的债权数额_____元人民币达到债权总额_____元人民币的三分之二以上。

根据《企业破产法》第八十六条之规定,该投票结果达到法律规定的标准,本议案通过。

北京兴昌达博房地产开发有限公司破产管理人
年　月　日

(三) 向法院提交申请

如前文所述,涉及对重整计划的实质内容进行修改,应当与通过重整计划草案的程序基本相同。因此,根据《企业破产法》第86条的规定,自重整计划通过之日起10日内,债务人或管理人应向人民法院提出延长重整计划执行期限的申请。

民事申请书

申请人:北京兴昌达博房地产开发有限公司破产管理人

负责人:于×,北京兴昌达博房地产开发有限公司破产清算组组长

申请目的:请求贵院依法批准北京兴昌达博房地产开发有限公司重整计划执行期限延长至2012年11月15日。

申请理由:

一、重整计划执行期限延期的原因

2008年9月4日,贵院裁定批准了北京兴昌达博房地产开发有限公司(以下简称"兴昌达博公司")破产管理人提交的《北京兴昌达博房地产开发有限公司重整计划草案》(以下简称《重整计划》)。根据《重整计划》的规定,兴昌达博公司《重整计划》的执行期限为36个月,自2008年9月4日至2011年9月3日止。但在《重整计划》执行过程中,由于一些无法预见和控制的原因,导致《重整计划》确定的部分债权无法在《重整计划》规定的期限内按期清偿。这些原因是:

(一) 因变更工商手续,使实际执行《重整计划》的时间滞后约半年的时间。

2008年9月,兴昌达博公司破产重整时,正值我国新《企业破产法》刚刚生效,由于缺乏相关的司法解释,社会各界对重整计划的效力存在不同理解,致使政府有关职能部门办理手续的时间拖延。另外,原兴昌达博公司法定代表人拒绝配合,使兴昌达博公司法人治理结构调整的工商变更登记手续,被迫

延展至2009年2月才得以完成。致使兴昌达博公司"麓鸣花园"项目的经营管理团队亦相应滞后约半年时间,才开始实际执行《重整计划》。

(二)因"麓鸣花园"项目"烂尾"时间长,严重影响建设手续办理,使二期建设不能按期开工。

已有的建设手续均已过期都要重新补办;已建的部分建筑工程、市政工程要拆除重新施工;大市政各系统均需重新设计施工。到今年1月,"麓鸣花园"项目方取得北京市规划委员会《关于北京兴昌达博房地产开发有限公司拟建麓鸣花园居住及公共服务设施项目规划设计方案的审查意见》。目前,正在办理土地出让合同变更手续,后续要做项目年度施工计划和规划、建设施工手续。2011年4月6日启动了二期开工建设。目前二期工程按计划开展,工程进度进展顺利。

(三)因没有完成全部拆迁工作,影响了"麓鸣花园"项目后期建设,制约了《重整计划》的执行。

"麓鸣花园"项目拆迁安置工作自2002年开始,到2009年2月兴昌达博公司"麓鸣花园"项目经营管理团队承接,金家坟村、纪窑村依然有381户未拆迁。经过兴昌达博公司的努力,目前金家坟村依然滞留8户,拆迁补偿标准诉求过高,甚至拒绝拆迁评估。拆迁工作推进缓慢,严重影响了项目后期建设和全部《重整计划》的完成。

(四)因资金短缺问题,使《重整计划》难以推进。

由于近年来拆迁、基建的成本快速提升,兴昌达博公司重整实际所需的费用远远高于重整计划确定的费用,原计划2亿元的启动资金实难满足《重整计划》完成的需要。一方面,兴昌达博公司因不符合各金融机构规定的放贷条件而无法融资;另一方面,《重整计划》实施以来,北京兴昌高科技发展公司(以下简称"兴昌公司")同意兴昌达博公司暂缓偿还6642万元的破产债权之后,通过注入1亿元注册资本金,启动资金1亿元,垫付资金代偿职工债权、部分债权人的债权和项目建设、拆迁补偿款,先后投入共计6.08亿元。二期建设资金和拆迁补偿资金的缺少,严重影响了《重整计划》的推进。

二、第四次债权人会议的召开情况

根据我国《企业破产法》第九十三条之规定,如兴昌达博公司不能执行重整计划,人民法院经管理人或者利害关系人请求,应当裁定终止重整计划的执行,并宣告债务人破产。为避免兴昌达博公司被宣告破产,维护广大债权人的利益,管理人根据我国《企业破产法》第六十二条之规定,经向债权人会议主席提议,于2011年8月18日以通讯方式召开了兴昌达博公司第四次债权人会议,即向有权参与表决的债权人以发送快递的方式,将"会议通知""议案"

"表决事项及说明""表决票"寄送给每位有权参与表决的债权人,并要求其在规定的时间内将"表决票"通过快递寄回管理人。如未在通知规定的时间内将"表决票"寄送管理人,则视为弃权。

(一) 会议表决事项及表决方法

本次会议的表决事项是对《关于审议兴昌达博公司重整计划执行期限延期的议案》进行表决。表决形式为书面投票表决,即有权行使表决权的债权人最迟于2011年8月18日24时以前通过快递的形式,将相关表决文件填写后寄回管理人。对于未按照规定时间寄送及表决说明填写的表决票将一律视为废票。债权人寄送表决票的日期以快递邮戳载明的寄出日期为准。

(二) 出席会议的人员

根据我国《企业破产法》的有关规定,有权参加本次债权人会议行使表决权的人为受《重整计划》执行期限延长影响的债权人,即重整计划执行期限届满后,不能按照《重整计划》规定受偿的债权人(包括后续补充申报确定的债权人)。经统计,有权出席本次会议的债权人共计134人,债权总额为人民币121 243 368.86元。上述有权参会债权人均为普通债权人。

由于采用通讯方式召开本次债权人会议,管理人于2011年7月25日开始向有权参会的134位债权人全部寄送了会议通知、议案、表决事项及说明、表决票,并同时在破产管理人网站进行公告。对退回不能送达给债权人的邮件,管理人通过电话回访、派人专访等多种方式寻找新的通讯地址后,再次进行了寄送。截至会议召开前,管理人向132位债权人成功送达了会议材料,有2位债权人因地址变更或无法联系而无法送达。

(三)《重整计划》延长期限

根据"麓鸣花园"二期项目建设相关手续的办理情况、二期项目建设范围内的拆迁情况、二期项目建设需要的时间,及重整计划执行完毕后,管理人向人民法院提交监督报告、对破产费用进行审计、向有关部门移交档案资料等所需的时间,决定将兴昌达博公司《重整计划》的执行期限延长至2012年11月15日。

(四) 表决结果

2011年8月19日上午10时,在兴昌达博公司债权人会议主席王××的主持下,兴昌达博公司破产管理人在昌平园区管委会主楼六层西会议室召开了兴昌达博公司第四次债权人会议表决票统计工作会,对有权参会债权人寄回的115封表决票当场进行开封、清点,对《关于审议兴昌达博公司重整计划执行期限延期的议案》的表决结果进行统计。为保证表决票统计工作的公开、公平、公正,维护广大债权人的合法权益,本次表决票统计工作成立了监票组、唱票组、计票组、法律组、会务组负责本次统计工作的具体实施。其中,兴昌达博公司债权委员会的委员、部分业主代表作为监票人、唱票人、计票人参与统计工作。

经统计,本次债权人会议共有效送达表决票 132 张,收回 115 张。其中,同意票数 108 张、不同意票数 0 张、弃权票数 17 张、废票数 7 张。投同意票的债权人人数超过了出席会议的债权人人数的过半数,所代表的债权额为人民币 111 996 164.17 元,超过了债权总额人民币 121 243 368.86 元的三分之二以上。根据我国《企业破产法》第八十六条之规定,该投票结果达到了法律规定的通过标准,该议案得到债权人会议的通过。

鉴于上述情况,兴昌达博公司破产管理人特向贵院申请将兴昌达博公司《重整计划》的执行期限延长至 2012 年 11 月 15 日,恳请贵院依法裁定批准。

谨呈
北京市昌平区人民法院

附:1. 第四次债权人会议有权参会债权人名单
    2. 第四次债权人会议表决结果统计表

北京兴昌达博房地产开发有限公司破产管理人

负责人:

年 月 日

北京市昌平区人民法院
民事裁定书

(2007)昌民破字第 10949 号

申请人:北京兴昌高科技发展有限公司,住所地:北京市昌平区科技园区超前路××号。

法定代表人:王××,总经理。

债务人:北京兴昌达博房地产开发有限公司,住所地:北京市昌平区南邵镇麓鸣花园会所二层。

破产管理人:清算组组长于×。

本院在审理申请人北京兴昌高科技发展有限公司(原北京兴昌高科技发展总公司,以下简称"兴昌公司")申请北京兴昌达博房地产开发有限公司(以下简称"达博公司")破产一案中,申请人兴昌公司申请对达博公司进行重整。本院于 2007 年 11 月 16 日依法裁定达博公司重整,并于 2008 年 9 月 4 日依法裁定批准达博公司管理人提交的《北京兴昌达博房地产开发有限公司重整计划草案》(以下简称《重整计划草案》)。《重整计划草案》规定的执行期限为36个月,即自2008年9月4日起至2011年9月3日止。

2011年8月22日,达博公司破产管理人再次向本院提交申请,称《重整计划草案》在执行过程中,由于工商登记变更、项目拆迁及资金等无法预见和控制的原因,导致《重整计划草案》执行期限延长的议题,该议题获得多数债权人的表决同意。基于此,破产管理人请求人民法院依法批准将《重整计划草案》执行期限延长至2012年11月15日。

本院认为,企业破产重整是以企业拯救为首要目标,通过重整计划的执行维持企业继续经营,对于扭转企业经营状况和保护债权人利益具有积极意义。达博公司《重整计划草案》虽未能在原定执行期限内执行完毕,但已经在执行过程中取得了重大进展,重整期间,达博公司经营状况和财产状况并未出现继续恶化。现多数债权人同意延长《重整计划草案》的执行期限表明,延长执行期限有利于达博公司的破产重整成功,有利于维护债权人的利益,符合《中华人民共和国企业破产法》第八十七条之规定,裁定如下:

批准北京兴昌达博房地产开发有限公司破产管理人提交的《北京兴昌达博房地产开发有限公司重整计划草案》执行期限延长的申请,将执行期限延长至2012年11月15日。

审判长:
审判员:
代理审判员:
二〇一一年九月一日
书记员:

三、重整计划延期后对债权人的补偿

重整计划一共经过两次延期,最终执行期限延长了1年零8个月。两次延期相关主体均在债权人会议表决事项及说明中承诺,对延期期间未能按照重整计划受偿的购房债权人给予一定赔偿。

(一) 赔偿的合法性、合理性

我国《企业破产法》及其他法律、法规、司法解释对重整计划执行期限延长后对未能受偿的债权人是否应予赔偿没有规定。一种观点认为,根据重整计划,债权调整方案中规定重整计划执行期间免除债权人的利息、罚息和违约金。延长的期限性质上属于重整计划执行期限,因此这段期间也应受重整计划的约束,对未能按期受偿的债权人无须赔偿。另一种观点认为,重整计划实质上是债权人与债务人就重整事项达成的合意,具有合同的属性;重整计划执行期限属于合同的履行期限,兴昌达博公司有义务按约定期限完成重整计划,否则应承担相应的违约责任。笔者倾向于第二种观点。重整计划免除的是进入破产程序前对债务人应支付的利息、罚金和违约金,而非违反重整计划的违约责任。债务人不能按期执行重整计划应当承担相应的违约责任。而且这样做有利于督促债务人提高效率尽快完成重整计划,避免过度拖延扩大债权人的损失,有利于维护债权人的利益,也能促进重整计划延期议案的顺利通过。

(二) 赔偿方案

兴昌达博公司重整期间未能按期受偿的债权人绝大部分为购房债权人,本次赔偿方案也是针对购房债权人制订的。

1. 赔偿标准

现行法律对破产重整程序中逾期交付房屋的赔偿标准没有确切的规定。兴昌达博公司、破产管理人及其法律顾问就该问题召开讨论会议。会上各方一共提出三种方案,下面对这三种方案进行比较:

方案一:按日计算已支付房屋价款 0.1‰

在重整计划延期之前,已有部分债权人因延期交房获得赔偿。但这部分债权人获得赔偿的依据是与兴昌达博公司签订补充协议或换签《商品房预售合同》时书面约定了交房时间和违约责任,即逾期交房按每日支付已交房款 0.1‰ 赔偿。兴昌达博公司认为可以按与这部分债权人同样的标准对受重整延期影响的债权人赔偿。

该方案与一期债权人保持一致,不会因一期、二期之间赔偿标准存在差异而引起一期债权人的不满。但由于二期债权人就延期交房问题没有与兴昌达博公司作出过约定,也没有相应的法律依据,在二期债权人不同意该方案的情况下没有说服力。而且,所有购房债权人不分面积大小、房屋类型按统一标准赔偿有失公平。

方案二:按本案房地产所在地昌平区南邵镇两居室租金计算

将租金换算成每平方米单价,再乘以各购房债权人购买的房屋的面积计算租金。而且要考虑各债权人实际交付的房屋价款的比例,即:

① 每平方米租金×购买面积×实际交付房款占全款的比例×时间,或者

② 每平方米租金×购买面积×时间-低于一定比例的未交付的房款对应的同期贷款利息。

该方案考虑到了每个购房人实际购买的面积差异,交付房款所占全款的比例差异,经计算赔偿金额比第一种方案略高,约为每日支付已付房款的 0.14‰。但按照单位面积计算租金以及考虑支付房款占全款的比例缺乏法律依据。

方案三:南邵镇当地与债权人购买的同类房屋的房屋租金×时间

该方案是严格按照最高人民法院《关于审理商品房买卖合同纠纷案件适用法律若干问题的解释》(2003年)第17条第3款的规定制定的:"逾期交付使用房屋的,按照逾期交付使用房屋期间有关主管部门公布或者有资格的房地产评估机构评定的同地段同类房屋租金标准确定。"虽然本案交付房屋是基于重整计划,与基于商品房买卖合同的房屋交付有一定的差别,但重整计划本身具有合同的属性,该司法解释是与本案最贴近的法律依据,是三种方案中最合法的方案。因该方案考虑到了债权人购买房屋类型的不同,较第一种方案更为公平。且该方案对债权人的赔偿程度最高,也应是债权人最容易接受的方案。

但该方案是三种方案中成本最高的方案,通过走访当地中介机构,计算该方案的赔偿标准约为每日支付已付房款的0.2‰。且由于该方案不考虑债权人交付房款的比例,付款比例高的债权人可能会有异议。

三种方案中笔者更倾向于第三种。作为法律顾问,制订解决方案时首先要考虑其合法性,在确无法律依据可循时,可以考虑合理、合情的原则。《关于审理商品房买卖合同纠纷案件适用法律若干问题的解释》虽然不是针对破产重整问题,但能体现出司法实践对延期交付房屋对购房人的补偿原则,即租金补偿原则。该原则考虑的因素仅为房屋的地段、类型,并不考虑购房人已付房款数额。特别是在本案中,债权人没有继续付款的原因在于兴昌达博公司不能按期交付房屋的先期违约行为,在这种情况下,部分债权人停止继续支付价款不构成违约,不应承担责任。考虑支付房款的因素,实际上是在债权人没有违约的情况下减少了应获赔偿的数额。

那么支付房款比例高的债权人是否有权要求兴昌达博公司向其支付高出最低比例部分的同期贷款利息? 司法实践中对于延期交付房屋的赔偿主要有两种原则:一是租金补偿原则;二是资金占用原则。支付利息属于资金占用原则的赔偿方式。这两种原则是从两个角度对购房人未能按期取得房屋给予的赔偿,如果并用会导致重复赔偿,对债务人不公平。《关于审理商品房买卖合同纠纷案件适用法律若干问题的解释》(2003年)第17条仅采用了租金补偿原则,也可看出这两种原则并不同时适用。

虽然律师在讨论时表明了选择方案三的理由,相关主体考虑多方因素后还是选择了方案二中的第一方案,但该方案未能通过债权人会议表决。在与债权人代表充分沟通后,相关主体将赔偿标准提高到每日按已付房款0.2‰的标准赔偿,该方案最终在债权人会议上获得通过。

2. 赔偿期间

购房债权人获得赔偿的期间起点为重整计划中规定的执行期限届满之日的次日,即2011年9月4日,止点为兴昌达博公司未来向购房债权人发出签约通知中确定的签约日期。

在确定赔偿期间时,有部分债权人主张重整计划规定的重整期间也应支付赔偿金。笔者认为，重整计划是债权人与债务人就破产债权达成的新的合意，重整计划的执行期间相当于合同的履行期，在合同履行期间不存在违约责任，因此原执行期间不应计算在赔偿期间内。

(三) 赔偿方案确定程序

赔偿方案关系到全部未能如期受偿的债权人的利益，在做好法律论证并与债权人代表充分沟通后，将确定方案提交债权人会议审议。债权人会议依然采取通讯方式进行，具体赔偿方案在表决事项及说明中做了详细阐述。

第六节　重整计划执行的法律后果

一、重整计划没能完全执行

在重整计划执行过程中，重整计划可能因为客观情况的变化、债务人的恶意等方面的原因，使重整计划最终无法完全执行。在重整计划没能完全执行时，根据我国《企业破产法》第93条的规定："债务人不能执行或者不执行重整计划的，人民法院经管理人或者利害关系人请求，应当裁定终止重整计划的执行，并宣告债务人破产。人民法院裁定终止重整计划执行的，债权人在重整计划中作出的债权调整的承诺失去效力。债权人因执行重整计划所受的清偿仍然有效。债权未受清偿的部分作为破产债权。前款规定的债权人，只有在其他同顺位债权人同自己所受的清偿达到同一比例时，才能继续接受分配……"由此可知，债务人不能执行或者不执行重整计划时，人民法院应当及时裁定终止重整计划的执行，并宣告债务人破产。债务人财产要及时进行变价、分配，最大限度地减少债权人的损失。

债务人被宣告破产后，债权人在重整计划中作出的债权调整的承诺失去效力，债权人因执行重整计划所受的清偿仍然有效，未受清偿的债权作为破产债权参加后续的破产分配。在能够获得高于执行重整计划时已受清偿额的破产分配时，债权人只有在其他同顺位债权人与自己已受清偿达到同一比例时，才能继续接受破产分配。

债务人被宣告破产后，根据我国《企业破产法》第93条第4款的规定，为重整计划的执行提供的担保继续有效。但在债务人宣告破产后，为重整计划的执行提供担保的人的权利如何处理，我国《企业破产法》及司法解释未作规定。

二、重整计划执行完毕

如果重整计划顺利执行完毕，根据我国《企业破产法》第94条的规定："按照重整计划减免的债务,自重整计划执行完毕时起,债务人不再承担清偿责任。"也就是说,重整计划执行完毕后,依据重整计划减免的债务,债务人不再承担清偿责任。

(一) 重整计划执行完毕的标准

关于重整计划执行完毕的标准存在两种观点:一种观点认为,债务人必须按照重整计划严格执行,完成全部内容方为重整计划执行完毕;另一种观点认为,在债务人恢复独立运营能力的前提下,债务人完成重整计划主要内容,清偿绝大部分债务即可认为完成重整计划。笔者倾向于后者。破产重整以盘活企业为目的,通过整顿企业生产经营,清理债权债务,使其重获独立运营能力。当企业已经恢复正常运行,仅个别债权未清偿,且该债权人与债务人就延期清偿已达成协议,未清偿的债权不应影响重整计划的完成。

但债权人同意延期清偿的债权仍按照重整计划制订的方案清偿,债权人、债务人不得约定优于重整计划的清偿方案。这是《企业破产法》公平原则的要求。《企业破产法》第92条第2款规定:"债权人未依照本法规定申报债权的,在重整计划执行期间不得行使权利;在重整计划执行完毕后,可以按照重整计划规定的同类债权的清偿条件行使权利。"可知《企业破产法》规定破产债权均按重整计划规定的同类债权清偿条件清偿。

(二) 破产程序的终结

重整计划执行完毕后整个破产程序如何终结,《企业破产法》没有明确规定,仅在第91条第1款规定:"监督期届满时,管理人应当向人民法院提交监督报告。自监督报告提交之日起,管理人的监督职责终止。"笔者认为,破产重整作为《企业破产法》中一项重要程序,应具有完整性。重整计划的执行情况、债务人是否恢复独立运营的能力、管理人监督职责是否履行完毕且适当,均需要通过司法程序予以明确。因此,在征求法院意见后,确定破产重整程序的终结以法院作出终结破产程序的裁定为准。具体程序如下:

1. 召开清算组会议

在向法院申请终结破产程序前,管理人必须对债务人是否完成重整计划作出认定。由债务人起草《重整计划执行情况报告》,管理人起草《重整计划执行情况监督报告》,同时对债务人及管理人整个破产程序期间的财务状况进行审计,出具审计报告。重整计划执行完毕后,重整期间届满前,召开清算组会议,对上述报告及申请终结破产程序的议案进行审议。

2. 向法院申请终结破产程序

清算组会议通过上述各项议案后即可向法院提交《终结破产程序的申请》《重整计划执行情况报告》《关于重整计划执行情况的监督报告》及审计报告一同提交法院。

终结破产程序申请书

昌平区人民法院：

　　北京兴昌达博房地产开发有限公司(下称"兴昌达博公司")自2007年11月16日被贵院裁定破产重整，经过两次延期，重整计划执行期限与监督期限于2013年4月30日届满。在贵院的领导和昌平区政府的大力支持下，在管理人的监督下，经过兴昌达博公司管理团队的共同努力，截至重整计划执行期限届满时，重整计划基本执行完毕(具体执行情况和监督情况见《重整计划执行情况报告》和《关于重整计划执行情况监督的报告》)。

　　鉴于兴昌达博公司绝大部分债权人已获清偿，兴昌达博公司已持续正常运营，并具备继续独立经营的能力，破产管理人特向贵院申请终结兴昌达博公司破产程序。

附：1. 北京兴昌达博房地产开发有限公司重整计划执行情况报告
　　2. 北京兴昌达博房地产开发有限公司重整计划执行情况的监督报告

申请人：
北京兴昌达博房地产开发有限公司破产管理人
北京兴昌达博房地产开发有限公司
　年　月　日

　　重整计划监督报告由管理人起草，格式参考最高人民法院关于印发的《管理人破产程序工作文书样式(试行)》中文书样式56，并按照要求附债务人重整计划执行情况报告和债务人经营状况报告。

关于重整计划执行情况的监督报告

(××××)××破管字第×号

_____人民法院：

　　贵院于_____年____月____日以(××××)×破(预)字第×—×号民事裁定书，裁定×××(债务人名称)重整，并于_____年____月____日作出(××××)×破字第×—×号民事裁定书，裁定批准×××(债务人名称)的重整计划(或者重整计划草案)。

　　依据《中华人民共和国企业破产法》第九十条之规定，管理人对债务人重整计划的执行情况进行了监督，_____(简述监督期内，管理人采取的监督措施及债务人接受监督的情况)。根据重整计划的规定，监督期已于_____年____月____日届满。现管理人将债务人执行重整计划的相关情况报告如下：

一、重整计划的基本情况

简述重整案件的受理日期、重整计划的批准情况、批准日期、执行期限、监督期限等。

二、重整计划执行情况

（一）重整计划的主要内容；

（二）重整计划各部分内容的具体执行情况。

列明经营方案、债权调整及受偿、出资人权益调整，以及其他重整方案的执行情况。未能执行或者未执行完毕的，应当说明理由及解决方案。

三、债务人的经营状况

简述债务人在重整期间的经营状况，包括：债务人的资产负债、销售（营业）额、成本、税后净利润、现金流量值等经营指标。反映债务人在重整前后的经营状况变化。

四、监督期满后债务人执行重整计划的建议

如果监督期限届满重整计划未执行完毕的，管理人可对监督期满后债务人继续执行重整计划提出建议。

特此报告。

（管理人印鉴）

年 月 日

附：1. 重整计划

2. 债务人重整计划执行情况报告

3. 债务人经营状况报告

监督报告不仅是从管理人角度对债务人重整计划执行情况的报告，也是管理人向法院进行的监督工作报告，因此，在起草监督报告时也将管理人在重整期间进行的各项监督工作和采取的监督措施作为主要内容之一。为了使报告内容更具说服力，将审计报告作为附件一同提交法院。

关于北京兴昌达博房地产开发有限公司
重整计划执行情况的监督报告

兴昌达博管理人请〔2013〕03号

昌平区人民法院：

2007年9月11日北京兴昌达博房地产开发有限公司（下称"兴昌达博公司"）之股东北京兴昌高科技发展有限公司（下称"兴昌高科公司"）向贵院申请兴昌达博公司破产。2007年9月19日，贵院依法受理了兴昌达博公司破产案件,并同时指定兴昌达博公司清算组为公司破产管理人,对兴昌达博公司进行全面接管。2007年11月4日,拥有兴昌达博公司10%股权的兴昌高科公司向贵院提出了对兴昌达博公司进行破产重整的申请。贵院于2007年11月16日以(2007)昌民破字第10949号民事裁定书,裁定兴昌达博公司重整,2008年9月4日以(2007)昌民破字第10949号民事裁定书,批准兴昌达博公司《重整计划草案》。

依据《中华人民共和国企业破产法》第九十条之规定,破产管理人在监督期限内对兴昌达博公司重整计划的执行情况进行了监督。因重整计划的执行期限与监督期限于2013年4月30日届满,现破产管理人将重整计划执行的监督工作向贵院作如下报告:

一、破产管理人采取的监督措施及兴昌达博公司接受监督的情况

(一)召开清算组会议制定各项规章制度

重整计划执行期间,清算组(破产管理人)定期召开清算组会议,总结报告各阶段整体工作及专项工作情况。清算组将各阶段需要解决的问题形成议案,由各清算组成员表决,并部署下一阶段的工作计划。重整期间,共召开了17次清算组会议。在历次清算组会议上,先后制定了《清算组议事规则》《清算组内部职能机构工作细则》《清算组财务支出管理办法》《清算组组长相关职权》《清算组员工管理办法》《清算组档案管理办法》《清算组印章管理办法》《清算组安全保卫工作规则》《兴昌达博公司破产重整监督实施细则》《破产管理人网站管理规程》《监督例会制度》《"麓鸣花园"工程日常工作管理及审批流程》等工作细则,对破产管理人的日常工作进行了详细的流程化管理,保证破产管理人工作的合法合理性。

(二)召开监督例会督促重整计划的完成

为严格监督兴昌达博公司重整计划执行进度,使债权人的债权尽快得以清偿,破产管理人制定了《监督例会制度》,定期召开监督例会,主要对公司资金使用情况、债权清偿情况、招投标情况、施工进展情况、公司发生的重大事项、实施的重大行为等听取汇报并经过研究后指导督促公司工作。重整计划执行期间一共召开了14次监督例会。

(三)审查公司日常事务使其科学有效地履行职务

兴昌达博公司在资金使用、对外签约、工程建设等方面全面接受破产管理人的监督。兴昌达博公司定期将年度、季度和月度资金计划提交破产管理人审批,并将相应期间的工作计划提交破产管理人备案。重整期间兴昌达博公司对外签订的合同均由破产管理人审查。为确保合法、高效地完成对兴昌达博公司的监督工作,破产管理人聘请北京市公元律师事务所律师作为法律顾

问,负责整个重整进程中的具体法律事项,聘请北京国金项目管理公司代破产管理人对"麓鸣花园"所有工程类问题进行监督。此外,破产管理人根据工作需要,还聘请专业的评估机构、审计机构为破产管理人提供专项服务,以保证相关数据的专业性和合法性。

(四) 破产重整期间破产管理人的支出情况

破产管理人聘请北京普瑞正实会计师事务所对破产管理人在整个破产重整期间的收入支出作了专项审计,审计基准日为2007年9月19日(贵院裁定受理破产申请,并指定破产管理人之日)至2013年4月30日。经审计,破产管理人各项收入共计442 095 546.96元,其中有4亿元是天正中广集团保证金,2010年已退还,计在往来支出中;各项支出共计441 910 272.59元,日常办公费用共计2 306 309.86元,审计费、律师顾问费、咨询费、工程管理费等专项支出共计13 985 211.49元,其他往来支出42 618 751.24元。

二、重整计划提交延期生效和执行延期的情况

基于实际工作进度及遇到的各种困难和阻碍,破产管理人于2008年4月25日向贵院申请延期提交《重整计划草案》,贵院裁定批准将提交《重整计划草案》的时间延长两个月。2008年6月20日,破产管理人向贵院正式提交了《重整计划草案》。2008年7月15日冯××法官主持召开第三次债权人大会,对《重整计划草案》进行讨论并分组投票表决,但出资人组未通过,为保障广大债权人的合法权益,破产管理人向贵院提出批准《重整计划草案》的申请。因《重整计划草案》不存在未公平对待各类债权人的情况,贵院于2008年9月4日裁定通过了《重整计划草案》。

按照重整计划的规定,执行期限为36个月,自2008年9月4日(法院裁定批准《重整计划草案》之日)起至2011年9月3日止。重整计划执行的监督期限与执行期限一致。在执行过程中,由于兴昌达博公司历史遗留问题较多,拆迁和办理报建手续等工作中出现了许多前期不可预测的情况,不得不申请延长重整计划执行期限。通过第四次债权人会议与第五次债权人会议投票表决先后两次延长重整计划执行期限,最终贵院批准将执行期限延长至2013年4月30日。重整计划执行的监督期限也相应延长至2013年4月30日。

三、重整计划执行情况

(一) 重整计划的主要内容

1. 兴昌达博公司的经营方案

截至评估基准日2007年9月18日,兴昌达博公司净资产为-25 486 600元。根据当时测算启动"麓鸣花园"项目至少需要2亿元,该笔资金计划由兴昌达博公司原股东限期筹措,并按最终出资比例调整兴昌达博公司的股权结

构。最终兴昌高科公司单独出资2亿元,其他股东均未出资,兴昌高科公司成为兴昌达博公司唯一股东,并主导兴昌达博公司重整。除了兴昌高科公司2亿元的出资外,重整资金的筹措还包括"麓鸣花园"已售296套房屋的尾款收入105 140 200元,销售新建商品房预计收入1 031 305 800元。

2. 债权调整方案

对于担保债权本金不予调整,免除重整前、重整期间及重整计划执行期间的利息、罚息、违约金等共计70 649 908元,重整计划执行期间暂停行使担保权。对职工债权300 094.85元全额清偿。对税款6 855 619.39元全额清偿。普通债权本金不予调整,免除利息、罚息、违约金及其他损失,其中对296人拟交付房屋的购房债权人不再现金清偿。待定债权按照确定的结果给付。

3. 债权受偿方案

按照重整方案,政府垫资破产费用650万元,计划2008年12月31日前偿还。担保债权计划2009年9月30日前偿还。职工债权和税款计划2009年10月1日前偿还。普通债权包括购房债权和其他普通债权,重整计划将购房债权人分为拟交付房屋的债权人、以售房形式作为还款保障的债权人、以个人购房名义套取银行按揭贷款的债权人及退房债权人四类,其中以售房形式作还款保障的债权及以个人购房名义套取的贷款计划2009年12月底前清偿;296户拟交付的房屋,将按原合同规定的价格,在规划不变的前提下,尽可能按合同约定的位置、户型交付;66人退房债权人的债权,按照其他普通债权清偿的方式清偿。其他普通债权计划于2009年12月底之前偿还全部本金。

4. 拆迁安置方案

重整计划执行过程中的拆迁包括北京市昌平区南邵镇金家坟、纪窑两个行政村,重整计划制订时未拆迁自然院381户,已建成回迁用房3.7万平方米,已安置76户回迁居民,但回迁楼产权安置面积仍差49 472平方米。针对两村拆迁情况,重整计划中制订了拆迁计划,于2008年9月启动拆迁工作。

5. 施工方案

重整计划在分析"麓鸣花园"项目的开发进展情况及存在的问题后,从协调相关部门解决项目建设手续、施工企业、中介公司的聘请方面制订解决方案,并拟定施工计划:2008年9月至2008年12月整理施工现场、设计图纸,落实施工单位,办理复工手续;2008年12月至2009年8月一期工程施工;2009年8月至2010年5月二期工程施工;2010年4月至2010年10月市政园林配套施工。

(二)重整计划各部分内容的具体执行情况

1. 经营方案的执行情况

兴昌高科公司在成为兴昌达博公司唯一股东后,立即调整和完善了兴昌达博公司的法人治理结构,组建经营管理团队,于2009年2月4日完成了变更法定代表人、股东,修改公司章程,增加注册资本至2亿元等工商变更登记手续。

在重整资金筹措方面,除了通过销售符合条件的房屋,以回笼资金投入项目外,兴昌高科公司还通过代偿、借款等方式为兴昌达博公司清偿债权、拆迁安置和项目建设投入资金共950 269 600元。对于重整过程中筹措的全部资金,兴昌达博公司在管理人的监督下严格按照法律和重整计划的规定使用。

2. 拆迁安置情况

截至目前,两村的拆迁已完成380户,剩余的1户已经进入了行政裁决、强制拆除程序,且剩余被拆迁人的房屋对二期项目建设影响甚微,对债权清偿无碍。两村村委会办公用房已通过房屋置换的方式解决。重整期间,回迁楼的配套设施也进行了相应的完善,回迁楼的查封和抵押担保问题也因中国农业银行顺义支行人民币3 000万元担保债权被法院不予确认而解决。

3. 施工建设情况

"麓鸣花园"项目由于"烂尾"时间较长,存在一系列遗留问题,在有关部门的支持和配合下,经多方努力,一期工程于2010年9月取得了竣工验收备案手续,二期工程于2013年4月取得了竣工验收备案手续。项目已竣工94 695平方米,在施工程共48 839平方米。

4. 债务清偿情况

兴昌达博公司担保债权、职工债权及税款已全部清偿完毕。

普通债权中,以售房形式作为还款保障的债权和以个人名义套取的银行按揭贷款债权已全部清偿,66户退房债权人的债权已偿还62户,余下4户共420 383元因债权人拒领至今未付。

五笔待定债权中有四笔因法院裁判或当事人撤诉无须清偿,一笔由法院裁判确定2 978万元已清偿。

昌平区政府垫资的650万元破产费用已偿还350万元,未清偿的300万元,已与昌平区政府达成还款协议在重整程序结束后分期偿还。

兴昌高科公司76 358 654元债权已清偿9 934 880元,剩余66 423 774元,兴昌高科公司同意兴昌达博公司重整结束后清偿。

新增徐××劳务债权48 507.17元已达成协议,但尚未领取。

购房债权人中,一期182人购房债权人有181人已签约入住;二期共115人,截至2013年4月30日已签约84人,15人因债权人原因申请延期签约,16人通知后未到场签约。

5. 债权清收情况

重整计划确定的清收债权总额为71 021 518.28元,重整期间均未能收回,具体情况如下：

(1) 涉及兴昌达博公司原法定代表人王××的关联公司共4家，欠款总额为1 494 770.28元，这些公司多处于被吊销的状态或缺乏偿债能力，且上述债权涉及的相关证据资料多有缺失，因此，债权清收已无可能。

(2) 北京中经源通机电设备有限公司所欠债务420 000元，经诉讼后法院裁定，但目前无法查询到该公司，债权清收已无可能。

(3) 北京成远房地产开发有限公司所欠债务10 400 000元，该笔债权已过诉讼时效，且证据不足，债权清收已无可能。

(4) 北京金正东方公司5 700 000元。

(5) 代垫水泥厂土地款53 006 748元。

第(4)、(5)项兴昌达博公司多次与北京金正东方公司法定代表人金××协议解决未果。

四、监督期满后债务人解决重整计划遗留问题的要求和建议

截至2013年4月30日兴昌达博公司重整计划基本执行完毕，仅个别债权未清偿。对于未清偿的债权，管理人对兴昌达博公司提出了如下要求和建议：

(1) 兴昌高科公司和昌平区政府的债权，兴昌达博公司应按照还款协议按期清偿。

(2) 66户退房债权人中拒领退房款的4户，兴昌达博公司可将债权对应款项公证提存或按法院要求保存。

(3) 购房债权人中，因在国外工作、学习，不便回国办理签约，又无法提供有效授权委托书的，兴昌达博公司应给予债权人一定宽限期，待条件具备后办理签约手续。对于拒绝签约的债权人，应及时发出解除合同通知书，按重整计划的债权调整方案退还购房款，债权人拒绝受领退款的，将债权对应款项公证提存或按法院要求保存。

(4) 以现金偿还的其他债权，因债权人原因无法清偿的，均应提存清偿或按法院要求保存。

(5) 对无法取得联系的债权人应先公示债权的信息，公示期满后仍无法取得联系的，提存债权或按法院要求保存。

(6) 对外债权仍应积极追偿，其中北京金正东方公司5 700 000元与代垫水泥厂土地款53 006 748元在无法达成协议的情况下，应尽快进行诉讼，同时注意及时向债务人发出催告函等告知其履行还款义务的法律文书，延续诉讼时效。

特此报告。

附:1. 重整计划
　2. 兴昌达博公司重整计划执行情况报告
　3. 兴昌达博公司审计报告
　4. 破产管理人审计报告

北京兴昌达博房地产开发有限公司破产管理人
(管理人印章)
二〇一三年五月三日

北京市昌平区人民法院
民事裁定书

(2007)昌民破字第 10949 号

申请人:北京兴昌高科技发展有限公司,住所地:北京市昌平区科技园区超前路××号。

法定代表人:王××,总经理。

债务人:北京兴昌达博房地产开发有限公司,住所地:北京市昌平区南邵镇麓鸣花园会所二层。

法定代表人:韩××,董事长。

破产管理人清算组组长周××。

本院在审理申请人北京兴昌高科技发展有限公司(原北京兴昌高科技发展总公司,以下简称"兴昌公司")申请北京兴昌达博房地产开发有限公司(以下简称"达博公司")破产一案中,申请人兴昌公司向本院申请对达博公司进行重整。本院于 2007 年 11 月 16 日依法裁定达博公司重整,并于 2008 年 9 月 4 日裁定批准了达博公司管理人提交的《北京兴昌达博房地产开发有限公司重整计划草案》(以下简称"重整计划")。重整计划规定的执行期限为 36 个月,即自 2008 年 9 月 4 日起至 2011 年 9 月 3 日止。后因重整计划执行需要,本院于 2011 年 9 月 1 日和 2012 年 11 月 14 日两次裁定批准达博公司破产管理人提交的《北京兴昌达博房地产开发有限公司重整计划草案》执行期限延长的申请,将破产重整执行期限最终延长至 2013 年 4 月 30 日。

重整计划执行期间,达博公司破产管理人及清算组认真履行监管职责,兴昌达博公司重整工作开展具有成效,重整计划确定的事项进行较为顺利。

2013 年 5 月 3 日,达博公司向本院提交了《北京兴昌达博房地产开发有限公司重整计划执行情况报告》,称已基本执行完毕重整计划规定的内容。同日,达博公司破产管理人《关于北京兴昌达博房地产开发有限公司重整计划执行情况的监督报告》和《终结破产程序申请书》称,截至重整计划执行期限届满时，重整计划基本执行完毕，绝大部分债权人已获得清偿，达博公司已持续正常经营，并具备继续独立经营的能力，破产管理人申请终结达博公司破产程序。

本院认为，企业破产重整程序以拯救企业为目标，系通过重整计划的执行维持企业继续营业，继续存续。对于重整计划的执行情况，本院确认，本院于2008年9月4日裁定批准重整计划后，达博公司在规定及此后延长的重整计划执行期间内所负主要债务已清偿完毕，经营状况和财产状况趋于良性，并具备继续独立经营的能力。由此，可以认定在规定的执行期间内，达博公司重整计划已经得到执行。现达博公司破产管理人已向本院提交了监督报告，依法其监督职责即告终止。据此本院依据《中华人民共和国企业破产法》第八十九条、第九十一条，《中华人民共和国民事诉讼法》第一百五十四条第一款第(十一)项之规定，裁定如下：

（一）确认本院于2008年9月4日批准的《北京兴昌达博房地产开发有限公司重整计划草案》执行完毕；

（二）终结北京兴昌达博房地产开发有限公司破产程序。

本裁定下达后立即生效。

审 判 长 潘××

代理审判员 夏××

代理审判员 尤××

二〇一三年五月三十日

书 记 员 楚×

三、破产程序终结后破产管理人的工作

《企业破产法》第91条规定，自监督报告提交之日起，破产管理人的监督职责即告终结，但破产管理人的工作并未全部结束，需要对以下工作进行处理：

(一) 完成与债务人的交接工作

虽然在重整计划批准后破产管理人已向债务人移交财产和营业事务，但破产管理人为履行监督职责而持有的债务人的公章需要在重整计划执行完毕后移交给债务人，并协助债务人办理银行预留印章变更。交接时应做好交接笔录。

(二) 完成案卷的移交

重整期间保存的管理人和债务人的公文、规章、账册、判决、裁定、函件、审计报告等卷宗材料应登记造册。法律对重整后企业的卷宗材料如何处理没有规定；根据《北京市高级人民法院企业破产案件审理规程》第286条的规定，破产程序终结

后,破产企业的账册、文书等材料由管理人移交档案部门保存,保管费用比照破产费用由管理人在破产财产分配时预留,但对重整程序后有关材料如何处理未作规定。笔者认为,无论是破产清算程序还是重整程序,过程中形成的案卷材料均需妥善保管,以备有关主体查询。为防止债务人管理不善造成档案丢失、损毁,建议按照《北京市高级人民法院企业破产案件审理规程》的规定处理。

(三) 申请解散管理人

《企业破产法》及司法解释并未规定管理人监督职责终止后的解散程序。笔者认为,管理人成立时是由法院指定的,且履行职责时直接对法院负责,管理人职责履行完毕后也应向法院请示并由法院决定批准解散。法院批准管理人解散后,管理人需将公章交回法院销毁。

解散破产管理人申请书

申请人:北京兴昌达博房地产开发有限公司破产管理人

破产管理人负责人:周××

申请事项:

请求贵院批准解散北京兴昌达博房地产开发有限公司破产管理人。

事实与理由:

2013年5月30日贵院作出《民事裁定书》[(2007)昌民破字第10949号]裁定:(1)确认《北京兴昌达博房地产开发有限公司重整计划草案》执行完毕;(2)终结北京兴昌达博房地产开发有限公司(以下简称"达博公司")破产程序。同时该《民事裁定书》载明:"兴昌达博公司破产管理人已向本院提交了监督报告,依法其监督职责即告终止。"至此,北京兴昌达博房地产开发有限公司破产管理人(以下简称"破产管理人")法定职责履行完毕。

破产程序终结后,破产管理人陆续完成了收尾工作,具体包括:与达博公司交接公章、文件等;协助达博公司办理账户变更手续;清理破产管理人账务、注销账户;整理破产管理人重整期间卷宗材料,准备移交有关单位。应贵院要求,破产管理人将印章移交贵院处理。

综上,鉴于破产管理人已履行完法定职责,并完成收尾工作,已无继续存续的必要,现向贵院申请解散破产管理人。

此致

昌平区人民法院

申请人:

北京兴昌达博房地产开发有限公司破产管理人

年 月 日

北京市昌平区人民法院
民事决定书

（2007）昌民破字第 10949 号

北京兴昌达博房地产开发有限公司破产管理人：

　　北京兴昌高科技发展有限公司（原北京兴昌高科技发展总公司）申请北京兴昌达博房地产开发有限公司破产一案，本院经审查后已于 2007 年 9 月 19 日依法裁定受理。受理后，本院指定依法成立的北京兴昌达博房地产开发有限公司破产企业清算组为破产管理人。后北京兴昌高科技发展有限公司向本院申请对达博公司进行重整，本院于 2008 年 9 月 4 日裁定批准了达博公司管理人提交的《北京兴昌达博房地产开发有限公司重整计划草案》（以下简称"重整计划"）。现达博公司在规定的重整计划执行期间内所负主要债务已清偿完毕，公司经营状况和财产状况趋于良性，并具备继续独立经营能力。由此，本院已于 2013 年 5 月 30 日裁定确认本院于 2008 年 9 月 4 日批准的《北京兴昌达博房地产开发有限公司重整计划草案》执行完毕，并终结北京兴昌达博房地产开发有限公司破产程序。现北京兴昌达博房地产开发有限公司破产管理人已经向本院提交了监督报告并提出申请请求解散。本院认为，北京兴昌达博房地产开发有限公司破产程序终结后，北京兴昌达博房地产开发有限公司破产管理人监督职责即告终止，理应停止执行职务，故予准许。据此，本院依据《中华人民共和国企业破产法》第一百二十一条、第一百二十二条之规定，决定如下：

　　撤销北京兴昌达博房地产开发有限公司破产管理人。

　　本决定送达后立即生效。

审　判　长　潘××
代理审判员　尤××
代理审判员　夏××
二〇一三年六月十五日

　　至此，北京兴昌达博房地产开发有限公司破产重整案结束。在本案办理过程中，反映出我国《企业破产法》特别是重整程序中存在一些不完备之处，需要最高人民法院在制定司法解释的过程中逐渐完善。

附录一　重整计划草案编制说明

一、债务人及项目基本情况

（一）债务人基本情况

债务人北京兴昌达博房地产开发有限公司（以下简称"兴昌达博公司"）是于2001年2月注册成立的一家大型房地产开发企业，系为开发、建设位于北京市昌平区南邵镇的麓鸣花园项目而批准设立的项目公司。兴昌达博公司注册资本为人民币1亿元，股东及持股比例为：北京东方达博置业投资有限公司（以下简称"东方达博公司"）出资7 000万元，占注册资本的70%；北京兴昌高科技发展总公司（以下简称"兴昌高科公司"）出资1 000万元，占注册资本的10%；自然人黄某出资2 000万元，占注册资本的20%。

（二）项目基本情况

麓鸣花园项目位于昌平区南邵镇金家坟村，项目用地四至为：东至电力高压线走廊，南至昌怀公路，西至金家坟村回迁楼东侧规划路，北至九里山脊。该项目总建设用地305 300平方米，规划建筑面积202 847平方米，已取得规划证、开工证面积80 014平方米，现场已开工建设约70 000平方米，工程形象进度差异较大，部分已结构封顶、外立面完成，部分结构为±0.000，工程已停工4年。此外，麓鸣花园的前期报建手续已大多过期，大市政的各项方案部分已经过期，部分尚未设计，部分正在建设中。

截至本重整计划草案编制之日，该项目销售面积情况如下：

建筑类型	总面积（平方米）	预售面积（平方米）	户数
公寓	49 742.72	17 110.05	119
独栋	11 395	6 238.38	18
联排	130 022.88	32 674.50	159
公建预售	11 686	0	0
合计	202 847.00	56 022.93	296

北京德平资产评估有限公司 2008 年 6 月 12 日出具的资产评估报告结果显示,截至 2007 年 9 月 18 日,兴昌达博公司资产总额××万元,负债总额××万元,净资产为负××万元。

二、重整计划草案的编制背景及过程

兴昌达博公司成立后,于 2002 年开始开发建设麓鸣花园项目。在麓鸣花园项目开发过程中,兴昌达博公司因经营管理及其他原因,致使资金链断裂,最终导致项目搁置,无法按时交房及清偿债务。2007 年,兴昌高科公司通过对麓鸣花园项目经营情况进行了解,发现兴昌达博公司已经失去了企业自身的造血功能,对已到期债务丧失清偿能力。为保护债权人的合法权益,兴昌高科公司于 2007 年 9 月 11 日以债权人名义,向北京市昌平区人民法院申请兴昌达博公司破产清算。

北京市昌平区人民法院经依法审查后,于 2007 年 9 月 19 日裁定受理,并于同日指定北京兴昌达博房地产开发有限公司清算组担任破产管理人(以下简称"管理人"),至此,兴昌达博公司破产清算程序正式启动。

根据《企业破产法》第 70 条第 2 款的规定:"债权人申请对债务人进行破产清算的,在人民法院受理破产申请后、宣告债务人破产前,债务人或者出资额占债务人注册资本十分之一以上的出资人,可以向人民法院申请重整。"为了更好地解决麓鸣花园项目的历史问题,使兴昌达博公司起死回生继续经营,尽可能地偿还债权人的债务,公平维护广大债权人的合法权益,兴昌高科公司作为持有兴昌达博公司 10%股权的出资人,于 2007 年 10 月 20 日向北京市昌平区人民法院申请对兴昌达博公司进行重整。

2007 年 11 月 16 日,北京市昌平区人民法院裁定兴昌达博公司重整。管理人随即开始了兴昌达博公司重整计划草案的起草工作。在这一过程中,管理人在北京市昌平区人民法院的领导下,充分听取了债权人、债务人及债务人股东的意见和建议,并经过必要的数据测算,完成了重整计划草案的制订。

三、对兴昌达博公司股权结构进行调整的说明

鉴于兴昌达博公司的净资产已为负××万元,而根据管理人的测算,启动兴昌达博公司开发的麓鸣花园项目至少需要 2 亿元人民币资金的直接投入。为保证兴昌达博公司重整计划的顺利实施,保证公平、公正地调整出资人权益,保障债权人及各位出资人的合法权益,管理人决定向兴昌达博公司的股东筹措上述项目启动资金,并按照各位股东在 2008 年 7 月 7 日前的实际出资额占此次总出资额的比例调整兴昌达博公司的股权结构。

2008年6月29日,管理人向兴昌达博公司的股东北京兴昌高科技发展总公司、北京东方达博置业投资有限公司和黄某邮寄送达了《关于北京兴昌达博房地产开发有限公司破产重整筹资及股权调整的函》。截至2008年7月7日,兴昌高科公司出资2亿元人民币,东方达博公司和自然人黄某未出资。

为使兴昌达博公司的股权结构调整更加公平、公正,更好地维护广大债权人的合法权益,保证重整计划的成功,管理人建议向出资人筹资的期限延长至本重整计划经债权人会议通过后60日内,或北京市昌平区人民法院裁定批准后30日内。届时,将按照各位出资人新的出资额确定兴昌达博公司的股权结构。管理人向各位出资人发出的《关于北京兴昌达博房地产开发有限公司破产重整筹资及股权调整的函》中设定的其他条件和内容不变。

同时,鉴于兴昌高科公司已经出资2亿元人民币,管理人建议暂由兴昌高科公司全面主导兴昌达博公司重整,并立即组建临时经营团队启动重整计划。

四、关于草案中若干问题的说明

(一) 解除77套房屋预售登记的问题

在重整计划执行过程中,对虽已办理预售登记,但需要解除预售登记的房屋共涉及77套,对于这部分房屋,根据不同的情况采取相应的措施,解除该部分房屋的预售登记,并将这部分房屋整理完善后销售,以实现资金的回收,从而保障重整的顺利进行。这77套房屋具体分为以下两种情况:

1. 以房屋销售形式作为还款保障而销售的房屋

以房屋销售形式对兴昌达博公司拖欠的借款、施工保证金、项目转让金、设计费作为还款保障而销售的房屋共73套,具体为:北京××国际投资顾问有限公司10套、××有限公司34套、金××15套、广东××建筑工程有限公司10套、桑××1套、马×1套、胡×1套、北京××管理有限公司1套。其中:

(1) 北京××国际投资顾问有限公司10套房屋。根据北京市仲裁委员会(2004)京仲裁字第0845号裁决的认定,双方当事人并不具有房屋买卖的真实意思表示。《中华人民共和国民法通则》(已失效)第55条规定:"民事法律行为应当具备下列条件:(一) 行为人具有相应的民事行为能力;(二) 意思表示真实;(三) 不违反法律或者社会公共利益。"根据该条规定,可以认定双方之间的房屋买卖合同无效。因此,对该10套房屋直接解除商品房预售登记,其相对应的债权将按照本重整计划草案中的其他普通债权的调整方案和受偿方案进行清偿。

(2) ××有限公司34套房屋。由于其相对应的债权已有财产担保,因此,对该34套房屋直接解除商品房预售登记,其相对应的债权将按照本重整计划草案中的担保债权的调整方案和受偿方案进行清偿。

(3) 金××15套房屋。由于其相对应的债权在兴昌达博公司向北京××房地产信息咨询公司转让北京××置业有限公司股权时已作为转让款的一部分抵销,且双方在《股份转让合同补充协议书》中约定:双方签署本合同的同时,金××办理15套房屋的退房手续。因此,对该15套房屋直接解除商品房预售登记。

(4) 北京××管理有限公司1套房屋。由于该债权人未申报债权,且根据管理人的调查,该债权人也不再进行补充申报,因此,对该套房屋直接解除商品房预售登记。

(5) 广东××建筑工程有限公司10套、桑××1套、马×1套、胡×1套。对该13套房屋对应的债权,将按照本重整计划草案中的普通债权的调整方案和受偿方案予以清偿。

2. 以个人购房名义套取银行按揭贷款的涉及4套

该4套房屋实际上是兴昌达博公司以个人购房的名义套取北京××银行兴昌支行按揭贷款,涉及贷款额为6 196 685.23元。对以该4套房屋套取的银行贷款,将按照本重整计划草案中的普通债权的调整方案和受偿方案予以清偿,从而解除该4套房屋的预售登记。

(二) 兴昌达博公司与东方达博公司及其关联公司间的债权债务抵顶问题

经过债权审核与确认,东方达博公司及北京××企业管理有限公司(简称"××有限公司")对兴昌达博公司享有××万元的债权,同时兴昌达博公司对东方达博公司及其他3家关联公司北京××投资管理有限公司(简称"××投资公司")、北京××房地产经纪有限公司(简称"××经纪公司")、××企业管理有限公司(简称"××管理公司")享有××万元的债权,且根据上述4家公司2007年的审计报告,该4家公司已处于亏损状态,无力清偿债务,如不通过抵顶的形式处理上述债权,则兴昌达博公司对上述公司的债权将很难实现。同时,兴昌达博公司进行重整,还必须安排对其债务予以偿还,这样就为兴昌达博公司增加将近7 000万元的重整债务成本。为保障重整计划的顺利执行,减小重整成本,维护广大债权人的合法权益,经过协商,上述各方同意兴昌达博公司对东方达博公司及其关联公司的债权按相同数额进行抵顶,并就此由上述各方签订了相关协议。

(三) 66人退房债权人的问题

在本重整计划草案中,退房债权人共66人,具体情况如下:

(1) 法院判决退房的36人。由于法院已经判决该36人退房,因此,对其已预付给兴昌达博公司的房款应予以退还,其债权将按照重整计划草案中普通债权的调整方案及清偿方案处理。

(2) 已退还部分房款的13人。该13人购房债权人在签订认购契约后,与兴昌达博公司又达成还款协议,约定解除原先签订的商品房认购契约,由兴昌达博公司退还该部分购房债权人已支付的房款及应支付的利息。《中华人民共和国合同法》(已失效)第91条规定:"有下列情形之一的,合同的权利义务终止:……(二)合同解除……"第93条第1款规定:"当事人协商一致,可以解除合同。"根据以上规定,自该协议签订之日起,合同双方之前签订的认购契约即行解除,根据该认购契约形成的双方的权利义务终止。且协议签订后,兴昌达博公司已退还部分房款,该部分购房人也已接受,因此,兴昌达博公司已无交房的义务。

(3)签订还款协议的8人。该8人购房债权人在签订认购契约后,与兴昌达博公司又达成还款协议,约定由兴昌达博公司退还该部分购房债权人已支付的房款及应支付的利息。《中华人民共和国合同法》(已失效)第91条规定:"有下列情形之一的,合同的权利义务终止:……(二)合同解除……"第93条第1款规定:"当事人协商一致,可以解除合同。"根据上述规定,自该协议签订之日起,合同双方之间形成一种新的债权债务关系,其之前签订的认购契约即行解除,根据该认购契约形成的双方的权利义务终止,兴昌达博公司已无交付房屋的义务。

(4)签订订房协议的3人。最高人民法院《关于审理商品房买卖合同纠纷案件适用法律若干问题的解释》(2003年)第5条规定:"商品房的认购、订购、预订等协议具备《商品房销售管理办法》第十六条规定的商品房买卖合同的主要内容,并且出卖人已经按照约定收受购房款的,该协议应当认定为商品房买卖合同。"《商品房销售管理办法》第16条规定:"商品房销售时,房地产开发企业和买受人应当订立书面商品房买卖合同。商品房买卖合同应当明确以下主要内容:(一)当事人名称或者姓名和住所;(二)商品房基本状况;(三)商品房的销售方式;(四)商品房价款的确定方式及总价款、付款方式、付款时间;(五)交付使用条件及日期;(六)装饰、设备标准承诺;(七)供水、供电、供热、燃气、通讯、道路、绿化等配套基础设施和公共设施的交付承诺和有关权益、责任;(八)公共配套建筑的产权归属;(九)面积差异的处理方式;(十)办理产权登记有关事宜;(十一)解决争议的方法;(十二)违约责任;(十三)双方约定的其他事项。"根据该规定,商品房的认购、订购、预订等协议,只有在具备《商品房销售管理办法》第16条规定的商品房买卖合同的主要内容,且出卖人已经按照约定收受购房款的,才可认定为商品房买卖合同。而该部分购房债权人签订的订房协议,缺乏《商品房销售管理办法》第16条规定的主要条款,因此,双方之间的房屋买卖合同并未成立,故对其支付的预付款应当予以退还。

(5)以明显不合理的价格进行交易的6人。综上,对该66人退房债权人的债权,将按照本重整计划草案中的普通债权的债务调整方案和受偿方案进行清偿。

（四）对外债权回收预测的说明

截至本重整计划草案编制之日，在兴昌达博公司与东方达博公司及关联公司间的债权债务抵顶之后，兴昌达博公司账面上对外享有债权及投资款共计约××万元，但经管理人逐一核查后发现，债权回收的难度很大，部分债权已成为呆账、坏账，有可能通过各种途径收回的债权最高额约为××万元。

（五）关于拆迁费用支出的说明

本重整计划草案中所述的拆迁费××万元是整个项目重整过程中支出较大的费用，该笔费用包括金家坟村和纪窑村两个村的拆迁费用。现对该笔费用的支出作如下说明：

1. 金家坟村、纪窑村必须同时完成拆迁

金家坟村系麓鸣花园项目征用土地所在的村，纪窑村与金家坟村相毗邻。根据规划，两村均被征用为科技园区工业用地，但金家坟村部分土地规划为园区配套住宅用地，因此只有金家坟村的区域内可以用于两村村民的回迁安置。正是基于金家坟村与纪窑村在地理位置、规划要求上的特殊性，2001年3月30日，兴昌达博公司与兴昌高科公司就麓鸣花园项目签订了《关于南邵东住宅小区建设开发的合作合同》，其中明确约定兴昌达博公司获得建设用地的条件之一，就是负责金家坟村、纪窑村两村的拆迁还建工作，同时提供××万元的拆迁补偿费用。按照2001年两村的人口状况和拆迁政策，如果在2001年、2002年启动拆迁工作，××万元的拆迁费用足以完成两村的拆迁安置工作。但是，合同签订后，由于兴昌达博公司拆迁资金无法落实，两村的拆迁工作始终没有启动。

由此可见，金家坟村与纪窑村的同时拆迁是兴昌达博公司获得麓鸣花园项目用地的基础条件。现兴昌达博公司进行重整，继续麓鸣花园项目的后续建设，仍需对金家坟村、纪窑村两个村同时进行拆迁。因此，重整中关于拆迁的费用应当包括金家坟村和纪窑村两个村的拆迁费用。

2. 拆迁费用的构成

目前金家坟村、纪窑村有未拆迁自然院共计××户，未迁移人口××人。两村拆迁安置费用预计××万元，具体包括：

（1）拆迁安置费××万元；

（2）村委会办公用房、老年活动中心以及相关附属设施××万元。

（六）关于破产费用的说明

自2007年9月19日兴昌达博公司破产管理人成立以来，截至2008年6月30日，破产费用实际支出金额××万元，具体明细如下：

2007 年 9 月 19 日—2008 年 6 月 30 日破产费用实际支出明细

		支出项目	内容	实际支出金额
基本支出	日常办公用品	办公场地费	办公场地费	
		水电费	水费	
			电费	
		物业管理费		
		交通（租车）费	租车费	
			汽油费	
			过路停车费	
		办公耗材费		
		通讯费	快递费	
			话费	
		办公用品购置费	移动硬盘及打印机等	
		午餐补助	员工午餐补贴	
		设备维修费		
		会议费		
		其他日常办公杂费	办公费	
			其他杂费	
	工资及补贴	破产管理人职工工资及加班	工资	
			加班	
		麓鸣花园现场保安工资		
		破产管理人职工保险	医疗保险	
			社会保险	
			住房公积金	
专项支出		律师代理费		
		公证费		
		法律顾问费		
		审计费		
		评估费		
		鉴定费		
		诉讼费		
		破产诉讼费		
		工程造价		
合计				

综上所述,以上为重整计划草案编制及修改过程中需要说明的若干问题,现将该编制及修改说明随同重整计划草案一同呈报昌平区人民法院。

北京兴昌达博房地产开发有限公司破产管理人
二〇〇八年八月六日

附录二 重整计划草案

一、债务人的经营方案

（一）债务人的资产状况

根据北京德平资产评估有限公司2008年6月12日出具的资产评估报告结果显示：截至评估基准日2007年9月18日，北京兴昌达博房地产开发有限公司（以下简称"兴昌达博公司"）资产状况为：资产总额为××万元，其中流动资产××万元，长期投资××万元，固定资产××万元；负债总额为××万元；净资产为负××万元。

（二）股权结构和法人治理结构的重新安排

鉴于兴昌达博公司的净资产已为负××万元，而根据管理人的测算，启动兴昌达博公司开发的麓鸣花园项目至少需要2亿元人民币资金的直接投入。为保证兴昌达博公司重整计划的顺利实施，保障债权人及出资人的合法权益，并使兴昌达博公司出资人权益得到公平、公正地调整，管理人决定向兴昌达博公司的股东筹措上述项目启动资金，并按照各位股东在2008年7月7日前的实际出资额占此次总出资额的比例，调整兴昌达博公司的股权结构。

2008年6月29日，管理人向兴昌达博公司的股东北京兴昌高科技发展总公司（以下简称"兴昌高科公司"）、北京东方达博置业投资有限公司（以下简称"东方达博公司"）和黄某邮寄送达了《关于北京兴昌达博房地产开发有限公司破产重整筹资及股权调整的函》。截至2008年7月7日，兴昌高科公司出资2亿元人民币，东方达博公司及自然人黄某未出资。

为使兴昌达博公司的股权结构调整更加公平、公正，更好地维护广大债权人的合法权益，保证重整计划的成功，管理人建议向出资人筹资的期限延长至本重整计划经债权人会议通过后的60日内，或北京市昌平区人民法院裁定批准后的30日内。届时，将按照各位出资人新的出资额确定兴昌达博公司的股权结构。管理人向各位出资人发出的《关于北京兴昌达博房地产开发有限公司破产重整筹资及股权调整的函》中设定的其他条件和内容不变。

同时，鉴于兴昌高科公司已经出资2亿元人民币，管理人建议暂由兴昌高科公司全面主导兴昌达博公司重整，并立即组建临时经营团队启动重整计划。

筹资期限届满后兴昌达博公司的法人治理结构为：
(1) 公司设董事会,董事会成员5人,董事长为兴昌达博公司的法定代表人。
(2) 公司设监事会,监事会成员5人。
(3) 公司设总经理1名、副总经理2名、财务总监1名。
公司章程将通过公司章程修改程序进行修改。
管理团队的机构设置及职责范围由总经理提出方案,按照公司章程规定的程序报董事会决定。
兴昌达博公司的规章制度按照公司修订后的章程的规定重新制定。

(三) 资金筹措及使用计划

1. 项目资金流入分析

麓鸣花园项目国有出让土地使用权面积为305 374.61平方米,已批准规划开工建筑面积为80 016.66平方米。项目的规划总建筑面积为202 847平方米,其中住宅规划面积为191 161平方米(公寓49 742.72平方米、联排别墅130 022.88平方米、独栋别墅11 395.40平方米),配套公建规划面积为11 686.00平方米。重整计划执行期间,可能产生的资金流入共计××××万元,具体包括:

(1) 已售房屋296套尾款收入××万元。截至本重整计划编制之日,兴昌达博公司确认共销售房屋××套。其中公寓××套,建筑面积17 110.05平方米;联排别墅××套,建筑面积32 674.50平方米;独栋别墅××套,建筑面积6 238.38平方米。销售合同价款××万元,已收××万元,未收××万元。本重整计划对上述销售均予以认可。

(2) 销售新建商品房预计收入××万元。管理人通过对麓鸣花园项目周围北一街8号、邑上、随园公寓、湾流汇、蓝郡及新新公寓等在售项目的销售情况进行调查,并结合麓鸣花园项目的地理位置、配套设施、装修状况以及土地的剩余使用年限,本重整计划草案确定麓鸣花园项目建成后的商品房销售均价为公寓××元/平方米、联排别墅××元/平方米、独栋别墅××元/平方米。

(3) 对外债权及投资款回收预计最高额约××万元。截至本重整计划草案编制之日,在兴昌达博公司与东方达博公司及关联公司间的债权债务抵顶之后,可能通过各种途径收回的债权最高额约为××万元。

2. 项目资金流出分析

重整计划执行期间,兴昌达博公司预计支出××万元。
(1) 清偿政府垫资的破产费用××万元。
(2) 清偿有财产担保的债权××万元(本金)。
(3) 清偿职工债权××万元。
(4) 清偿税款××万元。

(5) 清偿普通债权××万元(本金)。其中：

① 清偿以13套房屋作为还款保障的债权及以个人购房名义套取的北京××银行兴昌支行按揭贷款××万元,具体包括：

广东××建筑工程有限公司 10套　　××万元；

桑××1套　　　　　　　　　　　××万元；

马×1套　　　　　　　　　　　　××万元；

胡×1套　　　　　　　　　　　　××万元；

套取的北京××银行兴昌支行按揭贷款××万元(共涉及4套房屋)。

② 清偿66人退房债权人债权××万元。

③ 清偿其他普通债权人债权××万元。

(6) 拆迁安置费用××万元。

(7) 村委会办公用房、老年活动中心以及相关附属设施××万元。

(8) 建安成本××万元,具体包括：

建设安装费用　　　　　　××万元；

人防工程费　　　　　　　××万元；

管理费　　　　　　　　　××万元；

勘察设计费　　　　　　　××万元；

监理费　　　　　　　　　××万元；

销售费用　　　　　　　　××万元；

工程预算费　　　　　　　××万元；

财务费用　　　　　　　　××万元；

销售税金　　　　　　　　××万元；

不可预见费　　　　　　　××万元。

(9) 荒山租赁及补偿费××万元。

(10) 备用金××万元。

① 鉴于中国××××产业集团公司诉兴昌达博公司侵权纠纷8 000万元、兴昌达博公司破产管理人诉中国××北京市顺义区支行和北京××仪表有限责任公司合同纠纷3 000万元、北京××装饰工程有限公司诉兴昌达博公司承包合同纠纷100万元、姜×律师代理费500万元,目前正在诉讼中,先预提××万元作为备用金。

② 中国××海军军事法院追缴执行款38 867 074.12元,目前尚未确定是否给付,先预提××万元作为备用金。

3. 兴昌达博公司重整资金筹措及使用

(1) 兴昌达博公司重整资金的筹措：

① 兴昌高科公司直接投入重整启动资金2亿元人民币,债务人将按照项目资

金使用计划严格支出;

② 回收符合销售条件的房屋销售尾款,用于项目再投入;

③ 对符合销售条件的房屋逐步进行销售,分期取得销售收入,用于项目再投入,以保证项目收支平衡。

(2) 项目资金使用原则。在保证项目顺利建设及周转的前提下,在资金回笼过程中,根据我国《企业破产法》的有关规定及本重整计划草案中债权清偿方案,安排各类债权依法定顺序清偿。

二、债权分类

根据管理人债权审核确认情况,截至本重整计划草案编制之日,兴昌达博公司破产债权总额共计××万元(含待定债权××万元)(详见附件1《兴昌达博公司债权分类总表》)。

(1) 有财产担保的债权 ××万元,债权人3人。

(2) 职工债权××万元,债权人19人。

兴昌达博公司应支付的职工工资、经济补偿金、社会保险共计××万元。

(3) 税款××万元。

兴昌达博公司拖欠北京市昌平区地方税务局税款本金××万元及滞纳金××万元,共计××万元。

(4) 普通债权××万元(本金+利息),债权人435人。其中:

① 以13套房屋作为还款保障的债权及以个人购房名义套取的北京××银行兴昌支行按揭贷款××万元(不包括北京××国际投资顾问有限公司、××投资发展有限公司的债权)。

② 购房债权人债权××万元。具体包括:

A. 296人购房债权人债权本金加利息共××万元。

B. 66人退房债权人债权本金加利息共××万元,具体包括:法院判决退房的36人、已退还部分房款的13人、签订还款协议的8人、签订订房协议的3人、明显以不合理价格购房的6人。

③ 其他普通债权人债权××万元。

(5) 待定债权××万元:

① ××案件××万元;

② ××农行××万元;

③ ××公司案件××万元;

④ 姜×诉兴昌达博支付律师代理费××万元;

⑤ ××法院追缴执行款××万元。

（6）政府垫资的破产费用××万元。

三、债权调整方案

（1）有财产担保的债权本金不予调整,免除北京市昌平区人民法院裁定进入重整之日前的利息、罚息、违约金等。

有财产担保的债权在重整计划执行期间暂停行使担保权,法院重整期间及重整计划执行期间的利息、罚息、违约金等予以免除。

（2）依法补缴拖欠的职工工资、经济补偿金、社会保险。

（3）依法清偿税款,重整计划执行期间按章纳税。

（4）普通债权分为以下四种情况进行调整：

① 以13套房屋作为还款保障的债权及以个人购房名义套取的北京××银行兴昌支行按揭贷款,其债权本金不予调整,免除利息、罚息、违约金及其他损失。

② 296人拟交付房屋的购房债权人的债权不再现金清偿,免除利息、罚息、违约金及其他损失。

③ 66人退房债权人的债权本金不予调整,免除利息、罚息、违约金及其他损失。

④ 其他普通债权本金不予调整,免除利息、罚息、违约金及其他损失。

（5）待定债权中：

① ××案件所涉××万元、××农行案件××万元、××建筑公司案件××万元及姜×代理费××万元视案件判决情况而定。在案件审理结果确定前,暂将其列入待定债权。

② ××法院追缴执行款××万元,目前尚未确定是否给付,暂将其列入待定债权。

四、债权受偿方案

（1）政府垫资的破产费用××万元,计划于2008年12月31日之前偿还。

（2）有财产担保的债权全部本金××万元,在2009年9月30日之前偿还。

（3）职工债权和税款××万元在重整计划草案通过后,于2009年10月1日前清偿。

（4）普通债权分为以下四种情况进行清偿：

① 对除北京××国际投资顾问有限公司、××投资发展有限公司之外的以售房形式作为还款保障的债权(涉及13套房屋),以及以个人购房名义套取的北京××银行兴昌支行按揭贷款(涉及4套房屋),用兴昌达博公司股东投入的资金及其他渠道融资和已售项目收回的尾款于2009年12月底前清偿,并解除17套商品房预售登记合同。

② 296人拟交付房屋的购房债权人的债权按照本方案第五部分"购房债权人解决方案"执行,其债权不再现金清偿。

③ 66人退房债权人的债权,按照其他普通债权清偿的方式清偿。

④ 其他普通债权于2009年12月底之前偿还全部本金。其中涉及工程款的建筑类债权人,应在重整计划通过后立即撤出麓鸣花园施工现场,以使项目顺利开工。

(5)暂定债权确定后,按照确定的结果应当给付的,于2009年12月底之前清偿。××法院追缴的执行款若确定后,于2010年6月开始分期分批偿还。

五、购房债权人解决方案

(一)购房债权人的分类与处理

管理人通过对兴昌达博公司签订的全部购房合同、认购合同、预售合同等进行清理后,可将购房债权人分为如下几类分别处理:

1. 拟交付房屋的购房债权人

拟交付房屋的购房债权人共296人(以下简称"296人购房债权人"),是指除以售房形式作为还款保障的购房债权人、以个人购房名义套取银行按揭贷款的购房债权人和退房购房债权人之外的购房债权人。具体包括:公寓119人,在销售许可范围内的0人;独栋别墅18人,在销售许可范围内的17人;联排别墅159人,在销售许可范围内的147人。其中1套独栋、5套联排别墅因处于高压线下,已经取消原规划设计。

本重整计划中的购房债权人解决方案主要是解决这部分购房债权人的房屋交付问题,尽可能将符合合同约定的房屋交付给购房债权人,其债权不再以现金清偿。

2. 以售房形式作为还款保障的购房债权人

以签订正式商品房销售合同并经过昌平区建委预售登记备案的方式,对兴昌达博公司拖欠的借款、施工保证金、项目转让定金、设计费进行保障的购房债权人共8人,涉及房屋73套。管理人认为,其购房目的是一种还款保障行为,为使麓鸣花园项目重整成功,使购房债权人顺利安置,应在依法确认上述债权人的债权后,解除以上债权人的商品房预售合同,并注销商品房预售登记手续。其债权根据性质的不同,按照本重整计划中的债权调整方案和受偿方案进行调整、清偿。

3. 以个人购房名义套取银行按揭贷款的购房债权人

以个人购房名义套取银行按揭贷款的购房债权人共4人,涉及房屋4套。该4套房屋实际上是兴昌达博公司以个人购房名义套取北京××银行兴昌支行按揭贷款,涉及贷款额为××万元。管理人认为,兴昌达博公司与该4位购房人之间并不具有房屋买卖的真实意思表示,为使麓鸣花园项目重整成功,使购房债权人顺利安置,应在确认北京××银行兴昌支行债权后,解除该4套房屋的商品房预售合同,其债权根据其性质,按照本重整计划中的债权调整方案和受偿方案进行调整、清偿。

4. 退房债权人

退房债权人共66人,主要包括以下几类:

(1) 法院判决退房的36人;

(2) 已退还部分房款的13人;

(3) 签订退房协议的8人;

(4) 签订订房协议的3人;

(5) 以明显不合理的价格进行交易的6人。

以上购房债权人均作退房处理,其债权将按照本重整计划中普通债权的调整方案和受偿方案进行调整、清偿。

(二) 296人购房债权人房屋交付的解决方案

1. 296人购房债权人房屋交付的基本原则

本重整计划主要目的之一是解决该296人购房债权人的房屋交付问题,在重整计划执行期间将按照以下原则逐步履行:

(1) 重整计划执行过程中,对296人购房债权人的房屋交付将按原合同规定的价格执行。

在规划不变的前提下,对296人购房债权人的房屋交付将尽量按照原合同约定的位置、户型执行。

(2) 对购买了不符合商品房销售条件房屋的139人购房债权人,如其愿意等待交付房屋,待其所认购的房屋满足商品房销售许可条件后,按照原价格重新办理商品房买卖手续。若该部分购房债权人不愿意等待交付房屋的,则可以提出合同解除申请。

(3) 兴昌达博公司重整计划执行期间,将逐步完成项目建设、销售手续,使购房债权人所认购的房屋分期满足销售许可条件。对于逐步满足销售许可条件的购房债权人,应当按照本部分"296人购房债权人房屋交付方案"中房款交付的规定付清购房尾款。

(4) 296人购房债权人不再享有向兴昌达博公司主张破产立案前因迟延交房而发生的利息、罚息、违约金及其他损失的权利。

(5) 认购有销售许可手续房屋的购房债权人接受在重整计划执行过程中对房屋调整的安排(注:由于规划调整,除签订正式商品房预售合同的52人外,原有房屋及房号已发生变化或不存在)。若在重整计划执行过程中需要调整房号及户型的,购房面积增加的,应按现价补交超出面积的房款;购房面积减少的,按照现价退还房款。在此基础上，重新签订商品房预售合同的，在交房时对面积出现误差的，将按照正式签订的预售合同执行。

（6）如后期项目因政策原因无法按照原规划建设时，296人购房债权人可自愿选择退款或在新规划批准后按照原认购条件优先购买新规划内的同类型房屋。购房面积增加的，应按现价补交超出面积的房款；购房面积减少的，按照现价退还房款。

（7）为保障重整计划顺利实施，管理人将积极协助债务人同有关政府部门沟通规划事宜，如规划确需调整，296人购房债权人对此表示认可并接受调整方案。

2. 296人购房债权人房屋交付方案

（1）对于认购已经具备商品房销（预）售许可条件房屋的购房债权人：

① 已签订正式预售合同，并已经办理预售登记备案的，原房型不变，待房屋满足合同约定的交付条件后入住。购房债权人应当在本重整计划方案经法院裁定批准后30日内一次性交齐全部购房款余款。

② 签订认购合同、所购房屋规划未发生变化的购房债权人，在收到兴昌达博公司关于办理商品房购房手续通知后，应当按照认购合同约定的房型、面积签署正式的预售合同，并办理预售登记备案，预售合同签订后30日内一次性交齐全部购房款尾款，待房屋满足合同约定的交付条件后入住。

③ 签订认购合同、所购房屋规划发生变化的购房债权人，接受兴昌达博公司在同类型房屋中关于房号、户型调整的安排的，在收到兴昌达博公司关于办理商品房购房手续通知后，按照认购合同约定的房型、面积签署正式的预售合同，并办理预售登记备案，预售合同签订后30日内一次性交齐全部购房款尾款，待房屋满足合同约定的交付条件后入住。

④ 上述购房债权人中，如在收到兴昌达博公司办理商品房购房手续通知后未能办理购房手续、在规定期限内未付清购房款或者不接受兴昌达博公司关于房屋调整的安排，视为解除认购合同。

（2）对于认购尚不具备商品房销（预）售许可条件房屋的购房债权人：

① 兴昌达博公司将尽最大努力，完善房地产开发、销售手续，尽量保证按照原规划进行建设，待购房债权人所认购房屋逐步满足商品房销（预）售许可条件后进行正式销售。

② 签订认购合同、后期房屋规划未发生变化的购房债权人，在收到兴昌达博公司关于办理商品房购房手续通知后，按照认购合同约定的房型、面积签署正式的预售合同，并办理预售登记备案，预售合同签订后30日内一次性交齐全部购房款余款，待房屋满足合同约定的交付条件后入住。

③ 签订认购合同、后期房屋规划发生变化的购房债权人，如接受兴昌达博公

司在同类型房屋中关于房号、户型调整的安排的(如后期规划无同类型房屋则可尽量调整性质、面积相近似的房屋),在收到兴昌达博公司关于办理商品房购房手续通知后,按照认购合同约定的房型、面积签署正式的预售合同,并办理预售登记备案,预售合同签订后 30 日内一次性交齐全部购房款余款,待房屋满足合同约定的交付条件后入住。

④ 上述购房债权人中,如在收到兴昌达博公司办理商品房购房手续通知后未能办理购房手续、在规定期限内不能一次性交付购房款或者不接受兴昌达博公司关于房屋调整的安排,视为解除认购合同。

六、拆迁安置方案

(一)拆迁基本情况

1. 拆迁情况

重整计划执行过程中的拆迁包括北京市昌平区南邵镇金家坟、纪窑两个行政村的拆迁。目前金家坟村、纪窑村有未拆迁自然院共计××户,未迁移人口××人。兴昌达博公司对项目建设需拆迁的金家坟村和纪窑村承诺的事项包括:村委会办公用房、老年活动中心以及相关附属设施的建设。

2. 回迁楼建设情况

为解决项目开发建设用地范围内的农民拆迁、就近安置问题,兴昌达博公司已建成回迁用房建筑面积总计约××万平方米,已全部竣工。回迁楼产权安置面积××平方米,共计××套,目前已安置××户回迁居民入住,安置总建筑面积××平方米。剩余××套,建筑面积××平方米,可用于安置未拆迁居民。但回迁楼产权安置面积还差××平方米。

(二)拆迁安置计划

为保证后期项目的顺利进行,兴昌达博公司本着促使项目建设尽快推进的原则,针对两村的拆迁制订如下的拆迁计划:

(1)申报拆迁许可证。

(2)落实拆迁公司、拆迁评估公司,委托拆迁公司实施拆迁和拆迁评估工作,计划于 2008 年 9 月启动拆迁工作。

(3)完善回迁楼配套设施。

(4)解决回迁楼查封和抵押担保问题。

(三)拆迁安置的资金使用

金家坟、纪窑两村拆迁安置费用预计××万元,具体包括:

(1)拆迁安置费××万元,如果兴昌达博公司原股东东方达博公司和黄某能够按照本草案规定的出资时间出资,则上述费用支出将由兴昌高科公司和兴昌达博公司另行协商确定。

(2) 村委会办公用房、老年活动中心以及相关附属设施××万元。

七、施工方案

(一) 麓鸣花园项目的开发及进展情况

1. 前期报建情况

(1) 项目一、二期立项批复已过期;

(2) 2006 年度、2007 年度、2008 年度施工计划未获批准;

(3) 面积为 80 014 平方米规划许可证已过期;

(4) 面积为 80 014 平方米开工证已过期;

(5) 项目总体设计方案——规划意见书已过期。

2. 大市政情况

(1) 小区供电方案已过期,需申报;

(2) 小区燃气站方案未报批;

(3) 供暖尚未接通园区锅炉房;

(4) 上水工程尚未接通南邵水厂;

(5) 雨水、污水方案未设计;

(6) 电信、有线电视方案未设计;

(7) 人防工程方案未报批;

(8) 中水处理方案已进行施工;

(9) 沿山防洪沟设计方案未设计。

3. 建安施工情况

现场已开工建设约 70 000 平方米,工程形象进度差异较大,部分已结构封顶、外立面完成,部分结构为±0.000,工程已停工 4 年。具体情况为:春天一区主体结构封顶,外装修及安装工程部分完工,形象进度为 95%;奇胜一区尚未施工;奇胜二区部分框架部分施工完毕,形象进度为 50%;梦幻一区基础完工,开始施工一层框架部分,形象进度为 10%;梦幻二区主体结构封顶,准备进入装修及安装阶段,形象进度为 70%;梦幻三区主体框架施工进度为 1—3 不等,形象进度为 30%;诊所及未来一区全部完工,形象进度为 100%。

(二) 麓鸣花园项目存在的问题

麓鸣花园项目由于相关的土地整理及拆迁问题仍没有解决,建设工程规划许可证、施工许可证等尚未办理,导致项目前期办理的部分开发手续已经失效,需重

新补办,使得该项目在重整计划执行过程中难度增加,主要存在以下问题:

1. 规划设计问题

麓鸣花园项目规划建筑面积 202 847 平方米,已批准规划许可证面积 80 014 平方米。2006 年 7 月 6 日,建设部颁布了建住房〔2006〕165 号《关于落实新建住房结构比例要求的若干意见》,将 2006 年 6 月 1 日以前已审批但未取得施工许可证的商品房开发项目纳入需清理、调整房型比例结构的范围。本项目属于低密度住宅已审批未开工项目,按照原规划施工能否重新获得审批,是重整过程中需要解决的重要问题。对此,北京市昌平区人民政府已向北京市规划局申请按原规划申报,但目前尚未获得批准。

2. 前期手续问题

由于麓鸣花园项目前期手续已基本超过时效期,重新申报手续涉及建委、发改委、规划局等多个政府职能部门,需要请求区政府协调解决。

3. 大市政问题

麓鸣花园大市政方案需要重新落实,并协调政府相关部门重新报批。

4. 建安施工问题

现场已开工建设 70 000 平方米,开工证为 7 家施工企业,后又进场施工的 3 家施工企业(昌园建筑工程中心、泛华建设集团有限公司、广东嘉海建设工程有限公司)未办理正式开工手续。现场工程形象进度差异较大,部分工程已停工 4 年。继续施工,能否达到设计要求,符合验收标准,需进一步与设计、质检、建委等部门沟通落实。

(三) 解决方案

1. 关于协调相关部门解决项目建设手续问题

为保证重整计划的顺利实施,在本方案通过后重整执行人将立即组成专项工作组,开始同有关部门进行协调沟通,解决如下问题:

(1) 与区发改委、区建委联系协调项目 2008 年度基本建设计划报批;
(2) 与区规划分局联系协调建筑规划许可证延期;
(3) 与区规划分局联系协调新报规划意见书;
(4) 与区规划分局联系协调新办建设工程规划许可证;
(5) 与区建委联系协调变更建筑工程开工证;
(6) 与区建委联系协调申办拆迁许可证;
(7) 与区发改委、区建委联系协调项目立项延期手续;
(8) 与区建委、质检站联系协调已完工工程的竣工验收手续;
(9) 与区建委联系协调销售许可证延期手续;
(10) 与区建委开发办联系协调办理房地产开发企业资质证书。

2. 施工企业解决方案

麓鸣花园项目通过正式招标,签订施工合同并在建委备案的施工单位共有7家,分别为中国建筑第三工程局(以下简称"中建三局")、遂宁市大中建筑工程有限责任公司(以下简称"遂宁大中")、北京城乡一建设工程有限责任公司(以下简称"城乡一建")、濮阳市蓝盾建设集团有限公司(以下简称"濮阳蓝盾")、河北华都建筑有限公司(以下简称"河北华都")、林州市建筑工程三公司(以下简称"林州建筑")、中国航空港建设总公司(以下简称"中国航空")。其中,城乡一建、濮阳蓝盾、河北华都、林州建筑、中国航空在签订施工合同后,与兴昌达博公司又签订了施工退场协议,双方协议解除之前签订的施工合同,并解除在建委的备案登记手续,但协议签订后,双方并未办理施工合同解除的备案登记手续。

基于以上因素,为便于对施工企业进行统一的管理与监督,保障重整的顺利与成功,管理人根据《中华人民共和国企业破产法》第18条之规定,决定解除与中建三局、遂宁大中之间的施工合同,并办理与该7家施工企业施工合同解除的备案登记手续;采取公开招标的方式从资质、技术、业绩等各方面甄选新的施工企业,并办理开工手续。由新的施工企业、兴昌达博公司、监理公司对现场工程情况进行清查,部分结构工程需聘请专门机构鉴定。

3. 中介公司的聘请方案

(1) 监理公司。为便于完成已开工部分的验收工作,需要原监理公司对项目已开工的部分继续履行合同约定的监理职责,所以在工期延长造成的监理合同期需延长的情况下,需要与原监理公司补签合同。对未开工部分的验收工作,采取招标的方式确定新的监理公司。

(2) 设计公司(含各专业大市政设计)。采取公开招标的方式确定新的设计单位,开展项目未开工部分的方案设计和单体设计。原设计单位完成已开工部分建筑面积的设计工作至竣工验收。

(3) 项目管理公司。项目管理公司主要承担工程造价管理、工程施工管理和工程质量管理。由于该项目需要在2—3年时间内全面交付使用,拟采用公开招标的方式确定一家项目管理公司,并与该项目管理公司签署合同。由该项目管理公司选拔得力的竞标人员和工程管理人员,对项目的成本控制、施工质量、施工进度等方面进行全面管理并对管理人负责,决定从2008年9月开始确定项目管理公司的招投标工作。

(四) 施工计划

预计项目开工日期为2008年9月下旬。施工计划由债务人兴昌达博公司具体实施,债务人可以按照公司章程的规定根据实际情况进行适当调整,但事先应报昌平区人民法院及管理人同意。

施工计划进度表

时间	工作内容
2008年9月—2008年12月	施工现场、设计图纸的整理,施工单位的落实,复工手续的办理,计划用时3个月。
2008年12月—2009年8月	一期工程(指已有施工图、手续齐整部分),计划施工周期8个月。
2009年8月—2010年5月	二期工程(指未有施工图、手续不齐部分),补办建设手续及施工图设计6至9个月,计划施工周期10个月。
2010年4月—2010年10月	市政园林配套,计划用时4至5个月。

八、重整计划的执行期限

重整计划的执行期限为36个月,自北京市昌平区人民法院批准本重整计划之日起算。

九、重整计划执行的监督

(一) 重整计划执行的监督

对执行重整计划进行监督是保证重整计划执行效果的一种重要手段。为保证兴昌达博公司严格按照重整计划进行重整工作,积极争取实现重整目标,在重整计划规定的监督期内,管理人将对兴昌达博公司执行重整计划的情况进行全面监督。

1. 公章的管理与监督

为更有力地监督兴昌达博公司严格执行重整计划,在人民法院裁定批准重整计划草案、管理人向兴昌达博公司移交财产和营业事务后,兴昌达博公司的公章仍由破产管理人保管,兴昌达博公司在使用时需由管理人审核登记。

2. 人事任免与监督

(1) 股权变更后,兴昌达博公司新任董事、监事、高级管理人员不得存在《中华人民共和国公司法》禁止任职的情形,且需提前15日将新任董事、监事、高级管理人员的基本情况报管理人审批,如管理人认为新任人员不能胜任该职务或该人员的任职不利于重整计划的执行,管理人有权不予批准;未经管理人批准的任命无效。

(2) 在重整计划执行期间,如兴昌达博公司董事、监事、高级管理人员发生变动,需提前15日报管理人审批;否则,不发生变动的效力。

(3) 兴昌达博公司新修订的公司章程须经管理人审核批准后方可生效。

(4) 在重整计划执行期间,兴昌达博公司的出资人不得请求投资收益分配。

3. 资金的使用与监督

在人民法院裁定批准重整计划后，管理人与兴昌达博公司需设立专门的共管资金账户，将筹集的重整资金、已售房屋尾款收入、销售新建项目收入、对外回收的债权等所有收入汇入该账户。对上述资金的使用，兴昌达博公司需制订严格具体的支出计划，并由管理人监督执行。在每一季度终结之日起10日内向管理人汇报该季度资金支出、收入及还款情况。

4. 重大事项的报告与审批

（1）在重整计划执行期间，如发生对重整计划的执行及债权人利益有较大影响的重大事件时，兴昌达博公司必须立即报管理人，并说明事件的起因、目前的状态和可能产生的影响。

前款所称重大事件包括但不限于：

① 公司发生重大债务和未能清偿到期重大债务的违约情况，或者发生大额赔偿责任；

② 公司发生重大亏损或者重大损失；

③ 公司生产经营的外部条件发生的重大变化；

④ 董事、监事、高级管理人员无法履行职责；

⑤ 涉及公司的重大诉讼、仲裁，股东大会、董事会决议被依法撤销或者宣告无效；

⑥ 主要资产被查封、扣押、冻结或者被抵押、质押；

⑦ 主要或全部业务陷入停顿；

⑧ 可能对公司资产、负债、权益或者经营成果产生重大影响的额外收益；

⑨ 管理人认为应当及时汇报的其他情形。

（2）在重整计划执行期间，如可能发生对重整计划的执行及债权人利益有较大影响的重大行为时，兴昌达博公司必须在该行为发生前10日内报管理人审批，未经管理人审核与批准兴昌达博公司无权进行有关行为。

前款所称重大行为包括但不限于：

① 公司的重大投资行为、重大的购置资产的决定及股权转让行为；

② 公司订立重要合同，可能对公司的资产、负债、权益和经营成果产生重要影响；

③ 涉及土地、房屋等不动产权益的转让；

④ 借款；

⑤ 对外提供担保；

⑥ 放弃权利；

⑦ 管理人认为应当审批的其他行为。

5. 定期汇报与监督

在重整计划执行期间,兴昌达博公司须在每季度终结后15日内向管理人提交季度报告,并在每一会计年度终结后30日内向管理人提交年度报告。报告应当记载以下内容:

(1) 重整计划的执行情况;
(2) 债务人的财务状况;
(3) 董事、监事、高级管理人员的任职及变动情况;
(4) 董事会报告;
(5) 报告期内重大事件、行为及对公司的影响;
(6) 管理人认为应当报告的其他事项。

在重整计划规定的监督期限内,在征得北京市昌平区人民法院同意后,管理人有权根据重整计划执行的实际情况制订具体监督措施与计划。在重整计划执行期限内,如因兴昌达博公司的行为致使管理人无法执行职务,或者兴昌达博公司不能执行、不执行重整计划的,根据《中华人民共和国企业破产法》第93条的规定,管理人将申请人民法院裁定终止重整计划的执行,并宣告兴昌达博公司破产。

(二) 重整计划执行的监督期限

为保证整个重整计划执行期间都在管理人的监督之下,给债权人以信任感和安全感,重整计划执行的监督期限与重整计划的执行期限相一致,即36个月,自北京市昌平区人民法院批准本重整计划之日起算。监督期限届满后,如有必要,管理人可向人民法院申请延长。

十、重整的必要条件

(一) 债权人的支持与配合

本次重整方案的具体实施需要全体债权人的积极配合,尤其是购房债权人应遵守本重整计划规定的债权调整方案和债权清偿方案,以减轻兴昌达博公司在重整过程中的资金压力,提高重整的成功概率。

(二) 政府的指导与协调

(1) 由于国家及北京市关于房地产开发政策的变化(对低密度住宅未开工项目,需重新审批),为真正解决购房债权人的入住安置问题,应协调区政府解决项目的规划问题,保障兴昌达博公司进行重整时,项目后继工作按照原规划设计方案进行施工、建设和销售,重整才有成功的可能性。

(2) 项目目前面临的另一个问题是,尚有381户农民因未拆迁而占据着项目后期建设的用地,兴昌达博公司应与北京市昌平区南邵镇政府协调麓鸣花园项目的拆迁问题,尽早启动拆迁工程,并尽可能降低重整过程中的拆迁成本,使安置业主成为可能。

(3) 尽快协调政府相关部门落实各项开工手续。

(三) 管理人的监督与协调

在重整计划执行过程中,管理人应全面监督兴昌达博公司执行本重整计划,保证兴昌达博公司的重整资金全部用于重整工作,公开资金使用情况,使债权人全面了解资金收支情况、销售收入情况以及清偿债权情况。管理人将严格制订财务支出计划,并对债务人进行必要的监督。同时,管理人将努力协调各方关系,协助债务人解决重整过程中项目审批、规划、设计、施工等方面的问题。

(四) 重整执行人认真执行本重整计划

重整过程中,兴昌达博公司应认真甄选建筑商、销售公司、监理公司和项目管理公司,加大销售宣传力度,加快项目建设进度,力争早日使购房债权人入住。在征得北京市昌平区人民法院和管理人的同意后,重整执行人可以按照公司章程规定的程序,在本重整计划规定的范围内制定具体的措施。

北京兴昌达博房地产开发有限公司破产管理人
二〇〇八年八月六日

附件1:

兴昌达博公司债权分类总表

序号	债权分类	债权人数	债权情况说明	申报金额	债权本金	债权利息	滞纳金	债权总额	备注
1	有财产担保的债权	3							
2	职工债权	19							
3	税款	1							
4	普通债权	435							
5	待定债权	5							
	合计	463							

附录三 最高人民法院发布10起全国法院破产典型案例(8个重整案例)

案例1：重庆钢铁股份有限公司破产重整案

(一) 基本案情

重庆钢铁股份有限公司(以下简称"重庆钢铁")于1997年8月11日登记注册，主要从事钢铁生产、加工和销售，其股票分别在香港联合交易所(以下简称"联交所")和上海证券交易所(以下简称"上交所")挂牌交易。截至2016年12月31日，重庆钢铁合并报表资产总额为364.38亿元，负债总额为365.45亿元，净资产为-1.07亿元。因连续两年亏损，重庆钢铁股票于2017年4月5日被上交所实施退市风险警示。经债权人申请，重庆市第一中级人民法院(以下简称"重庆一中法院")于2017年7月3日依法裁定受理重庆钢铁重整一案。

(二) 审理情况

在法院的监督指导下，管理人以市场化为手段，立足于依托主营业务，优化企业内涵，化解债务危机，提升盈利能力的思路制定了重整计划草案。该重整计划通过控股股东全部让渡所持股份用于引入我国第一支钢铁产业结构调整基金作为重组方；针对企业"病因"制定从根本上重塑其产业竞争力的经营方案；处置无效低效资产所得收益用于债务清偿、资本公积金转增股份抵偿债务等措施，维护重庆钢铁1万余名职工、2700余户债权人(其中申报债权人1400余户)、17万余户中小股东，以及企业自身等多方利益。重整计划草案最终获得各表决组的高票通过。

2017年11月20日，重庆一中法院裁定批准重整计划并终止重整程序；12月29日，裁定确认重整计划执行完毕。据重庆钢铁发布的2017年年度报告显示，通过成功实施重整计划，其2017年度获得归属于上市公司股东的净利润为3.2亿元，已实现扭亏为盈。

(三) 典型意义

重庆钢铁重整案是以市场化、法治化方式化解企业债务危机，从根本上实现企业提质增效的典型案例。该案因系目前全国涉及资产及债务规模最大的国有控股上市公司重整、首例股票同时在上交所和联交所挂牌交易的"A+H"股上市公司重整、首家钢铁行业上市公司重整,而被认为属于"特别重大且无先例"。该案中,人民法院发挥重整程序的拯救作用,找准企业"病因"并"对症下药",以市场化方式成功剥离企业低效无效资产,引入产业结构调整基金,利用资本市场配合企业重组,实现了企业治理结构、资产结构、产品结构、工艺流程、管理制度等的全面优化。另外,人民法院在准确把握破产法精神实质的基础上积极作为,协同创新,促成了重整程序中上交所首次调整资本公积金转增除权参考价格计算公式、联交所首次对召开类别股东大会进行豁免、第三方担保问题成功并案解决,既维护了社会和谐稳定,又实现了各方利益共赢,为上市公司重整提供了可复制的范例。

案例2:江苏省纺织工业(集团)进出口有限公司等6家公司破产重整案

(一)基本案情

江苏省纺织工业(集团)进出口有限公司(以下简称"省纺织进出口公司")及其下属的5家控股子公司江苏省纺织工业(集团)轻纺进出口有限公司、江苏省纺织工业(集团)服装进出口有限公司、江苏省纺织工业(集团)机电进出口有限公司、江苏省纺织工业(集团)针织进出口有限公司、无锡新苏纺国际贸易有限公司,是江苏省纺织及外贸行业内有较高影响力的企业,经营范围主要为自营和代理各种进出口业务及国内贸易。在国际油价大幅下跌的背景下,因代理进口化工业务的委托方涉嫌违法及自身经营管理等原因,省纺织进出口公司及其五家子公司出现总额高达20余亿元的巨额负债,其中80%以上为金融债务,而6公司经审计总资产仅为6 000余万元,资产已不足以清偿全部债务。

(二)审理情况

根据债权人的申请,江苏省南京市中级人民法院(以下简称"南京中院")分别于2017年1月24日、2017年6月14日裁定受理省纺织进出口公司及5家子公司(其中无锡新苏纺国际贸易有限公司经请示江苏省高级人民法院指定南京中院管辖)重整案,并指定同一管理人接管6家公司。管理人对6家公司清理后认为,6家公司存在人员、财务、业务、资产等人格高度混同的情形,据此申请对6家公司进行合并重整。南京中院在全面听证、审查后于2017年9月29日裁定省纺织进出口公司与5家子公司合并重整。基于6家公司在纺织及外贸行业的影响力及经营前景,管理人通过谈判,分别引入江苏省纺织集团有限公司及其母公司等作为战略投资人,投入股权等优质资产增资近12亿元,对债务人进行重整并进行资产重组,同时整合省纺织进出口公司与子公司的业务资源,采用"现金清偿+以股抵债"的方式清偿债权。2017年11月22日,合并重整债权人会议及出资人组会议经过分组表决,各组均高票或全票通过管理人提交的合并重整计划草案。经管理人申请,南京中院审查后于2017年12月8日裁定批准省纺织进出口公司及5家子公司的合并重整计划;终止省纺织进出口公司及5家子公司的合并重整程序。

(三) 典型意义

该案是探索关联企业实质合并重整、实现企业集团整体脱困重生的典型案例。对分别进入重整程序的母子公司,首先在程序上进行合并审理,在确认关联企业人格高度混同、资产和负债无法区分或区分成本过高以致严重损害债权人利益,并全面听取各方意见后,将关联企业进行实质合并重整。合并重整中,通过合并清理债权债务、整合关联企业优质资源,同时综合运用"现金清偿+以股抵债"、重整的同时进行资产重组等方式对危困企业进行"综合诊治",不仅使案件审理效率大为提升,债权人的整体清偿利益得到有效维护,还化解了20余亿元的债务危机,有效防范了金融风险,实现了6家企业整体脱困重生,凸显了破产审判的制度功能与社会价值,为国有企业深化改革提供有益经验。

案例3:云南煤化工集团有限公司等5家公司破产重整案

(一) 基本案情

云南煤化工集团有限公司(以下简称"煤化工集团")系云南省国资委于2005年8月组建成立的省属大型集团企业,下辖近百家企事业单位,并系上市公司云南云维股份有限公司(以下简称"云维股份")的控股股东。2012年至2015年煤化工集团经营性亏损合计超过100亿元,涉及经营性债权人1 000余家,整个集团公司债务约650亿元,云维股份则面临终止上市的紧迫情形。如债权人维权行为集中爆发,煤化工集团进入破产清算,集团旗下4.3万名职工中大多数将被迫离开工作岗位,72亿元债券面临违约,数百亿金融债权将损失惨重。

(二) 审理情况

2016年,债权人先后分别申请煤化工集团及下属4家企业(分别为云维集团、云维股份、云南大为、曲靖大为)重整。基于5公司的内部关联关系和不符合实质性合并条件等客观情况,云南省高级人民法院决定分别受理上述系列案件,并指定云南省昆明市中级人民法院(以下简称"昆明中院")集中管辖。2016年8月23日,昆明中院裁定受理了上述5家企业破产案件,确保了该系列案的统一协调、系统处理和整体推进,提升了破产案件的处理效率,减少了破产费用。

由于煤化工集团5家公司之间存在四级股权关系,债权结构复杂,偿债资源分布不均匀,呈现出"自下而上,债务总额越来越大,偿债资源越来越少"的趋势。为了最大化实现债权人在煤化工集团多家重整主体的整体利益,该系列重整案确定了"自下而上"的重整顺序,由子公司先完成重整,保证了下层公司通过偿还上层公司内部借款,向上输送偿债资源,解决了债务和偿债资源不匹配的问题,奠定了成功实现重整整体目标的基础。云维股份及其子公司率先完成重整,确保云维股份保壳成功,同时通过资本公积金转增股票向云维集团和煤化工集团提供股票,并通过债务关系、担保关系实现偿债资源的有序输送,使得两家公司能够制定最为合理的重整计划,绝大部分金融债权能够获得100%兜底清偿。该系列重整案前后历时10个月,5公司重整方案均获得债权人会议表决通过,重整计划付诸实际执行,系列重整案件基本圆满终结。

(三) 典型意义

本案是在供给侧结构性改革及"去产能、调结构"背景下,人民法院切实发挥破产审判功能,积极化解产能过剩,保障地方就业稳定,并最终实现困境企业涅槃重生的典型案例。通过重整程序,集团旗下关闭煤矿18家,清理过剩煤炭产能357万吨/年,分流安置职工14 552人,化解债务危机的同时为企业后续持续健康发展奠定基础,得到了债权人、债务人、股东、职工的高度肯定和支持。

案例4:北京理工中兴科技股份有限公司破产重整案

(一) 基本案情

北京理工中兴科技股份有限公司(以下简称"京中兴公司")现系在全国中小企业股转系统代办股份转让的非上市公众公司,成立于1992年12月1日,注册资本2.5亿余元。1993年4月,经海南省证券管理办公室批准,公司定向募集1.2亿股在中国证券交易系统(NET系统)上市交易,流通股17 090万股,股东达1.4万余名。截至2017年,公司资产总额979.66万元,负债总额近亿元,已严重资不抵债。债权人以不能清偿到期债务为由,向北京市第一中级人民法院(以下简称"北京一中院")申请京中兴公司破产重整,该院于2017年9月15日裁定受理。

(二) 审理情况

为提高重整成功率,北京一中院采用预重整模式,以听证形式多次组织相关主体开展谈判协商,并在对公司是否具有重整价值和挽救可能进行有效识别的基础上,引导主要债权人与债务人、投资方签署"预重整工作备忘录"等文件,就债权调整、经营方案以及重整路径等主要问题达成初步意向。同时,还通过预先摇号方式选定管理人提前开展工作。

通过有效对接预重整工作成果,加快审理节奏,本案在受理80余天便召开债权人会议表决重整计划草案,债权人组100%表决通过(申报债权均为普通债权),

出资人组经现场和网络投票,通过率亦超87%。2017年12月21日,北京一中院裁定批准破产重整计划,终止重整程序。根据重整计划,投资人承诺在受让京中兴公司1万股后,注入不低于8亿元的优质旅游资产并转增股份用于偿还公司债务,预计债权清偿率达69.25%(不含复牌后可能溢价的部分)。

截至2018年2月底,投资人已实际受让1万股,并完成对注入资产的审计评估工作,重大资产重组的相关工作亦进展顺利。

(三) 典型意义

本案系全国首例在全国证券交易自动报价系统(STAQ系统)和NET系统(以下简称"'两网'系统")流通转让股票的股份公司破产重整案。1999年9月,上述"两网"系统停止运行后,"两网"公司普遍存在经营困难、股份流动性差等问题,但由于存在着可能申请公开发行的政策优势,因而仍具有一定的重整价值。本案中,京中兴公司通过重整引入优质旅游资产,实现社会资源的重新整合配置,培育了发展新动能,并为公司在符合法律规定条件时申请公开发行奠定了基础,也为其他"两网"公司通过重整重返资本市场提供了借鉴。同时,对拓宽企业投融资渠道,落实北京金融工作会议关于"促进首都多层次金融市场体系建设,把企业上市作为一个重要增长点来抓"的要求,对于营造稳定公平透明、可预期的首都营商环境亦具有积极意义。

此外,本案中北京一中院采用预重整方式,通过对识别机制、重整听证程序、沟通协调机制的综合运用,大大提高重整的效率和成功率,充分发挥了预重整的成本优势和效率优势,实现了多方利益的共赢。

案例5:庄吉集团有限公司等4家公司破产重整案

(一) 基本案情

庄吉服装是温州地区知名服装品牌,庄吉集团有限公司(以下简称"庄吉集团")、温州庄吉集团工业园区有限公司(以下简称"园区公司")、温州庄吉服装销售有限公司(以下简称"销售公司")、温州庄吉服装有限公司服装公司(以下简称"服装公司")4企业长期经营服装业务,且服装业务一直经营良好。但因盲目扩张,投资了并不熟悉的造船行业,2014年受整体经济下行影响,不但导致投入造船业的巨额资金血本无归,更引发了债务人的银行信用危机。2014年10月9日,除服装公司外,其余3家公司向浙江省温州市中级人民法院(以下简称"温州中院")申请破产重整。

(二) 审理情况

2015年2月27日,温州中院裁定受理庄吉集团、园区公司、销售公司三企业的重整申请,并根据企业关联程度较高的情况,指定同一管理人。本案中债权人共有41人,申报债权约20亿元,确认约18亿元。2015年8月20日,管理人请求温州中院将重整计划草案提交期限延长3个月。2016年1月27日,服装公司亦进入重整程序。由于4企业存在人格高度混同的情形,符合合并重整的基础条件,且合并重整有利于公平清偿债务,符合《企业破产法》的立法宗旨。温州中院在经债权人会议决议通过4企业合并重整的基础上,经过该院审委会讨论决定,对管理人提出的实质合并重整申请予以准许。随后管理人制定整体性的重整计划草案,并在债权人会议表决的过程中获得了绝大部分债权人的认可,仅出资人组部分股东不同意。经与持反对意见的股东沟通,其之所以反对主要是对大股东经营决策失误有怨言,对重整计划本身并无多大意见。2016年3月17日,温州中院强制裁定批准该重整计划草案。在重整计划草案通过后,温州中院及时根据《中共温州市委专题会议纪要》[(2016)9号文件]对重整企业进行信用修复,使得重整企业隔断历史不良征信记录、恢复正常使用包括基本户在内的银行账户、正常开展税务活动、解除法院执行部门的相关执行措施,为重整企业营造了良好的经营环境。

(三) 典型意义

本案是法院依法审慎适用重整计划草案强制批准权、积极协调保障企业重整后正常经营的典型案例。实践中,一些企业在重整计划通过后,因相关配套制度的缺失又重新陷入困境。因此,重整是否成功,并不仅仅体现在重整计划的通过上,虽然重整司法程序在法院裁定批准后终止,但重整后的企业能否迅速恢复生机,还需要在信用修复、适当的税收优惠等方面予以支持,使其顺利恢复生产经营活动,才是完整发挥重整制度价值的关键。本案中,在庄吉服装系列公司重整计划通过后,温州中院积极协调,为重整后的庄吉服装系列公司赢得良好经营环境。此外,法院依法审慎适用强制批准权,维护了各方主体利益平衡以及整体利益最大化,庄吉服装系列公司在重整成功后的第一个年度即成为当地第一纳税大户。

案例6:福建安溪铁观音集团股份有限公司及其关联企业破产重整案

(一) 基本案情

福建省安溪茶厂有限公司(以下简称"安溪茶厂")成立于1952年,是我国历史最为悠久的三大国营茶厂之一,系福建安溪铁观音集团股份有限公司(以下简称"铁观音集团")全资子公司。铁观音集团成立后,投入大量资金启动上市计划,并于2012年6月进行IPO预披露,由于国家政策及市场变动等因素,2013年铁观音集团终止上市计划。之后随着国家宏观经济下行、消费环境变化和市场调整等不利因素的影响,尤其是担保链断裂等因素,铁观音集团和安溪茶厂陷入资金和经营困境。2016 年 1 月份,债权人分别申请铁观音集团和安溪茶厂重整,泉州市中级人民法院(以下简称"泉州中院")、安溪县人民法院(以下简称"安溪法院")分别受理两个案件。安溪法院受理后以案件疑难复杂为由将案件移送泉州中院审理。

(二) 审理情况

泉州中院受理后,共裁定确认铁观音集团债权 41 家合计约 4.78 亿元、安溪茶厂债权 137 家合计约 3.32 亿元(其中茶农债权人 83 名,债权金额合计约 776 万元)。管理人采用公开遴选的方式,引入投资人向铁观音集团增资 2.2 亿元,持有铁观音集团股权 76.2%,原股东的股权稀释为 23.8%;铁观音集团普通债权清偿率 7.54%(其中 10 万元以下部分清偿率 30%),比清算条件下的清偿率提高 3 倍;安溪茶厂普通债权清偿率 16%(其中 10 万元以下部分清偿率 40%),两案重整计划草案均获得高票通过。2016 年 11 月 3 日,泉州中院裁定批准重整计划,终止重整程序。2017 年 8 月 31 日重组方投资全部到位,2017 年 10 月 31 日,泉州中院裁定确认两案的重整计划执行完毕。

(三) 典型意义

本案是通过破产重整制度促进传统农业企业转型升级的典型案例。安溪茶厂、铁观音集团等企业共同形成了茶叶种植、生产、研发、销售的产、供、销一体化涉农企业。重整成功使"安溪铁观音集团"这一著名商号得以保留,带动茶农、茶配套生产商、茶叶营销加盟商相关产业发展;且投资方"互联网+"思维模式、合伙制商业模式、"制茶大师工作室"等创新模式的引入,对传统农业企业从营销模式、产品定位、科研创新等方面进行升级转型,同时化解了金融债权约 5.8 亿元,有效防控金融风险。此外,本案中,经审计机构和管理人调查,两家企业在主要财产、交易渠道、账册等方面不存在高度混同情形,故未采用实质性合并重整的方式,而是采取分中有合、合中有分的审理模式对于安溪茶厂和铁观音集团两个关联企业进行重整。基于两家企业母子公司的关系,招募同一个投资人作为重整案件的重组方,最大限度整合两家企业的资源,提高重整的价值,实现债务人和债权人利益最大化。

案例 7:中顺汽车控股有限公司破产重整案

(一) 基本案情

中顺汽车控股有限公司(以下简称"中顺汽车")成立于 2002 年,主要业务为轻型客车的制造、销售。受 2008 年全球金融危机和市场竞争加剧等因素影响,企业陷入困境。2009 年开始停产,诉讼集中爆发,职工大规模上访。至 2017 年 1 月,累计负债 27 亿元,其中拖欠职工工资、社保 1440 人,普通债权人 130 余家,相关执行案件 130 余件,严重资不抵债。2017 年 1 月 13 日,辽宁省沈阳市中级人民法院

(以下简称"沈阳中院")根据债权人申请,裁定受理中顺汽车破产重整案件。

（二）审理情况

法院裁定受理后,基于该企业停产时间长、社会稳定压力突出、协调审批事项复杂等现实情况,法院通过"沈阳工业企业依法破产(重整)工作小组"会商后决定指定清算组担任管理人。在重整工作中,法院牵头抓总,主导重整程序推进;清算组除管理人基本职责外,侧重解决职工安置、维护稳定、协调、审批、产业政策把握等事务。

针对企业的困境成因,在重整计划草案制定中,一方面立足于化解债务问题,保证公平清偿;另一方面着眼于促进企业提质增效,增强盈利能力。在重整投资人引入过程中,采用市场化招募方式,将引入新能源产业作为目标,指导管理人利用全国企业破产重整案件信息网发布招募公告,将符合国家政策支持导向并具有技术创新能力作为核心要件,通过严格的招募遴选程序,从报名的主体中择优选定威马汽车制造温州有限公司及其子公司沈阳思博智能汽车技术有限公司作为重整投资人。威马汽车作为致力于新能源汽车研发、生产的企业,给中顺汽车注入活力,构建绿色出行,智慧出行,实现了中顺汽车由传统汽车制造企业向新能源汽车产业基地的转型升级。2017年6月30日,债权人会议各组均表决通过重整计划草案。2017年7月6日,沈阳中院裁定批准重整计划。2018年1月,中顺汽车管理人提交重整计划执行完毕报告。

（三）典型意义

中顺汽车重整案是充分发挥政府与法院协调机制的优势,以常态化工作平台有针对性指导个案,同步化解困境企业债务和经营问题,促进实体经济转型升级、实现振兴的典型案例。中顺汽车案件审理中,充分利用"沈阳工业企业依法破产(重整)工作小组"平台优势,判断企业的救治价值和可能性,把握重整产业发展方向,搭建引资平台,促进项目落地,并在重整计划执行阶段,督促、协调有关部门快速完成变更、审批事项,在法院依法完成程序推进工作的基础上,共同实现成功重整,助力老工业基地产业结构调整。

案例8:桂林广维文华旅游文化产业有限公司破产重整案

（一）基本案情

桂林广维文华旅游文化产业有限公司(以下简称"广维公司")拥有全球第一部山水实景演出、广西旅游活名片、阳朔旅游晴雨表的《印象·刘三姐》剧目。该公司为股东及其关联控制人代偿或担保债务涉及总额超过15亿元,导致不能清偿到期债务且资不抵债,据此提出破产重整申请。

(二) 审理情况

2017年8月15日,广西壮族自治区高级人民法院(以下简称"广西高院")裁定受理本案并指定管理人。管理人采取邀请招标方式并经公开开标,从交纳投标保证金、具体重整方案的细化可行性情况确定北京天创文投演艺有限公司(以下简称"文投公司")以7.5亿元出资额成为重整投资方。2017年11月8日,第一次债权人会议召开,重整计划草案确定相关债权数额并将出资人权益调整为零,明确文投公司义务。享有担保权的债权组,代表债权金额275 892 800.36元,表决通过该草案;普通债权组过半数同意,代表债权金额761 128 974.33元,占该组债权总额的77.30%,超过2/3以上;出资人组表决未通过该草案。2017年12月4日,广西高院裁定批准重整计划草案,终止重整程序。2018年1月份,文投公司出资资金到位;1月26日,广西高院裁定确认柳州银行股份有限公司等15位债权人债权共计1 469 526 673.18元,其受偿金额分配共计589 207 646.36元;2月中旬,文投公司完成股权过户。

(三) 典型意义

本案系全国首个直接由高级人民法院受理的破产重整案件。由于考虑到公司经营项目为国际知名大型实景《印象·刘三姐》剧目,对广西旅游业、地方经济影响较大,且公司所有资产被国内、区内数十家法院查封、涉及职工人数众多且成分复杂等情况,广西高院依据我国《企业破产法》第4条、《民事诉讼法》第38条第1款的规定,将本案作为全区重大有影响案件裁定立案受理。为确保《印象·刘三姐》剧目演出不受破产重整影响,本案实行演出相关业务自行经营、管理人监督、法院总协调的模式,确保重整期间公司正常经营,各项收入不减反增。该案历经3个月21天顺利终结并进入重整计划执行阶段,广维公司摆脱债务困境重焕活力,确保800多名演职人员就业机会也解决了关联公司548名职工安置问题,相关产业通过《印象·刘三姐》项目实现升级改造,推动了地方经济发展。